정서적으로 건강한 리더

정서적으로 건강한 리더

지은이 | 피터 스카지로
옮긴이 | 정성묵
초판 발행 | 2015. 7. 27
13쇄 발행 | 2023. 11. 8.
등록번호 | 제1988-000080호
등록된 곳 | 서울특별시 용산구 서빙고로65길 38
발행처 | 사단법인 두란노서원
영업부 | 2078-3333 FAX | 080-749-3705
출판부 | 2078-3332

책값은 뒤표지에 있습니다.
ISBN 978-89-531-2276-5 04230
       978-89-531-2253-6 (세트)
독자의 의견을 기다립니다.
tpress@duranno.com www.duranno.com

정서적으로
건강한 리더

피터 스카지로 지음
정성묵 옮김

두란노

Contents

Part 1

나의 리더십은 괜찮은가

Part 2

리더의
내적 삶을 보수하는
4가지 처방

내적 삶의 기초를 재정비하라

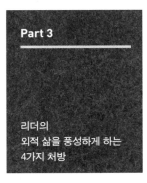

Part 3

리더의
외적 삶을 풍성하게 하는
4가지 처방

건강한 내적 삶이 리더십의 열매를 맺다

사역이 나를 삼키다

나는 맨해튼의 마천루에서 불과 1.5킬로미터밖에 떨어지지 않은 뉴저지 주 교외의 이탈리아계 미국인 집안에서 태어나 자랐다. 세계에서 가장 다양한 인종이 뒤섞인 도시 중 하나인 맨해튼에서 엎어지면 코 닿을 곳이었지만 우리 가족은 인종적 사회적 영적으로 아주 좁은 테두리 안에 갇혀 살았다.

열 살쯤인가, 아버지가 우리 가족은 와스프(WASP: White Anglo-Saxon Protestant, 백인 앵글로색슨 신교도의 줄임말로, 미국 주류 지배 계급을 지칭-역주) 도시 한복판에 사는 이탈리아계 로마가톨릭교도라고 말했던 기억이 난다. 그 말에 고개를 갸웃거렸다. 내 친구들은 모두 로마가톨릭교도이고 대부분 이탈리아인인데 이탈리아계 로마가톨릭교도 말고 다른 종류의 인간도 존재한단 말인가.

아버지는 교회에 충성을 다했지만 어머니는 아니었다. 어머니는 집시와 점쟁이, 타로 카드를 비롯해서 가문 대대로 내려온 온갖 미신에 푹 빠져 살았다. 형제 중 한 명이 병에 걸리면 어머니는 가장 먼저 '팻 조시(Fat Josie)'에게 전화를 걸었다. 팻 조시는 다름 아닌 무당이었다. 그녀는 요상한 주문으로 우리에게 저주를 당한 흔적인 '눈들'이 있는지 확인한 다음 '악운'을 쫓아내기 위한 절차를 자세히 설명했다.

십 대 시절 손위 형제들과 나는 교회와 이탈리아 전통을 모두 거부했다. 형 안토니(Anthony)가 대학을 그만두고 자칭 메시아 문선명이 세운 통일교에 들어갔을 때 온 집안이 쑥대밭이 되었던 기억이 지금도 생생하다. 열여섯 살에 나는 못 말리는 불가지론자로 발전해 있었다. 그렇지 않았다면 형을 따라 통일교로 들어갔을지도 모른다. 어릴 적의 이런 선택 때문에 지금까지 우리 형제의 영적인 길이 서로 만나지 못할 줄 미처 몰랐다. 형은 지금도 통일교에 깊이 빠져 있고, 나는 한 번이 아니라 여러 번의 극적인 회심을 겪었다.

네 번의 회심으로 이루어진 영적 여정

'여러 번의 회심을 겪었다'는 고백은 말 그대로를 의미한다. 나는 네 번의 극적인 회심을 경험했고, 그때마다 인생의 방향이 송두리째 변했다.

회심 1 : 불가지론자에서 열정적인 크리스천 리더로

친구들 대부분이 그러했듯 나는 십 대 시절 내내 엉뚱한 곳에서 완벽한 사랑을 찾아 헤맸다. 그러다 대학교 2학년 때 친구 초대로 학교 근처 작은 오순절 교회의 콘서트에 갔다가 인생 최대의 전환점을 맞았다. 콘서트가 끝나자 찬양 리더는 예수님을 영접하고 싶은 사람들에게 손을 들라고 말했다. 이 이야기를 할 때면 나는 "하나님이 내 허락도 없이 내 손을 드셨다"라고 말한다. 실제로 그런 느낌이었다. 나도 모르게 자리에서 벌떡 일어나 두 손을 높이 쳐들고 하나님을 찬양하며 무대 쪽으로 달려 나갔다. 구약이니 신약이니 하는 것은 하나도 몰랐지만 내가 눈 먼 사람처럼 살다가 마침내 눈을 뜨게 되었음이 확실했다. 하나님이 나를 변화시켰고 나를 말할 수 없이 사랑하신다는 확신이 나를 감쌌다. 그로부터 아홉 달 뒤, 나는 주중에 배운 내용을 60명의 학생들에게 가르치는 리더로 변해 있었다.

그 해는 1976년이었다.

나를 살리기 위해 돌아가신 예수님의 사랑만 생각하면 주체할 수 없이 눈물이 흘렀다. 이 복된 소식을 도저히 나만 알고 있을 수가 없어서 우리 가족을 비롯해 눈에 보이는 모든 사람에게 전했다. 특히 아버지와는 많은 영적 대화를 나누었다. 어느 주말, 거실에서 아버지에게 예수님을 전했지만 싸늘한 반응만 돌아왔던 기억이 난다.

"네 말이 사실이라면 왜 나는 그런 '개인적인 관계'라는 말을 한 번도 들어 보지 못했을까?"

아버지는 잠시 말을 멈추고 거실 창문 밖을 내다보셨다. 그 얼굴에는 분노와 슬픔이 뒤섞여 있었다.

"그러고 말이다, 네 형에게는 왜 아무도 그런 말을 해 주지 않았을까? 그랬다면 그 애가 인생을 망치지 않았을지도, 우리 모두의 가슴에 이토록 대못을 박지 않았을지도 모르지 않니." 아버지는 다시 나를 보며 손사래를 치셨다.

"네가 말하는 그 크리스천들은 다 어디 있니? 왜 나는 오십 평생에 그런 사람을 단 한 명도 보지 못했을까?"

아무런 대꾸도 할 수 없었다. 답을 너무나 잘 알고 있기에…. 크리스천들은 대부분, 특히 복음주의 가문에서 자란 사람들은 우리 이탈리아계 미국인의 세계에 관심조차 없었다. 아버지도 나중에 예수님을 영접하기는 했지만 그날의 대화를 한 번도 잊은 적이 없다. 그날 내 안에서 열정의 불꽃이 튀었다. 내가 그 틈을 잇는 다리가 되리라! 나만큼은 사람을 가리지 않고, 귀를 여는 모든 이에게 복음을 전하리라!

초교파 대학 선교 단체인 IVF(InterVarsity Christian Fellowship)의 간사가 되면서 사역자로서의 내 여정은 계속되었다. 뉴욕 시티와 뉴저지 주 전역을 돌아다니며 노방전도를 하고 친구들에게 그리스도를 전할 학생들을 모집했다. 3년간 IVF 간사로 있으면서 예수 그리스도를 통해 삶이 송두리째 변하는 이들을 숱하게 목격했다. 그럴수록 교회를 향한 안타까움은 더해져만 갔다. 이 학생들의 뜨거운 예수 사랑을 지역 교회 교인들도 경험한다면 얼마나 좋을까? 교회 전체가 근본적으로 변해 불같이 일어난다면 그리스도의 영광이 얼마나 더 멀리까지 퍼져 나갈까?

그런 열정은 나를 프린스턴(Princeton) 신학교와 고든 콘웰(Gordon-Conwell) 신학교로 이끌었다. 거기서 3년간 공부하며 교회 리더가 될 준비를 했다. 그 시절, 역시 IVF에서 간사로 사역하던 8년 지기인 제리(Geri)와 백년가약을 맺었다. 졸업 후에는 아내와 함께 코스타리카로 건너가 1년간 스페인어 연수를 했다. 나는 뉴욕으로 돌아와 인종과 문화, 경제력, 성차별의 담이 없는 열린 교회를 세우겠다는 비전을 품고 있었다.

　뉴욕으로 돌아와서는 스페인어를 사용하는 이민자 교회에서 부목사로 사역하고 역시 스페인어를 사용하는 신학교에 출강을 했다. 당시 아내와 나는 스페인어를 완벽히 터득했을 뿐 아니라 전 세계에서 흘러들어온 2백만 불법 이민자들의 세계 속으로 완벽히 녹아들어 갔다. 우리는 엘살바도르의 암살단, 콜롬비아의 마약 범죄 조직, 니카라과의 내전, 멕시코와 도미니카 공화국의 지독한 가난을 피해 도망쳐 온 사람들과 친구가 되었다.

　그 시절은 240만 인구의 70퍼센트 이상이 이민자인 퀸스의 다인종 노동자 계층 지역에 교회를 개척하기 위한 필수 훈련 기간이었다. 또한 복음과 교회의 능력이 얼마나 대단하며 부유한 북미 교회가 가난한 밑바닥 계층으로부터 배워야 할 것이 얼마나 많은지를 절감한 시기였다.

　1987년 9월, 교인 45명과 함께 뉴 라이프 펠로십 교회(New Life Fellowship Church)에서 첫 예배를 드렸다. 처음부터 하나님의 역사가 강력하게 나타난 덕분에 오래지 않아 교인 수는 160명으로 불어났다. 그리고 창립 3년 만에 스페인어 예배를 시작했다. 6년째가 끝날 무렵에는 영어 예배 출석수가 400명, 스페인어 예배 출석수가 250명에 이르렀다.

　정말이지 그때만큼 신이 나서 일했던 적도 없는 것 같다. 매주 사람들이 주님 앞으로 나아왔고, 지혜와 노력을 다해 가난한 사람들을 섬겼다. 교회 안에서 뛰어난 리더들이 자라났고 소그룹이 하루가 다르게 늘어났다. 우리 교회를 통해 노숙자들이 배불리 먹고 새로운 교회들이 속속 문을 열었다. 하지만 한 꺼풀을 벗겨 보면 속은 시꺼멓게 썩어 있었다. 특히 내 삶이 그리 평안하지 못했다.

회심 2 : 정서적인 소경에서 정서적인 건강으로

내 영혼은 무너져 내리고 있었다. 항상 할 일은 너무 많았고 그 일을 할 시간은 너무 없었다. 교회는 그 어느 곳보다도 활기로 넘쳤지만 사역 팀 리더들 사이에서는 아무런 기쁨이 없었다. 모두가 끝없는 의무에 질질 끌려다니는 모양새였다. 산더미처럼 쌓인 일을 마치고 나면 우리 딸들과 놀아 줄 에너지도, 아내와 오붓이 데이트할 시간도 남아 있질 않았다. 사실, 남몰래 은퇴할 날을 꿈꾸었다. 겨우 30대 중반에 말이다!

또한 크리스천 리더십의 본질에 대한 의문이 들기 시작했다. "정녕 남들이 하나님 안에서 기쁨을 누리기 위해서는 리더인 내가 불행하고 극심한 압박에 시달릴 수밖에 없는 것인가?" 불행, 당시 내 삶에 대한 솔직한 느낌이 그랬다.

설상가상으로 다른 목회자들에 대한 질투와 시기심이 내 안에 들끓었다. 더 큰 교회, 더 근사한 예배당, 더 편한 환경, 자꾸 그런 것만 눈에 들어왔다. 그렇다고 아버지나 내가 아는 많은 목회자들처럼 일 중독자로 살고 싶지는 않았다. 하나님 안에서 참된 만족을 누리고 예수님처럼 여유롭게 사역하고 싶었다. 문제는 '어찌'해야 할지를 몰랐다.

1994년 스페인어 교인들이 분열되면서 곪은 부분이 터지기 시작했다. 스페인어 예배에서 2백 명이 실종된 날의 충격을 평생 잊지 못할 것 같다. 겨우 50명만 빼고 모두 다른 곳에서 새로 교회를 차렸다. 내가 전도하고 제자로 키우고 수년 동안 목회했던 사람들이 일언반구도 없이 나가 버렸다.

나는 교회가 분열된 데 대해 전적으로 책임을 졌다. 도살장에 끌려가는 어린양처럼 비난 앞에서 침묵하셨던 주님의 본을 따르려고 애를 썼다(사 53:7). "그냥 감수하자. 예수님도 그러셨잖아." 그렇게 결심하고 또 결심했다. 하지만 내면에는 상충하는 감정들의 실타래가 어지럽게 엉켜 있었다. 앞장서서 분열을 조장한 부목사를 향한 배신감과 분노에 이가 갈렸다. "같이 재미있게 의논하며 무리와 함께" 어울렸던 친구에게 배신을 당하고 피눈물을 흘렸던 시편 기자의 심정이 이해가 갔다(시 55:14). 분노와 미움이 너무 커서 아무리 애를 써도 털어버릴 수 없었다. 도무지 용서가 되질 않았다. 차 안에 혼자 앉아 있다가 나도 모르게 불쑥불쑥 욕이 튀어나왔다.

그 순간 자괴감이 들었다. '욕쟁이 목사'가 되었다고 상상해 보라. 아무리 생각해도 내가 겪는 현상은 신학적으로 도무지 용납할 수 없는 것이었다. 내 슬픔도 전혀 성경적이지 않았다. 진정한 목사라면 사람들을 사랑하고 용서해야 마땅하다. 하지만 나는 전혀 그러지 못하고 있었다. 동료 목사들에게 이 상황을 털어놓았더니 다들 내가 헤어날 수 없는 심연으로 빠져들까 걱정했다. 분노와 상처가 내 안을 얼마나 파괴시키는지를 제대로 깨닫지 못하고 있었다. 교회가 두 조각이 났다는 사실보다 내 고통이 파괴적인 모습으로 표출되고 내가 전혀 통제하지 못하고 있다는 게 더욱 중요한 문제였다. 나는 사람들을 데리고 나간 부목사를 맹렬하게 비난했다. 아내에게는 더 이상 목회는커녕 아예 교회 자체를 떠나고 싶다고까지 말했다. 기독교 상담자를 찾아가 보라는 조언이 가장 도움이 되었다.

일단 아내와 함께 약속을 잡았다. 하지만 마치 교장실에 불려간 어린아이처럼 말할 수 없는 굴욕감이 밀려왔다. 상담자 앞에서 힘든 인생살이부터 우리 지역의 특수성과 교회 개척 사역의 압박감, 아내와 어린 네 자녀, 다른 리더들까지 순전히 남들과 외부 요인만을 탓했다. 문제가 근본적으로 나 자신에게서 출발했을지 모른다는 생각은 단 한 번도 하지 않았다.

겨우겨우 1년을 더 버텼지만 결국 문제가 터지고 말았다. 1996년 1월 2일, 아내가 우리 교회를 떠나겠다고 충격적인 선언을 했다.[1] 이로써 나 자신은 무고하다는 자기 최면이 완전히 깨지고 말았다. 나는 장로들에게 아내의 결정을 통보하고 앞으로 어떤 일이 벌어질지 모르겠다고 솔직히 말했다. 장로들은 아내와 함께 한 주간 조용한 곳으로 들어가 깊이 고민하고 의논할 시간을 가지라고 권했다. 그리하여 아내와 나는 짐을 싸서 두 명의 상담자와 함께 근처 수련장으로 들어갔다. 거기서 5일간의 일정을 시작할 때만 해도 어떻게든 빨리 아내를 설득하고 내 마음을 추슬러서 정상적인 삶과 목회로 돌아오는 게 목표였다. 하나님과 일생일대의 변화를 경험할 줄은 꿈에도 몰랐다.

이렇게 두 번째 회심 사건을 맞이했다. 첫 번째 회심과 달리 이번에는 내가 눈 먼 자였다는 사실을 깨닫고 갑자기 눈이 뜨이는 경험을 했다. 하나님은 내 눈을 열어 내가 인간 '행동(doing)'이 아닌 인간 '존재(being)'라는 사실을 보게 하셨다. 그래서 분노와 슬픔 같은 강한 감정을 느껴도 괜찮다는 사실을 깨달았다.

또한 윗대의 삶이 내 삶과 결혼생활, 리더십에 끼친 막대한 악영향이 눈에 들어왔다. 처음에는 충격이 만만치 않았지만 이런 깨달음은 내게 말할 수 없는 자유를 선사했다. 대단한 사람인 척하던 연기를 그만두니 그렇게 후련할 수가 없었다. 여느 인간들처럼 장점과 약점을 함께 지닌 본래의 모습으로 살아가는 것이 점점 편안해졌다. 아내와의 사이에서

도 사랑의 중요성을 새롭게 깨닫고는 목회보다 가정을 우선시하기 위해 일정을 조정하기 시작했다.[2]

두 번째 회심은 더 이상 부인할 수 없는 고통스러운 자각을 동반했다. 내가 감정적인 유아에 불과하다는 깨달음이었다. 유아가 믿음의 어머니 아버지를 키우려고 했으니 제대로 될 리가 있겠는가. 내 삶에는 아직 예수 그리스도로 변화되지 않은 부분이 많이 남아 있었다. 예컨대, 나는 옆에 있는 사람에게 관심을 집중하거나 그의 말을 진정으로 경청할 줄 몰랐다. 겉으로 보면 나는 급성장하는 대형 교회의 목사였다. 유수한 두 신학교에서 최고의 교육을 받았고 최고의 리더십 컨퍼런스도 경험했다. 그리고 무려 17년 동안 그리스도의 충성스러운 제자로 살아왔다. 하지만 그런 표면 아래에는 정서적 영적으로 미성숙한 모습이 자리하고 있었다.

거의 20년간 나는 영적 성장과 하나님과의 관계에서 정서적인 요소를 무시해 왔다. 아무리 많은 책을 쓰고 아무리 열심히 기도를 해도 내적 삶의 변화를 위해 예수 그리스도께 나 자신을 맡기기 전까지는 고통과 미성숙의 패턴이 반복될 수밖에 없었다.

내 삶이 빙산과 참 많이 닮았다고 생각했다. 표면 아래에 숨은 거대한 덩어리는 보지 못하고 그저 빙산의 일각만 보고 살아왔으니 말이다. 그 숨은 덩어리가 내 가족과 리더십을 얼마나 망가뜨리고 있는지 전혀 깨닫지 못했었다.

내 삶의 표면 아래가 예수 그리스도로 변하지 못했다는 사실을 알기 전까지는 정서적 건강과 영적 성숙이 서로 뗄 수 없는 관계라는 사실을 깨닫지 못했다. 정서적으로 미성숙한 사람은 영적으로 성숙하기가 절대 불가능하다.

이후 몇 년 동안 나와 아내는 삶과 목회 방식을 완전히 뜯어고쳤다. 일주일에 6일 하고도 반나절이 아니라 5일만 일하기 시작했다. 이제 교인들을 망가지고 약해진 상태에서 끌어내는 일을 급선무로 삼았다. 하나님을 위한 모든 사역 중에서 사랑하는 일이 가장 중요함을 깨달았다. 우리는 교회 사역의 속도를 늦추었다. 그리고 우리 자신의 빙산 아래를 탐구하는 동시에 교회 리더들에게도 똑같은 자기성찰을 권면했다. 결과는 코페르니쿠스 혁명에 버금가는 대변혁이었다. 나의 신앙생활과 가정생활, 리더십에 지각변동이 일어났다.[3] 그리고 덕분에 우리 교회가 전에 없이 부흥하기 시작했다.

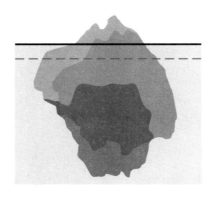

빙산 모델
표면 아래에 무엇이 있는가

회심 3 : 바쁜 활동에서 느린 영성으로
처음 예수님을 믿고서 그분과 열렬한 사랑에 빠졌다. 그분과 단 둘이 시간을 보내며 성경을 읽고 기도하는 시간이 그렇게 귀할 수가 없었다. 하지만 얼마 있지 않아 내 삶의 활동(예수님을 위한 일)에 내 삶의 관상적인 측면(예수님과 함께 하는 시간)이 뒷전으로 밀려나기 시작했다. 그리스도와의 관계를 가꾸기 위해서는 매일 묵상이 너무도 중요하다는 사실을 처음부터 제대로 배웠지만 특히 사역의 리더 역할을 맡으면서 그런 시간은 점점 줄어들었다. 오래지 않아 하나님을 '위한' 활동에 비해 그분과 '함께' 하는 시간이 턱없이 부족해졌다. 내 활동이 내 영성으로 버텨 낼 수 있는 수준을 넘어서고 말았다.

세 번째 회심은 2003-2004년 아내와 함께 넉 달간의 안식을 맞으면서 시작되었다. 나는 신학교 시절부터 줄곧 수도회 운동에 관한 독서를 실천해 왔는데 이제야 실제로 수도사들에게 배울 여유가 생겼다. 우리는 수많은 수도원(개신교와 정교회, 로마가톨릭)을 찾아다니며 수도사 특유의 고독과 침묵, 성경 묵상, 기도 방식을 깊이 받아들였다.

안식이 끝난 뒤 아내와 나는 삶의 속도를 늦추기 위해 과감한 조정을 단행했다. 고독과 침묵 가운데 하나님과 시간을 보내고 매일기도(Daily Office)를 드리며 매주 안식일을 지키는 것을 우리 부부의 핵심적인 훈련으로 삼았다. 그랬더니 신앙생활과 가정생활 모두가 그렇게 즐겁고 자유로울 수가 없었다. 오죽하면 하나님이 우리를 정신없는 뉴욕 시티에서 좀 더 평화로운 곳으로 부르시는 게 아닌가 하는 생각마저 들었다. 하지만 곧 이 모두가 퀸스에서 계속해서 교회를 이끌기 위해 필요한 훈련이었다는 사실이 분명해졌다.

정서적 건강에 관해 가르치던 것에 더해 관상 영성에 관해 가르치기 시작하자 교회 전체에 강한 능력과 생명력이 폭발했다. 나는 관상 영성을 예수님과 함께하기 위해 속도를 늦추는 것으로 정의한다. 소그룹 활동에서 주일 예배와 훈련 과정까지 모든 사역 분야에서 무너졌던 삶이 회복되었고, 나도 리더십의 극적인 회복을 경험했다.

내 목표를 축복해 달라는 기도를 멈추고 주님의 뜻이 이루어지게 해 달라고 기도하기 시작했다. 주님이 주시는 복이 아니라 그분 자체를 갈망하는 법을 배웠다. 나의 일을 줄이자 하나님의 역사가 더 많이 나타났다. 내주하시는 하나님과 초월적인 하나님, 이 두 가지 시각을 함께 갖추기 시작했다. 즉 내 안에서 이루어지는 하나님의 역사와 내 밖에서 이루어지는 하나님의 역사가 둘 다 중요함을 깨달아 갔다.

더 이상 출석 교인 숫자와 헌금 액수만이 아니라 성도들의 삶의 변화로 목회의 성공을 가늠하기 시작했다. 그 효과는 실로 놀라왔다. 그래서 우리 가운데 나타난 하나님의 역사를 반드시 글로 남겨야겠다고 마음먹었다. 그 결과가 《정서적으로 건강한 영성》(*Emotionally Healthy Spirituality*)의 출간이다. 교회는 나날이 성장해 갔다. 매일같이 인생들이 변화되었다. 개인적으로 목회자로 나 자신이 점점 강해지는 것을 느꼈다. 하지만 빙산의 한 덩어리가 정복되지 않은 채로 남아 있었다. 바로 리더십이었다.

회심 4 : 취사선택에서 온전한 리더십으로

교회가 여러 면에서 부흥을 경험하기는 했지만 나는 정서적 영적 건강에 관해 배운 내용을 담임목사라는 리더 역할에 제대로 적용하지 못했다. 정서적으로 건강한 영성(emotionally healthy spirituality, EHS)의 원칙들을 개인적인 삶과 가정, 소그룹 활동, 훈련 프로그램에는 적용하면서 유독 리더십에만큼은 적용하지 못했다. 그렇게 하고 싶었지만 방법을 알 수가 없었다. 그래서 책을 섭렵하고 세미나를 찾아다닌 결과, 이런 수준의 통합을 이뤄 낸 사람이 극소수라는 사실을 발견했다. 결국 나도 오랫동안 포기하고 살아왔다.

인사 결정을 내리고, 사역자들과 주요 자원봉사자들을 관리하고, 분명한 직무 설명서를 작성하고, 모임 계획을 충분히 세우고, 프로젝트를 상세히 검토하는 일을 회피해 왔다. 아주 가끔 그런 일을 할 때는 등 떠밀려 억지로 했을 뿐이다. 그런 일이 중요하다는 것은 잘 알았지만 남이 대신해 주기를 바랐다.

해야 할 일과 참석해야 할 행사가 너무 많았기 때문에 리더의 책임 중 개인적으로 부담스러운 부분을 대충 처리하거나 아예 빼먹었다.

- 골치 아픈 회의라면 가능한 회피했다.
- 있는 그대로 이야기하기 곤란한 경우에는 진실을 살짝 왜곡시켰다.
- 성과가 좋지 않을 때는 평가를 회피했다.
- 뭔가 잘못된 것이 분명해도 지적하거나 날카로운 질문을 던지지 않았다.
- 충분한 시간을 두고 목표를 분명히 정하지 않은 채 혹은 내 결정에 관해 깊이 고민하고 기도하지 않고 중요한 회의에 참석했다.
- 정말로 추진하고 싶은 사역인지 충분히 고민하지 않았다. 다시 말해, 마구 일을 벌여 사역자들이 제 실력을 발휘하기 힘들게 만들었다.
- 중요한 기획 회의들이 진행되는 기간에 침묵의 시간과 주님 안에

거하는 시간을 충분히 갖지 못했다.
- 최악의 실수는 내 삶과 목회가 기대한 대로 펼쳐지지 않고 있다
는 고통스러운 신호를 계속해서 무시해 왔다는 것이다.

2007년, 여러 가지 어려운 상황이 겹치면서 20년간 간신히 명맥을
이어 오던 나의 불완전한 리더십이 한계를 드러냈다. 무엇보다도 교회 자
체가 막다른 골목에 다다랐다는 사실을 인정할 수밖에 없었다. 교회가 수
적으로 성장하고 정서적 건강과 관상 영성이 성도들의 삶 속으로 녹아들
어 가긴 했지만 교회의 행정 기능은 전과 별로 달라진 게 없었다. 이제 나
부터 시작해서 이 문제를 다뤄야만 한다는 사실이 더없이 분명해졌다.

일이 이 지경에 이르렀는데도 나는 아직 정신을 차리지 못했다. 여
전히 남이 들어와 '집안 정리'를 해 주기 원했다. 내가 계속해서 설교 같은
편한 사역에만 집중하도록 누군가가 고용과 해고, 방향 전환, 고통스러운
변화 같은 골치 아픈 일을 대신 처리해 주길 바랐다. 하지만 이런 역할을
회피한 탓에 내 리더십과 교회는 위기에 처했다. 마침내 현실을 인정할
수밖에 없었다. 뉴 라이프 펠로십 교회가 하나님이 원하시는 교회로 성장
하는 데 최대 걸림돌은 다름 아닌 '나'였다.

다시 한 번 내 삶의 표면 아래를 깊이 들여다봐야 했다. 이번에는 내
리더 역할과 관련한 고통과 실패의 숨은 덩어리를 찬찬히 뜯어보았다. 뭘
어떻게 바꿔야 할지 고민하다 보니 문제가 예상보다 훨씬 더 심각했다.
정서적으로 건강한 영성의 원칙들을 리더십 분야에 적용하고 건강한 조
직 문화를 구축하는 일은 생각보다 훨씬 더 복잡했다. 그때부터 나의 내
적 삶을 꾸준하고도 철저히 탐구하기 시작했고, 이는 결국 네 번째 회심

으로 이어졌다.

　자신이 약한 분야는 거기에 능력 있는 사람에게 위임하는 것이 일반적인 리더십 원칙이다. 하지만 내게 필요한 것은 그런 위임이 아니라고 판단했다. 오히려 나는 행정목사(executive pastor)의 책임까지 공식적으로 맡음으로써 가장 약한 부분에 정면으로 도전했다. 어리석은 짓이라고 생각하는가? 그럴지도 모르겠다. 하지만 최소한 얼마 동안이라도 이 분야에 관해 공부하기로 굳게 마음먹었다. 이를 위해 교회 외부의 설교와 집필 활동을 당분간 중단하고 내 빙산 아래의 덩어리를 깨뜨리기 위한 집중 훈련에 돌입했다. 효과적인 리더십을 방해하는 것은 뭐든 깨부술 참이었다.

　그렇게 2년간 중요한 기술들을 습득했다. 하나같이 배우기가 쉽지 않은 기술들이었다. 그 과정에서 실수를 저질러 성도들에게 상처도 많이 주었다. 하지만 동시에, 힘든 대화를 회피하지 않고 시작한 일을 끝까지 마무리할 용기와 의지는 점점 더 강해졌다. 중요한 결정을 내리기 전에 충분한 데이터와 사실을 수집하는 습관도 차츰 자리를 잡았다. 내 결정 때문에 오해를 사고 몇몇 사람들이 교회를 떠나는 것보다 리더십을 잃는 것이 더 큰 문제임을 배웠다. 그리고 아무리 고통스럽더라도 진실을 인정하고 어떤 대가가 따르더라도 진실을 추구해야 한다는 사실도 배웠다.

　예나 지금이나 나는 그리 뛰어난 행정목사는 못 된다. 하지만 이 역할에 한동안 투자한 덕분에 교회 성장을 방해하는 내 인격적 문제점을 다룰 수 있었다. 그 고통스러운 도가니 속에서 하나님은 내 거짓된 자아의 표피를 하나씩 벗겨 내셨고 내적 변화를 통해 내 리더십을 새로운 차원으로 끌어올리셨다.

고생을 해야 할 것이다

이 책은 내가 2007년 네 번째 회심 이후에 겪은 고통과 성장 속에서 탄생했다. 지난 8년간 내 마음속에 떠오르는 질문과 신앙적인 위기, 실수, 이따금의 성공을 빠짐없이 일기로 기록해 왔다. 그럼에도 이 책은 정말이지 쓰고 싶지 않았다. 주님과의 여행에서 내가 얼마나 형편없는 동반자인지를 너무도 잘 알기 때문이다. 다만 실패의 연속을 통해 힘겹게 얻은 교훈을 알리고자 어렵게 펜을 들었다. 이 교훈을 이십 대나 삼십 대, 하다못해 사십 대에라도 배웠다면 얼마나 좋았을까.

이 책의 페이지 하나하나는 당신 곧 크리스천 리더를 염두에 두고 썼다. 이 책을 쓰는 내내 커피 한 잔을 앞에 두고 당신과 마주앉아 있는 상상을 했다. 상상 속에서 나는 당신의 소망은 무엇이며 리더로서 어떤 고충이 있는지를 묻는다. 오랫동안 여러 목사와 리더들을 상담하고 코치한 경험으로 판단컨대, 다음과 같은 대답을 듣지 않을까 싶다.

- 더 나은 리더가 되고 싶습니다. 뭐든지 배울 자세는 되어 있습니다. 하지만 어디서부터 시작해야 할지 모르겠습니다.
- 뭔가 잘못된 게 분명합니다. 내일 당장이라도 큰일이 벌어질 것만 같습니다.
- 계속해서 이런 식으로는 갈 수 없습니다. 내 리더십이 막다른 골목에 다다랐습니다. 어떻게든 문제의 원인을 찾아서 새롭게 시작해야 합니다.
- 내 힘으로는 어쩔 수 없습니다. 중간관리자라서 이 상황을 바꿀

힘이 없습니다.

- 최선을 다하고는 있지만 열매가 나타나질 않습니다. 프로그램을 열심히 진행하기는 하는데 인생 변화의 기적은 보이질 않습니다. 이젠 지쳤습니다.
- 일에 치여서 삶이 즐겁지 않습니다. 리더로서 맡은 일이 너무 많아서 신앙생활에도 개인적인 삶에도 남들과의 관계에도 기쁨이 없습니다.

어떤가? 남의 이야기 같지 않게 들리는가? 그렇다면 리더십 성장과 변화의 다음 단계들을 밟는 일이 시급하다. 이 책을 통해 당신 자신과 당신의 리더십에 관한 진실을 깨닫고 절박감을 느끼되 절망하지는 않기 바란다. 나 같은 노인도 크리스천 리더십에 관한 낡은 사고를 새롭게 뜯어고쳤으니 당신은 얼마든지 해낼 수 있다. 성경에서 인생과 리더십에 관한 새로운 통찰을 발견하면서 신학적 정서적 영적으로 계속해서 성장하기를 바란다.

이 책을 진지하게 받아들인다면 단단히 고생할 각오를 해야 할 것이다. 노력과 인내, 겸손, 변화의 의지가 필요할 것이고 자신을 완전히 드러내는 위험도 무릅써야 할 것이다. 하지만 용기를 내서 하나님의 변화시키는 손길에 자신을 맡겼을 때 당신의 인생과 리더십이 어떻게 달라질지 상상해 보라. 그러면 그 고생이 그리 고생스럽게 느껴지지는 않을 것이다. 곧 당신의 입에서 다음과 같은 말이 나오길 기대한다.

- 와우, 상상했던 것보다 훨씬 더 좋은 리더십을 발휘할 수 있군.

- 새로운 세계에 한 발을 내딛은 기분이야. 다시는 예전으로 돌아가고 싶지 않아.
- 실패를 마주하기가 쉽지는 않지만 다시 리더십을 발휘할 수 있다는 새 소망이 생겼어.
- 드디어 성장하고 있는 것 같아. 이젠 뭔가 될 것 같아. 예전의 리더십과 삶의 방식으로 돌아가진 않겠어.
- 리더 역할에 대한 열정이 되살아났어!

내 이야기와 그동안 힘겹게 배운 교훈을 전하면서 28년 넘게 한 교회를 섬겨 온 목사의 독특한 시각도 함께 전해 주고 싶다. 그 28년 중 26년간은 담임목사로 섬겼고, 마지막 2년간은 교육목사이자 원로목사(pastor-at-large)로 섬겼다. 뉴욕 주 퀸스에 자리한 우리 교회는 전 세계 73개국 이상에서 건너온 가난한 사람들로 이루어져 있다. 어느 모로 보나 목회하기 편한 환경은 아니지만 이곳은 성장과 변화에 더없이 좋은 비옥한 토양이다. 이곳에서 나의 삶과 리더십도 많은 발전을 이루었다.

이 책은 장기적으로 충성스럽고도 생산적인 교회를 일구겠다는 열정에서 탄생했다. 하지만 예수 그리스도의 복음으로 온 세상을 변화시키려면 먼저 개인적인 여행이 시작되어야 한다. 먼저 우리 자신이 표면 아래서 근본적인 변화를 경험해야 한다. 이어지는 페이지에서 그런 여행을 위한 로드맵을 제시할 생각이다. 하나님이 당신을 위해 마련하신 다음 단계들을 찾는 데 도움이 되는 개념과 실천방안들을 하나씩 풀어놓도록 하겠다. 단순히 목사들만이 아니라 모든 종류의 크리스천 리더들을 위한 로드맵이다. 담임목사와 행정목사, 여타 사역자, 장로, 집사, 소그룹이나 사역 리더, 총회나 선교단체 간사, 선교사, 기업 경영자까지 어떤 역할을 맡고 있던, 여기서 그 역할을 더 효과적으로 해낼 뿐 아니라 개인적으로 변화되기 위한 방법을 찾으면 하는 것이 내 간절한 바람이다.

이 책을 읽는 법

이 책은 두 부분으로 나뉘어 있다. 하나는 내적 삶에 초점을 맞추고 나머지 하나는 외적 삶에 초점을 맞추었다. 2부에서는 모든 리더가 완성해야 하는 내적 삶의 네 가지 핵심 과제를 탐구할 것이다. 자신의 그림자를 직면하고, 건강한 결혼 생활이나 싱글 생활을 바탕으로 리더십을 발휘하고, 사랑의 연합을 위해 삶의 속도를 늦추고, 안식일을 즐기는 것이 그것이다. 강력한 사역과 조직을 일구고 싶다면 이 네 개의 기초 위에 영성이 이루어져야 한다.

3부에서는 정서적으로 건강한 내적 삶을 바탕으로 리더가 매일같이 마주하는 네 가지 핵심 과제를 탐구할 것이다. 계획과 의사결정, 문화와 팀 구축, 힘과 지혜로운 경계 설정, 끝과 새로운 시작이 그것이다.

이 책은 대충 훑어볼 책이 아니다. 기도하면서 한 자 한 자 정독해야 할 책이다. 노트나 종이를 옆에 두고 하나님이 당신에게 특별히 주시는 말씀이나 질문을 기록하길 바란다. 이 책의 효과를 극대화하고 싶다면 최소한 한 사람과 함께, 이왕이면 하나의 완전한 팀을 이루어 읽고 토론할 것을 권한다.

아무쪼록 이 책을 통해 자신을 바라보는 시각이 완전히 바뀌고 전혀 새로운 리더십의 세계로 들어오기를 바란다. 나는 우리 조상 아브라함이 부름을 받았던 것처럼 우리 모두도 익숙한 풍경을 떠나 약속으로 가득 찬 새로운 미지의 땅으로 오라는 부름을 받았다고 믿는다. 이 책을 여행하면서 살아 계신 하나님을 새롭게 만나고, 아브라함의 이야기에서처럼 당신보다 먼저 가서 당신뿐 아니라 당신이 이끄는 양 무리를 변화시킬 계시를 준비하고 계신 주님을 발견하길 바란다.

Part 1

나의 리더십은
괜찮은가

Emotionally Healthy

Leader

Chapter 1

리더,
자기 최면에서 깨어나다

정서적으로 건강하지 못한 리더 하면 가장 먼저 무엇이 떠오르는가? 질문을 좀 바꿔 보자. '누가' 먼저 떠오르는가? 상사? 간부? 동료? 혹은 당신 자신? 그가 어떤 면에서 정서적으로 건강하지 못한 리더인가? 툭하면 화를 내는가? 고압적인가? 공격적인가? 반대로, 조금만 힘든 상황이면 회피하는가? 솔직하지 못한가? 수동적인가? 정서적으로 건강하지 못한 리더십은 이 외에도 여러 가지 모습으로 나타나지만 기본적인 정의는 생각보다 간단하면서도 많은 측면을 갖고 있다.

정서적으로 건강하지 못한 리더는 정서적 영적으로 계속해서 부족한 상태를 유지하는 사람이다. 정서적 성숙함이 부족하다. 그리고 '하나님을 위한 일'의 현재 페이스를 유지할 만큼 '하나님과 함께하는 시간'이 충분하지 못하다.

이 책에서 말하는 정서적으로 건강하지 못한 리더십은 정서적 영적 결핍이 삶의 모든 측면에 악영향을 끼치는 상태를 지칭한다. '정서적 결핍'은 주로 인식 부족의 형태로 나타난다. 예컨대, 건강하지 못한 리더들은 자신의 감정, 약점과 한계, 과거가 현재에 어떤 영향을 끼치는지, 남들이 자신을 어떻게 여기는지를 제대로 인식하지 못한다. 남들의 감정과 시각 속으로 깊이 들어가는 능력과 기술이 부족하다. 그리고 이런 미성숙은 그들이 이끄는 팀과 그들이 하는 모든 일에 영향을 끼친다.

'영적 결핍'은 대개 과도한 활동의 형태로 표출된다. 건강하지 못한 리더들은 자신의 영적 육체적 정서적 능력으로 지탱할 수 없을 만큼 많은 활동에 참여한다. 하나님'에게서' 받는 것보다 하나님을 '위해서' 주는 것이 더 많다. 그리스도의 기쁨을 나누기 위해 열심히 남들을 섬기지만 정작 자신은 그 기쁨을 맛보지 못한다. 워낙 관여하는 일이 많아 안정적인 삶의 리듬을 유지하기가 거의 불가능에 가깝다. 속으로는 자신의 컵에 하나님이 비어 있거나 기껏해야 반밖에 차 있지 않다는 것을 잘 안다. 남들에게는 자신 있게 권하는 거룩한 기쁨과 사랑이 정작 자기 속에서 넘치는 경우가 거의 없다.

그 결과, 정서적으로 건강하지 못한 리더들은 날림공사로 사역의 건물을 짓는다. 사도 바울처럼 영원한 금은보석으로 건물을 짓지 않고 나무나 풀, 짚에 만족한다(고전 3:10-15). 마지막 심판의 불은커녕 한 세대의 시험도 견뎌 내지 못할 만큼 형편없는 재료로 건물을 짓는다. 그래서 의욕만큼 그리스도를 온 세상에 보여 주기는커녕 오히려 그분의 아름다움을 퇴색시킨다. 물론 처음부터 그럴 생각으로 리더 자리에 서는 사람은 별로 없지만 용두사미로 끝나는 경우가 비일비재하다.

그런 리더들의 몇 가지 사례를 살펴보자.

전도사인 '사라(Sara)'는 일손이 모자라면서도 이런저런 핑계를 대면서 함께 중고등부를 키울 성인 교사들을 모집하지 않는다. 리더십 능력이 부족해서가 아니라 반대하는 말을 들으면 견디지 못하는 성격이라서 그렇다. 결국 중고등부는 정체기를 지나 서서히 쇠퇴하기 시작했다.

'조셉(Joseph)'은 에너지가 넘치는 찬양 리더다. 그런데 자꾸만 약속 시간에 늦고 뭐든 제멋대로 하는 바람에 중요한 일꾼들이 자꾸만 떨어져

나간다. 그는 자신의 '스타일'이 다른 기질의 사람들을 밀어내고 있다는 사실을 전혀 의식하지 못하고 있다. 스스로 진정성이 있고 솔직하다고 생각하지만 변화를 거부하고 다른 스타일과 기질에 맞추는 법을 모른다. 음악과 프로그램에 은사가 있는 자원봉사자들이 오래 버티지 못하는 바람에 음악과 찬양 인도 자체가 주는 은혜가 반감되고 있다.

'제이크(Jake)'는 소그룹 사역의 총괄 책임자다. 그의 리더십 아래서 이 사역은 부흥하기 시작했다. 지난 3개월 사이에 소그룹이 네 개나 새로 생겼을 정도다! 전에는 서로 겨우 안면만 있던 스물다섯 명의 교인들이 이제는 2주마다 한 번씩 모여 서로의 삶을 나누며 그리스도 안에서 함께 자라 간다. 하지만 표면 아래서는 금이 가기 시작했다. 가장 빨리 성장하고 있는 소그룹의 리더는 이 교회에 나온 지 얼마 되지 않았음에도 자신의 소그룹을 전체 교회와 전혀 다른 방향으로 끌고 간다. 제이크는 걱정이 되면서도 괜히 서로 얼굴을 붉힐까 봐 그 문제를 꺼내지 못하고 있다. 또 다른 소그룹의 리더는 지나가는 말로 집안이 어지럽다는 이야기를 했다. 또 다른 소그룹에서는 말을 너무 많이 하는 한 멤버 때문에 급속도로 사람들이 빠져나가고 있다. 이 소그룹 리더가 도움을 요청했지만 제이크는 그 멤버를 불러서 이야기하는 것을 차일피일 미루는 중이다. 제이크는 사람들에게 큰 신임을 받고는 있지만 대립을 피하려는 경향이 너무 강하다. 그는 자신이 관여하지 않아도 문제가 어떻게든 해결되기만을 남몰래 바란다. 결국 새로 생겼던 네 개의 소그룹 중 세 개가 6개월 만에 공중 분해되었다.

얼마든지 밤새도록 예를 들 수 있겠지만 이쯤 되면 무슨 말인지 이해했으리라 믿는다. 자신의 정서적 영적 건강을 무시한 채 주님의 일을 하려고 하면, 그 리더십은 좋게 말하면 근시안적인 리더십이고, 나쁘게 말하면 태만한 리더십이다. 남들에게 불필요하게 상처를 주고, 우리를 통해 나라를 넓히시려는 하나님의 뜻을 방해하는 것이 태만이 아니고 무엇이겠는가. 리더십은 쉽지 않다. 고난을 각오해야 한다. 하지만 바울이 말한 복음을 위한 고난(딤후 1:8)과 부담스럽다는 이유로 해야 할 일을 하지 않아서 생긴 고난은 엄연히 다르다.

정서적으로 건강하지 못한 리더의 네 가지 특징

정서적으로 건강하지 못한 모습은 우리 삶과 리더십의 모든 측면에 부정적인 영향을 끼친다. 그중에서도 특히 네 가지 영역에서 큰 피해를 입는다. 낮은 자기인식, 사역을 결혼이나 싱글로서의 삶보다 더 중시하는 것, 하나님을 위한 일을 너무 많이 하는 것, 안식일을 지키지 않는 것이 그 피해들이다.

자기인식이 낮다

정서적으로 건강하지 못한 리더들은 자신의 내면에서 어떤 일이 벌어지는지를 잘 모른다. 설령 분노 같은 강한 감정을 인식하더라도 잘 다스리거나 솔직하고도 적절하게 표출할 줄 모른다. 또한 피로나 스트레스성 질병, 갑작스러운 몸무게 증가, 두통, 우울증 같은 정서와 관련한 몸 신호를 무시한다. 자신의 두려움이나 슬픔, 분노에 대해 깊이 고민하질 않는다. 이런 '괴로운' 감정을 통해 하나님이 무슨 말씀을 하시려는지 알아내려고 노력하지 않는다. 이런 감정이 어디서 비롯했는지 돌아볼 줄 모른다. 현재의 과잉 반응은 과거의 힘든 경험에서 비롯한 경우가 많은데 정서적으로 건강하지 못한 리더들은 거기까지 생각하지 못한다.

이런 리더들도 MBTI(Myers-Briggs Type Indicator)나 스트렝스파인더(StrengthsFinder), DiSC 검사를 받기는 하지만 윗대에서 내려온 문제가 자신의 현재 모습에 영향을 끼쳤다는 사실을 인식하지 못한다. 이런 정서적 인식의 부족은 개인적인 혹은 직업적인 리더십에까지 악영향을 끼쳐, 남들의 감정을 읽고 공감하는 능력을 떨어뜨린다. 그들은 자신이 남들, 특히 자신이 리더로서 책임진 사람들에게 미치는 감정적 영향을 인식하지 못한다. 샘(Sam)의 이야기를 보면 이 역학을 분명히 확인할 수 있다.

마흔일곱 살의 샘은 성장세가 둔화된 한 교회의 담임목사다. 화요일 아침, 평소처럼 그는 주중 사역자 회의를 주관한다. 그가 상석에 앉고, 탁자 주위로 비서, 부목사, 중고등부 책임자, 주일학교 전도사, 찬양 리더, 행정 책임자가 빙 둘러앉는다. 모임을 여는 기도가 끝나자 샘은 지난 9개월간의 출석률 변화와 재정 상태를 브리핑한다. 회의 때마다 계속해서 나왔던 안건이지만 이번에는 샘의 태도가 심상치 않다. 그의 불편한 심기가 회의실 안의 모든 사람에게 날것 그대로 전해진다.

"지금 성장하지 못하면 어떻게 새 건물을 사서 더 많은 사람을 주님께로 인도할 수 있겠습니까?" 샘의 날카로운 물음에 장내가 쥐 죽은 듯이 조용해진다. "1월 이후로 겨우 스무 명을 전도했어요. 이런 식으로 연말까지 예순다섯 명을 전도하겠다는 목표를 달성할 수 있겠어요?"

샘의 얼굴에 짜증과 불안이 가득하다. 이윽고 샘의 비서가 겨우 용기를 내서 지난겨울에 혹한으로 두 주간 출석률이 거의 전멸했던 것이 치명적이었다는 점을 지적한다. 분명 맞는 말이었다. 하지만 샘은 훨씬 더 깊은 차원의 문제를 지적하면서 비서의 주장을 일축한다. 대놓고 말은 안 해도 샘은 저조한 출석수에 대해 사역자들을 탓하는 게 분명하다.

샘은 서슬 퍼런 질문과 명확한 데이터로 사역자들을 압박하는 것이 정당하다고 생각한다. '하나님의 자원을 잘 관리하는 청지기가 되자는 것뿐이야. 우리는 교인들의 십일조로 먹고사는 사람들이잖아. 그렇다면 밥값은 해야지. 한 푼도 받지 않고 일주일에 열 시간이 넘게 주님의 일을 하는 자원자들이 줄을 섰어.' 하지만 자신이 이토록 분노하고 싸늘한 어조로 말한다는 것이 스스로도 좀 놀랍다.

하지만 자신의 짜증이 전날 받은 이메일과 관련이 있다는 생각은 여전히 하지 못한다. 타지에 사는 누군가가 불과 십여 킬로미터 떨어진 곳에서 성장에 불을 뿜고 있는 한 개척 교회에 관한 뉴스 기사 링크를 보내왔다. 그는 샘에게 그곳의 목사를 아느냐고 물었다. 그 이메일을 읽는 즉시 샘의 속이 뒤틀리고 뒷목이 뻣뻣해졌다. 주님의 일에서 비교는 금물이라는 것을 잘 알지만 갓 태어난 교회의 승승장구에 관한 소식에 배가 아픈 것은 어쩔 수가 없다. 인정하기 싫지만 자꾸만 불안해진다. 젊은 교인들이 그 교회로 가 버릴까 두렵다.

모두에게 프로그램과 성과를 개선할 방법을 알아내지 않으면 그만둘 각오하라고 엄포를 놓은 뒤 샘은 나머지 의제를 놔두고 느닷없이 회의를 끝내 버린다. 샘은 자기인식의 결핍이 자신과 사역자들, 나아가 교회 전체에 부정적인 영향을 끼친다는 사실을 까마득히 모르고 있다.

사역을 결혼 생활이나 싱글 생활보다 더 중시한다

정서적으로 건강하지 못한 리더들도 대체로 친밀한 관계의 중요성을 인정하지만 기혼 혹은 싱글로서 자신의 삶에 관한 비전이야말로 사람들에게 자신이 줄 수 있는 최고인 선물임을 깨닫지 못한다. 대신 그들은 자신의 결혼 생활이나 싱글 생활을, 더 중요한 일을 위한 기초 정도로만 본다. 그들에게 더 중요한 일 곧 최우선 사항은 다름 아닌 사역이다. 그래서 더 나은 리더로 성장하는 데 대부분의 시간과 에너지를 쏟고 자신의 결혼 생활이나 싱글 생활을 가꾸는 일은 소홀히 한다. 이 삶을 통해 예수님의 사랑을 세상에 보여 줄 수 있다는 것을 망각한다.

정서적으로 건강하지 못한 리더들은 결혼 생활이나 싱글 생활을 리더십 및 예수님과의 관계와 분리시켜 생각한다. 예를 들어, 리더로서 중요한 결정을 내릴 때 자신의 삶에 미칠 장기적인 영향을 고려하지 않는다. 리더로서 남들을 이끄는 일에만 모든 에너지와 생각과 창조적인 노력을 쏟아붓고, 풍요롭고도 온전한 삶을 가꾸는 데는 관심조차 없다. 루이스(Luis)의 이야기를 들어 보라.

스물일곱 살의 중고등부 전도사 루이스는 작지만 빠르게 성장하는 교회를 섬기고 있다. 최근 3년 사이에 출석 교인 숫자가 150명에서 250명 가까이로 불어났다. 목요일 밤 10시가 지난 시각, 루이스는 또다시 야근을 하고 있다. 그가 가르치는 학생 성경 공부 모임이 한 시간 전에 끝났지만 그는 여전히 책상 앞에 앉아 이메일을 읽거나 보내고 있다. 그는 중고등부를 맡은 것 외에도 유례없는 출석수를 기록한 부활절 예배의 열기를 이어 가고자 새로 시작한 수많은 아웃리치 프로그램을 맡았다. 3년 전에 처음 이 교회에서 사역을 시작할 때만 해도 루이스는 살인적인 일정이 곧

느슨해질 거라고 생각했다. 하지만 결과는 전혀 그렇지 못하다. 느슨해지기는커녕 오히려 더 빡빡해졌다.

　　루이스는 자신의 일을 사랑한다. 그래서 개인적으로는 얼마든지 또다른 책임을 맡아도 상관없다. 가정이 곪아 간다는 게 문제다. 결혼한 뒤 4년 동안 아내는 누구보다도 든든한 지원군이었다. 언제나 그의 은사를 인정해 주고 하나님이 주신 소명을 좇으라고 격려해 주던 아내였다. 하지만 협조적인 태도가 최근에 바뀌기 시작했다. 심지어 아내는 그가 자신보다 일을 더 사랑하는 것 같아 일에 대해 질투심을 느낀다고까지 말했다. 그는 그저 아내가 피곤해서 그렇겠거니 하고 대수롭지 않게 생각한다. 이제 여섯 달이면 첫 아이가 세상에 나온다. 어렵게 성공한 임신이다. 아무래도 산전우울이 원인인 것 같다. 그래서 주님의 일이 얼마나 중요한지를 잠시 잊어버린 것 같다. '사람들의 영혼이 달려 있는데 내가 어찌 내 한 몸의 안위를 생각하겠어? 아내도 이 사실을 명심해야 해.' 마침내 그는 노트북을 덮고 불을 끈 뒤 나지막이 기도를 읊조린다. "하나님, 아내에게 당신의 역사를 향한 새로운 비전을 불어넣어 주세요." 그는 아내가 얼마나 상처받고 있는지 전혀 모른다.

　　하나님을 위한 일을 감당할 수 없을 만큼 많이 한다

　　정서적으로 건강하지 못한 리더들은 스스로를 너무 혹사시킨다. 이미 시간에 비해 할 일이 포화 상태에 이르렀는데도 새로운 일거리가 나타나면 기도로 하나님의 뜻을 분별하려고도 않고 무조건 받아들이고 본다. 속도를 늦춘 영성 혹은 속도를 늦춘 리더십이란 그들 사전에 없다. 다시 말해, 예수님과 함께하는 시간이 뒷받침되어야 예수님을 위한 일을 제대로 할 수 있다고 생각해 본 적이 없다.

그들에게 침묵과 고독의 시간은 사치일 뿐이다. 혹은 다른 종류의 리더들에게나 어울리는 시간이다. 자신처럼 능력이 많아 일거리가 쏟아지는 리더들에게는 어울리지 않는다. 그들의 최우선 사항은 세상을 그리스도로 물들이기 위해 자신의 조직이나 팀, 사역을 잘 이끄는 것이다. 그들에게 리더로서 가장 중요한 일을 세 가지만 꼽으라고 하면 예수님과 깊은 관계를 가꾸는 일은 절대 그 목록에 오르지 않는다. 그 결과, 그들의 삶과 리더십은 항상 분열과 고갈 상태에 빠져 있다. 이번에는 칼리(Carly)의 이야기를 들어 보자. 이 이야기를 읽다가 당신 자신이나 아는 사람의 얼굴이 떠오를지도 모른다.

서른네 살의 칼리는 800명이 출석하는 교회의 찬양 리더다. 10년 전 출석 교인이 100명이 채 못 되었을 때 자원봉사자로 찬양 사역을 처음 시작한 뒤로 이 자리까지 올라왔다. 칼리는 찬양 팀을 이끌고 주일 예배를 계획하는 것 외에도 프로그램 팀을 책임지고 있다. 십여 명의 자원봉사자와 네 명의 유급 교육자로 구성된 프로그램 팀을 이끄는 것은 여간 힘든 일이 아니지만 그녀에게는 식은 죽 먹기처럼 보인다. 오죽하면 매년 부목사 베리(Barry)가 또 다른 책임을 맡아 보라고 권할 정도다.

하지만 최근 칼리는 한계를 드러내기 시작했다. 회의에 늦는 횟수가 늘어나고 두어 번 마감일을 살짝 어겼다. 중요한 전화를 회신해 주지 않은 적도 있다. 이렇게 점점 이상 징후가 나타나고 있는데도 칼리는 사역 자체가 원활하게 진행되었기 때문에 상관없다고 말한다. 하지만 그녀도 남몰래 걱정스러웠다. '내가 속으로 죽어 가고 있는데 혹시 문제가 터지지는 않을까?'

여러 회의에 참석하고 팀원들 뒤치다꺼리하고 집안일에 시달리고 나면 기도하거나 성경을 읽을 시간도 에너지도 남아 있지 않다. 매주 장을 봐서 대충대충 요리하고 운동하고 빨래하는 것만 해도 전쟁이다. 지난 주에 받은 속도위반 딱지가 그녀의 현재 삶을 정확히 대변한다. 그렇다. 그녀의 삶은 너무 빠르다. "교회를 세우고 남들을 주님께로 이끄느라 눈 코 뜰 새조차 없어요. 그렇게 정신없이 동분서주하는 사이에 정작 제 자신이 예수님을 잃어버린 것 같아요. 주님과 다시 가까워지고 싶어요." 최근 칼리가 베리에게 털어놓았다.

베리는 진심으로 안타까워하며 도움이 될 만한 책을 몇 권 추천해 주고, 교회에서 비용을 댈 테니 찬양 인도자 훈련 컨퍼런스에 참석하는 게 어떻겠냐고 제안했다. 제 아무리 좋은 책과 컨퍼런스라도 칼리의 삶 이면에 있는 근본적인 문제를 해결할 수는 없다. 하나님을 위해, 남들을 위해, 무엇보다도 그녀 자신을 위해 삶의 속도를 늦추는 것만이 답이다.

일과 안식의 리듬이 부족하다

정서적으로 건강하지 못한 리더들은 안식일을 지키지 않는다. 다시 말해, 24시간 동안 모든 일을 그만두고 쉬면서 하나님의 선물을 즐기는 시간이 없다. 그들에게 안식일은 중요하지 않은 선택 사항이며, 심지어는 케케묵은 전통에서 비롯한 부담스러운 율법주의일 뿐이다. 그런가 하면 성경적인 안식일과 단순한 휴일을 혼동하기도 한다. 그래서 카드 청구서를 처리하거나 장을 보는 것처럼 돈 벌기와 상관없는 일을 하는 게 곧 '안식'이라고 말한다. 그들은 안식일을 지키더라도 불규칙적으로 지킨다. 먼저 모든 일을 마쳐 쉴 권리를 '얻어야' 한다고 생각하기 때문이다. 존(John)

의 이야기에서 이런 역학을 확인할 수 있다.

쉰여섯 살의 존은 60개 이상 교회를 관장하는 총회 리더다. 그는 매주 안식일은 고사하고 몇 년 동안 진정한 휴가를 가져 본 적이 없다. 이메일을 확인하거나 글을 쓰는 것조차 하지 않는 진짜 휴가 말이다. 어느 이른 토요일 아침, 그가 밀린 이메일을 처리하고 원래 지난주까지 마쳐야 하는 월례 보고서를 작성하기 위해 사무실로 달려가기 전 잠깐 시간을 내서 오랜 지기인 크레이그(Craig) 목사와 마주앉아 커피를 마시고 있다.

"존, 얼굴이 무척 피곤해 보여요. 하루를 제대로 쉰 적이 도대체 언제예요?"

"천국에 가면 원 없이 쉴 텐데요, 뭘. 삼십 년 전에 제 신학교 교수님이 그렇게 말씀하셨죠. 하나님은 밤낮없이 일하시지 않습니까? 그런데 우리가 어찌 감히 잠시라도 엉덩이를 붙일 수 있겠어요. 그렇지 않나요?"

말은 그렇게 해도 존의 몰골은 쓰러지기 직전처럼 보인다.

"하여간, 일을 사랑하는 것은 알아줘야 해요. 그런데 말이에요, 일 말고도 좋아하는 게 없나요?"

고개를 푹 숙인 채 아무 말도 하지 않던 존이 조용히 입을 연다.

"그런 생각을 해 본 지가 너무 오래됐어요. 도무지 조용히 생각할 시간이 있어야 말이죠. 그래서 무슨 말을 해야 할지 모르겠군요."

또 다시 긴 침묵이 흐른 뒤 존이 다시 이렇게 덧붙인다.

"하지만 어쩔 수 있나요? 내가 아는 모든 목사님과 총회 리더들이 다 이렇게 일하는걸요."

"꼭 그래야겠어요?" 크레이그가 사람 좋은 미소를 지으며 말한다.

"목사님 말씀이 맞아요. 아무래도 월요일마다 쉬도록 해야겠어요."

한 시간 뒤 사무실에서 달력을 본 존은 이후 여섯 번의 월요일 중 다섯 번이 일정으로 꽉 찬 것을 확인한다. '그럼 그렇지. 휴식은 무슨. 지금 일주일에 한 번씩 쉬는 것은 꿈같은 얘기야. 나중에나 기회를 봐야겠어.' 하지만 앞으로도 계속해서 기회가 생기지 않을 가능성이 높다. 가끔 불규칙적으로 쉬는 것만으로는 건강한 리더가 되기 위한 충전이 불가능하다. 그러면 개인적으로만 손해가 아니라 그의 팀과 교회로서도 큰 손해다.

이번 장의 첫머리에서, 정서적으로 건강하지 못한 리더 하면 누가 생각나느냐고 물었던 것이 기억나는가? 어떤가? 지금까지 탐구한 네 가지 특징들은 당신이 처음 생각했던 특징들과 일치하는가? 당신 자신에게서 이런 모습이 보이는가? '대부분이 내게 해당되는 얘기야'라고 생각되는가? 아니면 다소 회의적인 생각을 하고 있는가? '리더의 자리라는 게 다 그렇지. 내 주위에는 방금 전에 살핀 사람들보다 훨씬 더 건강하지 못하면서도 리더로서 두각을 나타내는 사람이 많아.' 이 특징들이나 이야기들이 당장은 심각해 보이지 않지만 이런 건강하지 못한 행동들을 계속해서 방치하면 리더 자신은 물론이고 그가 섬기는 사역들도 톡톡히 대가를 치를 것이다.

건강하지 못한 리더십은 장기적으로 교회 건강에 치명적이다. 이 말에 동의하는 사람이라면 스스로에게 이런 질문을 던질 수밖에 없다. "그렇다면 왜 우리는 건강하지 못한 패턴을 계속해서 버리지 못하는가?" 교회와 교회의 리더들이 건강한 리더십을 원하고 그런 리더십을 얻기 위해서라면 뭐든 하리라고 생각하는가? 하지만 현실은 전혀 그렇지 못하다. 교회 리더십 문화에는 오히려 건강한 리더십을 격렬하게 거부하는 요소들이 있다. 정서적으로 건강한 리더십을 추구하면 반드시 '아군의 포격'을 만난다. 내가 교회 리더십의 건강하지 못한 네 가지 계명이라고 부르는 것과 치열한 전투를 벌여야 할 것이다.

당신의 리더십은 얼마나 건강한가?

정서적으로 건강하지 못한 리더라고 해서 다 같은 게 아니다. 가벼운 증상부터 중증까지 다양하며, 인생과 사역의 계절에 따라 상태가 변할 수 있다. 다음 검사를 통해 지금 당신의 리더십을 점검해 보라. 각 항목 옆에 당신의 상태에 해당하는 숫자를 적으라.

(5 = 항상 그렇다 / 4 = 자주 그렇다 / 3 = 가끔 그렇다 / 2 = 거의 그렇지 않다 / 1 = 전혀 그렇지 않다)

_____ 1. 충분한 시간을 내서 분노와 두려움, 슬픔 같은 격한 감정을 표출하고 다스린다.

_____ 2. 윗대의 문제가 내 관계와 리더십에 어떤 긍정적인 영향과 부정적인 영향을 끼치는지 안다.

_____ 3. (기혼) : 시간과 에너지를 사용할 때 리더 역할보다 가정을 더 중시하는 게 나타난다.

_____ (싱글) : 시간과 에너지를 사용할 때 리더 역할보다 싱글로서의 삶을 더 중시하는 게 나타난다.

_____ 4. (기혼) : 예수님과의 연합이 배우자와의 연합으로 이어지고 있다.

_____ (싱글) : 예수님과의 연합이 친구 및 가족들과의 친밀함으로 이어지고 있다.

_____ 5. 아무리 바빠도 고독과 침묵의 영적 훈련을 꾸준히 실천한다.

_____ 6. 남들을 섬기기만 하지 않고 하나님과의 교제를 즐기기 위해 주기적으로 성경을 읽고 기도한다.

_____ 7. 매주 안식일, 곧 24시간 동안 모든 일을 멈추고 쉬면서 하나님이 주신 많은 선물을 즐기는 날을 지킨다.

_____ 8. 안식일을 내 개인적인 삶과 리더로서의 삶에 꼭 필요한 영적 원칙으로 여긴다.

_____ 9. 계획을 세우고 결정을 내릴 때는 충분히 시간을 내서 기도하고 고민한다.

_____ 10. 출석률 증가, 프로그램의 질, 세상 속에서의 영향력 확대 같은 척도보다는 하나님 뜻을 잘 분별하고 행하느냐를 계획과 의사 결정의 성공 기준으로 여긴다.

_____ 11. 내가 맡은 사람들의 영적 삶을 돌보는 일에 정해진 시간을 꾸준히 투자한다.

_____ 12. 팀원들과 성과나 행동에 관한 부담스러운 대화를 회피하지 않는다.

_____ 13. 나 자신과 다른 리더들의 권한 사용에 대해 할 말은 꼭 한다.

_____ 14. 공과 사를 구분할 줄 안다. 예컨대, 팀원 중 자신의 친구나 가족이 있는 경우.

_____ 15. 실패와 실수를 피하려고 하지 않고 하나님 역사의 중요한 일부로 받아들인다.

_____ 16. 프로그램이나 일꾼이 나와 맞지 않을 때는 충분히 기도하고 고민한 뒤에 과감하고도 예의 있게 포기할 줄 안다.

잠시 당신의 답을 검토해 보라. 무엇이 가장 눈에 들어오는가? 이 점수가 절대적으로 맞는 것은 아니지만 이번 장의 끝에 당신의 현재 상태를 파악하는 데 도움이 될 만한 설명을 실어 놓았다.

다행히 지금 어떤 상태든 얼마든지 더 건강한 리더로 발전할 수 있다. 하나님은 우리의 몸이 늘 변하도록 창조하셨다. 심지어 90세가 넘어서도 계속해서 변한다! 따라서 당신의 리더십이 현재 심각한 수준이라 해도 낙심할 까닭은 없다. 나 같은 사람도 숱한 실패를 통해 배우고 성장했으니 당신도 얼마든지 정서적으로 건강한 리더로 발전할 수 있다.

교회 리더십의 건강하지 못한 네 가지 계명

어느 가정에나 '계명' 그러니까 해도 되는 것과 해서는 안 되는 것에 대한 암묵적인 규칙이 존재한다. 어릴 적에 우리는 집안에서 자연스럽게 이런 규칙을 따른다. 우리의 가정이 따뜻하고 안전하고 서로를 존중하는 곳이라면 공기를 마시듯 그런 특성이 몸에 밴다. 그런 특성에 따라 우리 자신을 바라보고 세상과 상호작용한다. 우리의 가정이 냉담과 수치, 무시, 완벽주의가 흐르는 곳인 경우에도 그런 특성이 몸에 배고, 그런 특성에 따라 우리 자신을 바라보고 세상을 살아간다.

마찬가지로, 지금 우리는 리더십에 관한 건강하지 못한 암묵적 계명에 따라 움직이는 교회 안에서 태어났다. 이런 계명의 낙인을 지워 버려야 정서적으로 건강한 리더가 될 수 있다.

건강하지 못한 계명 1 : 더 크고 더 좋지 않으면 성공이 아니다

우리는 대부분 외적인 모습에 따라 성공을 판단하라고 배우며 자랐다. 그래서 교회는 주로 출석률, 세례 교인, 등록 교인, 일꾼, 소그룹의 숫자, 헌금 액수 같은 기준으로 성패를 이야기한다. 단, 정확히 알고 넘어가자. 숫자 자체는 나쁜 것이 아니다. 사실, 사역의 영향력을 수량화하는 것은 본디 성경적인 방식이다. 알다시피 예수님은 '모든' 나라를 제자로 삼으라고 명령하셨다. 사도행전은 복음의 영향력을 숫자로 표시하곤 한다. 예컨대 약 3천 명이 세례를 받았고(행 2:41) 약 5천 명이 예수님을 믿었으며(행 4:4) 수많은 남녀가 주님께로 나아왔다(행 5:14). 아예 제목 자체가 숫자를 의미하는 민수기란 책도 있다. 나와 내가 아는 모든 목사는 그리스도를 위해 수적으로 성장하기를 원한다.

하지만 조심해야 한다. 숫자를 대하는 태도가 잘못될 수 있다. 숫자를 사용해 남들과 비교하거나 자기 교회의 몸집을 자랑하면 선을 넘은 것이다. 그 옛날 다윗 왕은 요압에게 모든 군사의 인구 조사를 명령했다. 그런데 그 바람에 그의 리더십이 곤두박질했다. 교만에 빠져 하나님이 아닌 군대 크기에 믿음을 두었기 때문이다. 숫자에 초점을 맞추는 것은 우상숭배나 다름없었다. 결국 하나님은 이 죄를 물어 온 이스라엘에 무시무시한 역병을 보내셨다(대상 21장, 삼하 24장). 그때 죽은 사람이 자그마치 7천 명이다.

세상은 수적인 성장을 힘과 동일시한다. 숫자는 절대적인 가치다. '무조건' 클수록 좋다. 대기업 회장이 1인 기업 사장보다 훨씬 존경을 받는다. 백만장자와 생활보호 대상자는 어딜 가나 다른 대접을 받는다. 교회에서도 어떤 규모의 팀이나 사역을 이끄느냐에 따라 사람들의 시선이 달라진다.

문제는 우리가 숫자를 센다는 사실 자체가 아니다. 클수록 좋다는 세상 논리를 그대로 받아들였다는 것이 문제다. 언제부터인가 우리는 '오직' 숫자만을 세기 시작했다. 크고 좋지 않으면 무조건 실패로 여기기 시작했다. 이런 숫자 놀음의 한복판에서 '내적' 상태에 대한 성경의 가치가 실종되었다. 하지만 세상에서 실패라 말하는 것이 반드시 하나님 나라에서도 실패인 것은 아니다.

예컨대, 요한복음 6장 시작 부분에서 예수님은 놀라운 가르침을 펼치고 5천 명을 먹이셨다. 누가 봐도 엄청난 성공이었다. 그런데 불과 몇 구절 뒤를 보면 숫자 측면에서는 완전히 실패한 것을 확인할 수 있다. "그때부터 그의 제자 중에서 많은 사람이 떠나가고 다시 그와 함께 다니지 아니하더라"(요 6:66). 하지만 예수님은 머리를 쥐어짜며 자신의 설교 전략에 의문을 품지 않으셨다. 예수님은 분명 아버지의 뜻대로 행하셨기 때문에 더없이 당당하셨다. 하나님의 역사에 대한 그분의 시각은 우리 시각보다 훨씬 더 넓었다.

무조건 크고 좋아야만 성공이 아니다.

예수님의 가르침은 우리가 그분 안에 거하는 '동시에' 많은 열매를 맺어야 한다는 것이다(요 15:1-8을 보라). 열매냐 예수님 안에 거하는 것이냐, 둘 중 하나만 선택하는 문제가 아니다. 또한 예수님 안에서 풍성한 열매를 거두는 모습은 리더 각자의 소명에 따라 달라진다. 하루 종일 수도원에 갇혀 기도를 드리는 수도사는 나처럼 뉴욕 시티에서 교회를 이끄는 목사와는 다른 종류와 다른 양의 열매를 맺을 수밖에 없다.

이 주제에 관한 가장 좋은 성경 구절은 누가복음 10장이 아닐까 싶다. 예수님은 72명의 제자를 두 명씩 짝지어 파송하셨다. 엄청난 수적 결과를 얻고 예수님의 이름으로 귀신을 쫓아 낸 그들은 돌아와서 잔뜩 흥분한 얼굴로 보고를 했다. 그런데 예수님은 그들의 성과를 인정하면서도 더 중요한 사실을 일깨워 주셨다. "그러나 귀신들이 너희에게 항복하는 것으로 기뻐하지 말고 너희 이름이 하늘에 기록된 것으로 기뻐하라"(눅 10:20). 다시 말해, 그분을 '위한' 성과가 아니라 그분'과의' 관계로 인해 기뻐하라![1]

그렇다면 '클수록 좋다'의 계명을 어떻게 거부할 수 있을까? 내가 볼 때 유일한 방법은 예수님과 깊은 사랑의 연합을 이루기 위해 삶의 속도를 늦추고(4장에서 더 자세히 살펴보자) 자기기만에 빠지지 않도록 도와줄 친구들을 사귀는 것이다. 클수록 좋다는 생각이 들 때면 나는 스스로에게 이렇게 질문하곤 한다. "이 성장의 비전이 내 야망에서 나온 것인가? 아니면 주님의 입에서 나온 것인가?"(렘 23:16-20을 보라)

건강하지 못한 계명 2 : 내적 상태보다 외적 행위가 더 중요하다

성과도 물론 중요하다. 제직회 회원, 목사, 사역 팀이나 소그룹 리더, 찬양 팀원, 안내위원, 자원봉사자, 기업 경영자, 누구든 맡은 바 임무를 해내는 능력과 기술은 매우 중요하다. 따라서 이런 기술을 갈고 다듬는 노력이 필요하다.

하지만 우리 내면이 어떤지가 어떤 성과를 내느냐보다 더 중요하다. 왜일까? 우리 안에 있는 예수님의 사랑이 남들에게 줄 수 있는 최고의 선물이기 때문이다. 우리가 어떤 사람인가? 특별히, 우리가 얼마나 열심히 사랑하고 있는가? 이것이 우리의 성과보다 주변 사람들에게 훨씬 더 크고도 오래가는 영향력을 발휘한다. 하나님과 '함께하는' 사람이 하나님을 '위해서 일하는' 사람을 결국 이기게 되어 있다. 자신이 가지지 못한 것을 남에게 줄 수 없는 법이다. 오직 가진 것만을 줄 수 있다.

영적 변화와 그리스도와의 동행에 관해 감동적인 설교를 전하는 것도 좋다. 유명한 저자의 말을 인용해도 좋다. 성경에서 길어 올린 귀한 진리를 블로그와 트위터로 전해도 좋다. 하지만 이 진리를 말로만 외칠 뿐 삶으로 살아내지 못하고 이 진리를 통해 먼저 변화되지 못하면 우리가 섬기는 사람들의 영적 변화가 더뎌진다. 아무런 변화도 나타나지 않는다는 말이 아니다. 다만, 큰 변화는 기대하지 않는 게 좋다는 말이다.

정말이다. 내가 직접 경험해 봐서 잘 안다.

목회 초기에 나는 스스로도 실천하지 못하는 설교를 자주 했다. 그러면서 속으로 이렇게 스스로를 정당화했다. '매주 가르치는 진리를 모두 실천하고도 리더로서의 모든 책임을 완벽히 해내는 사람이 어디 있겠어?' 나는 내면을 열심히 가꾸지도 못했고 윗대의 문제가 리더로서 나의 자질에 어떤 악영향을 끼쳤는지 진지하게 고민하지도 않았다. 성숙한 멘토나 상담자와 마주앉아 내 표면 아래의 문제점을 들여다볼 용기도 여유도 없었다. 성과를 내고 교회를 키우느라 정신이 없었다. 내 은사를 사용하여 열매를 맺기만 하면, 내면의 삶이야 혼란과 걱정으로 가득 차든 말든 상관없다고 생각했다.

하지만 오산도 그런 오산이 없었다. 내적인 삶은 결국 외적인 사역에 그대로 나타났다. 당연히 그럴 수밖에. 하나님과의 내적 관계가 하나님을 위한 일보다 중요하다는 사실을 애초에 모르면 더더욱 그럴 수밖에 없다.

예수님은 공생애의 '일'을 시작하시기 전에 먼저 아버지의 사랑받는 자라는 '정체성'을 확고히 갖추셨다. 이 땅에서의 처음 30년 동안 예수님은 딱히 대단한 일을 하시지 않았다. 하지만 공생애가 시작되기도 전에 아버지는 아들을 인정하셨다. "너는 내 사랑하는 아들이라. 내가 너를 기뻐하노라"(눅 3:22).

예수님이 광야에서 40일을 금식한 뒤 사탄에게 받은 세 가지 시험은 바로 이런 내적 상태와 외적 행위의 문제를 겨냥한 시험이었다(마 4:1-11). 세 시험 중 둘은 "네가 만일 하나님의 아들이어든…(뭔가를 하라)"로 시작된다. 세 번째 시험은 "내게 엎드려 경배하면" 상을 주겠다는 것이었다. 사탄은 예수님이 하나님과 함께하는 상태가 아닌 하나님을 위한 행위를 삶과 사역의 기초로 삼게 만들려고 했다. 분명 지금도 사탄은 모든 리더를 이렇게 시험하고 있다. 이 시험에 굴복해서 하나님이 시키시지도 않은 일을 마구잡이로 벌이면 점점 아버지의 사랑에서 멀어진다.

어떻게 해야 이 계명의 영향력을 떨쳐 낼 수 있을까? 나를 따라해 보라. "외적인 성과가 중요하다. 하지만 내적인 상태가 훨씬 더 중요하다." 명심하라. 예수님의 우선사항은 아버지와 함께하는 것이었다. 당신이 지금 하나님을 위해서 하는 일의 정도가 현재 그분과 맺고 있는 관계의 수준으로는 감당하지 못할 만큼 벅찬 상태일지도 모른다. 그에 관한 내적 신호(예컨대, 불안이나 짜증, 성급함)를 유심히 살피라. 하나님의 얼굴을 구하고 매일 그분의 뜻을 행하는 것을 인생의 최우선 사항으로 삼으라.

건강하지 못한 계명 3 : 피상적인 영성이라도 괜찮다

오랫동안 나는 잘못 생각해 왔다. 누구든 교회에 나와서 설교를 들으면 변화를 받을 것이라고 생각했다. 대중 예배에서 열정적으로 그리스도를 찬양하는 찬양 리더는 집에서도 늘 찬양을 하리라 생각했다. 모든 목사와 행정 책임자, 선교사, 교회 제직들, 선교단체 사역자들이 늘 예수님과의 깊은 관계를 추구하리라고 생각했다.

하지만 모두 잘못된 생각이었다. 그래서 이제는 속단하지 않는다. 대신 묻는다. 리더들에게 하나님과의 관계를 어떻게 가꾸는지 묻는다. "프로그램을 준비할 때 외에 어떤 식으로 성경을 공부합니까? 하나님과 단 둘이 보내는 시간을 언제 어떻게, 그리고 얼마나 많이 갖나요?" 세상의 목사들과 크리스천 리더들에게 이런 질문을 던질수록 가슴이 답답해진다. 좋은 답을 내놓는 리더들은 가뭄에 콩 나듯 드물기만 하다.

자원봉사자든 유급 봉사자든 리더들이 일만 제대로 하면 다들 만족한다는 게 문제다. 사역이 성장하기만 하면 다들 얼굴에 웃음꽃이 핀다. "일만 잘하면 되지 그리스도와의 관계가 피상적이든 아예 없든 무슨 상관인가." 그렇지 않다. 사람들을 끌어모으고 일을 야무지게 한다고 해서 교회나 사역을 제대로 세우고 있다고 말할 수는 없다. 사람들을 예수님과의 친밀한 관계로 이끌지 않으면 모두가 헛수고다.

하나님은 사무엘에게 이렇게 말씀하셨다. "내가 보는 것은 사람과 같지 아니하니 사람은 외모를 보거니와 나 여호와는 중심을 보느니라"(삼상 16:7). 따라서 겉만 보지 말고 우리 자신부터 마음에 더 신경을 써야 한다.

역사 속에서 사례를 찾아보자. 7세기 아라비아와 북 아프리카의 교회는 번영하는 듯 보였다. 그 교회는 1세기로 거슬러 올라가는 유구한 역사를 지니고 있었다. 신학적으로도 탄탄했고, 유명한 리더와 주교들을 배출했으며, 세상 속에서 무시하지 못할 영향력을 발휘했다. 하지만 이슬람교가 쳐들어오자 모든 교회가 순식간에 궤멸했다. 교회 역사가들은 이 교회가 피상적인 영성 위에 세웠진 탓에 새로운 종교의 맹렬한 공격을 견뎌 낼 수 없었다고 입을 모은다. 지역교회들이 의견을 달리하는 사람들 속에도 계신 예수님을 보지 못하고 사소한 교리 차이로 갈가리 찢어졌다. 나아가, 그 교회들은 성경을 모국어인 아랍어로 번역하지 않았다. 그 결과, 출석률은 높고 재정은 탄탄했지만 성도들은 그리스도 안에 깊이 뿌리를 내리지 못했다. 이렇게 영적 기초가 약했기 때문에 무자비한 이슬람교의 공격에 교회들은 추풍낙엽처럼 순식간에 무너져 내렸다.[2]

이 치명적인 잘못된 계명의 유혹을 어떻게 뿌리쳐야 할까?

속도를 늦춰야 한다. 교회 역사 속 리더들의 관상 전통과 저술에서 배워야 한다. 예수님의 복음을 주변 세상에 전하려고 애쓰는 동시에 국경을 넘어 세상의 다른 영역에 있는 신자들에게서 고독과 침묵 훈련에 관해 배워야 한다.

건강하지 못한 계명 4 : 성과가 있다면 괜한 분란을 일으키지 말라

BC 6세기 말, 예레미야 선지자는 거짓 평화와 안전을 모른 체하는 국가 리더들을 비판했다. "그들이 내 백성의 상처를 가볍게 여기면서 말하기를 평강하다 평강하다 하나 평강이 없도다"(렘 6:14). 어떤가? 우리와 너무도 비슷하지 않은가? 이 고대의 리더들은 괜한 분란을 일으키기 싫어 대립을 피하고 심지어 문제의 존재 자체를 부인했다.

수천 년 뒤에도 이런 상황은 별로 변한 게 없다. 현대 교회의 문화는 거짓 평화와 피상의 문화라고까지 말할 수 있다. 우리는 갈등을 뭔가 잘못되었다는 신호로 보아 어떻게든 피하려고만 한다. 부담스러운 문제를 무시하고 거짓 평화에 만족한 채 문제가 저절로 없어지기만을 바란다. 모두 헛된 바람일 뿐이다.

나는 신속하고도 직접적으로 다뤘어야 하는 사역자 문제를 오랫동안 회피해 왔다. 엉성한 준비부터 교인들과의 거리감과 정죄 의식, 하나님과의 소원함, 가정 문제까지 바로잡아야 할 문제가 한두 가지가 아니었다. 그런데도 교회가 계속해서 굴러가게 만드는 것이 최우선이라고 생각했다. 괜히 문제를 바로잡겠다고 나섰다가는 잘 달리는 열차가 멈출 것만 같았다. 하지만 거짓과 껍데기로는 하나님 나라를 세울 수 없다는 사실이 곧 분명해졌다. 내가 무시했던 문제들이 나중에는 눈덩이처럼 불어나 나를 온통 뒤엎었다. 당장 부담스럽다 해도 회피하고 싶은 유혹을 떨치고 지적할 건 지적하고 바로잡을 건 바로잡아야 한다. 그렇지 않으면 교회가 나중에 훨씬 더 큰 대가를 치를 것이다.

사도 베드로는 부흥의 한복판에서도 주저 없이 현재 상태를 뒤흔들었다. 그는 아나니아와 삽비라 부부의 거짓을 대놓고 지적했다(행 5:1-11). 사건의 전말은 이러했다. 바나바가 밭을 판 돈을 전부 교회에 바치자 이에 질세라 아나니아와 삽비라 부부도 재산을 팔아 헌금했다. 하지만 한 가지 차이점이 있었다. 아나니아와 삽비라 부부는 돈의 일부를 몰래 뒷춤에 감추고는 전부를 내놓은 것처럼 굴었다. 심지어 추궁을 당하자 거짓말까지 했다. 그들은 썩은 내면을 그럴 듯하게 포장했고, 결국 목숨으로 대가를 치렀다. 교회 한가운데서 즉사했다. 이는 충격적인 이야기지만 리더들에게 대립과 부담스러운 대화를 피하지 말고 과감히 다뤄야 한다는 사실을 더없이 분명하게 가르쳐 준다.

베드로가 괜한 분란을 일으키기 싫어 이런 거짓말을 그냥 모른 체했다면 이 5천 명의 교회가 어떻게 되었을까? 거짓의 구름이 교회 전체를 시꺼멓게 뒤덮지 않았을까? 과연 사도행전에서처럼 이 교회를 통해 성령님의 강한 역사가 나타났을까? 성령님이 소멸되고 교회의 확산이 멈추지 않았을까? 다행히, 이런 상상을 할 필요가 없다. 베드로가 거짓 평화를 참 아 주지 않은 덕분에 교회의 기초가 든든히 섰다.

자, 이런 계명을 인식하고 거부하는 것이 왜 그토록 중요한지 이제 알겠는가?

교회 리더들이 이런 잘못된 암묵적 계명에 조금이라도 순응한다면 장기적이고도 참혹한 결과가 나타날 수밖에 없다. 육체적 영적 정서적 관 계적으로 우리 자신을 망칠 것이다. 가족과 친구들도 우리의 관심과 시 간 중 찌꺼기만을 받을 테니 역시 손해다. 우리가 섬기는 사람들과 나아 가 주변 세상도 피해를 입는다. 우리가 그들을 영적 정서적 성숙으로 이 끌 수 없고, 그렇게 되면 그들이 주변 세상에 자신의 삶을 내어 줄 수 없 기 때문이다. 내가 이런 계명을 진작 알고서 거부했더라면 불필요한 고통 과 시간 낭비를 많이 줄였을 것이다.

정서적으로 건강한 리더가 되려면 시간이 걸린다

그렇다면 이제 어떻게 해야 하는가?

이 책의 나머지 부분은 정서적으로 건강한 리더가 되기 위한 여행으 로의 초대다. 예수 그리스도를 위해 세상 속에서 정서적으로 건강한 사역 을 하는 리더가 되는 것은 결코 만만한 일이 아니다. 이 길을 나서면 적잖 은 혼란과 두려움, 슬픔을 각오해야 한다. 내가 직접 겪어 봐서 잘 안다. 필시 내면에서 다음과 같은 비난과 자기방어의 목소리가 들려올 것이다.

네가 무슨 짓을 하고 있는지 알아?

이 길로 가면 어떻게 되는 줄 알고서 시작한 거야?

어디 한번 정서적으로 건강해져 봐. 그래봐야 아무도 알아주지 않고, 교회만 반 토막이 날 거야.

왜 그런 리더십을 추구하려는 거야? 다른 리더들은 그런 시도를 하지 않고도 잘만 하고 있어!

인정할 건 인정해. 너에겐 맞지 않아.

지금 당장은 시간이 없어. 나중에 상황이 좀 진정되면 시도해.

이런 목소리를 너무도 잘 안다. 부디 귀를 기울이지 말기 바란다. 하나님은 당신에게 불가능한 것을 요구하시지 않는다. 단지 한 번에 한 발자국씩, 한 번에 하루씩만을 원하실 뿐이다. 하나님은 성장과 변화에 시간이 필요함을 잘 알고 계신다. 내 경험상 간단한 변화라도 완전히 몸에 익기까지 수년이 걸리는 경우가 많다. 하나님은 당신이 리더로서 처한 상황과 난관을 아신다. 그래서 그 난관을 이겨 낼 뿐 아니라 그 난관으로 인해 더 강한 리더로 성장하게 도와주신다. 이 여행이 때로는 외롭게 느껴질 수도 있다. 하지만 그것조차도 하나님을 기다리고 신뢰하는 법을 가르치기 위한 하나님의 훈련 과정일 수 있다. 당신이 다음 단계를 밟을 수 있도록 하나님이 적시에 적절한 사람과 자원을 보내 주실 것이다. 하나님은 '항상' 내게 그렇게 해 주셨다. 아울러 함께 기도하며 밀고 끌어 줄 사람들을 이 여행으로 초대하라.

무엇보다도, 당신 안에 계시는 성령님이 당신을 모든 진리로 인도하시고 초자연적인 힘을 주신다는 사실을 늘 기억하라. 리더로서 눈앞의 난관을 극복할 성숙함이나 지혜, 인격이 부족해서 포기하고 싶었던 순간들이 기억난다. 그때마다 하나님은 내게 중요한 사실을 상기시키셨다. "두려워하지 말며 ⋯ 사람으로는 할 수 없으되 하나님으로는 그렇지 아니하니 하나님으로서는 다 하실 수 있느니라"(수 1:9, 막 10:27).

잔소리는 이쯤 하고, 이제 시작해 보자.

배움과 변화의 다섯 단계 과정

위대한 교육 심리학자 벤저민 블룸(Benjamin Bloom)은 여러 사상가들과 함께 사람들이 여러 분야에서 어떤 식으로 배우는지 하나의 모델로 정립했다. 이 모델은 지난 60년 동안 계속해서 개선되었으며, 지금까지도 여러 국가의 교육 시스템에서 표준으로 사용되고 있다.[3] 블룸은 가치를 아는 혹은 '체득하는' 과정을 다섯 단계로 분류했다. 우리는 주로 두 가지 방식 중 하나로 생각한다. 즉 뭔가를 알거나 모른다. 예컨대, 베푸는 것이 중요하다는 사실을 알거나 모른다. 그런데 새로운 가치를 진정으로 체득하기까지 꽤 시간(여러 작은 단계들)이 걸린다는 점을 이해하지 못하는 사람이 많다. 정확히 말해, 다섯 단계로 분명히 구별된 과정을 거쳐야 한다.[4]

내가 예수님과 더 많은 시간을 보내기 위해 느린 삶이라는 가치를 얻은 과정을 예로 들어 보자.

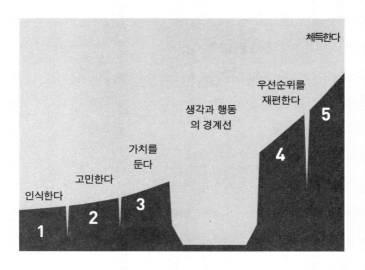

1. 인식한다 : "속도를 늦추는 것이 좋지 않을까?" 개인적인 삶과 내 리더십이 삐거덕거리던 1994년 이 개념을 처음으로 진지하게 생각했다.

2. 고민한다 : "속도를 늦추는 것에 관해 자세히 알고 싶다." 1996년 정서적인 건강을 향한 여행을 시작할 때 속도를 늦추는 것에 관한 책과 설교를 많이 접하고 나 스스로도 그런 설교를 많이 했다.

3. 가치를 둔다 : "속도를 늦추는 것이 중요하다고 진심으로 믿는다." 안식일, 고독, 하나님과 단 둘이 보내는 무박 수련회 같은 새로운 습관들을 조금씩 시도했지만 수년 동안 내 행동은 근본적으로 변하지 않았다.

4. 우선순위를 재편한다 : "속도를 늦춰 예수님과 함께하기 위해 삶 전체를 재편하겠다." 2003-2004년 두 번째 안식을 가졌을 때 이 새로운 가치를 흡수하기 위해 4개월에 걸쳐 내 시간과 노력, 일정의 우선순위를 재편했다. 덕분에 실제로 이 가치에 따라 살고 사람들을 이끄는 습관이 자리를 잡기 시작했다. 그야말로 삶의 물줄기가 바뀌기 시작했다.

5. 체득한다 : "내 모든 결정과 행동을 이 새로운 가치에 따라 하겠다." 우선순위를 재편하기 시작해서 이 가치가 실제로 내 몸에 완전히 배기까지는 또다시 6-8년이 걸렸다. 이 가치를 목회에 반영하기 위해 무던히도 노력했다. 지금도 가끔씩 실패하긴 하지만 매사에 속도를 늦춰 예수님과 함께해야 한다는 생각으로 임한다. 나나 주변 사람들이 이 가치를 어기면 내 온몸이 즉각 반응한다.

리더십의 건강 상태 평가에 대한 설명

리더십 평가를 해 봤다면 다음의 설명이 현재 리더십 상태를 이해하는 데 도움이 될 것이다.

대부분 1-2점을 받았다면 당신의 리더십은 건강한 쪽보다 건강하지 못한 쪽에 가깝다. 정서적으로 유아 수준에 머물러 있다. 좀 심한 말처럼 들리는가? 그렇다면 당신만 그런 것이 아니라는 사실이 위로가 될지도 모르겠다. 나는 17년간 예수님을 믿고 신학교를 나온 뒤 8년간 목사 노릇을 하고도 여전히 이 수준에 머물러 있었다. 내가 지도하는 목사들도 대부분 같은 처지다. 영적 정서적 어른으로 성장하려면 며칠이나 몇 달이 아니라 몇 년, 심지어 몇 십 년이 걸린다. 그러니 긴장을 풀라. 당신만 그런 게 아니다.

대부분 2-3점을 받았다면 당신은 이미 이 여행을 시작한 것이다. 하지만 아직은 정서적으로 청소년 수준에 머물러 있다. 당신의 신앙생활은 주님과 함께 있는 상태보다 주님을 위해 일하는 것에 더 초점이 맞춰져 있다. 그런 상태가 영혼에 끼치는 영향을 느끼고 있다. 하지만 아직 개인적인 가치(예를 들어, 예수님과 함께하기 위해 삶의 속도를 늦추거나 결혼 혹은 싱글 생활의 우선순위를 재편하는 것)를 리더십에 적용하고 있지는 않다. 자신의 장단점과 한계를 꽤 알고는 있지만 이 분야에서 좀 더 노력이 필요하다. 당신의 팀과 사역의 수준을 한 차원 더 끌어올리기 위해 내적 삶을 어떻게 가꿀지 고민해 보라. 이 책을 읽으면서 개인적으로 또한 리더로서 큰 도전을 받기 바란다.

대부분 4-5점을 받았다면 당신의 리더십은 건강한 축에 속한다. 정서적으로 어른의 상태다. 리더로서 자신의 장단점과 한계를 정확히 알고 있다. 굳이 생각하지 않아도 믿음과 가치대로 행동할 수 있다. 기혼일 경우에는 아내, 친구, 가족과의 관계를 잘 챙기고 있다. 리더가 무엇인지, 주변 세상과 어떻게 상호작용할지를 잘 알고 있다. 하나님을 위한 일과 그분과 함께하는 상태가 꽤 균형을 이룬다. 이 원칙들을 삶과 리더십에 적용하면서 당신 자신과 당신이 이끄는 사람들에 관해 더 분명하고도 깊은 통찰을 얻기 바란다.

내적 삶의
기초를
재정비하라

Emotionally Healthy

Leader

교회나 조직, 사역을 잘 이끌어 세상을 변화시키는 리더로 우뚝 솟으려면 최신 리더십 기법이나 전략만으로는 어림도 없다. 교회와 조직의 근본적인 변화는 근본적으로 변화된 내적 삶을 통해 이끄는 남녀를 필요로 한다. 우리는 외적인 행동이 아니라 내면의 모습으로 사람들을 이끌어야 한다. 진정으로 중요한 것은 겉으로 드러난 행동이 아니다. 내면의 모습이 리더십의 모든 측면에 영향을 끼친다는 사실을 깨닫지 못하면 우리자신은 물론이고 우리가 이끄는 사람들에게까지 피해를 입힌다.

리더의 내적 삶을 가꾸고 변화시키는 데 중요한 요소들이 많겠지만이 책에서는 나 자신의 삶과 다른 리더들을 돕는 멘토로서의 삶에서 매우중요했던 네 가지 요소를 집중적으로 다루고자 한다. 깊은 곳에서 변화된내적 삶을 통해 사람들을 이끄는 리더가 되려면 다음과 같이 해야 한다.

- 당신의 그림자를 직면하라
- 건강한 결혼 생활 혹은 싱글 생활을 바탕으로 리더십을 발휘하라
- 사랑의 연합을 위해 속도를 늦추라
- 안식일을 즐기라

사역이나 교회, 비영리 단체를 세우는 것은 마천루를 세우는 것과매우 흡사하다. 가장 먼저 땅을 깊이 파서 기초를 세운 다음에 건물을 올린다. 이 경우, 기초는 바로 내적 삶이다. 건물(팀이나 조직)의 질과 내구성은 이 기초를 얼마나 튼튼히 세우느냐에 달려 있다. 예를 들어 보자.

맨해튼 섬은 대부분이 아주 단단한 화강암으로 이루어져 있다. 건축업체는 75-100층에 달하는 마천루의 하중을 견뎌 내기 위해 '파일(pile)'이라는 기초 앵커를 사용한다. 파일은 단단한 바위를 뚫을 때까지 땅에 박는 콘크리트 혹은 강철 기둥이다.

특히 높은 건물일수록 파일을 지하 25층까지 박는다. 그렇게 하면 마천루의 엄청난 하중이 여러 파일로 골고루 분산된다. 하지만 파일을 제대로 박지 않으면 결국 구조에 균열이 발생한다. 자칫하면 건물 전체가 기울어질 수도 있다. 그 지경에 이르면 건물을 아예 허물고 파일을 다시 박아야 한다. 실로 엄청난 금전과 시간 손실이 아닐 수 없다.

1996년 하나님은 삶이 무너지는 경험을 통해 내게 정서적 건강과 영적 성숙이 서로 뗄 수 없는 관계에 있음을 가르쳐 주셨다. 당시 나는 내 영적 기초에 새로운 파일들을 박기 시작했다. 하지만 단순히 파일을 새로 박는 것만으로는 부족하다는 사실을 곧 깨달았다. 이 지지물을 내 영혼의 화강암 깊숙이 박지 않으면 표면 위의 삶과 리더십은 여전히 언제 무너질지 모르는 상태일 수밖에 없었다. 내게 필요한 것은 리더십(외적 삶)을 든든히 지탱해 줄 수 있는 깊은 기초(내적 삶)였다.

리더로서 나는 많은 훈련을 받았다. 예를 들어, 다른 리더들을 지켜보고 섬기면서 계획과 의사결정, 문화와 팀 구축 같은 것에 관해 배웠다. 그들에게서 리더십의 '표준'을 습득했다. 하지만 깊은 내적 삶의 견고한 기초 없이는 제아무리 최고의 리더십 기술도 무용지물이나 다름없었다.

내 뇌와 몸에 깊이 뿌리내린 기능 장애와 상처는 내가 예상했던 것보다 훨씬 더 견고한 땅이었다. 이 페이지를 쓸 만한 기초가 쌓이기까지는 뚫기를 시작했다가 멈추고 다시 뚫기를 수년간 반복해야만 했다.

성숙한 리더십은 부담스러운 대화와 갈등 관계, 실패의 고통, 영혼의 어두운 밤으로 이루어진 도가니 속에서 형성된다. 이런 경험을 통해 우리는 복잡하기 짝이 없는 자신의 내적 세계를 이해하게 된다. 나아가, 리더라는 책임이 내적 삶에 가하는 압박을 이겨 낼 만큼 강한 습관과 리듬을 얻으면서 점점 더 강하고 유능한 리더로 발돋움한다. 또한 진리와 지혜를 머리로만 아는 것이 아니라 내면화하고 적용하는 수준으로 발전한다.

자, 서론은 이만하면 충분하다.

이제 당신의 내적 삶을 들여다볼 차례다. 거기서 첫 번째 파일을 놓을 자리를 찾아 뚫는 작업을 시작하자. 첫 번째 파일은 당신의 그림자를 직면하는 것이다.

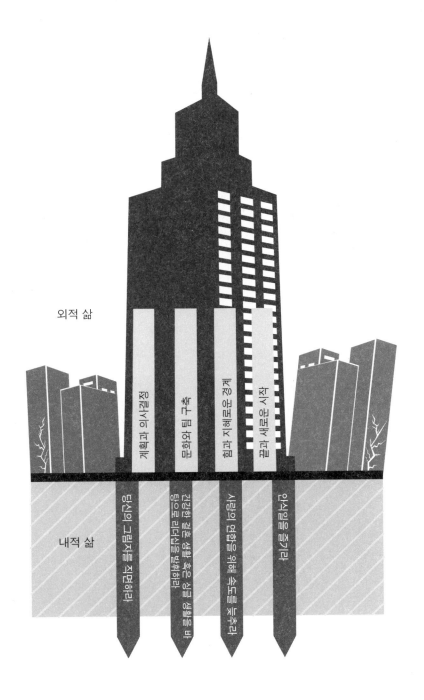

외적 삶

계획과 이 거절 정

문화적 팀 구축

협력 관계에서 성체

균형 잡힌 기존대

내적 삶

당신의 그림자를 직면하라

건강한 정서 생활 속으로 삶으로 리더십을 변화하라

사랑의 연합을 위해 속도를 늦추라

안식일을 즐기라

Chapter 2

자신의 쓴뿌리를
하나님의 빛 아래 두라

대부분의 리더들은 리더십 책을 뒤져 새로운 도구나 아이디어, 기술을 찾기에 바쁘다. 그저 다음으로 뭘 해야 할지 그리고 그것이 왜 중요한지를 알아낸 다음, 그 일을 하기 위한 자원을 모을 생각뿐이다. 하지만 리더에게 가장 시급하면서도 가장 어려운 과제는 바로 자기 자신을 이끄는 것이다. 왜 그토록 어려울까? 자기 내면에서 무시하거나 망각하거나 부인하고 싶은 모습을 직면해야 하기 때문이다. 저술가이자 교육자인 파커 파머(Parker Palmer)가 이 과제를 어떻게 설명하는지 보자.

> 우리의 모든 것이 싫다고 울부짖는다. 그래서 우리는 모든 것을 표면화한다. 즉 외부 세계를 다루는 것이 훨씬 더 쉽다. 자신의 영혼을 다루는 것보다 제도를 조작하는 것이 쉽다. 그래서 우리는 제도들을 복잡하고 어렵고 엄격하게 보이게 만든다. 하지만 사실 우리의 내적 미로에 비하면 단순함 그 자체다.[1]

다음 두 이야기는 '내적 미로'를 통과하는 일, 곧 크리스천 리더로서 자신의 그림자를 직면하는 일이 얼마나 복잡하고 힘들기에 그 일을 회피하는 사람이 그토록 많은지를 잘 보여 준다.

숀, 비즈니스 리더

숀(Sean)은 보기 드문 재능으로 큰 성공을 거둔 크리스천 리더다. 카리스마와 모험성에다 노력과 지능까지 겸비한 그는 손을 대는 일마다 성공을 거둔다. 그는 10년간 한 교회를 목회한 뒤 다른 목사들을 섬기는 비영리 회사를 설립했다. 불과 몇 년 만에 직원은 11명까지 늘어났고 그 뒤로도 나날이 번창했다. 나중에는 파트너를 영입하고 자신은 늘 꿈꾸던 자리에 앉았다.

숀의 비즈니스 파트너는 회사의 일상을 흠잡을 데 없이 완벽하게 운영했다. 그런데 이게 오히려 문제를 일으켰다. 파트너가 모든 일을 알아서 척척 하자 숀은 지루해지기 시작했다. 결국 숀은 또 다른 회사를 차렸다. 지루해질 때마다 새로운 일을 벌여 다시 바삐 움직이는 식으로 대처했다. 하지만 매번 기존 일을 마무리하지 않고 다른 일로 넘어가는 바람에 늘 혼란이 따랐다. 결국 비즈니스 파트너는 그를 뒤치다꺼리하는 데 지쳐 이런 식으로는 더 이상 함께 일할 수 없다고 최후통첩을 했다. 한때 숀이 보여 주었던 영적 리듬과 절제력은 어디론가 사라진 지 오래였다. 이제 그는 술까지 입을 데기 시작했다. 교회 식구들과 친구들이 말려도 소용없이 폭주를 일삼았다. 그는 불안해졌다. 얼마나 불안했던지 우리를 만나기 위해 뉴욕 시티까지 날아올 정도였다.

숀의 입을 통해 그의 이야기를 들어 보자.

나처럼 비전으로 움직이는 리더들과 한자리에 모이면 분위기가 들썩거린다. 함께 더 나은 세상을 꿈꾸고 상상하고 이야기하고 계획한다. 정말, 기분 최고다! 하지만 요즘 들어 그게 마냥 좋지만은 않다는 생각이 들기 시작했다. 칼날 위를 걷는 삶. 또 다른 모험. 생각만 해도 흥분되지만 아무래도 나는 새로운 모험에 관해 생각할 때마다 솟구치는 아드레날린에 완전히 중독된 것 같다. 내 모임에서는 아무도 이런 종류의 리더십이 남긴 낙진을 언급하지 않는다.

금전적으로 크게 성공하고 사역을 확장했지만 내 속도는 감당할 수 없을 수준이다. 정말 걱정이다. 더 가질수록 덜 두려워진다고 생각하겠지만 현실은 정반대다. 더 많이 이룰수록 걱정은 더 많아진다. 밥값을 하고 성장세를 유지해야 한다는 압박감이 내 영혼을 무겁게 짓누른다. 아니, 지금은 그럴 영혼이 남아 있는지조차 모르겠다.

나도 내가 무리하고 있다는 걸 잘 안다. 계속해서 더 많은 일을 벌이고, 날마다 더 많은 아이디어를 내놓고 있다. 하나님이 내게 교회를 섬기라고 주신 재능이 이제 내 진을 빠지게 한다. 성공만 하면 내 영혼에서 무거운 짐이 떨어져 나가리라고 생각했다. 하지만 오히려 상황이 더 나빠졌다.

평범한 날의 일상을 소개하자면 이렇다.

나는 소셜 미디어를 과소비한다. 하루 종일 내 사업에 관한 통계를 확인한다. 머릿속이 쉴 새 없이 돌아가고 있기 때문에 잠을 잘 이루지 못한다. 늘 비상 모드로 살아간다. 늘 서두른다. 항상! 더 효과적이고도 열심히 일하라고 늘 팀원들을 닦달한다. 사람들을 쉽게 내친다. 늘 새로운 아이디어나 활동을 찾아다닌다. 내 아내와 아이들, 친구와 동료들까지 주변 사람들이 이 모두 내 기능 장애의 낙진을 맞고 있다. 내 모든 관계가 무너지기 직전처럼 보인다.

어떻게 해야 할까? 계속해서 성과를 내는 동시에 내 영혼을 챙기려고 하지만 뜻대로 되질 않는다. 그렇다고 일을 그만두고 수도원으로 들어갈 수도 없지 않은가. 뭔가 탈출구가 있긴 있을 텐데.

손의 이야기가 극단적인 케이스처럼 보이지만 전혀 그렇지 않다. 나는 손만큼이나 삶에 쫓기는 크리스천 리더들을 매일 만난다. 다행히 손은 오랫동안 외면해 왔던 자신의 본모습을 직면하기 시작했다. 그 고통이 이루 말할 수 없었을 것이고 아직도 갈 길이 멀지만 그래도 첫발을 내딛었다. '내적 미로'를 방치한 지 수십 년이 지났으니 어디가 어딘지 방향을 완전히 잃어버렸다. 너무도 당연한 결과다. 하지만 다행히 그는 첫걸음을 내딛었다.

그림자가 손의 삶에 끼친 악영향은 명명백백하다. 하지만 다음 이야기에 공감하는 리더들이 더 많지 않을까 싶다. 제이슨(Jason)의 그림자가 현대 기독교 문화의 망토에 얼마나 감쪽같이 뒤덮여 있었는지를 보라.

제이슨, 목사

제이슨은 185명의 신실한 신자들로 이루어진 제일 연합 교회(First Congregational Church)에서 지난 5년간 목사로 섬겨 왔다. 최근 아내와 절친한 친구 한 명은 그에게 좀 더 과감하게 결정을 내리라고 충고했다. 제이슨은 옳은 충고라고 생각하면서도 사람들의 마음을 상하게 하고 싶지 않다. 그의 친절한 성격과 경청하는 태도 이면에는 대립에 대한 두려움이 숨어 있다.

하지만 5년이 지난 지금, 그 두려움은 표면 위로 새어 나와 모든 교인이 느낄 정도가 되었다. 예를 들어, 제시카(Jessica)가 주일학교 부장으로 자원하자 제이슨은 경험도 부족하고 자존심도 강한 그녀가 잘해 낼지 걱정스러웠다. 하지만 괜히 있는 그대로 이야기했다간 그녀가 마음 상할까 봐 그냥 수락했다. 결국, 다른 자원자들이 제시카와 부딪히는 상황이 끊이질 않았다. 부모들은 물론이고 교회 제직회는 제시카가 그 역할에 맞지 않다고 판단했다. 문제는 아무도 제시카에게 그 이야기를 하고 싶어하지 않았다.

이 문제 외에도 제이슨은 오전 11시에 열린 예배를 새로 시작하고 현재의 오전 10시 예배를 한 시간 앞당기고 싶다. 이미 이 계획안을 작성하긴 했지만 아무래도 제직회를 구성하는 여섯 명 가운데 두 명이 강하게 반발할 게 뻔하다. 사실, 제이슨은 교회의 미래에 관해 그 어떤 제안은커녕 말 한마디 꺼낸 적이 없다. 그로 인해 교회에서 계속해서 젊은이들이 빠져나가고 있다.

남들을 실망시킬까 봐 거절하거나 반대하지 못하는 제이슨의 성향은 윗대의 문제에 뿌리를 두고 있다. 어릴 적 그의 집에는 이런 불문율이 있었다.

"남들을 화나게 하지 마라."

"부모의 행복은 너에게 달려 있다."

"슬프거나 화가 나도 속으로 삭여라."

이로 인해 제이슨은 자신의 생각을 솔직히 표현하지 못하고 남들의 감정을 지나치게 배려했다. 이제 가문의 이런 어두운 전통이 그의 리더십을 방해하고 있다. 최근 한 장로가 아침식사를 제안하자 제이슨은 두려움에 휩싸였다.

"목사님, 왜 좋은 게 좋은 거라는 식으로만 일을 하십니까?"

단도직입적인 물음에 제이슨은 명치를 가격당한 기분이었다. 대립에 대한 두려움을 더 이상 방치할 수 없는 상황에 이르렀다. 사실, 이 장로는 제이슨에게 두려움을 떨쳐 낼 기회를 준 것이다. 제이슨이 이 기회를 받아들일지가 관건이다.

문제의 뿌리를 뽑으려면 문제를 직면해야 한다. 하지만 내면의 혼란이 어떻게 외적인 일로 표출되었는지를 돌아본 뒤 첫걸음을 뗀 숀과 달리 제이슨은 치유를 향한 여행을 회피해 왔고, 때문에 그의 교회는 휘청거리고 있다.

제이슨은 자신에게 문제가 있다는 사실을 알고 있지만 아직 그게 얼마나 심각하고 얼마나 광범위한 파장을 일으키고 있는지를 인정하지 않고 있다. 앞으로 그가 당회원의 날카로운 지적에 어떻게 반응할지는 두고 볼 일이다. 다행히, 내 경험상 그림자가 무엇이며 자신만 그런 것이 아니라는 사실(누구나 그림자를 갖고 있다)을 알고 나면 대부분의 리더가 용감하게 문제를 직면한다. 그렇게 용기를 내면 뒤에서 밀어주는 하나님의 은혜와 성령님의 바람을 발견할 것이다.

자 이제, 이 '그림자'라는 모호한 개념을 정의하고 풀이해 보자.

그림자란 무엇인가?

누구에게나 그림자가 있다. 그렇다면 그림자란 무엇인가? 그림자는 길들이지 않은 감정들, 그리 순수하지 않은 동기와 생각들의 집합이다. 이는 부지불식간에 우리의 행동에 강한 영향을 미친다.

그림자는 다양한 모습으로 표출될 수 있다. 때로는 비판적인 완벽주의, 분노, 질투심, 정욕, 탐욕, 미움 같은 악한 행동으로 표출된다. 그런가 하면 남들을 구해 내고 사람들의 눈에 들려는 집착, 주목받으려는 성향, 일중독, 고립, 완고함처럼 좀 더 미묘한 형태로 나타나기도 한다. 그림자는 상처받지 않기 위해 속을 드러내지 않는 모습으로도 나타난다. 이는 그림자가 단순히 죄의 다른 이름이 '아니라는' 뜻이다. 그림자란 뭐라고 콕 짚어서 말하기 어려운 개념 같은가? 그렇다. 심리학자 코니 즈웨이그(Connie Zweig)와 제러마이어 아브람스(Jeremiah Abrams)는 이렇게 말했다. "그림자는 본질적으로 이해하기 힘든 개념이다. 위험하고 무질서하며, 마치 의식의 빛이 자신의 생명을 앗아 가기라도 할 것처럼 끝까지 숨어 있다."[2]

로버트 루이스 스티븐슨(Robert Louis Stevenson)의 소설 《지킬 박사와 하이드 씨》(Dr. Jekyll and Mr. Hyde)는 그럴듯한 모습 아래에 숨어 있는 무언가가 그림자임을 이해하는 데 큰 도움을 주었다. 지킬 박사는 낮에는 세련되고 존경스러운 모습으로 많은 사람의 사랑을 받는다. 하지만 밤만 되면 폭력적인 하이드 씨로 변해 길거리를 헤맨다. 지킬 박사는 처음에는 자신의 어두운 단면인 하이드 씨의 삶을 즐기지만 점점 두 자아 사이를 오가는 능력을 상실해 간다. 가장 난처할 때에 하이드 씨가 불쑥불쑥 튀어나오곤 한다. 이야기는 지킬 박사가 마침내 자신이 곧 악한 하이드 씨로 완전히 변할 것을 깨닫고 스스로 목숨을 끊는 장면으로 끝을 맺는다. 내가 그림자를 보는 입장과 달리 스티븐슨은 지킬 박사의 어두운 자아를 순수한 악으로 제시하지만, 어쨌든 자신의 그림자를 직면하지 않으려는 그의 심정은 충분히 이해가 간다.

그림자는 리더십 분야에서 어떤 모습으로 나타날까? 몇 가지 예를 소개해 보겠다.

- 강연을 하고 사람들을 동원하는 은사가 뛰어난 사람들이 많다. 좋은 일이다. 이 은사의 어두운 측면 중 하나는 만족할 줄 모르는 인정의 욕구다. 심지어 사람들 앞에서 자신의 회개와 실패에 관해 이야기하는 것도 자신도 모르게 인정의 욕구에서 비롯할 수 있다. 그런가 하면 많은 사람 앞에서 말하는 재주를 가진 사람들 중 일대일 관계에는 서투른 사람이 적지 않다.

- 우리는 탁월함을 높이 평가한다. 뭐든 탁월하면 좋은 일이다. 그러나 탁월함을 추구하다가 실수를 용납하지 않는 완벽주의에 빠질 수 있다는 게 어두운 측면이다. 완벽주의는 내면에서 들려오는 수치의 목소리를 잠재우기 위해 사용하는 방법 중 하나다.

- 하나님의 진리와 옳은 교리에 대한 열정이 넘친다. 좋은 일이다. 다만 열정이 지나치면 의견이 다른 사람들을 사랑하지 못한다는 어두운 측면이 있다. 자신이 무조건 '옳아야' 한다는 태도는 내면 깊은 곳의 열등감과 두려움에서 비롯한다.

- 우리는 교회가 그리스도를 위해 잠재력을 극대화하기를 원한다. 좋은 일이다. 하지만 목표 달성에만 눈이 멀어 사람들 말에 귀를 기울이지 않고 함께 섬기는 사람들과 보조를 맞추지 않을 때 어두운 그림자가 드리운다. 이런 태도 이면에는 성과에 대해 칭찬 받으려는 어두운 동기가 숨어 있을 수 있다.

- 우리는 섬기기를 원한다. 좋은 일이다. 하지만 교제 모임에서 사람들과 말을 섞기가 싫어 주방에만 숨어 있을 때 어두운 그림자가 드리운다. 이럴 경우 섬김은 남들과 너무 가까워지지 않도록 자신을 방어하기 위한 방편이다.
- 다른 도시에서 새로운 임무를 맡는다. 좋은 일이다. 하지만 현재의 근무지에서 친하게 지내던 다른 리더에게 갑자기 쌀쌀맞게 대할 때 어두운 그림자가 드리운다. 그 사람을 보고 싶을까 봐 일부러 정을 떼려는 것이다. [3]

모두 일반적인 사례다. 그래서 이제 내 개인적인 그림자에 관한 최근의 사례를 소개하고자 한다. 미리 경고해 두는데, 그리 아름다운 그림은 아니다.

아내와 나는 가끔씩 부부가 아닌 사역자로서 두 사람만의 모임을 갖는데, 그날도 그런 모임을 위해 각자 다른 소파에 앉아 서로 마주보았다. 내가 준비한 안건은 네다섯 가지였는데 첫 번째 안건은 우리 조직인 EHS(Emotionally Healthy Spirituality)의 개정된 사명 선언문(mission statement)이었다. 지난 3개월 동안 이 사명 선언문에 관해 많이 고민했고 여러 사람들에게 의견을 구했다. 마지막으로 아내의 의견만 듣고서 이것을 새로운 사명 선언문으로 확정지을 생각이었다.

내가 개정된 사명 선언문을 건네자 아내가 진지한 표정으로 훑어보기 시작했다.

"이건 좀 … 생각해 봐야겠네요."

그 순간, 기분이 확 나빠졌지만 티를 내지 않으려고 애를 썼다. 하지만 나도 모르게 목소리가 싸늘하게 변했다.

"생각하고 자시고 할 게 뭐 있어요. 그냥 흠 잡을 데 없다고 말하면 돼요. 설마 처음부터 다시 쓰라는 말을 하려는 건 아니겠지요?"

아내는 내 어조에서 노한 기색을 느끼고는 조용해졌다.

잠시 어색한 침묵이 흐른 뒤 아내가 다시 입을 열었다. "이 부분은 바꾸는 게 좋겠어요." 그러다니 다시 말을 멈추었다.

우리 사이에 팽팽한 긴장이 흘렀다.

"여보, 지금 속에서 무슨 일이 벌어지고 있나요?"

그 말이 내 신경을 더 건드렸다.

"그리그 그 감정은 어디서 온 건가요? 다른 사람들과의 모임에서도 그러더군요. 좋은 모습이 아니에요. 그러니까 감정적으로 건강한 리더라는 책을 쓰는 사람이 이러시면 안 되죠."

아내는 차분했지만 나는 그러지 못했다. 내 안의 일부가 아내를 공격하고 나를 방어하려고 했다. 내 안의 일부가 자꾸만 소리를 지르려고 했다. 방 안에 무거운 침묵이 흘렀다. 눈을 감고 숨을 깊이 들이마셨다. 내 그림자의 일부가 드러났다. 어두운 그림자가 내 눈에 똑똑히 보였다.

선을 넘어 죄를 짓지는 않았다. 아직은. 하지만 죄를 지을까 심각하게 고려하고 있었다. 나는 다시 숨을 깊이 들이마시고 아내의 질문에 관해 찬찬히 생각했다. 그리고 이 상황을 이겨 낼 힘과 자제력을 달라고 성령님께 SOS 신호를 보냈다.

"여보, 사실 좀 화가 나요." 나는 마침내 그렇게 인정했다. "솔직히 당신에게 칭찬을 듣거나 한 단어 정도만 고치면 된다는 말을 듣고 싶었을 뿐이에요. 그러니까 사실은 당신의 의견을 듣고 싶었던 게 아니에요."

"그 감정이 어디서 온 거죠?"

또다시 무거운 침묵이 방안을 가득 메웠다. 한참만에 나는 다시 억지로 입을 열었다.

"그건 어릴 적 경험에서 온 거예요. 내 안에 상처가 있어요. 그 상처가 자꾸만 짜증과 불안감을 일으켜요. 당신이 칭찬해 주지 않자 어릴 적 부모에게 수없이 들었던 부정적인 말이 떠올랐어요."

내 그림자를 정면으로 쳐다보는 것은 여간 고통스럽지 않았다. 그럼에도 볼 수 있는 은혜를 주신 하나님께 감사했다. 그 은혜 덕분에 아내를 공격하거나 나 자신을 방어하지 않을 수 있었다. 내 그림자가 선을 넘어 죄로 발전하지 않도록 막아 주신 은혜가 너무도 감사했다.

아내에게 용서를 구하고 나서 함께 차를 마시며 달아올랐던 분위기를 식혔다. 10분 뒤, 우리는 이 작은 사역자 모임의 두 번째 안건으로 넘어갔다. 내가 이 순간을 이겨 낼 수 있었던 것은 하나님의 은혜 외에도 그림자가 나의 전부는 아니라는 건강한 성경적 신학 덕분이었다.

그림자에 대한 당신의 태도는 얼마나 건강한가?

다음 진술들을 통해 당신이 그림자를 어떻게 다루는지 간단하게 평가해 보라. 각 진술 옆에 당신의 상태에 해당하는 숫자를 적으라.

(5 = 항상 그렇다 / 4 = 자주 그렇다 / 3 = 가끔 그렇다 / 2 = 거의 그렇지 않다 / 1 = 전혀 그렇지 않다)

_____ 1. 하나님과 남들에 대한 분노와 두려움, 슬픔을 주기적으로 경험하고 처리한다.

_____ 2. 내 그림자(상처, 자기 방어적 태도, 약점)를 정확히 알고 있다. 그리고 이런 그림자 때문에 나도 모르게 남들에게 죄를 짓기 직전까지 가곤 한다는 사실을 잘 알고 있다.

_____ 3. 발동이 걸리면(과잉반응이 나타나면) 남들을 탓하지 않고 가만히 앉아 나 자신을 돌아본다. "과거의 어떤 일 때문에 내가 이 상황이나 이 사람에게 이토록 강하게 반응했을까?"

_____ 4. 내 그럴듯한 삶의 표면 아래에 숨어 있는 문제와 의심, 상처에 대해 스스로 솔직히 인정하고 믿을 만한 소수의 사람들에게 허심탄회하게 이야기한다.

_____ 5. 리더로서 내 흠에 관해 자주 남들에게 피드백을 구하고 수용한다.

_____ 6. 답을 마주하기 두려울 때도 나 자신에 관한 어려운 질문을 던진다.

_____ 7. 내 리더십을 방해하는 그림자를 처리하기 위해 끊임없이 멘토와 상담자, 영적 지도자, 여타 성숙한 신자들에게 지도를 구한다.

_____ 8. 지나치게 스트레스를 받거나 건강하지 못한 행동을 할 때 재빨리 도움을 구한다.

_____ 9. 윗대에서 내려온 문제나 개인적인 경험 속에서 내 리더십의 약점과 문제점(불순한 동기, 남들의 이목에 대한 두려움, 걱정, 분노 등)의 원인을 찾아낼 수 있다.

_____ 10. 나에게 힘든 상황을 예측해서 미리 도움을 구할 수 있다.

잠시 자신의 답을 검토해 보라. 무엇이 가장 눈에 들어오는가? 이 점수가 절대적으로 맞는 것은 아니지만 이번 장의 끝에 당신의 현재 상태를 파악하는 데 도움이 될 만한 설명을 실어 놓았다. 기대했던 점수가 나오지 않았는가? 괜찮다. 이 평가에 응했다는 것 자체만 해도 큰 성과다. 이 평가를 받은 것은 곧 유능하고도 건강한 리더로 성장하기 위해 중요한 한 걸음을 내딛은 것이다. 영적 성숙과 리더십의 성장은 단거리 경주가 아니라 마라톤이다. 따라서 한 번에 한 걸음씩 꾸준히 나아가는 것이 중요하다.

그림자가 당신의 전부는 아니다

내면의 그림자에 관해서 두 극단적인 시각 중 하나로 흐르는 사람이 많다. 첫 번째 극단적인 시각은 "나는 완전히 나쁜 인간이야. 나는 천하의 죄인이야. 내 안에 선한 모습이라곤 눈곱만큼도 없어"라고 말하는 것이다(롬 7:18을 보라). 두 번째 극단은 "나는 완전히 선한 사람이야. 나는 그리스도 안에서 새로운 피조물이고 기묘하고도 독특하게 지음을 받은 존재야"라고 말하는 것이다(고후 5:17, 시 139:14를 보라). 둘 다 어느 정도는 맞는 말이지만 두 시각이 균형을 이루지 않으면 왜곡으로 흐르고 만다. 그림자에 대한 건강한 시각을 가지려면 두 시각이 모두 필요하며 이 둘이 건강한 긴장 상태를 이루고 있어야 한다.

우리 내면에는 이런 긴장과 모순이 혼합되어 있다. 예컨대, 때로 나는 속을 다 드러내 보이지만 때로는 지나치게 방어적으로 반응한다. 사랑이 많은 것 같으면서도 때로는 편협하고 불친절한 모습을 보인다. 설교 준비와 저술 활동에서는 누구보다도 열심이지만 첨단기술을 배우거나 고독과 침묵의 시간을 갖는 데는 게으르기 짝이 없다. 대중 앞에서 말할 때는 침착한 모습을 보이지만 시간은 적고 할 일이 많을 때는 초조해

한다. 일과 리더십, 목회에서는 믿을 만한 모습을 보이지만 가족 휴가를 준비할 때는 대충대충 한다. 편견 없이 다양한 사람에게서 배우는 것 같으면서도 유독 특정한 사람들의 말에는 절대 귀를 열지 않는다.

하나님은 우리 안에 공존하는 이런 모습들을 종합하여 자기 자신과 자신의 리더십을 판단하라고 말씀하신다. 우리는 분명 보화를 갖고 있고 스스로 보화지만 이 보화는 어디까지나 토기 안에 있다(고전 4:7을 보라).

그림자가 자신의 전부라는 거짓말에 넘어가면 낙심할 수밖에 없다. 심지어 자신은 아무것도 할 수 없다며 인생을 포기할 수 있다. 그렇게 되면 심각한 결과가 따른다. 반대로, 그림자를 무시해도 대가가 따른다.

다음과 같은 경우가 그림자다

- 압박 하에서 부적절하게 행동한다.

- 나에게 상처를 준 사람이 성공하는 것을 원하지 않는다.

- 사람이나 상황에 화가 나서 결국 후회할 말을 하고 만다.

- 배우자나 동료가 나와 내 행동의 문제점을 지적할 때 기분 나빠한다.

- 호되게 당해 놓고서도 똑같은 행동을 계속해서 반복한다.

- 자주 화를 내고 질투한다.

- 사람들이 어떻게 생각하는지에 지나치게 신경을 쓴다.

- 불안하면 상황을 차근히 돌아보지 않고 허둥댄다.

- 하나님께 특별한 재능을 받은 사람을 보면 그에게도 나처럼 망가진 부분과 그

림자가 있는 줄 생각하지 못하고 그를 이상화한다.

- 화나게 한 사람들을 직접 찾아가지 않고 뒤에서 험담한다.

그림자를 무시한 대가

자신의 그림자를 직면하는 것은 여간 두려운 일이 아니다. 그래서 우리 안의 자기방어적인 부분이 직면하는 일을 회피하려고 온갖 그럴듯한 방법을 찾아낸다. 이 모든 방법은 크게 몇 가지 범주로 묶을 수 있다. 부인, 축소, 자기 탓하기, 남 탓하기, 합리화, 다른 곳으로 관심 돌리기, 외부로 분노 표출하기가 그것이다. 어떤 방어적 기제를 사용하든 그림자를 무시한 대가는 실로 엄청나다.

그림자는 우리의 장점을 훼손시킨다

연구에 따르면 모든 직업 분야에서 성과의 58퍼센트는 EQ(emotional quotient, 감성 지수)에서 나온다.[4] 특히 리더들의 성과에서 EQ는 IQ, 성격, 교육 수준, 경험, 재능까지 그 어떤 요소보다도 중요하다.[5] 그래서 하나님은 우리가 그리스도를 닮아 가기를 원하시며 우리 인격에 지대한 관심을 갖고 계신다. 리더들에게 EQ가 얼마나 중요한지 몇 가지 예를 들어 보자.

- 윌리엄(William)은 재능과 능력이 뛰어난 목사다. 하지만 윗대의 악영향으로 집에서든 일터에서든 상황을 지배하고 통제하려는

욕구가 지나치다. 그 때문에 교회에서 재능을 펼치고 실수를 통해 배울 기회를 얻지 못한 사역자들이 계속해서 떠나가고 있다.

- 크리스틴(Christine)은 급성장하는 교회에서 여러 사역 팀을 이끄는 탁월한 리더다. 조직 기술과 꼼꼼함, 배우는 속도가 남다르다. 하지만 남들의 비판에 너무 예민하고, 조금이라도 틈을 보이면 스스로 참지 못한다. 반면, 팀원들은 대부분 모험심이 많은 리더들이다. 그래서 그녀와 잘 맞질 않는다. 자꾸만 일을 벌이는 팀원들 때문에 6개월마다 자신의 직무 설명서가 바뀌자 그녀의 불만이 점점 커지고 있다.

- 이블린(Evelyn)은 하나님이 주신 은사로 교회에서 학생들을 지도하고 청년들을 이끌고 있다. 그녀는 늘 새로운 일을 벌이는데, 어릴 적 가정환경이 그런 일 욕심에 일조했다고 생각해 본 적이 없다. 그녀는 부모에게서 "대단한 일을 하지 않으면 쓸모없는 존재다"라는 무언의 메시지를 듣고 자랐다. 자원봉사자들 중 절반은 그녀의 속도를 따라가지 못해 이삼 개월이면 나가떨어진다.

안타깝게도 위의 리더들은 자신의 그림자를 무시한 탓에 부정적인 결과를 만들어 내고 있다.

나는 1996년에 내 그림자를 깨닫고 변화의 여행을 시작했다. 하지만 그 그림자가 내 리더십에 얼마나 깊은 영향을 끼치는지 제대로 깨달은 것은 2007년에 와서다. 특히 사역자의 고용 및 해고와 관련해서 어두운 행동들이 나타나고 있었다. 마침내 그런 행동 이면의 동기를 마주하자 꽉 막혔던 내 리더십의 도관이 뚫리기 시작했다. 그때 세 가지 문제점이 드러났다.

첫 번째 문제점은 남들의 인정과 관련한 것이었다. 설교하고 앞장서서 사람들을 이끌면 많은 칭찬이 날아왔다. 사람들이 내 주변으로 몰려오고 너도나도 내게 친근하게 굴었다. 하지만 내가 고통스러운 진실을 이야기하거나 어려운 결정을 내리면 사람들이 하나둘 떠나갔다. 사람들이 나를 슬슬 피하거나 내 뒤에서 수군거렸다. 그런데 대부분의 경우, 이건 현실이 아니라 나만의 상상이었다.

사람들이 내게서 멀어지는 것이 너무도 싫었다. 이런 마음의 근원은 내 윗대로 거슬러 올라간다. 아버지와 어머니는 우리 네 형제들을 좀처럼 칭찬해 주지 않았다. 두 분도 부모에게 칭찬을 받아 본 적이 없었기 때문이다. 그 결과, 내 안에는 남들의 인정과 칭찬을 갈구하는 커다란 감정적 구멍이 생겼다. 어릴 적에 칭찬을 받지 못한 것과 사람들이 내게서 멀어지면 극도로 견디지 못하는 것이 서로 연결되어 있다는 점을 알고 나서 내가 왜 그토록 힘든 대화를 회피해 왔는지를 어느 정도 깨달았다. 그런데 그런 태도가 단순히 개인적인 걱정거리를 넘어 교회 전체에 악영향을 끼치고 있다는 게 문제였다.

두 번째 문제점은 진실과 거짓의 문제였다. 당시 뉴 라이프 교회에는 거의 스무 명에 달하는 사역자가 있었다. 또한 우리 교회의 '지역사회 발전 주식회사(Community Development Corporation)'에는 의료 센터와 식품 무료 배급 센터를 비롯한 여러 사역 기관이 입주해 있었다. 이제 우리 교회는 하나의 복합 건물로 발전했다. 나는 설교하고 가르치고 비전을 던지는 것은 잘하지만 행정과 예산 관리, 고용과 해고, 상세한 전략적 계획에는 소질이 없다. 당시 나는 잘하는 일에만 집중하고, 자신 없는 행정 기능은 최대한 무시해 왔다.

나 자신과 사역자들, 교회 전체에 솔직하지 못했다. 사역자들의 마음이 상할까 봐 그들의 성과를 솔직하게 평가하지 않았다. 듣기 싫은 답을 들을까 봐 부담스러운 질문을 회피했다. 늘 상황이 실제보다 좋은 것처럼 은근히 포장했다. 기분이 좋지 않은 날에도 억지로 웃음을 지었다.

세 번째 문제점은 내가 강한 조직 리더십을 발휘할 수 없다는 비관주의와 관련이 있었다. 1923년부터 우리 가족은 뉴욕에서 이탈리아식 빵집을 운영해 오고 있다. 이 빵집은 예나 지금이나 엉성하고 무질서하게 운영된다. 스카지로 가문 사람들은 말만 앞세우며 비전을 과장하고 윤색하는 능력만 있지 조직 운영에는 서투르다는 고정관념이 내 안에 깊이 박혀 있다. 그래서 "나는 원래 그런 것을 못해"라며 교회 행정에 대한 약점을 개선하려는 노력 자체를 하지 않았다. 무질서한 집안 내력을 바꿔야겠다고는 생각해 본 적이 없었다. 늘 귓가에서 어머니 목소리가 맴돌았다. "너는 할 수 없어. 너는 천성이 무질서해."

시간을 내서 인력과 예산, 회의에 관해 진지하게 고민하지는 않고 요한계시록 강해처럼 내가 좋아하는 일에만 매달렸다. 사실, 대부분의 목사와 리더들이 이런 함정에 빠져 있다. 그렇게 좋아하지 않는 일을 방치하면 당장은 편해도 점점 불안감이 심해졌다. 그 결과, 시간이 지날수록 내 어두운 그림자가 리더로서 내가 가진 장점과 은사까지 온통 뒤덮었다.

그림자는 남들을 제대로 섬기지 못하게 만든다

리더가 자신의 그림자를 인정해야 남들도 각자의 그림자를 직면하게 도와줄 수 있다. 나는 남들의 그림자를 일부러 보려고 애쓰지는 않지만 점점 더 분명하게 눈에 들어온다. 왜 그럴까? 내 그림자가 점점 더 분명하게 보이기 때문이다!

내가 가장 좋아하는 이야기 중 하나는 《사막 교부들》(The Desert Fathers)이란 책에 실린 4세기 수도사 난쟁이 존(John the Short)의 이야기다. 한번은 질투심이 많은 동료 수도사가 교회 앞에서 가르침을 펴고 있는 존에게 다가왔다.

> (그 수도사가) 말했다. "존, 자네의 잔에는 독이 가득 차 있네."
>
> 그러자 존이 대답했다. "맞네. 하지만 자네가 겉만 볼 수 있으니까 그 정도로 말했지 속까지 본다면 더 심한 말을 했을 걸세."[6]

난쟁이 존은 방어적으로 굴지 않았다. 그는 동료 수도사를 공격하지도 않았고 다른 주제로 말을 돌리려고도 하지 않았다. 그는 자신의 약점을 솔직히 인정했다. 마치 "죄인 중에 내가 괴수니라"라고 인정했던 바울을 생각나게 한다(딤전 1:15). 숨은 그림자를 부인하지 않고 솔직히 인정하는 것은 영적 성숙의 증거 중 하나다. 난쟁이 존은 자기방어의 방패 뒤에 숨지 않고 자신을 비판하는 자에게 자신을 투명하게 드러내 보였다.

자신의 그림자를 부인하면 남들을 제대로 섬길 수 없다. 남들을 이끌고 섬기려면 이 명백한 진리를 이해해야 한다. 찰스(Charles)의 이야기에서 이 역학을 확인할 수 있다.

찰스는 화려한 경력을 자랑하는 선교단체 사역자다. 일류대학을 졸업하기 전에 이미 시에 관한 책을 세 권이나 낸 재원이다. 장래가 촉망한 '슈퍼' 리더다. 카리스마 넘치고 말재주가 뛰어나고 창의력까지 대단해 쉴 새 없이 강연에 불려 다닌다. 그는 우리 교회 지하실에서 모이는 소그룹의 회원이기도 하다. 그런데 그가 소그룹에서 하는 이야기를 가만히 들어 보면 매번 뭔가가 빠져 있는 느낌이었다. 그게 뭔지는 정확히 알 수 없었지만 그의 말은 화려한 언변에도 불구하고 어딘가 모르게 공허했다.

어느 주일 오후 찰스를 만나 윗대의 문제가 그의 현재 모습에 어떤 영향을 미쳤는지에 관해 이야기를 나누었다. 그러기에 앞서 지난주에 우리 소그룹은 두려움, 방어기제, 기만, 교만의 그림자에 관해 토론을 한 상태였다. 찰스는 가족 중에 겉과 속이 다른 사람이 많다는 말을 했다. 그러고 나서 시골 마을에서 어떤 어린 시절을 보냈고 대도시인 뉴욕에서 어떻게 성공했는지, 고향 사람들이 그의 출세를 얼마나 자랑스러워했는지에 관해 말했다.

"찰스, 성공한 강연자이자 저자, 시인, 래퍼, 리더로 살아왔죠? 하지만 당신의 진짜 모습은 뭐예요? 껍데기 밑에 숨은 모습 말이에요."

내 말에 찰스가 조용해졌다. 그는 깊은 생각에 잠긴 듯 한참 바닥을 보다가 이내 고개를 들었다. "목사님, 잘 모르겠어요."

몇 달 뒤 다시 나를 만난 자리에서 찰스가 말했다. "어린 시절의 어떤 문제가 지금의 내게 영향을 끼치고 있는지 알고 나서 하나님은 내가 그림자를 인정하게 도와주셨어요. 내 시집과 빛나는 성과들, 완벽한 인생 이야기를 되돌아봤어요. 문득 하나님이 선택을 하라고 말씀하시는 것 같았어요. 내 이야기를 더 완벽하고 행복하게 다듬을 것인가. 아니면 하나님의 구속하시고 회복시키시는 손길에 나를 맡길 것인가."

그는 잠시 말을 멈추더니 이내 미소를 지었다. "결국 구속을 선택했어요. 그래서 어떻게 된 줄 아세요? 글과 강연이 변하기 시작했어요. 앞으로 어떻게 될지 모르겠지만 기분은 최고예요."

그림자는 남들의 그림자를 보지 못하게 만든다

문화인류학자 어네스트 베커(Ernest Becker)는 《죽음의 부정》(*The Denial of Death*)이란 책에서 무기력하거나 타락하지 않은 영웅적인 인간을 향한 보편적인 갈망을 이야기했다. 우리는 하나님이 영웅들에게만 특별한 재능과 지성, 지혜를 주고 그들을 특별히 더 사랑하신다고 생각한다. 그들은 인생의 고난에 대해 완벽한 승리를 거둔 것처럼 보인다. 그들의 자신감을 보면 기가 죽는다.

자신의 그림자를 직면하지 않으면 남들의 그림자도 볼 수 없다. 이렇게 눈이 어두워지면 특정한 사람들을 이상화하게 된다. 그들은 우리와 달리 그 어떤 그림자도 없는 것처럼 착각한다. 그렇게 되면 우리 자신이 더 못나 보인다. 자기 그림자의 늪 속으로 점점 더 깊이 빠져들어 한없이 움츠러든다. 그리고 그런 질투심과 열등감 때문에 그들에게서 조금만 틈이 보여도 사납게 비판하고 험담한다. 우리는 완벽해 보이는 사람들에게도 그림자가 존재한다는 사실을 망각할 수 있다. 그들도 우리처럼 열등감과 자괴감을 느낄 때가 있다는 사실을 잊어버릴 수 있다.

따라서 누군가가 당신을 여느 타락한 인간들과 다른 것처럼 이상화하면 조심하라. 당신도 자신과 똑같다는 사실을 알고 나면 동경이 순식간에 지독한 경멸로 변할 테니 말이다. 베커는 우리 모두가 "호모 사피엔(homo sapien), 일반 포도주(standard vintage)"일뿐이라고 말했다.[7]

예수님은 자신을 따르는 자들의 그림자를 너무도 잘 알고 계셨다. 예수님이 성전에서 환전상들의 상을 뒤엎자 많은 이들이 그분을 믿었다.

하지만 성경에 따르면 예수님은 믿음만으로 그림자가 치유되지 않는다는 것을 알고 계셨다. "예수는 그의 몸을 그들에게 의탁하지 아니하셨으니 이는 친히 모든 사람을 아심이요"(요 2:24). 더도 말고 사도 베드로를 보면 알 수 있다. 그는 예수님을 메시아로 담대히 선포해 놓고서 체포되자 그분을 주저 없이 세 번이나 부인했다.

따라서 그림자를 무시했을 때 따르는 결과를 늘 기억하며 살아야 한다. 반대로, 하나님의 길로 갔을 때는 복이 찾아온다.

그림자를 직면하기로 선택했을 때 따르는 선물들

하나님은 자신의 그림자를 용감하게 직면하는 자들에게 놀라운 선물을 주신다. 이 선물은 고통스럽지만 고통을 감수할 만한 가치가 있다. 엄한 긍휼(severe mercies)의 선물이라고나 할까. 자신의 그림자를 직면한다는 생각만 해도 두려운가? 하지만 용기를 내서 그림자 앞으로 다가가면 거기서 최소한 두 가지 놀라운 선물을 내미시는 하나님을 만날 수 있다.

그림자의 숨은 힘을 부술 수 있다

모르는 것은 바꿀 수 없다. 이는 인생의 진리 가운데 하나다. 하지만 자신의 그림자(원인뿐 아니라 증상까지)를 인정하고 나면 그 힘이 완전히 사라지지는 않더라도 몰라보게 약해진다. 그림자를 예수님의 빛에 노출시키는 것이 이 선물을 받기 위한 첫 번째요 가장 중요한 단계다.

사도 바울은 당대 최고의 지성 가운데 한 명이었다. 그는 사도요 선지자, 전도자, 목사, 선생으로서 강한 리더십을 발휘했다. 하나님께 놀라운 환상과 계시도 받았다. 계속된 핍박과 죽음의 위협, 역경 가운데서도 로마 제국 전역에 교회를 개척한 것은 전설 그 자체다. 하지만 적들의 거친 공격과 막대한 책임감 앞에서 천하의 바울이라도 인격의 한계를 느꼈을 게 분명하다. 그의 그림자가 무엇이었는지는 정확히 알 수 없지만 개인적인 판단으로는 고집과 혈기, 폭력성이 아니었을까 싶다. 그가 초대 교회를 어떻게 핍박했는지 생각해 보라.

바울은 하나님이 "내 육체에 가시"로 자신을 낮추고 약하게 만드셨다고 솔직히 고백했다(고후 12:7). 이 가시가 육체적인 병이었는지 핍박과 오해를 받는 고통이었는지는 알 수 없다. 어쩌면 영적 시험이었는지도 모른다. 어쨌든 그 가시가 바울을 지독히 괴롭히고 낙심시켰던 것만큼은 분명해 보인다. 동시에 그 가시 덕분에 바울은 약함의 힘으로 사람들을 이끌 수 있었다. 이런 면에서 그 가시는 선물이었다. 이는 바울로 하여금 그림자를 직면하고 그 힘을 부수게 하기 위한 하나님의 방식이었다.

> 이것이 내게서 떠나가게 하기 위하여 내가 세 번 주께 간구하였더니 나에게 이르시기를 내 은혜가 네게 족하도다. 이는 내 능력이 약한 데서 온전하여짐이라 하신지라. 그러므로 도리어 크게 기뻐함으로 나의 여러 약한 것들에 대하여 자랑하리니 이는 그리스도의 능력이 내게 머물게 하려 함이라. 그러므로 내가 그리스도를 위하여 약한 것들과 능욕과 궁핍과 박해와 곤고를 기뻐하노니 이는 내가 약한 그때에 강함이라(고후 12:8-10).

바울의 그림자는 수치의 이유가 아니었다. 오히려 거룩한 자랑의 이유가 되었다. 오히려 그림자 때문에 그를 통해 예수 그리스도의 능력과 생명이 흘러나왔다.

마찬가지로, 지나치게 인정을 갈구하고, 진실을 포장하고, 내 조직 능력이 구제불능이라고 믿는 것이 내 그림자임을 인정하고 나자 이런 자멸적인 성향대로 행동하지 '않겠다는' 결심이 섰다. 또한 내 그림자를 가까운 사람들에게 솔직히 고백했다. 그리고 하나님이 내게 이미 주신 모든 강점을 떠올렸다. 그 옛날 다윗은 하나님의 도우심으로 사자와 곰을 물리친 일을 사울에게 이야기하고 스스로도 상기함으로써 골리앗과 싸울 용기를 얻었다(삼상 17:36-37). 나도 그때까지 경험했던 작은 승리들을 떠올리면서 하나님의 신실하심과 능력을 다시금 마음에 새겼다.

또한 인력 고용과 재배치, 전략적 계획, 예산 계획, 대규모 프로젝트 관리 등 행정 기능에 관해 가르쳐 줄 사람들을 만났다. 특정한 목표를 세울 뿐 아니라 그 목표들을 이루기 위한 단계와 시일을 고민하는 시간도 따로 냈다. 이 모두는 힘들지만 나와 교회 전체에 매우 유익한 과정이었다. 이런 일이 편해질 때까지 계속해서 반복했다. 그 과정에서 내 삶과 리더십의 이런 분야에서 그림자의 숨은 힘이 깨졌다.[8]

그림자의 숨은 보화를 발견할 수 있다

하나님은 이사야 선지자를 통해 이런 약속을 주셨다. "네게 흑암 중의 보화와 은밀한 곳에 숨은 재물을 주어"(사 45:3). 이 약속은 특히 어두운 그림자 속으로 들어가 그 그림자를 하나님의 도구로 내놓는 자들에게 주시는 약속이다. 에이브러햄 링컨(Abraham Lincoln)의 삶은 이런 보화의 완벽한 예다.

링컨은 매우 어린 시절부터 심한 우울증을 앓았다. 이십 대에는 그가 자살할까 봐 이웃들이 가끔 한두 주씩 자신의 집에 데리고 있을 정도였다. 이십 대와 삼십 대에는 세 번이나 자살을 시도한 뒤로 스스로도 두려워서 주머니칼을 지니고 다니지 않았다. 정규 교육을 1년밖에 받지 않은 변호사였던 링컨은 공직에 출마했다가 수없이 떨어진 전적이 있었다. 결국 대통령이 되었을 때는 시골뜨기요 망신거리라는 조롱을 받았다. 수많은 사람이 그가 죽기를 바랐기 때문에 대통령 취임식 날 그는 도둑고양이처럼 몰래 워싱턴 DC로 들어와야 했다.

대통령 초기도 실패로 점철되어 있었다. 그로 인해 사방에서 온갖 악독한 조롱이 날아왔다. 링컨의 장군들은 남북전쟁 초기에 번번이 패했다. 가장 사랑했던 자녀 윌리(Willie)가 열한 살에 세상을 떠나자 링컨은 깊은 충격에 휩싸였다. 남북전쟁이 끝났을 때까지(1865년) 15-40세 국민 다섯 명 중 한 명이 목숨을 잃었다. 3천 2백 만 명의 국가에서 무려 52만 9,000명이 사라진 것이다. 사실상 모든 가정에서 통곡이 터져 나왔다.

그럼에도 그 시기에 링컨이 이룬 개인적 영적 발전은 실로 대단했다. 그는 하나님이 남북전쟁에서 누구의 편도 들지 않으셨고 전쟁은 노예제도라는 죄의 결과라고 분명히 말했다. 이에 전 국민에게 9일간의 금식기도를 촉구했다. 전쟁이 끝난 뒤 그는 적들에게 그 어떤 미움이나 복수심도 품지 않았고 항복한 남군 장교와 병사들에게 용서와 화해의 손을 내밀었다.

어떻게 이런 일이 가능했을까? 조슈아 울프 셍크(Joshua Wolf Shenk)는 저서 《링컨의 우울증》(Lincoln's Melancholy)에서 링컨이 자신의 우울증과 실패를 더 큰 목적으로 승화시킨 과정을 자세히 묘사했다. 셍크는 링컨이 나

중에 위대한 인물로서 우뚝 솟고 개인적인 변화를 이룰 수 있었던 것이 무엇보다도 고난과 약점 덕분이었다고 주장한다.

링컨을 오랫동안 지켜본 사람들은 그가 여러 가지 반대 속성들을 어떻게 통합했는지를 눈여겨보았다. 《톰 아저씨의 오두막》(Uncle Tom's Cabin)의 저자 해리엇 비처 스토(Harriet Beecher Stowe)는 링컨이 불안정하지만 강하고, 폭풍우에 휘청거리는 전선과 같지만 꿋꿋이 끝까지 나아간다고 말했다. 칼 샌드버그(Carl Sandburg)는 링컨에 대해 "강철과 벨벳 … 바위처럼 단단하면서 표류하는 안개처럼 부드러운"이란 표현을 썼다. 이런 비유처럼 링컨은 자기회의와 자신감, 희망과 절망과 같은 정반대 특성들을 포용했을 뿐 아니라 융합시켜 새롭고도 값진 뭔가를 만들어 냈다. 이는 그가 대통령으로서 창의적으로 일하고 세월을 초월한 교훈을 남긴 비결이다. 좋은 삶을 살려면 여러 정반대 특성들을 안정적인 전체로 통합할 수 있어야 한다.[9]

링컨의 삶은 많은 장점과 재능을 실패와 약점, 우울증과 통합하는 긴 과정이었다. 링컨의 그림자는 무엇이었을까? 확실치는 않지만 아마도 절망과 자기혐오에 잘 빠지는 성향이 아니었을까? 아니면 사람들의 인정에 대한 욕구였을지도 모른다. 남북전쟁 초기에 무능력한 북군 장군들의 옷을 벗기지 못한 것이 이 욕구 때문이었지 않나 싶다.

링컨의 그림자가 무엇이었든 간에 그가 그림자를 기꺼이 인정하고 장점들과 통합한 덕분에 풍약전등의 위기에 빠진 국가를 끝까지 세워 나갈 수 있었다는 사실만큼은 분명하다. 그는 국가를 영웅과 악인으로 이분하여 적들을 악마화하지 않았다. 그는 긴장과 복잡성을 품고 살아가는 법을 배웠다. 또한 지독한 아픔을 알았기에 제대로 기뻐할 수 있었다. 그 결과, 국가를 이끌고 내전의 터널을 빠져나와 지금껏 미국 역사상 가장 위대한 대통령으로 칭송을 받고 있다.

당신과 내가 링컨처럼 극심한 리더십의 시험대 위에 놓일 일은 별로 없다. 하지만 우리도 자신의 그림자를 받아들임으로써 그의 전철을 밟아야 한다. 그림자에 관해서는 오직 두 가지 선택 사항밖에 없다. 더 이상 물러날 곳이 없어 마지못해 인정해야 할 때까지 자신의 그림자를 무시할 것인가? 아니면 적극적으로 다가가 그림자의 원인들을 과감히 들여다볼 것인가?

그림자를 직면하기 위한 네 가지 방법

짐작했겠지만 그림자를 직면하기 위해서는 용기와 동시에 노력이 필요하다. 나는 이 일을, 영구동토를 부수는 작업에 빗대곤 한다. 영구동토는 두께가 최소한 18인치 이상으로 2년 이상 빙점 이하를 유지해 온 땅을 말한다. 시베리아의 일부 지역에서는 영구동토가 지하 1,500미터까지 뻗어 있다. 북부 알래스카의 영구동토는 깊이가 700미터 이상이다. 때로 우리의 그림자는 깊디깊은 영구동토만큼이나 영구적으로 보일 수 있다.

기업들은 리더들이 자신의 감정을 다스려 팀과 조직에 미치는 부정적인 영향을 최소화하도록 EQ를 강조해 왔다.[10] 하지만 여기서 우리의 관심은 단순히 그림자의 부정적인 영향을 다스리고 최소화하는 것이 아니다. 그리스도의 형상을 닮도록 장기적인 내적 변화를 경험하는 것이 목적이다. 지금쯤 당신이 여전히 두렵지만 이 변화를 위해 다음 단계를 밟을 준비가 되어 있기를 바란다.

1. 자신의 감정을 규정함으로써 길들이라

신경과학자들은 감정을 표출할 수 없는 가정환경에서 자라면 두뇌의 일부가 계발되지 않는다고 말한다. 그렇게 되면 일하고 사랑하는 능력이 손상된다. 다행히 이 손상은 영구적이지 않다. 뇌 영상법을 통해 연구가들은 감정을 규정하는 법을 배우면 뇌가 어떤 식으로 변하는지를 밝혀냈다. 감정을 규정하면 심지어 세포 차원에서도 강력한 변화가 일어난다.[11]

하나님과 함께하는 시간에 일기를 쓰면 자신의 감정을 규정할 수 있다. 기도하는 중에 다음과 같은 질문을 던지고 답해 보라.

- 지금 어떤 감정을 느끼는가? 이 감정을 느낀다는 사실을 알고 나니 어떤 생각이 드는가?
- 무엇이 슬픈가? 무엇이 기쁜가? 무엇이 화가 나는가? 무엇이 걱정스러운가?
- 몸의 어떤 부분이 긴장이나 스트레스를 느끼고 있는가? 예컨대, 어깨나 목, 배에 통증이 있는가? 내 안에서 도대체 어떤 일이 벌어지고 있는가?

나는 예수님을 믿고 나서 처음 17년 동안 감정을 부인하며 살아왔다. 특히, 분노와 슬픔, 두려움처럼 그리 아름답지 못한 감정은 인정하기가 더더욱 힘들었다. 그런 감정이 악한 감정이라는 극단적이며 비성경적인 신학에 빠져들었다. 성경이 오히려 반대 방향을 가리킨다는 사실을 전혀 깨닫지 못했다. 예컨대 메시아이자 하나님이신 예수님도 자신의 분노와 슬픔을 부정하지 않으셨다. 예레미야 선지자는 아예 예레미야애가라는 책 한 권 전체를 통해 예루살렘의 파괴에 대한 고뇌를 표출했다. 하나님의 마음에 합했던 다윗 왕은 하나님 앞에서 속에 있는 모든 종류의 감정을 다 드러냈다. 사실, 시편의 3분의 2는 탄식이나 불평이다![12]

1996년 정서적으로 건강한 영성을 향한 여행을 시작했을 때 기도의 일환으로 거의 매일 일기를 썼다. 이는 결과적으로 오랫동안 잠자던 나의 '감정' 근육을 훈련시키는 중요한 계기가 되었다. 일주일에 서너 번 조용히 앉아서 전날 내가 경험했던 감정들을 돌아보았다. 이런 '감정 연습'을 할수록 내 감정을 인식하는 능력이 강해졌다. 시간이 지날수록, 내가 어떤 감정을 느낄 때 그 자리에서 곧바로 알아차리게 되었다. 그래서 다음 날까지 기다리지 않고 곧바로 나의 감정을 인정할 수 있었다. 또한 더 이상 감정을 억누르지 않았기에 해방감과 평안을 느꼈다. 처음에는 쉽지 않았지만 꾸준히 연습하자 내 감정을 규정하는 것이 숨쉬기만큼이나 자연스러워졌다.

감정을 규정한 뒤에는 그 감정을 '왜' 느끼는지 돌아보는 습관을 길렀다. 예를 들어 "교회에서 그 사람을 만난다는 생각만 해도 화가 치밀어 오르는 이유는 뭘까? 그 사람이 강압적이라서 그런가? 내가 강압에 못 이겨 결국 후회할 결정을 내릴까 두려워서 그러는가?" 이에 대한 답도 일기에 적었다. 내 감정을 규정하고 원인을 밝혀낸 뒤에는 초청을 정중하게 거절하거나 힘든 질문을 던지거나 시간을 두고 천천히 최종 결정을 내리는 식으로 적절한 조취를 취했다.[13]

2. 가계도를 사용하여 과거의 악영향을 찾아내라

지난 19년간 리더들을 돕다 보니 자신의 그림자를 찾아 직면하는데 가계도만큼 효과적인 도구가 없음을 발견했다. 가계도는 3-4대에 걸친 가족 관계와 그 가족들이 내게 미친 영향을 정리한 시각 도구다. 가계도를 그리면 현재 우리의 리더십뿐 아니라 예수님과의 관계, 그리고 남들과의 관계에 악영향을 끼치는 과거의 건강하지 못한 패턴을 조사할 수 있다. 참고하라는 의미에서 아래에 내 가문의 가계도를 그려 보았다.

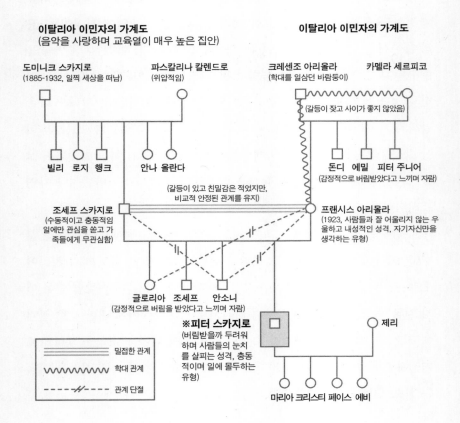

이탈리아 이민자의 가계도
(음악을 사랑하며 교육열이 매우 높은 집안)

이탈리아 이민자의 가계도

도미니크 스카지로
(1885-1932, 일찍 세상을 떠남)

파스칼리나 칼렌드로
(위압적임)

크레센조 아리올라
(학대를 일삼던 바람둥이)

카멜라 세르피코

(갈등이 잦고 사이가 좋지 않았음)

빌리 로지 행크　안나 올란다

돈디 에밀 피터 주니어
(감정적으로 버림받았다고 느끼며 자람)

(갈등이 있고 친밀감은 적었지만,
비교적 안정된 관계를 유지)

조세프 스카지로
(수동적이고 충동적임
일에만 관심을 쏟고 가
족들에게 무관심함)

프랜시스 아리올라
(1923, 사람들과 잘 어울리지 않는 우
울하고 내성적인 성격, 자기자신만을
생각하는 유형)

글로리아 조세프 안소니
(감정적으로 버림을 받았다고 느끼며 자람)

※**피터 스카지로**
(버림받을까 두려워
하며 사람들의 눈치
를 살피는 성격, 충동
적이며 일에 몰두하는
유형)

제리

｜｜｜｜｜｜ 밀접한 관계
〜〜〜〜〜 학대 관계
- - - -〳〳- - - 관계 단절

마리아 크리스티 페이스 애비

96

우리 뉴 라이프 교회에서는 "예수님이 마음속에 계실지 몰라도 뼛속에는 조상이 살고 있다"라는 말을 자주한다. 내 가계도를 보면 '조상'이 대대로 우리 가문에 어두운 그림자를 드리우고 있는 것을 볼 수 있다. 자신의 그림자를 직면하기 위해서는 가문 대대로 내려온 패턴을 파악하는 것이 그토록 중요한 이유다. 벤(Ben)과 주안(Juan)의 이야기를 보자.

교회에서 리더로 봉사하는 회계사 벤은 대화만 하면 반대 목소리를 냈다. 모든 질문을 자신에 대한 도전으로 받아들였다. 다가올 행사 프로그램이나 목회자의 문제, 사무실 배치, 성경의 진리까지 주제에 상관없이 그의 어조는 언제나 공격적이었다. 그게 문제임을 본인도 잘 알았지만 행동이 바뀔 기미는 보이지 않았다. 하지만 가계도를 작성하고 나서 비로소 자신이 질문을 받을 때, 특히 그 질문자가 윗사람일 때 그토록 적대적으로 나오는 이유를 깨달았다.

어릴 적 벤은 아주 사소한 실수만 해도 호되게 혼이 났다. 그래서 실수나 약점에 대한 비난의 기미만 보여도 스스로를 방어하는 기제가 일찌감치 몸에 배었다. 자신의 행동이 윗대의 문제로 거슬러 올라간다는 사실을 알고 나자 비로소 변화가 시작되었다.

주안은 빛과 같은 속도로 살고 일하는 리더다. 그는 이렇게 말한다. "성공한 사람은 하나같이 쉴 새 없이 바쁘다. 아침에 눈을 떠서 밤에 눈을 감을 때까지 한시도 쉬지 않고 일하고 싶다. 일할 때만큼 즐거울 때도 없다." 단순히 야심만만한 젊은이라서 그런다고 생각하면 오산이다. 가계도를 보면 그의 행동이 어디서 왔는지를 알 수 있다. 이민자였던 그의 아버지는 아들을 미국에 데려오기 위해 온갖 고초를 겪었으니 그가 그 빚을 갚아야 한다는 말을 밥 먹듯이 했다. 수십 년 뒤, 그 메시지는 주안의 뼛

속에 깊이 박혀 버렸다. 이 사실을 알고서 주안은 자신이 복음 중심의 삶에서 얼마나 멀어져 있는지를 절실히 깨달았다.

그때부터 부모와의 관계를 재정립하고 삶의 속도와 일하는 방식을 바꾸기 위한 긴 여정이 시작되었다. 그는 덕분에 스트레스가 반으로 줄었다고 말한다. 심지어 얼굴에서도 변화가 나타났다. 예전처럼 날카롭고 조급한 표정은 사라지고 이제는 제법 여유가 흐른다.

오랫동안 벤이나 주안 같은 리더들을 도운 끝에 나와 아내는 '당신의 가계도를 그리라'라는 도구를 개발했다. 인생 변화의 여행에 뛰어들 준비가 되었다면 우리 웹사이트(www.emotionallyhealthy.org/genogram)에서 이 도구를 사용하라. 가계도를 작성하면 단순히 머리로만 알거나 의욕만 느끼는 차원에서 실질적인 적용으로 나아갈 수 있다. 온라인 동영상을 시청하고 '당신의 가계도를 그리라'를 사용하여 당신 가문의 역사를 시각적으로 그려 보라. 전에는 몰랐던 그림자들이 눈에 들어올 것이다. '가계도를 그리기 위해 필요한 질문 샘플'을 함께 사용하면 도움이 될 것이다.

가계도를 그리기 위해 필요한 질문 샘플

다음 질문들은 표면 아래를 뒤져 과거가 현재에 어떤 영향을 끼치는지 알아내기 위해 필요한 질문들이다. 8-12세 아이로 돌아갔다고 생각하고서 각 질문에 답해 보라.

1. 가문의 각 사람들을 세 가지 형용사로 묘사하고 부모, 보호자, 조부모, 형제 등 당신과의 관계를 규정하라.

2. 부모와 조부모의 결혼생활을 묘사해 보라.

3. 2-3세대 동안 당신의 가문에서는 갈등과 분노, 긴장을 어떻게 다루었는가?

4. 혼전임신이나 근친상간, 정신병, 금전적 스캔들 등 가족의 '비밀'이 있는가?

5. 가문에서는 무엇을 '성공'으로 여겨 왔는가?

6. 가문이 속한 민족 혹은 인종의 성향은 어떠한가?

7. 가족들의 관계는 어떠한가?(갈등, 소원, 학대 등)

8. 가문에 영웅이 있었는가? 악인이 있었는가? 그들이 어떤 면에서 영웅 혹은 악
   인이었는가?

9. 어떤 가문의 패턴이 눈에 들어오는가?(중독, 불륜, 학대, 이혼, 정신병, 낙태, 서출)

10. 당신의 가문은 어떤 비극적인 상실을 겪었는가?(예를 들어, 급사, 오랜 투병, 사산이
    나 유산, 파산, 이혼)

11. 윗대 혹은 다른 사람들이 당신의 현재 모습에 어떤 영향을 끼쳤다고 생각하는
    가?

12. 가계도가 당신의 리더십에 구체적으로 어떤 영향을 끼쳤는지 한두 가지만 말
    해 보라.

가계도로 자신의 과거를 탐구하면 자신의 그림자를 그리스도의 빛 가운데로 끌어낼
수 있다. 그런 다음에는 하나님의 은혜로 그 그림자의 힘을 깨뜨리고 그림자의 숨은 보
화를 자신의 리더십으로 통합시킬 수 있다.

3. 윗대에서 내려온 부정적인 대본을 찾아내라

부정적인 대본이란 가문에 깊이 뿌리를 내린 과거의 메시지를 말한다. 이 메시지는 현재 우리의 의식적인 행동과 무의식적인 행동에 영향을 끼친다. 이 대본은 억지로 머릿속에서 지워 버려도 몸이 기억해 낸다. 특히, 충격적인 경험과 관련된 대본은 좀처럼 지워지질 않는다. 그래서 어떤 사건은 수십 년이 지나서도 부적절한 행동을 촉발시킨다. 비슷한 상황에 처하면 당시의 충격이 다시 생생하게 살아난다. 과거를 돌아보면 윗대에서 내려온 이런 부정적인 대본을 찾아 바꿀 수 있다.

나의 부정적인 대본을 예로 들겠다. 우리 어머니는 남들에게 창피를 당할까 봐 두려워 절대 모험을 하지 않았다. 그런 성향은 네 자녀에게 고스란히 전해졌다. 열한 살 때 어머니에게 자동차 정비 기술을 배우고 싶다고 말했던 기억이 난다. 그 즉시 어머니는 내가 뭔가 새로운 것을 시도하려고 할 때마다 했던 말을 되풀이했다. "아서라. 괜히 나섰다가 창피당하지 말고 가만히 있어." 내가 받은 부정적인 대본이다. 이제 나는 모험을 할 때마다 스스로에게 이런 질문을 던진다. "이 모험이 하나님을 위해 믿음의 한 발을 내딛는 것인가? 아니면 단순히 어머니가 틀렸다는 것을 증명하려는 몸부림일 뿐인가?"

부정적인 대본은 거의 모든 종류의 경험에서 비롯할 수 있다. 다음 중 누구에게서 당신의 모습이 엿보이는지 확인해 보라.

- 단(Dan)은 잘나가는 의사다. 그는 교회 제직회 회원(church board)으로도 섬긴다. 그런데 완벽주의와 일중독 때문에 일터와 교회에서 건강한 관계를 쌓지 못하고 있다. 그 원인은 열 살 때로 거슬러

올라간다. 하루는 A학점을 받았다가 아버지에게 A+를 받지 못했다고 심하게 혼이 났다. A학점을 받은 것은 받아쓰기에서 두 문제가 틀린 탓이었다. 이에 아버지는 단을 방으로 데려가 받아쓰기 연습을 혹독하게 시켰다. 그렇게 해서 단이 얻은 부정적인 대본은 "제대로 해라. 항상. 절대 실수하지 마라!"이다.

- 앨리슨(Allison)이 일곱 살 때 부모가 이혼을 했다. "너희를 사랑한단다. 항상 너희 곁에 있을 거야." 아버지가 자신과 오빠를 앞에 앉혀 놓고 그렇게 약속했던 날을 평생 잊을 수 없다. 아버지는 6개월 뒤 그 약속을 헌신짝처럼 내던지고 재혼해서 새 가정을 꾸렸다. 그 뒤로 20년간 앨리슨과 오빠는 아버지를 거의 보지 못했다. 그녀가 경계심이 많은 것은 원래 신중한 성격 탓도 있지만 "아무도 믿지 말라"는 부정적인 대본 탓도 크다.

- 자오(Jiao)의 부모는 중국에서 미국으로 건너온 이민자다. 그들은 4남매에게 더 좋은 삶을 선사하고자 익숙한 언어와 문화, 가족, 직업을 뒤로한 채 뉴욕으로 건너왔다. 그 뒤로 날마다 새벽닭이 울 때부터 온 세상이 깜깜해질 때까지 죽도록 일했다. 그렇게 해서 자식에게 남긴 메시지는 단 하나였다. "열심히 공부해서 성공해라!" 자오는 이 하나의 목적만을 바라보며 달려갔다. 그리하여 결국 고등학교를 수석으로 졸업했다. "너의 가치는 네 성과에 달려 있어." 자오가 받은 부정적인 대본이다.

- 조셉(Joseph)의 집에서는 고함과 비명이 그칠 날이 없었다. 한번은 아버지가 바람을 피웠고, 맏아들인 조셉이 나서서 어머니를 진정시켰다. 그는 집안의 피스메이커였다. 지금 그는 목사다. 그는 대

립과 화난 사람들을 피하다가 일을 점점 키우는 스타일이다. "대립은 위험하고 나쁜 것이다." 그가 받은 부정적인 대본이다.

- 네이던(Nathan)은 독실한 기독교 집안에서 태어났다. 아버지는 틈만 나면 이렇게 말했다. "하나님은 네 인생을 위해 특별한 계획을 세워 놓으셨어. 하지만 만약 네가 조금이라도 그분 뜻에 어긋난 짓을 저지른다면 가혹한 심판을 당할 게다." 그래서 네이던은 단 한 번의 실수도 하지 않으려고 애쓴다. "하나님의 특별한 계획을 망치지 않도록 정신을 똑바로 차려야 해!" 그가 받은 부정적인 대본이다.

위의 사례들을 읽을 때 어떤 생각이 들었는가? 당신 자신의 부정적인 대본이 무엇인지 알아냈는가?

윗대에서 내려온 부정적인 대본을 찾아냈다면 다음 단계는 기도하는 마음으로 돌아보는 것이다. 처음에는 혼자 고민하고, 다음에는 믿을 만한 사람들과 토론하라. 그런 다음에는 그 대본을 찢어 버리고 하나님이 당신에 관해 말씀하시는 진리에 따라 새 대본을 써 내려가야 한다.

4. 믿을 만한 사람들에게 피드백을 구하라

치료사나 영적 지도자, 동료나 멘토 등 믿을 만한 사람들에게 지혜로운 피드백을 얻지 못하면 자신의 그림자를 직면하기는커녕 자신의 그림자가 무엇인지조차 파악하기 어렵다. 이런 피드백을 얻기 위해서는 교회 밖으로 나가야 할 경우도 많다. 특히 치료사나 영적 지도자는 외부 사람을 만나는 것이 좋다. 그래야 이중 관계에서 자주 발생하는 이해관계의 충돌 가능성을 애초에 차단할 수 있다(이에 관해서는 8장에서 더 자세히 다루자).

　인생길과 리더십 여행의 정거장마다 다른 종류의 피드백이 필요하다. 기회가 있다면 윗사람과 동료, 아랫사람까지 주변 모든 사람에게 피드백을 얻게 하는 도구인 '360'(360도 피드백)을 사용해 보길 바란다.[14] 이 도구를 사용하면 팀워크와 커뮤니케이션, 리더십, 약점, 기술을 종합적으로 평가해 볼 수 있다. 이 도구는 주로 직장생활에 관한 것이지만 많은 크리스천들이 자신의 그림자를 직면할 때 이 도구에서 큰 도움을 받았다. 또 다른 도구인 에니어그램(Enneagram)도 우리 교회의 사역자들을 비롯해서 많은 리더들이 추천하고 있다. 에니어그램은 사람의 성격을 아홉 가지 유형으로 나눠 행동 이면의 요인을 규명하고 이해하도록 돕는 도구다.[15]

　리더로서 우리의 그림자는 남들에게 적잖은 영향을 끼친다. 따라서 자신의 그림자를 솔직하게 직면할 청지기적 사명이 필요하다. 남들의 피드백과 도움을 구하는 것은 선택사항이 아니라 필수사항이다. 단, 모든 피드백이 다 유익한 것은 아니라는 사실을 늘 명심해야 한다. 특히, 가혹한 비판의 형태를 띤 피드백은 걸러 들을 필요가 있다.

　평생 동안 숱한 비판을 들었다. 그중에서 가장 유익한 비판은 하나님과 친밀히 동행하고 자신의 그림자를 잘 아는 사람들의 비판이었다. 그들은 나를 비난하기 위해서가 아니라 자신처럼 되지 않기를 바라는 마음에서 꾸짖었다. 한마디로, 그들의 비판은 나를 향한 사랑에서 나온 것이었다. 그래서 나는 그들의 비판을 기꺼이 선물로 받아들였다. 내가 모르는 그림자를 그들이 지적해 준 덕분에 내가 성장할 수 있었다.

　하지만 나쁜 마음으로 하는 비판은 전혀 유익하지 않았다. 그런 사람들은 돕기 위해서라고 말했지만 이면에는 자신의 그림자에서 비롯한 불순한 동기가 흐르고 있었다. 젊은 시절, 그들의 비판은 내게 유익보다 해를 더 많이 끼쳤다.

목사이자 저자인 고든 맥도널드(Gordon MacDonald)가 사랑에서 비롯하지 않은 두 번째 종류의 비판에 관한 경험담을 들려준 적이 있다. 20여 년 전, 어느 저명한 크리스천이 차 안에서 운전하는 맥도널드를 쳐다보며 말했다. "당신에게서 쓴 뿌리가 보이는군요."

맥도널드는 계속해서 차를 몰았지만 자신도 모르게 몸이 경직되었다. 그의 아버지는 모진 사람이었다. 그래서 아버지처럼 되지 않으려고 평생 무던히도 노력했다. 그렇게 노력했건만 아직도 자신이 아버지와 똑같단 말인가. 그 말을 듣는 순간, 속이 메스꺼웠다. 남은 시간 내내 차 안에는 어색한 침묵이 흘렀다.

"집에 와서 곰곰이 생각해 봤죠. 그리고 세 친구를 불러 그 사람에게 들은 말을 전했어요. 맞는 말인지 판단해 달라고 도움을 요청했죠."

그 뒤 한 달간 친구들은 맥도널드를 빼고 모여 그와 함께했던 시간들을 돌아보았다. 그러고 나서 한 친구가 맥도널드에게 결과를 전했다. "철저히 확인한 결과, 자네에게서 그 어떤 쓴 뿌리도 찾을 수 없었네."

맥도널드는 이렇게 결론을 내렸다. "하나님이 믿을 만한 친구들을 주셔서 얼마나 감사한지 몰라요. 그렇지 않았다면 잘못된 말을 믿고, 나와 상관없는 문제로 며칠 밤을 고민했을 테니까요."

리더들이 피드백을 얻는 법을 물으면 나는 항상 영적 지도자와 상담자, 멘토, 좋은 친구까지 여러 사람에게 의견을 묻는 것이 안전하다고 대답한다. 나는 처한 상황이 심각할 때는 반드시 많은 사람에게 의견을 구한다. 한 사람의 피드백은 긍정적이든 부정적이든 한쪽으로 치우칠 가능성이 있지만 그리스도 몸의 여러 지체에게 의견을 들으면 광범위하고도 균형 잡힌 시각을 얻을 가능성이 높다. 그래서 가능하면 많은 사람의 의견을 들으려고 노력한다.

속이 쓰릴 만큼 심한 비판을 들으면 하나님이 내 곁에 두신 믿을 만한 사람들을 찾아가 의논한다. 내게는 특히 뉴 라이프 교회의 장로들이 그런 존재다. 그들은 오랫동안 나의 그림자를 봐 온 사람들이다. 죽을 만큼 힘든 순간마다 내게 더없이 귀한 선물 같은 존재들이다.

그림자를 직면하기 위한 네 가지 방법을 늘 기억하고, 첫걸음으로서 최소한 한 가지 방법을 끝까지 시도해 보길 바란다. 자신의 감정을 규정함으로써 길들이라. 가계도를 사용하여 과거의 어두운 영향을 찾아내라. 윗대에서 내려온 부정적인 대본을 찾아내라. 믿을 만한 사람들에게서 피드백을 구하라. 그림자를 직면하기 위한 여행에서 네 가지 방법이 큰 도움이 될 것이다. 하지만 가장 중요한 것은 그 과정 내내 예수님께 가까이 붙어 있는 것이다. 그분은 이 험한 파도를 헤쳐 나가는 내내 우리를 든든히 붙잡아 주시는 닻이다.

예수님과 함께 그림자를 직면하라

그림자를 무시하지 않고 직면하기로 선택하는 것은 곧 예수님을 따라 십자가로 가는 것이다. 그만큼 고통스럽고 외롭고 두려운 길이다. 약점이 훤히 드러날 만큼 발가벗겨질 각오를 해야 한다. 아무리 봐도 절망과 죽음의 길처럼 보인다. 하지만 하나님은 이런 채찍과도 같은 경험을 통해 우리의 그림자를 한 꺼풀씩 벗겨 내신다. 이런 시기에 가장 중요한 일은 아버지의 사랑을 기다리는 것이다. 예수님이 십자가 위에서 그러셨던 것처럼. 참고 기다리라. 끝까지 버티라. 예수님처럼.

기다리면서 하나님의 사랑과 은혜가 참이며 부활이 확실하다는 진리에 단단히 닻을 내리라. 경험자로서 자신 있게 말하건대, 그리스도 안에서 더 성숙한 모습으로 거듭날 것이다. 더 사랑이 넘치고, 더 투명하고, 더 겸손한 사람이 될 것이다. 그림자를 직면하는 고통스러운 기간을 참아 내면 한층 더 예수님을 닮아 갈 것이다.

그림자 평가에 대한 설명

그림자 평가를 했다면 다음 설명이 평가 결과를 이해하는 데 도움이 될 것이다.

대부분 1-2점을 받았다면 그림자를 직면하는 여행이 이제 겨우 출발 단계다. 십중팔구 당신의 리더십은 내적 삶을 거의 돌보지 않은 채로 하나님을 위해 열심히 일하는 것에만 초점을 맞춰 왔을 것이다. 충격적인 결과인가? 걱정하지 말라. 그림자를 직면하기 위한 네 가지 방법 중 하나로 천천히 시작하면 된다. 하나님이 당신에게 맞는 속도로 인도하실 것이다.

대부분 2-3점을 받았다면 이미 그림자를 직면하기 시작했을 가능성이 높다. 이제 하나님은 당신을 다음 단계로 부르신다. 내적 삶을 더 깊이 파헤치길 바란다. 출발점으로 '당신의 가계도를 그리라'(www.emotionallyhealthy.org/genogram을 방문하라)를 권한다. 하나님께 지혜롭고도 믿을 만한 여행 동반자들을 달라고 요청하라. 하나님이 약함으로 강하게 이끌 수 있는 방법을 가르쳐 주실 것이다. 그러면 사도 바울처럼 당신에게도 그리스도의 능력이 새롭게 임할 것이다.

대부분 4-5점을 받았다면 자신의 그림자를 잘 파악하고 있다고 말할 수 있다. 좋은 일이다. 당신은 그림자를 직면했고 리더십에 적용했다. 그래서 그림자를 무시했을 때 생기는 부정적인 영향에서 해방되었다. 심지어 리더십을 위한 그림자의 숨은 보화를 발견했을 가능성도 있다. 계속해서 그림자를 탐구하면서 새로운 차원의 발견으로 나아가길 바란다. 나아가, 하나님의 도구로서 남들도 각자의 그림자를 찾아 직면하도록 돕기 바란다.

Chapter 3

사역과 가정을
단절시켜 보지 말라

신학교 교수인 내 친구 샘(Sam)은 최근에 중국에 갔다가 지인들을 만났다. 그 지인들 중에는 5,000명이 출석하는 대형교회를 담임하는 리(Li)라는 여성 목사가 있었다. 두 사람은 어느 화창한 봄날 점심시간에 한산한 식당에서 만나 가족의 안부를 물으며 대화를 시작했다. 그런데 잠시 후 리 목사가 느닷없이 흐느끼기 시작했다. 그때부터 두 시간의 만남 내내 그녀는 몇 번이나 울음을 터뜨렸다. 답답한 속을 마구 털어놓았고, 샘은 짧은 중국어로 그녀의 말을 이해하려고 애를 썼다. 조금씩 상황이 파악되었다.

리 목사는 지칠 대로 지쳐 있었다. 매주 여섯 번 설교하고, 7년 동안 휴가는커녕 하루도 제대로 쉬어 보질 못했다. 게다가 근처 신학교에서 조직신학까지 가르쳤으니 그야말로 잠시 앉아 있을 틈도 없었다. 하나뿐인 부목사는 안수를 받지 못했기 때문에 설교에 대한 부담감을 나눠 지기 힘들었다.

대화 도중 휴대폰 전화벨이 울렸다. 성도에게서 걸려온 전화였다. 샘은 커피를 마시며 참을성 있게 기다렸다. 10분 뒤 리가 전화를 끊고 지친 얼굴로 말했다.

"제 휴대폰은 24시간 내내 대기 중이에요. 언제라도 성도들이 전화하도록 밤새 켜 놓지요." 그녀의 눈에 다시 눈물이 가득 고였다.

샘이 밤에는 전화기를 끄고 푹 자라고 말하자 리는 얼굴을 찌푸리며 깊이 한숨을 내쉬었다. "새벽 두 시에 어떤 성도가 제 도움이 필요하다고 생각해 봐요!"

　계속해서 얘기를 들어 보니 리의 남편은 차로 다섯 시간 떨어진 근처 다른 도시에 살면서 그곳 신학교에서 전임 교수로 일하고 있었다. 두 사람은 겨우 2주에 한 번씩 얼굴을 봤다. 아직 십 대인 두 아들은 미국에서 학교를 다니고 있었다. 리는 기껏해야 1년에 한두 번 아들들을 만날 수 있었다. 이런 상황이 정말 싫었지만 맡은 일이 너무 많아서 도무지 두 아이를 돌볼 틈이 없었다.

　"상황이 안 좋군요. 이렇게 한번 바꿔 보는 게 어떨까요?"

　샘이 막 제안을 하려는데 리 목사가 말을 끊었다.

　"제 상황은 약과예요. 다른 도시에 사는 한 목사님네 얘기를 들어 보실래요? 그 목사님의 사모님과 아들은 여기 살면서 우리 교회에 다니고 있어요. 그 목사님은 기차로 스무 시간이나 걸리는 도시에서 목회를 하고 계시죠. 너무 바빠서 집에는 일 년에 딱 한 번 설날에만 오세요. 그마저도 하룻밤만 보내고 다음날 일찍 교회로 돌아가시죠."

　"뭐라고요?" 샘은 너무 충격을 받아 자신의 귀가 의심스러웠다.

　"상황은 더 나빠지고 있어요. 그 목사님은 챙겨야 할 사람과 일이 너무 많아 잠시 앉아 숨을 돌리는 것조차 죄책감을 느낀답니다. 작년에는 그 목사님이 집에서 설날을 보내고 기차를 타려는데 어린 아들이 엉엉 울며 달려와 가지 말라고 바짓가랑이를 붙잡았대요."

　리 목사의 목소리가 조금 부드러워졌다. "그때 목사님이 뭐라고 하셨는지 알아요?" 그녀가 자신의 신발을 내려다보며 물었다. "글쎄 아들을 걷어차며 '사탄아, 썩 물러가라'라고 했다지 뭐예요. 아들을 확 밀치고 기차에 타셨대요."

샘은 입을 다물지 못했다. 리가 체념하는 투로 마무리를 했다. "목사님, 복음을 위해 전부를 희생하지 않으면 잘못된 거잖아요."

리의 이야기가 극단적으로 들리는가? 물론, 극단적이다. 하지만 그녀의 시각은 내가 처음 리더가 된 후로 알게 모르게 습득했던 시각과 별로 다르지 않다. 그 시각은 이런 것이었다. "크리스천 리더로서 우리는 생사의 문제를 다루고 있다. 교회를 이끄는 리더라면 영원한 영향을 미치는 일에 참여해야 한다. 비영리 분야의 리더는 가난과 열악한 의료 환경, 중독, 가정 파탄 같은 온갖 사회적 질병에 시달리는 세상 속에서 그리스도의 손발로 부르심을 입은 것이다. 어느 분야의 리더든 궁극적으로 우리는 하나님의 나라를 세우고 우리의 노력을 통해 그분의 사랑을 보여 주어야 한다. 이보다 더 중요한 일이 어디 있는가. 세상이 이토록 절박하게 신음하는데 어찌 잠시도 자기 자신을 챙긴다는 생각을 할 수 있는가."

남의 얘기 같지 않은가? 이런 희생을 리더의 싱글 혹은 결혼 생활과 연결 지어 논하는 경우는 별로 없지만 잘 들어 보면 사방에서 다음과 같은 메시지가 자주 들린다.

"하나님을 위해 사역을 두 배로 키우라"

이십 대에 나는 네 번의 학생 선교 세미나에 참석했다. 이런 세미나의 목적은 학생들이 북미를 넘어 세계 곳곳에서 그리스도를 섬기도록 동기를 불어넣고 실질적인 훈련을 시키는 것이었다. 한 세미나에서 강사가 쩌렁쩌렁 울리는 목소리로 했던 말이 지금도 생생하게 기억난다. "결혼을 할 거면 꼭 여러분의 사역을 반 토막 낼 사람이 아니라 두 배로 키워 줄 사람과 하십시오!"

그 전까지 누구도 대놓고 그렇게 말한 적은 없었지만 이미 내가 은 연중에 수없이 들은 메시지였다. 나를 비롯한 젊은이들은 인생의 최우선 사항이 하나님 나라를 넓히는 것이라는 확신을 품고 세미나 현장을 나섰 다. 결혼을 하더라도 그 목적은 어디까지나 하나님 나라를 넓히는 것이 되어야 한다. 세미나 강사들은 그리스도께 헌신하지 않는 사람과 결혼하 지 말라고 경고했다. 충분히 귀담아들을 가치가 있는 말이었지만 그들은 결혼 생활 혹은 싱글 생활을 사역의 리더십과 통합하는 문제에 대해서는 아무런 말을 해 주지 않았다.

그리하여 나는 내 사역을 두 배로 키워 줄 여인을 달라고 기도하기 시작했다. 하나님은 그 기도의 응답으로 지금의 아내를 만나게 하셨다. 우리는 8년 동안 단순한 친구로 지내다가 불같은 사랑에 빠졌다. 아내는 나처럼 IVF의 간사로 봉사하면서 그리스도께 깊이 헌신했으니 결혼 상대 로서 더 이상 좋을 수가 없었다. 결혼한 뒤 우리는 뉴욕에 교회를 세워 예 수님을 섬기는 일에 일생을 바쳤다.

8년 뒤, 우리가 개척한 교회는 성장에 성장을 거듭했고 매주 사람들 이 그리스도를 영접하는 기적이 일어났다. 시간은 적고 할 일은 많아 부 담감이 이루 말할 수 없었지만 내가 아는 모든 목사와 리더가 그랬기 때 문에 당연하게 여겼다. 그런데 그 즈음, 네 딸을 홀로 키우던 아내의 슬픔 은 심각한 우울증으로 발전하고 말았다. 하지만 나는 여전히 정신을 차리 지 못했다. 아내가 힘들다고 말해도 그렇게 심각하게 생각하지 않았다. '아내는 누구보다도 강한 신앙인이야. 얼마든지 이겨 낼 수 있어.'

그러던 어느 날 아내의 한마디에 정신이 번쩍 들었다. "여보, 차라리 따로 사는 게 낫겠어요. 그러면 최소한 주말에는 당신이 아이들을 볼 것 아니에요?"

'도대체 왜 그래? 내가 지금 하나님의 일을 하고 있는 걸 몰라? 나는 아버지보다 훨씬 잘하고 있다고!' 그렇게 나 자신을 합리화했다. 또한 우리 가정이 주변의 웬만한 가정보다 훨씬 낫다고 생각했다. 아내가 내 목회에 좀 더 협조적이면 좋겠다고 생각했고, 그렇지 않더라도 해야 할 일을 계속할 생각이었다. 하지만 상황이 상황이니만큼 화해의 손을 내밀었다.

"여보, 애들을 잠시 맡기고 나가서 근사한 저녁을 먹고 오는 게 어떻겠소?"

문제는, 내가 그렇게 말하면서도 한편으로는 분노하고 있었다는 것이다. 하나님을 위해 내 사역을 두 배로 키우기는커녕 반 토막을 내려고 하다니 화가 날 수밖에 없었다.

때우기 식 데이트나 한 달 동안 매일 일찍 퇴근하는 것만으로는 점점 벌어져 가는 우리 부부의 틈을 메우기에 역부족이었다. 결혼과 리더십에 관한 나의 신학은 결함투성이였다. 이 문제를 해결하기 위해서는 한 번의 주말 데이트라는 미봉책 이상의 것이 필요했다.

1996년 1월 아내가 (다행히 결혼이 아니라) 교회를 그만둔 뒤 우리는 두 명의 기독교 상담자와 함께 5일간의 집중 수련회에 돌입했다. 나는 아내를 바로잡으려고 갔고, 아내는 교회를 바로잡고자 갔다. 하지만 하나님은 우리 가정을 바로잡을 계획이셨다. 정말이지 가정 안에서 하나님을 만날 줄은 꿈에도 생각지 못했다. 그 주가 반쯤 지나갔을 때 우리 부부는 지금 우리가 '성육신적 경청'이라고 부르는 간단한 기술을 배웠다.[1] 우리 사이에 정확히 어떤 대화가 오갔는지는 기억이 나질 않는다. 어쨌든 우리에게 그 수련회는 유대인 철학자 마르틴 부버(Martin Buber)가 말한 '나와 너의 순간(I-Thou moment)'이었다. 하나님이 우리 사이의 신성한 공간 속으로 돌아오셨고 우리는 그 경이로움에 취해 아무 말도 할 수 없었다.[2]

그때까지 17년 넘게 예수님을 믿어왔지만 우리 사이의 공간을 채운 하나님의 영광은 그야말로 듣도 보도 못한 것이었다. 신학적으로 뭐라 설명할 길은 없었지만 천국의 일부를 맛본 것만큼은 확실했다. 그 순간, 아내와 내가 건강한 결혼 생활을 바탕으로 리더십을 발휘하는 것이 하나님의 뜻이라는 사실을 처음으로 깨달았다. 이것이 현재 EHS(Emotionally Healthy Spirituality)라고 부르는 글로벌 사역이 탄생한 계기다.

나는 아내 앞에서 서로를 향한 사랑과 기쁨이 넘치는 결혼 생활을 바탕으로 교회를 이끌겠다고 다짐했다. 만약 또다시 가정에 피해가 갈 정도로 일에만 매달리면 사임하겠노라 약속했다.

"좋아요." 아내는 그렇게 대답했지만 회의적으로 생각하는 게 분명해 보였다.

그런 아내에게 내 결심이 얼마나 확고한지를 보여 주고 싶었다. "여보, 이곳 뉴욕에서 사는 게 얼마나 힘든지 잘 알아요. 언제라도 더 이상 못 참겠으면 하나님의 뜻으로 받아들이고 이 교회를 떠날게요. 그때는 어디든 하나님이 부르시는 새로운 땅으로 갑시다."

내 말에 나 자신도 놀랐다. 하지만 구구절절이 진심이었다.

두 달 뒤, 우리 부부는 석 달 반의 안식을 가졌다. 이 안식이 끝나면 건강한 가정으로 회복되어 목회에 복귀하기를 기대했다. 결과적으로, 이 안식 덕분에 결혼 생활 혹은 싱글 생활을 리더십과 통합하는 법을 배우기 위한 19년의 여행이 시작되었다. 그동안 수없이 성경을 연구하고 관련 자료들을 조사했다. 덕분에 예수님과의 관계가 변했고, 다시 그 변화는 우리의 리더십을 하나부터 열까지 모두 바꿔 놓았다.

결혼 생활과 싱글 생활을 소명으로 이해하라

모든 크리스천의 주된 소명은 똑같다. 즉 우리는 예수님에 의해 예수님을 위해 예수님께로 부르심을 입었다. 첫 번째 소명은 전심으로 예수님을 사랑하고 이웃을 우리 몸처럼 사랑하는 것이다. 성경은 우리와 하나님의 관계에 대해 많은 비유(목자와 양, 주인과 종, 부모와 자녀)를 사용하지만 그중에서 가장 포괄적이고도 '그나마 가장 덜 부적절한' 비유는 결혼의 비유일 것이다.[3](겔 16, 막 2:19-20, 계 19-22).

옛날에는 결혼이 두 가지 행사로 이루어졌다. 약혼식과 결혼식이다. 약혼하면 사실상 남편과 아내로 인정되었지만(마리아와 요셉의 경우를 생각해 보라) 결혼식 전까지는 결혼이 완성되지 않았다. 마찬가지로, 우리가 예수 그리스도를 구주로 영접하면 그분과 '약혼한' 것과 다름없다. 다만, 이 결혼은 이 땅에서의 삶이 끝나고 마침내 그분과 얼굴을 마주할 때 완성된다.

두 번째 소명은 결혼 생활 혹은 싱글 생활을 통해 예수님과의 이 결혼을 완성시켜 나가는 것이다. 그런데 교회 역사 내내 우리 크리스천들은 결혼 생활과 싱글 생활 중 하나만을 선호해 왔다. 교회 역사의 처음 1,500년 동안은 싱글이 그리스도를 섬기기 위한 최상의 상태로 여겨졌다. 싱글들이 교회의 맨 앞에 앉고 기혼자들은 뒤쪽으로 밀려났다.[4] 그러던 것이 1517년 종교개혁을 기점으로 싹 바뀌었다. 이제 싱글들이 뒤쪽으로 밀려나고 기혼자들이 앞쪽으로 나왔다. 최소한 개신교에서는 그랬다.[5]

하지만 성경은 둘 다를 중요하고 의미 있는 소명으로 소개한다. 이번 장에서 이 둘을 하나씩 자세히 분석하기로 하고, 여기서는 간략하게만 살피고 넘어가자.

첫째, 기혼자로서의 소명이다. 기혼자란 하나님과 서로, 여러 사람들 앞에서 서로를 영원히, 아낌없이, 생산적으로 사랑하겠다고 혼인 서약을 함으로써 한 몸이 된 남녀를 말한다. 아담과 하와가 좋은 예다. 한 몸으로서 그들은 하나님께 "생육하고 번성하여 땅에 충만하라, 땅을 정복하라"라는 명령을 받았다(창 1:28).

둘째, 독신으로서의 소명이다. 성경은 인류가 하나님, 자기 자신, 서로와 친밀한 연합을 이루도록 창조되었다고 가르친다. 결혼은 이 명령에 따르기 위한 하나의 틀이다. 이 외에도 또 다른 틀이 있으니 바로 독신이다. 독신에는 자발적인 독신과 본의 아닌 독신, 일시적인 독신과 장기적인 독신, 갑작스러운 사고로 인한 독신과 지속적인 독신이 있지만 크리스천의 독신은 크게 두 가지 소명의 틀 안에서 이해할 수 있다.

- 서약을 통한 독신: 그리스도께 헌신된 삶을 살기 위해 평생 독신으로 살면서 성적 금욕을 유지하기로 서약한 사람들이 있다. 이 서약은 하나님이 주신 은사에 따라 자유롭게 할 수 있다(마 19:12). 요즘 우리는 독신 하면 로마가톨릭이나 정교회의 수녀와 사제처럼 독신 서약을 한 사람들을 떠올린다. 이들은 그리스도와의 영원한 연합이라는 하늘의 현실에 더 온전히 참여하기 위해 이 땅의 결혼을 포기하기로 맹세한 사람들이다.[6]
- 헌신을 통한 독신: 이들은 평생 독신으로 살겠다고 서약하지는 않되 독신으로 있는 동안은 성적으로 금욕하겠다고 다짐한 사람들이다. 그들의 독신은 그리스도에 대한 헌신의 표현이다. 그들 중 많은 사람이 결혼을 원하거나 결혼의 가능성을 열어 두고 있다. 아직 짝을 만나지 못한 경우도 있고 직장에서 성공하거나 배움을 이어 가기 위해 결혼을 미룬 경우도 있다. 이혼이나 사별로 인한 독신도 있다. 사도 바울은 고린도 교회에 보낸 첫 번째 편지에서 자신이 이런 독신임을 인정했다(고전 7장).

우리 자신을 이해하고 리더십을 갈고 다듬으려면 먼저 싱글과 결혼을 소명으로 이해해야만 한다. 리더로서 우리 삶의 목적은 온 세상에 하나님의 사랑을 보여 주는 것이다. 단, 기혼자와 독신자들은 각기 다른 모습으로 그 목적을 수행한다. 기혼자들은 그리스도의 사랑의 '깊이'를 세상에 보여 줘야 한다. 다시 말해, 그들은 오직 한 사람만을 영원하고도 친밀하게 사랑해야만 한다. 독신자들은 한 사람에 얽매이지 않고 광범위한 사람들에게 그리스도의 사랑을 표현할 자유와 시간이 있다. 이처럼 기혼자와 독신자는 둘 다 세상에 그리스도의 사랑을 보여 주되 각기 다른 방법을 사용한다. 기혼자와 독신자는 서로에게서 그리스도 사랑의 다른 측면들을 배워야 한다.

들도 보도 못한 황당한 개념인가? 잠시만 참고 들어 보라. 하나님은 이 신학적 비전에 따라 리더십이 유례없이 달라지기를 원하신다. 결혼 및 독신과 리더십이 어떤 식으로 연결되는지를 탐구하기에 앞서 오늘날 대부분의 리더들이 결혼 생활과 독신 생활을 어떻게 바라보는지를 짚고 넘어갈 필요성이 있다.

건강한 결혼 생활이나 싱글 생활을 바탕으로 리더십을 발휘하고 있는가?

다음 진술들을 통해 건강한 결혼 생활이나 싱글 생활을 바탕으로 리더십을 발휘하고 있는지 간단하게 평가해 보라. 각 진술 옆에 당신의 상태에 해당하는 숫자를 적으라.
(5 = 항상 그렇다 / 4 = 자주 그렇다 / 3 = 가끔 그렇다 / 2 = 거의 그렇지 않다 / 1 = 전혀 그렇지 않다)

건강한 결혼 생활을 바탕으로 리더십을 발휘하라

_____ 1. 결혼 생활을 통해 교회와 세상에 하나님의 사랑을 보여 주어야 한다고
생각한다.

_____ 2. 내 결혼 생활의 질이 나의 그 어떤 설교보다도 중요한 복음의 메시지라고 생각한다.

_____ 3. 교회와 세상에 그리스도의 사랑을 확실히 보여 줄 만큼 건강한 가정을 일구기 위해 시간과 정력을 투자하는 것이 내 삶의 최우선 사항이다.

_____ 4. 예수님과의 연합과 배우자와의 연합이 하나로 연결된 삶을 살고 있다.

_____ 5. 중요한 사역에서 하나님의 뜻대로 일하고 있는지를 판단하기 위한 첫 번째 기준은 내 결혼 생활에 미치는 영향이다.

_____ 6. 윗대의 문제점이 내 배우자, 그리고 내가 섬기는 사람들과의 정서적으로 건강한 상호작용을 어떤 식으로 방해하는지 잘 알고 있다.

_____ 7. 가정을 희생시키면서까지 리더로서의 일에 과도하게 매달리지 않는다.

_____ 8. 리더로서 내가 어떤 책임을 맡았던 간에 배우자에게 중요한 것이 내게 중요하다.

_____ 9. 사역에서 내 열매는 결혼 생활의 풍요로부터 흘러나온다.

_____ 10. 기혼자와 싱글이 각각 어떤 식으로 하나님의 사랑을 증언하는지에 대한 성경의 시각을 분명히 알고 있다.

건강한 싱글 생활을 바탕으로 리더십을 발휘하라

_____ 1. 싱글 생활을 통해 교회와 세상에 하나님의 사랑을 보여 주어야 한다고 생각한다.

_____ 2. 싱글 생활의 질이 나의 그 어떤 설교보다도 중요한 복음의 메시지라고 생각한다.

_____ 3. 교회와 세상에 그리스도의 사랑을 확실히 보여 줄 만큼 건강한 싱글 생활을 일구기 위해 시간과 정력을 투자하는 것이 내 삶의 최우선 사항이다.

_____ 4. 예수님과의 연합과 절친한 친구 및 가족과의 연합이 하나로 연결된 삶을 살고 있다.

_____ 5. 중요한 사역에서 하나님의 뜻대로 일하고 있는지를 판단하기 위한 첫 번째 기준은 그 일이 온전하고도 풍요롭고도 건강한 싱글 생활로 이어지고 있는가 하는 것이다.

_____ 6. 윗대의 문제점이 절친한 친구들과 가족, 내가 섬기는 사람들과의 정서적으로 건강한 상호작용을 어떤 식으로 방해하는지 잘 알고 있다.

_____ 7. 건강하고도 균형 잡힌 싱글 생활을 희생시키면서까지 리더로서의 일에 과도하게 매달리지 않는다.

_____ 8. 리더로서 내가 어떤 책임을 맡았던 간에 절친한 친구와 가족에게 중요한 것이 내게 중요하다.

_____ 9. 사역에서 내 열매가 친구 및 가족과의 풍요롭고도 친밀한 관계로부터 흘러나온다.

_____ 10. 기혼자와 싱글이 각각 어떤 식으로 하나님의 사랑을 증언하는지에 대한 성경의 시각을 분명히 알고 있다.

잠시 당신의 답을 검토해 보라. 무엇이 가장 눈에 들어오는가? 이 점수가 절대적으로 맞는 것은 아니지만 이번 장의 끝에 당신의 현재 상태를 파악하는 데 도움이 될 만한 설명을 실어 놓았다.

기대했던 점수가 나오지 않았는가? 당신만 그런 것이 아니니 걱정하지 말라. 나도 그랬다. 결혼 생활과 사역의 통합은 내가 17년 동안 목회를 하면서 가장 간과했던 리더십의 측면 중 하나였다. 지금 당신의 현주소가 어떠하든 좋은 소식이 있다. 조금만 관심을 기울이고 몇 가지 변화만 단행해도 당신 자신만이 아니라 당신이 이끄는 사람들의 삶 속에서 즉각적인 변화가 나타날 것이다.

대부분의 리더들이 생각하는 결혼 생활과 싱글 생활의 역할

　나는 최고 명문으로 널리 알려진 신학교를 두 곳이나 다녔고 미국에서 가장 유명한 기독교 리더십 컨퍼런스도 숱하게 찾아다녔다. 그런데 결혼 생활과 싱글 생활을 리더십과 통합해야 한다는 이야기는 한 번도 들어 보지 못했다. 결혼한 사람들에게 야간 데이트나 자녀와의 특별한 저녁, 근사한 휴가를 권하는 말은 들었던 것 같지만 거기서 끝이었다. "혼외정사는 절대 금물!"이란 경고 외에 성에 관한 얘기는 전혀 나오질 않았다. 아마도 결혼한 리더라면 알아서 배우자와 건강한 성생활을 영위하리라 생각했기 때문일 것이다. 이 외에도 리더십 행사에서 가정에 관한 얘기를 들은 것은 손에 꼽을 정도다. 그래서 점점 결혼과 리더십에 관한 그릇된 생각이 내 안에 자리를 잡아갔다. '먼저 하나님의 나라를 구해야 해. 먼저 교회를 세우면 나머지 모든 것이 알아서 더해질 거야. 그 모든 것에는 행복한 결혼 생활과 가정도 포함되지. 안정적인 결혼 생활(혹은 싱글 생활)이 필요한 것은 어디까지나 안정적인 사역을 구축하기 위해서야.'

　말할 것도 없이 혁신적인 목회로 교회를 성장시키는 것이 내 인생의 최우선 사항이 되었다. 내가 바람을 피우거나 포르노를 즐기지만 않으면 괜찮다고 생각했다. 아내가 공개적으로 나를 비판하거나 나를 떠나겠다고 위협하지만 않으면 아무런 문제가 없다고 판단했다. 싱글인 리더들에게도 똑같은 원칙이 적용된다고 여겼다. "도덕적인 삶도 중요하지. 하지만 어디까지나 최우선 사항은 사역을 키워 하나님의 나라를 넓히는 거야."

　이처럼 결혼한 리더들을 돕는 프로그램이 없었으니 싱글인 리더들의 상황은 말할 것도 없었다. 싱글 생활과 리더십의 관계를 언급조차 하는 경우도 극히 드물었다. 하지만 이런 침묵의 이면에서는 분명한 메시지가 크게 울려 퍼지고 있었다. "결혼을 해야 더 광범위하고도 효과적인 목회가 가능해!" 싱글인 리더들은 심심치 않게 의심의 눈초리를 받았다. '도대체 무슨 문제가 있어서 여태 결혼을 안 했지?'

요즘 대부분의 크리스천 리더들은 결혼과 싱글에 관해 다음과 같이 생각한다.

- 리더의 가장 시급한 과제는 예수님의 사랑을 세상에 보여 주도록 강력한 사역을 구축하는 것이다. 이 목적에 모든 시간과 에너지를 쏟아부어야 한다. 결혼 생활이나 싱글 생활도 중요하지만 우선순위에서는 뒤로 밀린다.
- 예수님과의 연합과 (결혼한 경우)배우자 혹은 (싱글인 경우)절친한 친구 및 가족과의 연합은 별개의 문제다.
- 사역에 관한 결정을 내릴 때 리더의 결혼 생활이나 싱글 생활에 미칠 영향은 주된 고려사항이 아니라 부차적인 고려사항이다.
- 리더는 리더십 기술을 향상시키기 위해 최대한 많은 훈련을 받아야 한다. 결혼 생활이나 싱글 생활을 위한 훈련은 문제나 위기가 생길 때만 필요하다.
- 크리스천 리더들은 건전한 교리와 기본적인 신학을 갖춰야 하지만 모든 것의 전문가가 될 수는 없다. 결혼이나 싱글, 성에 관한 신학보다 더 중요한 것들이 있다.
- 크리스천 리더들이 팀원들의 결혼 생활이나 싱글 생활에 지나치

게 신경을 쓸 필요는 없다. 때가 되면 알아서 챙길 수 있게 될 터이다.

어떤가? 혹시 당신도 이렇게 생각하고 있지는 않은가? 기독교계 내에 리더십과 기혼자나 싱글로서의 소명 사이의 단절이 너무도 팽배하다. 그래서 다들 이러한 단절을 '정상' 상태로 여길 정도다. 오직 하나님이 주시는 강력한 신학적 비전만이 이 위험한 상태를 뒤집고 구속할 수 있다. 하지만 새로운 비전만 받을 게 아니라 실제로 그 비전에 따라 살기 위해서 어떻게 해야 하는지를 알아야 한다. 건강한 결혼 생활이나 싱글 생활을 바탕으로 리더십을 발휘하도록 삶을 재배치한다는 것이 실질적으로 무슨 의미일까?

건강한 결혼 생활을 바탕으로 리더십을 발휘하라

1996년 아내와 함께 결혼 생활과 리더십을 통합할 방안을 모색할 때만 해도 결혼 생활, 특히 성생활에 관한 신학적인 입장은 거의 없었다. 그러한 현실이 너무도 충격적이었다. 우리 부부의 결혼 생활과 성생활은 계속해서 풍요로워졌지만 거기서 멈추지 않고 크리스천의 결혼 생활과 세상 사람들의 결혼 생활이 어떻게 다른지를 알고 싶었다. 특히, 리더들의 상황을 알고 싶었다. 그 결과, 정서적으로 건강한 크리스천 리더가 자신의 결혼 생활이나 싱글 생활에 적용해야 할 세 가지 중요한 원칙을 발견했다.

기혼자부터 시작해서 이 원칙을 탐구해 보자. 건강한 결혼 생활을 바탕으로 리더십을 발휘하고 싶다면 리더십이 아니라 결혼 생활이 우리의 첫 번째 야망이요 첫 번째 열정이며 가장 크게 울리는 복음의 메시지가 되어야 한다.

결혼 생활이 우리의 첫 번째 야망이다

'야망'이란 단어의 정의는 '뭔가를 이루고자 하는 강한 욕구'다. 어떤가? 이런 정의라면 야망을 품을 만하지 않은가? 실제로 우리 모두는 나름의 야망을 품고 있다. 하지만 교회에서는 야망이 모두가 기피하는 단어 중 하나다. 야망 하면 나쁜 경쟁심 혹은 바울이 교회를 분열시키는 요인이라고 말했던 "순수하지 못하게 다툼(이기적인 야망)"이 떠오른다(빌 1:17). 하지만 좋은 야망도 있다. 좋고 참되고 아름다운 것을 추구하는 야망이라면 얼마든지 품어도 좋다.

결혼한 크리스천 리더들의 첫 번째 야망은 교회나 조직, 팀을 이끄는 것에서 배우자를 열정적으로 사랑하는 것으로 바뀌어야 한다. 배우자를 사랑하는 모습을 통해 보이지 않는 것(교회를 향한 예수님의 사랑)을 보이게 하려는 강한 열망을 키워야 한다. 이 사랑이 넘치는 모습을 보이면 강력한 리더십을 발휘할 수 있다. 다시 말해, 부부 사이에 사랑을 풍성히 주고받으면 주변에도 나눠 줄 '여분의' 사랑이 생긴다. 부부의 사랑이 밖으로 흘러넘친다.[7]

우리 크리스천들은 결혼할 때 배우자를 신실하게, 아낌없이, 생산적으로, 영원히 사랑하기로 서약한다. 그때부터 우리가 내리는 굵직한 결정들은 모두 이 서약을 바탕으로 이루어져야 한다. 우리가 섬기는 교회나 조직의 속도부터 우리가 무엇에 전념할지까지 모든 것이 이 서약의 기초 위에서 이루어져야 한다. 단적으로 말해, 일단 결혼했으면 싱글처럼 사는 것은 있을 수 없는 일이다. 왜일까? 결혼 서약을 했기 때문이다. 물론 때로는 배우자의 얼굴을 보기가 고통스럽기도 하다. 하지만 장기적으로는 얼굴을 보지 않는 것이 훨씬 더 괴롭다.

이는 리더의 직무 설명서에서 첫 번째 항목은 모든 행동과 선택을 통해 배우자에게 사랑받는 느낌을 주어야 한다는 뜻이다. 배우자에게 중요한 것을 자신도 중요하게 여겨야 한다.[8] 그래서 매일 아침 눈을 뜰 때마다 나는 스스로에게 이런 질문을 던진다. "오늘 아내에게 중요한 것은 무엇인가? 오늘 어떻게 아내에게 예수님의 사랑을 보여 줄까?"

나는 교회 목회나 정서적으로 건강한 영성에 관한 강연 혹은 저술처럼 좋아하는 사역을 하면 푹 빠져서 주변을 잘 돌아보지 못한다. 하지만 결혼 생활을 첫 번째 야망으로 삼은 뒤에는 예전 같으면 미루거나 대충 했을 것들을 가장 먼저 하게 되었다. 예를 들어, 비 오는 날 아내와 산책하고 가족을 위해 건강식을 요리하고 집안일을 거드는 것이 전에 없이 중요해졌다. 이 모든 행동은 내가 어릴 적 집안에서 보던 행동이나 목회 초기에 선배 리더들에게서 본 행동과 완전히 상반된다. 내게 이 모든 행동은 자연스럽지도 쉽지도 않다. 사실, 건강한 결혼 생활을 바탕으로 리더십을 발휘하기 위해 필요한 변화는 우리의 본성에 반한다. 근처 도시에 교회를 개척한 내 친구 필립(Philip)을 보면 알 수 있다.

필립은 등이 휘도록 열심히 일했다. 덕분에 그가 25명의 창립 멤버와 함께 개척한 교회는 5년이란 짧은 시간에 3백 명으로 성장했다. 문제는 그가 일주일에 보통 80-90시간을 일했다는 것이다.

"내 하루는 새벽 다섯 시에 시작된다네." 어느 날 오후 그가 내게 털어놓았다. "하루에 서너 시간만 자는 날도 많았지. 늦게 퇴근하는 날도 수두룩해. 일 년에 서너 번 휴가를 가긴 하지만 월요일에서 금요일까지 한 주가 전부야." 그는 잠시 말을 멈추고 땅이 꺼져라 한숨을 내쉬었다.

"우리 교회에 목사는 나 한 명뿐이라 주일이면 설교하러 돌아와야 했어. 그러니 어디 휴가라고 제대로 쉬었겠나. 휴가지에서도 설교를 준비하느라 바빴지. 스트레스로 몸무게가 불고 잠을 제대로 자지 못했어. 아내는 하나님의 일에 협력하는 것이 사모의 본분이라고 생각해서 불평 한마디 하지 않았네. 늘 세 아이를 재우고는 남편 없는 집에서 홀로 텔레비전을 봤지."

어느 주일 저녁, 주말 수련회 설교와 두 번의 주일 예배 설교, 새 신자 접대, 위기에 빠진 한 부부를 위한 저녁 상담까지 유난히 고된 주말을 마친 뒤 필립은 극도의 피로와 스트레스를 느꼈다. 심지어 죽고 싶다는 생각까지 들었다. 그때 하나님이 그의 관심을 끄셨다. 며칠 뒤 그는 교회 제직회와 의논한 끝에 두 달간의 안식을 갖기로 했다. '정서적으로 건강한 영성'으로 가는 여행의 출발점이었다. 3년 뒤 그의 사역과 결혼 생활이 어떻게 변했는지 본인의 입으로 직접 들어 보자.

지금 내가 건강한 상태라는 증거 중 하나는 목사의 역할보다 남편과 아버지의 역할이 더 좋아졌다는 것이다. 지금은 결혼 생활이 나의 가장 중요한 사역이다. 이는 내가 사는 한국 문화에서는 있을 수 없는 일이다. 아무튼 이를 위해 나는 삶의 속도를 늦춰야 했다. 외부에서 들어오는 강연 요청을 되도록 거절하는 편이다. 요즘은 일주일에 하루, 기껏해야 이틀 정도만 늦게 퇴근한다. 9시면 아이들을 재우고 나서 아내와 함께 오붓한 저녁 시간을 보낸다. 처음에는 어색해서 힘들었다. 아내가 몇 년 동안 나 없이 홀로 저녁 시간을 보냈으니 말이다. 그래서 내가 밤에 집에 있어도 딱히 함께 할 거리가 없었다. 하지만 결국 어울리는 법을 배웠다.

한편, 교회에서 계속해서 압박이 들어왔다. 지난주에도 교회 리더 중 한 명에게 핀잔을 들었다. "얼굴 뵙기 힘드네요." 그 말을 듣자마자 '더 열심히 일해야 하나?'라는 생각이 들었다. 하지만 즉시 내가 지금도 충분히 열심히 일하고 있다는 사실을 떠올렸다. 다만 내가 전에 일하던 모습에 비해서는 얼굴 보기 힘들다는 말이 나올 법도 했다. 이제야 건강한 결혼 생활을 바탕으로 리더십을 발휘한다는 것의 의미를 조금씩 알아 가기 시작한 것 같다.

필립은 이런 변화를 단행하면 교회가 쇠퇴할까 너무도 두려웠다고 고백했다. 하지만 뚜껑을 열어 보니 결과는 정반대였다. 교회는 그 뒤로도 변함없이 성장해 왔다. 전과 다른 점이라면 지금은 필립이 목회를 즐기고 있다는 것이다.

결혼 생활이 우리의 첫 번째 열정이다

옥스퍼드 영어 사전(Oxford English Dictionary)에 따르면 '열정'은 '통제하기 힘들 만큼 강한 감정'을 뜻한다. 리더십이 아닌 결혼 생활이 첫 번째 열정이 되려면 교회 안에서 가장 '금실이 좋은' 부부가 되어야 한다. 이는 리더로서의 목표나 성과를 추구하는 것이 아니라 배우자에게 통제하기 힘들 만큼 강한 감정을 집중시켜야 한다는 뜻이다.

부부의 사랑 하면 우리는 헌신이나 충성 같은 것을 떠올리는 경향이 있다. 그래서는 부부가 서로를 신실하게 섬겨도 뭔가 애틋한 느낌은 결여될 수밖에 없다. 이는 결혼을 향한 하나님의 뜻과 거리가 멀다.

하나님은 우리를 신실하고도 변함없는 '아가페' 사랑으로 사랑하신다. 하지만 우리를 향한 그분의 언약의 사랑에는 '에로스'의 측면도 있다. 에로스는 성욕으로 표현되는 사랑을 뜻하는 그리스어다. 이는 우리를 향한 하나님의 사랑이 불같이 열정적이라는 뜻이다. 하나님은 우리에게 푹 빠지셨다! 이런 종류의 사랑을 표현한 성경 구절 몇 개를 소개한다.

> "그가 너로 말미암아 기쁨을 이기지 못하시며 … 너로 말미암아 즐거이 부르며 기뻐하시리라"(습 3:17).
> "아버지가 그를 보고 … 달려가 목을 안고 입을 (헬라어 원문에는, 반복적으로)맞추니"(눅 15:20).
> "내가 어찌 너를 버리겠느냐? … 내 마음이 내 속에서 돌이키어 나의 긍휼이 온전히 불붙듯 하도다"(호 11:8).
> "아버지여, 아버지께서 내 안에, 내가 아버지 안에 있는 것 같이 그들도 다 하나가 되어 우리 안에 있게 하사"(요 17:21).

우리를 향한 하나님의 불같은 사랑이 느껴지는가? 이와 같은 열정이 모든 크리스천 가정, 특히 크리스천 리더들의 가정에서도 나타나야 한다. 하나님이 우리를 사랑하시듯 헌신과 열정으로 배우자를 사랑해야 한다. 그렇게 할 때 우리가 이끄는 사람들과 섬기는 사람들에게 예수님 사랑의 본을 보여 줄 수 있다.

모든 남녀가 사귈 때는 열정으로 불타오른다. 밤낮으로 연인의 얼굴이 눈에 어른거린다. 서로에게 성적으로 끌린다. 이기적인 개울에서 잠시나마 이타적인 바다로 나온다. 원래 이 열정은 수년, 아니 수십 년이 지나도 사그라지지 말아야 한다. 오히려 이 열정이 나날이 깊어지고 숙성되는 것이 하나님의 뜻이다. 사실, 이 열정은 결혼이라는 소명의 중심에 있다. 이 열정의 목적은 단순히 우리의 즐거움이 아니라 세상을 향한 하나님의 열정적인 사랑을 보여 주는 것이다.

안타깝게도 결혼하고 나면 배우자를 향한 열정과 성욕이 식는 경우가 너무도 많다. 특히, 리더로서의 일에 전념하면 그렇게 되기 쉽다. 열정적이고 풍요로운 결혼 생활을 끝까지 유지하는 사람은 극소수다. 우리는 이런 결혼 생활이 저절로 이루어지길 바라지만 헛된 기대일 뿐이다. 열심히 가꾸는 자만이 평생 열정적이고 풍요로운 결혼 생활을 영위할 수 있다.[9] 문제는, 결혼 생활을 어떻게 가꿔야 하냐는 것이다. 특히, 리더들은 어떻게 해야 열정적인 결혼 생활을 이룰 수 있을까?

아내와 내가 사역이 아닌 결혼 생활을 첫 번째 열정으로 삼을 수 있었던 비결은 세 가지다. 열정을 놓고 기도하고, 열정을 유지하는 일을 하나의 영적 훈련으로 삼고, 서로를 칭찬한 것이 그 비결이다.

첫째, 열정을 점점 더 키워 달라고 기도해야 한다. 아내와 나는 열정이 자라도록 주기적으로 혼자서 혹은 둘이서 기도한다. 처음에는 기도하지 않고 열정을 유지하려고 해 봤지만 나 자신의 힘으로는 어림도 없다는 사실만 절실히 깨달았을 뿐이다. 기도하자 우리 가정에 성령님의 능력이 임했고, 모든 것을 바꿔 놓았다. 열정의 온기를 유지하려면 우리 외부의 힘이 필요하다. 하나님께 사랑 안에서 살아갈 은혜를 요청해야만 한다.[10] 하나님이 우리와 함께 계신 것처럼 매일 몸과 마음이 서로 붙어 있게 해 달라고 기도해야 한다. 이런 면에서 기도는 우리 부부의 관계를 근본적으로 변화시켰다.

기도하면 성령님이 하루 종일 서로를 생각하게 하신다. 또한 기도는 하나님의 마음과 세상을 향한 그분의 사랑을 늘 기억하게 한다. 우리의 기도 제목은 남들이 우리 부부의 열정적인 사랑을 보고 "아하, 예수님이 바로 이런 식으로 나를 사랑하시는구나!"라고 깨닫는 것이다.

둘째, 열정을 기르는 일을 하나의 영적 훈련으로 삼아야 한다. 우리는 영적 훈련의 일환으로 주기적으로 실오라기 하나 걸치지 않은 채로 깊은 연합을 경험한다. 이는 결혼이라는 소명이 가장 중요하다고 선포하는 행위다. 우리는 매일 20분씩 벌거벗고 거리낌 없이 서로의 품에 안기는 시간을 내려고 노력한다(창 2:24). 꼭 성관계를 맺기 위해서가 아니다. 단지 육체적 영적 정서적 지적으로 서로 깊이 연결되기 위해서다.

이 20분간의 영적 훈련은 서로에 대한 성적 끌림을 고조시키는 데도 도움이 된다. 부부 관계는 여타 모든 관계와 다르다. 부부는 단지 비슷한 가치관을 가진 최고의 친구 그 이상이다. 단순히 하나님의 일을 함께 하는 동역자만도 아니다. 부부 관계가 여느 관계와 구별되는 점은 바로 성적 요소다. 우리는 일부러 침실만이 아니라 침실 밖에서도 '사랑을 나눈다(부드러운 터치나 배려하는 몸짓, 깜짝 선물, 매력적인 옷).' 이렇게 서로 피부를 맞대고 나면 그 느낌이 우리의 하루를 온통 핑크빛으로 물들인다.

이 훈련이 매번 100퍼센트 성공할까? 당연히 그렇지는 않다. 예컨대 가족 여행이나 휴가, 건강 문제, 출장과 강연 일정 등으로 리듬이 깨지곤 한다. 하지만 결혼 생활을 확실히 첫 번째 열정으로 삼고 나면 늘 그런 마음가짐으로 살아갈 수 있다.

우리는 열정에 관한 생각을 하고 열정에 관한 대화를 나누고 열정에 관한 계획을 세우고 열정에 관한 기도를 드린다. 그리고 주기적인 20분의 훈련을 갖는다. 마지막으로 그에 못지않게 중요한 훈련이 하나 더 있다. 바로 칭찬의 훈련이다.

셋째, 서로를 칭찬하려고 일부러 노력해야 한다. 20분의 영적 훈련을 하는 동안 우리는 서로를 칭찬하려고 노력한다. 찾는 것을 찾게 된다는 말이 있다. 흠을 찾으면 흠이 보이고 예쁜 구석을 찾으면 예쁜 구석이 보인다는 말이다. 진심어린 칭찬은 부부가 서로에게 줄 수 있는 최고의 선물 가운데 하나다. 서로에게서 좋고 아름다운 부분을 찾아 솔직한 생명의 말을 해 주면 서로에게 '육체를 입은 하나님'이 되어 주는 셈이다. 칭찬은 상처를 치유하고 수치를 덮어 준다. 칭찬은 하나님이 상대방을 어떻게 보시는지를 말해 주는 것이다. 하나님은 물론 우리를 무한히 귀하고 사랑스러운 존재로 보신다. 반대로, 계속된 비판의 말은 우리의 생명력을 갉아먹고 우리의 관계를 시들게 한다. 비판만큼 열정을 빨리 죽이는 독도 없다.

아내의 (육체적 혹은 정서적 혹은 영적 혹은 관계적)매력을 찾아 말로 표현하고 나면 실제로 아내를 향한 감정이 달라진다. 아내도 물론 내게 더욱 친밀함과 포근함을 느낀다. 가끔은 아내의 칭찬이 낯설 때가 있다. 어릴 적에 자라면서 칭찬을 거의 듣지 못한 탓이다. 하지만 하나님은 아내의 칭찬을 통해 그분이 나를 얼마나 귀하게 여기시는지를 기억나게 해 주셨다. 배우자의 흠을 세상 누구보다도 잘 알면서도 상관없이 칭찬해 준다면 배우자에게 최고의 선물을 주는 셈이다. 또한 그렇게 하면 서로에 대한 열정이 치솟는다.

하나님은 부부가 서로를 향한 불같은 열정 속에서 사는 것이 최선의 모습이라고 말씀하신다. 서로에 대한 열정으로 불타면 웬만한 일로는 화내지 않고 서로를 참아주고 용서하게 된다. 한시도 떨어져 있기를 싫어하는 부부에게 세상은 밋밋한 흑백 세상이 아니라 화려한 컬러 세상이다.

결혼 생활은 가장 크게 울려 퍼지는 복음의 메시지다

대부분의 크리스천 리더들은 설교나 섬김을 통해 복음의 소리가 가장 크게 울려 퍼진다고 생각한다. 목회 초기에 나는 교회 개척과 설교를 통해 복음의 메시지가 가장 크게 울려 퍼진다고 생각했다.

결혼 생활이 가장 크게 울려 퍼지는 복음의 메시지라는 말은 크리스천의 결혼 생활이 그 자체보다 더 중요한 뭔가 즉 예수 그리스도를 가리킨다는 뜻이다. 그런 의미에서 결혼 생활은 표적과 기사다. 예수님은 최초의 기적으로 물을 포도주로 변하게 하셨다. 이 기적은 때가 차기 전까지 아껴 놓은 최상의 포도주이신 메시아 예수님을 가리키는 사건이었다. 가나에서 일어난 것은 단순히 물이 포도주로 변한 사건이 아니었다. 그 기적은 절대 떨어지지 않고 늘 만족감을 주며 넘치도록 풍성한 '포도주'이신 예수님을 가리키는 사건이었다.

사도 바울은 결혼에 관한 다음 구절에서 바로 이 개념을 이야기한 것이다.

그러므로 사람이 부모를 떠나 그의 아내와 합하여 그 둘이 한 육체

가 될지니 이 비밀이 크도다. 나는 그리스도와 교회에 대하여 말하
노라(엡 5:31-32).

바울은 이 땅에서의 결혼이 단순히 두 사람이 자녀를 낳으며 오순도
순 사는 것이 아니라는 점을 이해했다. 결혼은 리더십의 기초 이상이다.
바울은 결혼을 두 가지 면에서 표적과 기사로 보았다. 앞서 말했듯이 부
부의 사랑은 하나님이 세상을 어떻게(완전하게, 신실하게, 아낌없이, 생산적으로)
사랑하시는지를 드러낸다. 또한 이 땅에서의 결혼은 우리가 신랑이신 그
리스도와 완벽히 연합할 영원한 결혼을 가리킨다. 사도 바울은 이 땅에
서의 결혼이 어린양의 혼인 잔치에 대한 예언적 표적이라고 보았다(계 19-
22). 예수님이 천국에서는 결혼이 없다고 말씀하신 이유다. 천국에 가고
나면 표적은 더 이상 필요하지 않기 때문이다(마 22:30). 천국에서 우리는
마침내 그리스도와 결혼하여 영원무궁토록 지속되는 혼인 잔치를 즐길
것이다.

그렇다면 이는 실질적으로 무엇을 의미하는가? 어떻게 크리스천의
결혼 생활이 가장 크게 울려 퍼지는 복음의 메시지가 될 수 있을까?

나는 단순히 결혼한 리더였다가 건강한 결혼 생활을 바탕으로 리더
십을 발휘하는 리더가 되었다. 이렇게 결혼 생활을 소명으로 보지 않다가
소명으로 보게 되면서 몇 가지 변화가 일어났다. 내가 목사 피터이기 이
전에 한 여자의 남편이라는 사실을 마음 깊이 깨달았다. 내가 내 몸에 반
응하듯 늘 아내에게 관심을 쏟고 즉각적으로 반응함으로써 아내에게 '육
신을 입은 하나님'이 되어 주라는 하나님의 소명을 받아들였다. 리더십의
성공에 대한 관념이 단순한 교회 성장에서 주변 세상으로 사랑을 흘려보

내는 열정적인 결혼 생활로 바뀌었다. 아내에게 전에 없이 깊고도 풍성한 사랑을 받다 보니 내 사역으로 사람들에게 인정을 받으려는 욕구가 거의 사라졌다. 이 여행을 처음 시작할 무렵, 내 삶의 우선순위를 완전히 갈아엎었다. 그리하여 주중에 해야 하는 일의 목록에서 다음과 같은 것들이 맨 위로 올라왔다.

- 하나님과 단 둘이 시간을 보낸다. 그 주에 시간을 어떻게 보내고 어떤 영적 훈련을 할지 목록을 짠다.
- 아내와 가정에 시간을 투자한다. 그 주에 시간을 어떻게 보내고 구체적으로 어떤 활동을 할지 목록을 짠다.
- 교회 활동. 설교 준비, 사역자 모임, 제직회 모임 준비 등.

우리 부부가 처음부터 이 일을 완벽하게 해낸 것은 전혀 아니다. 지금도 여전히 갈 길이 멀다. 하지만 아내에게 중요한 것을 나도 중요하게 여기겠다고 결심한 순간, 내 삶과 리더십의 방향이 180도로 바뀌었다. 아마도 내 안에서 일어난 가장 큰 변화는 아내가 전에 없이 눈에 들어왔다는 점일 것이다. 특히, 예배 도중에 그랬다. 전에는 예배가 시작해서 끝날 때까지 아내가 곁에 있는 줄도 몰랐지만 점점 아내를 먼저 챙기게 되었다. 예전에는 주일에 교회당에 들어서기만 하면 머릿속에서 아내라는 존재가 싹 지워졌다. 아내를 생각하지도 않았고 손을 내밀어 터치하지도 않았다. 언제나 내가 섬겨야 할 사람들이 우선이었다. 하지만 아내에게는 그런 순간이 가장 중요한 순간 중 하나였다. 처음에는 약간 떨어진 곳에 있는 아내에게 다가가 팔을 두르거나 찬양 중에 아내의 손을 잡거나 예배

후에 휴게실에서 아내를 안아 주기 위해 일부러 노력해야 했다. 하지만 지금은 그런 터치가 너무도 자연스럽다. 굳이 생각하지 않아도 부부의 연합과 사랑에서 그런 터치가 자연스럽게 흘러나온다. 내가 굳이 설교하지 않아도 우리 부부가 사랑하는 모습으로 그리스도의 사랑을 더 분명히 보여 줄 수 있다.

이제 나는 나의 관심과 에너지를 먼저 내 결혼 생활에 쏟고 나서 그다음에 목사로서의 역할에 쏟는다. 극적인 변화 그 이상이다. 가정에 투자하는 것은 우리 교회를 위한 내 리더십의 '곁가지'가 아니라 '알맹이'가 되었다. 덕분에 건강한 싱글 생활을 통한 리더십에 관해서도 많은 것을 깨달았다.

건강한 싱글 생활을 바탕으로 리더십을 발휘하라

결혼 생활을 소명으로 보는 건강한 영성이 필요한 것처럼 교회가 하나님이 원하시는 모습으로 성장해 가려면 싱글 생활을 소명으로 보는 풍성한 영성이 필요하다. 하지만 건강한 싱글 생활을 통한 리더십을 논하기에 앞서 이 주제에 관한 나의 한계를 인정할 수밖에 없다.

우선, 나는 싱글이 아니다. 내가 19-28세까지 헌신을 통한 독신으로 살았지만 이 글을 쓰는 지금은 결혼한 지 31년이나 되었다. 그래서 수십 년 동안 싱글 리더로 섬긴 사람들의 고충과 복잡성을 직접 경험하지는 못했다. 이상한 사람이나 어딘가 모자란 사람 취급을 받는 기분을 잘 알지 못한다. 또한 나는 거의 개신교에서 신앙생활을 했다. 알다시피 개신교에서는 싱글 생활에 대한 성경적인 신학은커녕 그에 관한 토론이나 실질적인 프로그램도 찾아보기 힘들다. 내가 비록 오랫동안 크리스천의 싱글 생활을 연구하고 수많은 싱글들과 이야기를 나누긴 했지만 아직도 모르는 것이 너무도 많다는 사실을 깊이 통감한다.

이런 한계에도 불구하고 기독교 내에서 이 주제에 관한 토론의 불길이 일어나기를 간절히 바라는 마음으로 부족하나마 몇 마디 적고자 한다. 이 글을 통해 싱글 리더들이 교회에서 제대로 대접을 받고 결혼한 리더들이 싱글들의 문제에 좀 더 관심을 가져 모두가 함께 이 세상에서 하나님의 나라를 넓혀 갔으면 하는 바람이 간절하다.

내 한계를 인정하지만, 건강한 싱글 생활을 바탕으로 리더십을 발휘하려면 세 가지가 반드시 필요하다는 점만큼은 자신 있게 이야기할 수 있다. 첫째, 하나님이 당신을 어떤 종류의 싱글로 부르셨는지를 알고 받아들여야 한다. 둘째, 리더십이 아닌 건강한 싱글 생활을 첫 번째 야망으로 삼아야 한다. 셋째, 싱글 생활이 가장 크게 울려 퍼지는 복음의 메시지가 되게 해야 한다.

1. 하나님이 당신을 어떤 종류의 싱글로 부르셨는지를 알아야 한다

오늘날 교회에서 싱글 리더의 숫자가 점점 늘어나고 있다. '싱글'이란 호칭이 결혼하지 않은 청년들에게만 붙던 시절도 있었다. 하지만 지금은 40세의 이혼남, 65세의 과부, 독신을 서약한 33세의 남자도 싱글로 불린다. 싱글이 늘어나는 추세는 서약 혹은 헌신을 통한 독신 중 무엇을 선택할지 고민해야 할 크리스천 리더가 점점 늘어난다는 뜻이다.[11]

서약을 통한 독신

현재 독신을 서약한 사람들은 대개 로마 가톨릭이나 정교회에서 성직자로 섬기는 사람들이다. 안타깝게도 개신교에서는 서약을 통한 독신에 관해 토론하거나 독신을 정당한 소명으로 받아들이는 경우가 극히 드물다.[12] 하지만 상황이 조금씩 바뀌고는 있다. 지난 2백 년 사이, 전 세계 개신교회에서 독신 서약에 관한 성경의 가르침이 꾸준히 회복되고 독신을 서약하는 사람이 조금씩 늘어 왔다.[13]

서약 혹은 헌신을 통한 독신의 개념을 처음 인정하신 분은 다름 아닌 예수님이시다. 당시로서는 온 사회를 뒤흔들 만큼 큰 충격이었다. 그때까지 유대 문화와 구약 성경의 가르침에는 의도적으로 싱글을 선택한 사람들을 위한 자리는 없었다.[14] 유대에서는 남자가 결혼하는 것이 너무도 당연해서 심지어 총각에 해당하는 히브리어조차 없을 정도였다. 일부 랍비들은 스무 살까지 결혼하지 않는 것은 죄라고 가르치기도 했다. 장남을 통해 가문의 대가 이어지는 것은 그야말로 생사의 문제였다. 가문의 성이 없어지는 것보다 두려운 일은 없었다.[15] 결혼에 대한 가족과 회당, 문화의 압박은 실로 대단했다. 이런 배경을 염두에 두고서 예수님의 다음 말씀을 읽어 보라.

> 사람마다 이 말을 받지 못하고 오직 타고난 자라야 할지니라. 어머니의 태로부터 된 고자도 있고 사람이 만든 고자도 있고 천국을 위하여 스스로 된 고자도 있도다. 이 말을 받을 만한 자는 받을지어다 (마 19:11-12).
>
> 예수께서 대답하여 이르시되 너희가 성경도, 하나님의 능력도 알지

못하는 고로 오해하였도다. **부활 때에는 장가도 아니 가고 시집도 아니 가고 하늘에 있는 천사들과 같으니라**(마 22:29-30)

마태복음 19장 12절에서 "고자"라는 단어는 거세된 남자만이 아니라 육체관계를 맺지 않기로 선택한 모든 사람을 지칭한다. 예수님은 육체적 장애로 인한 독신과 거세로 인한 독신이 있다는 사실을 인정한 뒤에 완전히 새로운 범주의 문을 여셨다. 그 범주는 "천국을 위하여" 스스로 결혼을 포기한 사람들이다. 바로 서약을 통한 독신의 정의다.

서약을 통한 독신자들은 세상에 특별한 섬김을 제공하도록 하나님께 '은사(charism)'를 받는다.[16] 그들은 평생 오로지 그리스도께만 얽매이기로 선택한 사람들이다. 그들은 결혼의 지향점인 천국의 현실(그리스도와의 영원한 결혼)에 더 온전히 참여하기 위해 일시적 표적인 이 땅에서의 결혼을 포기한 사람들이다.

마태복음 19장에서 예수님 말씀은 이 소명을 받은 사람들이 소수라는 점을 분명히 보여 준다. "사람마다 이 말을 받지 못하고 오직 타고난 자라야 할지니라"(마 19:11). 하지만 교회와 사역 기관의 리더들 중 이런 독신이 분명 존재한다. 혹시 당신도 이 소수 집단에 속하는가? 혹시 이런 독신을 고려하는 중이라면 이런 독신자들이 모여 있는 근처의 수도원 공동체를 방문해 보라고 권하고 싶다. 그들의 이야기와 분별 과정에 관해서 들어 보라. 적어도 내가 잘 아는 수도원 공동체에서는 평생의 서약을 하기 전에 5-7년의 분별 과정(discernment process)을 거쳐야 한다. 사실, 우리 교회의 리더였던 사람 중 한 명도 현재 한 수도원 공동체에서 분별 과정을 밟고 있다.

싱글이지만 독신 서약으로의 부름을 느끼지는 않고 있다면 선택사항이 하나 더 있다. 현재 싱글인 개신교 리더들이 대개 헌신을 통한 독신자다.

헌신을 통한 독신

헌신을 통한 독신자는 그리스도에 대한 헌신의 일환으로 결혼하기 전까지 독신을 실천하는 사람들이다. 나도 19-28세까지 9년간 헌신을 통한 독신을 선택했다. 영적으로 성장하고 그리스도를 섬기기 위해 한 사람에게 얽매이지 않고 온전한 헌신의 삶을 살고 싶었다. 그러다 27세에 결혼하고 싶은 마음이 생겼고, 스스로에게 이런 질문을 던졌다. "내가 아는 아가씨 중에 가장 신실한 사람은 누구인가? 내가 막아도 끝까지 예수님을 따를 여인이 있는가?" 답은 너무도 쉬웠다. 좋은 친구이자 오랫동안 IVF에서 동역했던 제리 말고 다른 사람은 생각조차 할 수 없었다. 우리는 1년 동안 데이트를 했고 그 결과는 지금과 같다.

제리도 이십 대에 8년간 독신으로 헌신했다. 예수님을 영접할 당시 약혼할 뻔한 사람이 있었지만 예수님과 온전히 연합하기 위해 가슴 아픈 이별을 할 수밖에 없었다(나로서는 감사한 일이다!). 제리는 사역자와 고등학교 교사로서 오로지 그리스도만을 바라보며 살았다. 제리가 26세에 2년간의 사역을 위해 태국으로 떠날 채비를 할 때 나는 떠나지 말고 우리의 관계에 관한 하나님의 뜻을 확인해 보는 것이 어떻겠냐고 물었다. 제리는 싱글 생활에 아무런 불만이 없었지만 하나님의 어떤 명령에라도 순종할 준비가 되어 있었다.

우리는 둘 다 그리스도의 제자이자 사역 리더로서 싱글 생활을 즐겼다. 만약 우리가 계속해서 싱글로 남았다면 삼십 대와 사십 대, 오십 대, 그리고 그 뒤로도 지금과 다른 많은 난관에 부딪혔을 것이다. 하지만 우리는 그 모든 난관을 잘 헤쳐 나온 싱글 친구들을 많이 알고 있다. 그 과정에서 그들은 우리에게 헌신을 통한 독신에 관해 많은 것을 가르쳐 주었다. 그 중에서 수(Sue)라는 친구를 꼭 소개하고 싶다.

수는 우리 교회의 유능한 리더이자 교사다. 수련회에서 학생들을 가르쳤고 많은 사람을 돌보았으며 다른 사역자들을 지도하고 수도 없이 많은 상황에서 우리에게 시기적절한 지혜를 나누어 주었다. 수가 직접 전하는 인생 이야기를 들어 보자.

열일곱 살에 예수님을 영접할 때만 해도 언젠가 결혼할 거라고 생각했다. 하지만 나의 첫 번째 소명은 어디까지나 하나님과 남들을 사랑하는 것이었다. 나는 사랑의 사람이 되고 싶었다. 그래서 열여덟 살에 반지를 사서 아가의 이 구절을 새겨 넣었다. "나는 내 사랑하는 자에게 속하였고 내 사랑하는 자는 내게 속하였으며"(아 6:3). 이 구절을 읽을 때마다 내가 가장 먼저 그리스도께 속했다는 사실이 새롭게 기억났다.

평생 독신의 삶으로 부르심을 입었다는 생각은 들지 않았다. 언젠가는 남은 평생을 함께할 사람을 만나리라 희망했다. 딱 한 번, 진지하게 만난 사람이 있었다. 하지만 그 남자는 아프리카 선교의 소명을 느꼈고 나는 따라갈 마음이 없었기 때문에 결국 우리 둘은 각자의 길로 갈 수밖에 없었다. 그리하여 나는 애초에 계획에 없던 독신의 길을 걷게 되었다.

지금 나는 예순네 살이며 더없이 충만하게 살았다. 치료사로 일하면서 부부와 싱글들을 모두 상담했다. 참, 나에게는 자식이 많다. 내 배로 아파서 낳은 자식은 아니지만 내 전부를 쏟아 기른 자식들이다. 이 아이들을 키우는 것이 너무도 기쁘고 보람이 있다.

내가 조금이라도 손해를 봤다는 생각은 하지 않는다. 오히려 말할 수 없는 복을 받았다고 믿는다. 싱글이라서 결혼한 사람은 엄두도 낼 수 없는 것들을 마음껏 추구할 수 있었다. 결혼이 외로움을 치유해 준다는 환상도 갖고 있지 않다. 외로움은 인간 삶의 피할 수 없는 일부다. 외로움은 하나님께 더 마음을 열라는 초대다. 그렇다고 해서 우리가 혼자 살아야 한다는 뜻은 아니다.

나는 10년간 혼자 살면서도 틈만 나면 사람들(싱글, 기혼자, 가족들)을 초대했다. 지난 34년간은 친구 보니(Bonnie)와 한 집에 살면서 많은 것을 함께했다. 내 삶, 아니 우리 모두의 삶에서 공동체는 매우 중요한 부분이다. 나는 교회가 공동체라고 믿는다. 우리는 하나님의 가족이다. 누구도 외톨이로 살아야 할 이유는 없다. 보니와 나는 각자 삶이 따로 있지만 둘이 함께하는 삶도 있다.

싱글들에게 이 말을 꼭 하고 싶다. 기다리는 사람처럼 살지 말라. 지금 이 순간을 더없이 충만하고도 즐겁게 살라.

외로움을 인간 삶의 필연적인 일부로 이해하는 모습이나 병원과 친구들에게 헌신하는 모습, 특히 원래 계획에 없던 독신의 삶을 기꺼이 받아들이는 모습까지, 수는 참으로 배울 것이 많은 친구다. 당신도 수를 만나면 싱글 리더로서의 삶을 받아들이고 즐기는 모습이 얼마나 아름다운

지를 느낄 것이다. 그녀는 주변 모든 사람에게 기쁨을 퍼뜨리고 온 세상에 예수님의 사랑을 보여 주고 있다.

하지만 대부분의 싱글에게 독신을 받아들이는 것은 결코 쉬운 일이 아니다. 선교단체 선교사인 에밀리(Emily)는 지난 30년 동안 대학생들을 비롯한 훈련된 일꾼들과 협력해 왔다. 내가 독신의 삶을 받아들이는 과정이 어떠했냐고 묻자 다음과 같은 반응이 돌아왔다.

독신을 받아들인다는 것은 정말 힘든 일이다. 나는 싱글로 살고 싶지 않았다. 달갑지 않은 불청객이었다. 어떻게 해야 할지 정말로 앞이 캄캄했다. 하지만 앉아서 푸념만 하고 싶지는 않았다. 어떻게든 내 삶을 꾸려 가고 싶었다.

삼십 대는 괴로움의 연속이었다. 결혼하는 친구들이 속속 나타났고, 그럴 때마다 내가 무슨 하자가 있어서 아직 결혼을 못했을까 하는 자괴감이 밀려왔다. 하지만 사십 대에 심정에 변화가 왔다. 마흔 번째 생일에 일기장을 꺼내 "싱글의 좋은 점은 무엇일까?"라고 썼다. 그러고 나서 싱글이기에 섬길 수 있었던 사람들의 이름을 쭉 써 내려갔다. 명단을 다 적고 나니 무려 300명이었다! 덕분에 나의 사십 대는 행복한 시절이었다. 나의 섬김은 남들의 삶 속에 진정한 변화를 일으켰을 뿐 아니라 나 자신의 난관을 극복하는 데도 큰 도움이 되었다.

쉰다섯이 되어도 노년을 함께할 동반자에 대한 갈망은 여전했다. 내 짝이 어딘가에 있을 것만 같았다. 하지만 이냐시오(Ignatius)처럼 초연하려고 애를 썼다. 결혼에 대한 갈망을 품되 집착하지 않고 마음을 열어 두기로 했다. 마침내, 하나님께 모든 것을 내려놓는 기도를 드렸다. '하나님, 더 이상 이 기도는 드리지 않겠습니다. 제 마음의 소원을 아시는 줄 믿습니다. 이제 이 기도를 드릴 만큼 드렸습니다. 이제부터는 싱글이든 결혼이든 당신이 어떤 삶을 주시든 선물로 받아들이겠습니다. 제가 진정으로 원하는 것은 바로 당신입니다.' 그렇게 기도하고 나서 진정한 만족과 항복의 눈물을 흘렸다.

그 순간, 결혼에 대한 나의 갈망이 궁극적으로 주님을 향한 갈망의 외적인 표현임을 깨달았다. 내 평생에 가장 중요한 순간 중 하나였다. 하나님은 나를 절대 초연의 상태로 이끌어 주셨다. 이제는 결혼을 하든 안 하든 상관없게 느껴진다.

에밀리의 이야기는 독신을 받아들이는 것과 관련된 세 가지 사실을 말해 준다. 첫째, 그녀는 상황에 상관없이 예수님과 사랑으로 연합하는 삶을 살겠노라 다짐했다(이에 관해서는 다음 장에서 더 자세히 이야기해 보자). 둘째, 그녀가 독신을 받아들이는 것은 긴 과정이었다. 하나님의 사랑과 뜻에 순종하는 것은 일회적인 사건이 아니다. 그녀의 이야기는 우리의 뜻과 하나님의 뜻이 충돌할 때 우리 모두가 경험하는 매우 인간적인 과정을 보여 준다. 마지막으로, 다른 소명과 마찬가지로 이 소명에는 나름의 독특한 고난이 따른다. 하나님은 이 고난을 통해 에밀리를 그리스도의 형상으로 빚어 가셨다.

혹시 헌신을 통한 독신을 소명으로 봐야 한다는 말을 들어 본 적은 없어도 이 세 가지를 모두 혹은 그 중 한두 가지를 경험했는가? 혹은 헌신을 통한 독신을 아직 받아들이지 못해 마음고생을 하고 있는가? 지금 어떤 상태에 있든 소명을 받아들이고 자신을 하나님의 도구로 드리는 것은 정서적으로 건강한 리더로 가는 여행의 중요한 단계 중 하나다.

2. 건강한 싱글 생활이 당신의 첫 번째 야망이다

결혼 생활에 관한 내용에서 야망이 '뭔가를 이루고자 하는 강한 욕구'라고 했던 것이 기억나는가? 싱글인 크리스천 리더들의 첫 번째 야망은 교회나 조직, 팀을 이끄는 것에서 건강한 싱글 생활에 투자하는 것으로 바뀌어야 한다. 결혼한 리더들과 마찬가지로 싱글 리더들도 넘치는 사랑으로 리더십을 발휘하도록 부름을 입었다. 단, 이 경우에는 사랑이 예수님, 그리고 가까운 사람들과의 관계에서 흘러넘쳐야 한다.

이는 싱글 리더의 직무 설명서에서 건강한 싱글 생활을 가꾸기 위한 노력이 첫 번째 항목이 되어야 한다는 뜻이다. 매일 아침 눈을 뜨면 "건강한 싱글 생활을 가꾸기 위해 무엇을 해야 할까?"를 고민해야 한다. 이런 의식적인 노력이 특히 중요한 것은 싱글 리더는 결혼한 리더에 비해 시간이 남아돈다는 관념이 널리 퍼져 있기 때문이다. 하지만 현실은 오히려 정반대다.

소그룹을 이끄는 전도사인 미라(Myra)는 자신의 상관에게 보낸 편지에서 이 점을 명쾌하게 지적했다. 결혼한 사역자들은 수련회가 끝나고 집에 돌아가고 자신을 포함한 싱글 사역자들만 남아서 늦게까지 청소를 해야 하는 상황이 발생하자 그녀는 다음과 같은 편지를 썼다.

내 공동체를 쉽게 보지 말아 주시면 고맙겠습니다. 배우자가 여러분에게 중요한 것만큼이나 내게는 친구들이 중요합니다. 여러분이 가정을 챙기는 시간만큼이나 나도 쉬면서 친구들과 우정을 쌓는 시간이 필요합니다. 친구들은 하나님이 내게 주신 선물입니다. 이들과 좋은 관계를 유지하려면 여러분만큼이나, 아니 여러분보다 더 많은 시간이 필요합니다. 집에 기다리는 사람이 없다고 해서 관계가 저절로 쌓이는 건 아니랍니다.

건강한 싱글 생활을 첫 번째 야망으로 보지 않았다면 그녀는 자신의 싱글 생활이 망가지든 말든 속으로 분을 삼키면서 계속해서 위에서 시키는 대로 했을 것이다. 하지만 건강한 싱글 생활을 첫 번째 야망으로 삼았다면 남들이 배려해 주지 않더라도 자신의 싱글 생활을 스스로 챙겨야 한다. 가만히 있으면 아무도 알아주지 않는다. 이런 애로사항을 정중하면서도 확실하게 이야기해야 한다. 그리고 세 가지 실질적인 방법으로 이 야망을 키워 가야 한다. 스스로를 돌보고, 공동체를 가꾸고, 사람들을 대접하는 것이 그것이다.

첫째, 스스로를 돌보라. 리더로서의 일에 명확한 선을 그어서 스스로를 돌볼 시간을 내라. 성경에서도 "네 자신…을 살펴"라고 말한다(딤전 4:16). 리더는 사람들을 돌보는 일이니 먼저 자신을 잘 돌보는 것이 특히 더 중요하다. 저자이자 교육자인 파커 파머는 이 점을 분명히 이해했다.

최소한 한 가지만큼은 분명히 알게 되었다. 자신을 돌보는 것이 전혀 이기적인 행동이 아니라는 것이다. 이는 단지 내가 남들에게 줄 수 있는 유일한 선물의 선한 청지기 역할을 하는 것이다. 자기 자신의 목소리를 듣고 필요한 부분을 돌보는 것은 우리 자신만이 아니라

우리가 돌보는 많은 사람들을 위해 꼭 필요한 일이다.[17]

'자신'이라는 한정된 자원의 선한 청지기가 되려면 어떤 종류의 사람과 장소, 활동이 자신에게 기쁨을 주는지 분별해야만 한다. 따라서 수시로 스스로에게 이런 질문을 던져야 한다. "무엇이 내 영혼을 소생시키는가? 무엇이 내게 기쁨을 더해 주는가?" 나는 친구 헥터(Hector)가 점점 더 자신을 챙겨 가는 모습을 10년 내내 눈앞에서 지켜봤다. 그의 이야기를 들어 보자.

내가 이민자 가정의 장남으로 태어나 마흔하나가 될 때까지 결혼을 못했다는 사실을 어떻게 받아들이는지 아는가? 나 스스로 선택한 것도 아니고 부모님이 원하셨던 것도 아니지만 결혼해서 불만족스럽고 심지어 불행하기까지 한 것보다는 혼자 살아도 행복하고 생산적인 것이 훨씬 낫다고 생각한다. 친구들과 함께 내가 좋아하는 원반던지기와 오토바이 전국 일주, 소그룹 활동을 하면서 즐겁게 우정을 쌓고 있다. 심지어 뉴욕 시티에서 1,500킬로미터나 떨어진 선교 현장에 참여하기 위해 친구들과 함께 이사를 하기도 했다. 지금이라도 기회가 된다면 결혼을 하고 싶지만 형제자매와 사촌, 부모, 죽마고우, 교회 식구, 동료들과의 관계 덕분에 나는 지금도 잔이 넘치도록 감사할 거리가 많은 사람이다.

싱글 리더로서 스포츠에서 춤과 오토바이까지 헥터가 즐기는 취미의 종류를 따져 보면 입이 떡 벌어진다. 삶을 즐김으로써 그는 일이 세상에서 가장 중요하다는 문화적 틀을 깨고 나왔다. 그는 삶을 즐기는 것이 죄까지는 아니더라도 그리 신실한 모습은 아니라는 일부 크리스천들의 왜곡된 시각에 물들지 않았다. 자신의 삶을 돌보고 싶다면 기쁨과 즐거움이라는 요소를 삶과 리더십의 중요한 부분으로 삼으라.

둘째, 최소한 한두 명의 동반자를 찾아 공동체를 이루라. 기혼이든 싱글이든 리더의 길은 외로운 길이다. 하지만 싱글 리더, 특히 부모형제를 떠나 혼자 사는 사람에게는 그 외로움이 몇 배로 클 수 있다. 그래서 예수님에게서 배울 필요가 있다. 예수님은 혼자서 사역하실 수도 있었지만 열두 명과 동행하는 편을 선택하셨다. 그 외에도 마리아와 마르다, 나사로 가족과 깊은 우정을 나누셨다.

싱글 리더 중에는 친구를 쉽게 사귀는 사람들도 있다. 헥터가 그런 경우다. 헥터는 다섯 명의 친구를 '다섯 개의 기둥'이라고 부르며 살뜰히 챙긴다. 그들은 그가 인생의 각기 다른 지점에서 만난 친구들이다. 그는 매일같이 그들을 위해 기도하고 수시로 소식을 주고받는다. 그들에게는 이런저런 일들을 모두 이야기하고 상의하며 스스럼없이 전화를 걸거나 찾아간다. 수는 룸메이트인 보니와의 우정을 더없이 소중히 여긴다. 이 우정은 수의 개인적인 삶을 풍요롭게 할 뿐 아니라 리더로서의 일에도 활력을 더해 준다. 하지만 45세의 부목사 마크(Mark)는 최근 다른 도시로 이사를 오면서 친구를 사귀는 데 애를 먹었다. 그의 이야기를 들어 보자.

공동체는 내게 절실히 필요하지만 목사이자 리더라는 자리가 사람들과의 사귐을 힘들게 만든다. 내가 나타나면 갑자기 분위기가 바뀐다. 사람들은 나를 어려워한다. 그래서 진정한 관계를 쌓기가 어렵다. 그런가 하면 대부분 기혼자인 다른 사역자와 제직회 회원들은 싱글 리더에게도 사생활이 얼마나 중요한지를 잘 이해하지 못한다. 그래서 일터 외에 공동체를 만드는 것이 내게 얼마나 중요한지를 계속해서 설득해야 한다.

이상하게 들릴지 모르지만 지금 내게는 '개'가 많은 사람을 만나고 새로운 사람을 사귀기 위한 통로 역할을 하고 있다. 나는 때마다 애완견 공원에서 이웃 사람들과 어울린다. 매일 오후 4시에 퇴근하면 내 개를 끌고 4시 30분에 공원에서 친구들을 만난다.

텅 빈 집에 와서도 개가 나의 외로움을 달래 준다. 의미 없는 텔레비전 소음으로 빈 공간을 채우느니 침묵을 즐기는 편이 낫다. 개를 돌보다 보면 하나님의 피조 세계가 얼마나 선한지, 그리고 남들을 사랑하는 일에서 관계가 얼마나 중요한지를 새삼 깨닫는다. 어떻게든 관계를 맺어야 한다. 개로부터 시작하는 한이 있더라도.

마크의 이야기는 특정한 리더들이 친밀한 관계를 쌓기가 어렵다는 점을 보여 준다. 하지만 마크처럼 창의적으로 방법을 찾고 먼저 다가가고 당장 시작할 수 있는 관계부터 시작하겠다는 자세를 품으면 얼마든지 길이 나타난다. 진정으로 깊은 관계는 하루아침에 이루어지지 않지만 시간을 두고 노력하면 누구든지 평생의 친구들을 만날 수 있다.

셋째, 주기적으로 대접하라. 남녀노소 기혼과 미혼을 가리지 말고 다양한 사람을 집으로 초대해 정성들인 식사를 대접하거나 커피 잔을 앞에 두고 담소를 나누라.

대도시의 작은 아파트에 사는 마크는 근처 초콜릿 가게의 주인과 친하게 지낸다. 그는 때마다 15-20명의 사람들을 그 초콜릿 가게로 모아 파티를 연다. 각 사람이 20달러씩 갹출해서 가벼운 식사와 초콜릿을 즐긴다. 마크는 애완견 공원과 교회, 자신이 사는 아파트의 친구들을 이 파티에 초대한다. 이런 파티를 주최하려면 보통 큰 노력과 시간이 들지 않지만 자신을 돌보고 공동체를 이루는 데 이만한 방법도 없다. 게다가 이 모임에서 목사로서 마크의 직무 설명서에 전혀 없는 취미가 진가를 발휘한다. 정말이지 마크의 요리 솜씨는 끝내준다.

남들을 대접하는 모습은 사람마다 다르다. 수는 자주 친구들과 교회 식구들을 집으로 초대한다. 에밀리는 중요한 모임이 꽤 많다. 주마다 여성 모임을 주최하는 것 외에도 기혼자와 싱글이 뒤섞인 수련회에 일 년에 두 번씩 참여한다. 출장을 가지 않는 한 토요일 아침이면 좋은 친구들을 만나 커피를 마신다. 이런 모임을 통해 수많은 "거류민이요 동거하는 자"가 그녀의 삶 속으로 들어왔다. 꼭 이 사람들처럼 할 필요는 없다. 각자의 필요와 상황에 맞게 얼마든지 남들을 대접하기 위한 창조적인 방법을 찾아낼 수 있다.

3. 싱글 생활은 가장 크게 울려 퍼지는 복음의 메시지다

결혼에 관한 내용에서 지적했듯이 대부분의 크리스천 리더들은 설교나 섬김을 통해 복음의 소리가 가장 크게 울려 퍼진다고 생각한다. 하지만 나는 그리스도를 위한 결혼 혹은 싱글 생활이 가장 크게 울려 퍼지는 복음의 메시지라고 믿는다. 이는 기혼자 혹은 싱글로서 우리의 소명이 그 자체를 넘어 더 중요한 것 곧 예수 그리스도를 가리킨다는 뜻이다. 이런 의미에서 결혼 생활과 마찬가지로 싱글 생활은 표적이요 기사다.

싱글 생활은 최소한 두 가지 측면에서 표적이요 기사다. 첫째, 싱글 생활은 예수님만으로 충분함을 증언한다. 크리스천 싱글 리더는 누구에게도 몸을 주지 않는다. '하룻밤 관계' 따위는 생각지도 않는다. 왜 그럴까? 그리스도와 결혼했기 때문이다. 그의 온 존재가 그분께 속했기 때문이다. 그리스도와의 연합이 그의 삶과 리더십을 지탱해 주는 기초다. 싱글 생활은 그와 관련된 어려움 속에서도 예수님이 완전한 만족을 주는 떡이라는 현실을 확인시켜 준다. 싱글 생활은 교회와 세상에 하나님의 나라를 보여 주는 반문화적이고도 예언적인 표적이다.

둘째, 크리스천이 결혼해서 자식을 낳지 않고 혼자 사는 것은 매우 독특한 방법으로 부활의 현실을 증언하는 것이다. 물론 싱글 생활은 복음을 분명하게가 아니라 은근하게 드러낸다. 하지만 그렇다고 해서 덜 중요한 것은 아니다. 저자 로드니 클랩(Rodney Clapp)의 설명을 들어 보자.

> 싱글인 크리스천들은 극단적인 형태의 부활의 증인들이다. 그들은 언젠가 모든 피조물이 새로워진다는 희망으로 후손을 포기한 사람들이다. 다시 말해, 자신이 죽은 뒤에도 후손을 통해 계속해서 사는 길을 포기한 것이다. 만약 예수 그리스도의 부활이 사실이 아니라면 싱글로 사는 것은 지독히 어리석은 짓이다.[18]

다시 말해, 죽은 자가 부활한다는 우리의 믿음은 이생을 덧없게 보게 만든다. 우리의 날은 유한하다(시 90:12). 하나님께는 천년이 하루와 같으니 우리의 인생이 얼마나 짧은가. 그래서 우리는 이 짧은 삶에 연연하지 않고 영생을 믿고 바라본다.

싱글 생활이 가장 크게 울려 퍼지는 복음의 메시지라는 것이 실질적인 측면에서 어떤 의미인가? 리더로서의 성공하려면 건강한 싱글 생활을 가꿔야 한다는 뜻이다. 친한 친구들과 공동체, 일상에서 만나는 풍성한 선물들을 통해 하나님의 깊은 사랑과 인정을 경험해야 한다. 기혼자와 마찬가지로 싱글들도 다음과 같은 것들이 주중에 해야 할 일의 목록에서 맨 위로 올라오도록 삶을 재배치해야 한다.

- 하나님과 단 둘이 시간을 보낸다. 그 주에 시간을 어떻게 보내고 어떤 영적 훈련을 할지 목록을 짠다.
- 몇몇 친한 친구들과 공동체에 시간을 투자한다. 그 주에 시간을 어떻게 보내고 구체적으로 어떤 활동을 할지 목록을 짠다.
- 삶을 즐긴다. 산책이나 달리기, 미술, 음악, 독서 클럽, 춤 등.
- 리더로서 해야 할 일을 한다. 설교 준비, 사역자 모임, 제직회 모임 준비 등.

아마도 서약을 통한 독신이나 헌신을 통한 독신의 기초 위에서 리더십을 발휘한다는 개념을 처음 들어 봤을 것이다. 지금 싱글의 삶을 하나님의 뜻으로 받아들이는 과정의 어느 지점에 있든 믿음의 길만큼은 계속해서 걷기를 바란다.

작은 단계부터 시작하라

하나님은 기혼자든 싱글이든 당신의 소명을 통해 당신을 더 뛰어난 리더로 성장시키고자 하신다. 하나님은 당신에게 야망의 은혜, 타인 중심으로 살아가려는 열정, 자신을 돌볼 힘, 기혼자나 싱글로서의 삶이 곧 복음 증거라는 깨달음을 주고자 하신다. 하지만 건강한 싱글 생활이나 결혼 생활을 바탕으로 리더십을 발휘한다는 것은 보통 파격적인 행보가 아니다. 교회 안팎에서 많은 논란이 일어날 것이다. 변화를 단행하면 노골적인 반대는 아닐지라도 적잖은 저항에 부딪힐 게 분명하다. 따라서 먼저 기도로 하나님의 인도하심을 구하길 바란다. 기도는 성령님의 능력을 풀어놓아 불가능할 일을 가능하게 한다. 하나님께 다음과 같이 구하라.

- 어떻게 해야 당신의 결혼 혹은 싱글 생활이 남들에게 주 예수 그리스도를 보여 주는 표적과 기사가 될 수 있는지 알려 달라고 기도하라.
- 건강한 결혼 생활이나 싱글 생활을 바탕으로 리더십을 발휘한다는 비전을 공개하고, 도움을 요청할 때 (기혼자의 경우)배우자나 (싱글의 경우)가까운 친구들이 마음을 열게 해 달라고 기도하라.
- 가장 가까운 사람들을 아낌없이, 신실하게, 생산적으로, 무조건적으로 사랑할 수 있도록 성령님께 능력을 요청하라.
- 이 과정에서 끝까지 예수님께 단단히 붙어 있을 은혜를 달라고 기도하라.

구체적으로 어떻게 기도해야 할지 모르겠다면 아마도 다음 기도가 도움이 될 것이다. 나는 부부를 위한 기도문을 항상 지갑에 넣고 다니면서 매일 틈나는 대로 기도한다.

부부를 위한 기도
주님, 당신의 사랑을 보여 주는 산 표적이 되라는 부르심에 기꺼이 응답할 수 있는 힘을 주십시오. _____ 를 향한 제 사랑이 _____ 를 향한 주님의 사랑처럼 열정적이고 영원하고 친밀하고 무조건적이고 생명을 주는 사랑이 되게 해 주십시오. 주님이 _____ 와 늘 함께 계시듯 저도 늘 _____ 와 친밀히 동행하게 해 주십시오. 그래서 온 세상이 우리의 깊은 사랑을 통해 주님의 임재를 보기 원합니다. 우리 두 사람이 그리스도의 몸 안에서 당신과 가까이 동행하게 도와주십시오. 그리고 계속해서 당신의 사랑으로 우리의 사랑을 살찌워 주십시오.
예수님의 이름으로 기도드립니다. 아멘.[19]

싱글을 위한 기도
주님, 당신의 사랑을 보여 주는 산 표적이 되라는 부르심에 기꺼이 응답할 수 있는 힘을 주십시오. 남들을 향한 제 사랑이 저를 향한 주님의 사랑처럼 신실하고 무조건적이고 생명을 주는 사랑이 되게 해 주십시오. 주님이 저와 늘 함께 계시듯 저도 늘 남들과 친밀히 동행하게 해 주십시오. 그래서 온 세상이 남들을 향한 저의 깊은 사랑을 통해 주님의 임재를 보기를 원합니다. 제가 그리스도의 몸 안에서 주님과 가까이 동행하게 도와주십시오. 그리고 계속해서 주님의 사랑으로 제 사랑을 살찌워 주십시

오. 예수님의 이름으로 기도드립니다. 아멘.[20]

예수님과 사랑의 연합을 이루지 않고서는 건강한 결혼 혹은 싱글 생활을 바탕으로 리더십을 발휘할 수 없다. 그분 안에 거하도록 우리의 삶을 재배치하기 전까지는 세상에 그분을 증언할 수 없다. 이는 그분과 하나가 되기 위해 우리의 활동을 줄이고 삶의 속도를 늦춰야 한다는 뜻이다. 사랑의 연합을 위해 속도를 늦추는 것, 바로 다음 장의 주제다.

건강한 결혼 생활 혹은 싱글 생활을 바탕으로 한 리더십 평가에 대한 설명

다음의 설명이 평가 결과를 이해하는 데 도움이 될 것이다.

대부분 1-2점을 받았다면 건강한 결혼 생활 혹은 싱글 생활을 바탕으로 리더십을 발휘한다는 것이 신학적으로 혹은 실질적으로 무슨 의미인지를 생각해 본 적이 전혀 없을 가능성이 높다. 걱정하지 말라. 당신만 그런 것이 아니다. 이번 장을 읽고 당신의 리더십 패러다임이 뒤흔들렸다면 그것만으로도 충분히 괜찮은 출발이다. 이 주제에 관해 더 알기 위해 성경을 공부하라. 결혼 생활과 싱글 생활을 소명으로 진지하게 받아들이는 계획 공동체와 수도원 공동체를 찾아가 보는 것도 좋다. 섣불리 당신의 삶과 리더십을 대대적으로 뜯어고치지 말고 먼저 하나님께 물어가며 작은 단계를 하나씩 밟아 가라.

대부분 2-3점을 받았다면 어느 정도 건강한 결혼 생활과 싱글 생활을 바탕으로 리더십을 발휘하고 있는 셈이다. 하지만 아직 이번 장의 진리들에 관한 신학적 비전이 부족하거나 비전이 있다 해도 현실에 제대로 적용하지 못하고 있다. 성경을 좀 더 깊이 공부하길 바란다. 결혼 생활과 싱글 생활을 소명으로 진지하게 받아들이는 계획 공동체와 수도원 공동체 사람들과 이야기를 나눠 보는 것도 좋다. 하나님이 보여 주시는 모험 속으로 뛰어들라. 이제 싱글 혹은 기혼 리더로서 살아오던 방식에 변화를 줄 때가 왔다. 갑자기 모든 것을 바꾸려고 하지 말고 기도하면서 가장 시급히 바꿔야 할 두세 가지 영역이 무엇인지 고민해 보라.

대부분 4-5점을 받았다면 당신은 복 받은 사람이다. 지금 당신은 건강한 결혼 생활과 싱글 생활을 바탕으로 리더십을 발휘하고 있다. 이번 장을 통해 하나님이 어떤 리더를 원하시는지에 대한 이해가 더 깊고 넓어졌기를 바란다. 오늘 하나님이 당신을 무엇으로 부르고 계시는가? 남들이 결혼 생활이나 싱글 생활을 리더십과 통합하도록 돕기 위해 당신이 밟아야 할 다음 단계들은 무엇인가? 하나님께 여쭤 보라.

Chapter 4

그분과 하나 되는 것이
더 중요하다

41세의 래리(Larry)는 폭발적인 성장을 거듭하는 교회의 창립목사다. 아내 레베카(Rebecca)와 20년간 함께 살면서 네 자녀를 낳았다. 그가 이끄는 18년 동안 교회는 백 명에서 4천 명으로 늘어났고 사역자만 자그마치 35명이다. 그는 워낙 친절하고 온화해서 모두에게 사랑을 받는다.

그의 삶과 교회는 아무런 탈 없이 잘만 돌아가는 것처럼 보였다. 그런데 어느 날 갑자기 그가 교회에 사직서를 제출했다. 지난 몇 년간 너무 힘들었다는 것이 이유였다. 특히, 최근 새 성전 건축 헌금 캠페인을 마친 뒤로 심신이 고갈되었다고 했다. 하지만 알고 보니 다른 이유가 또 있었다.

최근에 등록한 한 교인은 근처 도시의 호텔에서 낯선 여인과 함께 있는 담임목사를 보았다. 처음이 아니었다. 비슷한 일이 3년 사이에 몇 번이나 있었다. 래리는 사직하면 이 일이 조용히 넘어갈 줄 알았지만 때는 이미 너무 늦었다. 나중에 그에게 막대한 빚이 있다는 사실까지 밝혀졌다. 래리는 사임을 했고 가정은 파탄이 났고 교회는 갈가리 찢어졌다.

슬프지만 익숙한 이야기이지 않은가? 하지만 이 이야기에는 모든 크리스천 리더가 주목해야 할 또 다른 측면이 있다. 래리의 삶이 마구 탈선하던 3년 내내 교회는 성장의 엔진에 불을 뿜었다. 새 신자가 7백 명이나 유입되었고 헌금과 예산은 하루가 다르게 늘어났다. 덕분에 지역 사회에 미치는 교회의 영향력은 꾸준히 증가했다. 심지어 당시 6주간에 걸친 성경적 가정생활에 관한 래리의 설교는 열화와 같은 반응을 이끌어 냈다.

리더의 삶이 시꺼멓게 썩어 가는 와중에도 교회는 단기적인 '성공'을 이어 갔던 것이다. 하지만 래리가 사임하자마자 교회는 급격한 하강 곡선을 그렸다. 배신감을 느낀 사람들이 속속 교회를 빠져나갔다. 사방에서 손가락질이 날아왔다. 선교 봉사 활동에 들어가던 자원과 노력은 슬픔에 빠진 교회를 치유하는 일로 빠져나갔다. 예산은 40퍼센트나 급감했다. 지역 선교와 해외 선교를 중단하거나 크게 축소할 수밖에 없었다.

화가 난 교인들은 사역자와 교회 제직회 회원들에게 왜 담임목사의 문제점을 조기에 발견하지 못했냐고 다그쳤다. 분기마다 모이는 공동의회를 마치기 전 제직회 회장은 제직회의 입장을 이렇게 정리했다. "걱정스러운 점이 보이기는 했습니다. 하지만 교회가 어찌나 빨리 변하는지 차분히 앉아서 생각할 틈도 없었습니다. 담임목사님은 쉴 새 없이 새로운 일을 벌이고 컨퍼런스에서 강연을 하고 새로운 사역자를 영입하셨지요. 그저 새 성전 건축과 하루가 다르게 늘어가는 교인 숫자에 정신이 팔려 뭔가 이상하다는 것을 알면서도 대수롭지 않게 여겼습니다. 담임목사님의 행동이 성장에 따른 스트레스로 잠시 나타났다가 사라질 증상인 줄로만 알았습니다."

한참 동안 장내에 고통스러운 침묵이 흘렀다. 이윽고 제직회 회장은 모두가 아는 사실을 다시 한 번 확인시켰다. "이 상황을 파악하기 어려웠던 것은 아이러니하게도 담임목사님의 삶이 곪아 가던 3년 동안 교회는 오히려 가장 눈부신 성장을 거듭했기 때문입니다."

예수님이 빠진 리더십의 위험성

교회의 리더라면 분명 이 제직회 회장의 말에 속이 뜨끔할 것이다. 지금까지 우리는 성공의 외형만 갖추면 리더십을 비롯해서 모든 것이 잘 돌아가고 있다고 생각해 왔다. 규모와 숫자를 키우지 않고서 어떻게 성공한단 말인가? 하지만 래리의 이야기에서 보듯이 인간의 재능과 경험만으로 교회나 조직, 팀을 키우는 것이 얼마든지 가능하다. 우리 자신의 노력과 지혜로 그리스도를 섬길 수 있다. 예수님을 생각하거나 의지하지 않고도 얼마든지 사역을 확장할 수 있다. 스스로 실천하지도 못하는 진리를 과감하게 선포할 수도 있다. 그리고 성공을 거두기만 하면 우리의 개인적인 삶이 썩어 가든 말든 아무도 눈치 채지 못하거나 문제 삼지 않는다.

예수님은 그분 없이 하나님의 일을 한 결과에 관해 다음과 같이 경고하셨다.

> "나더러 주여 주여 하는 자마다 다 천국에 들어갈 것이 아니요 다만 하늘에 계신 내 아버지의 뜻대로 행하는 자라야 들어가리라. 그날에 많은 사람이 나더러 이르되 주여 주여 우리가 주의 이름으로 선지자 노릇 하며 주의 이름으로 귀신을 쫓아내며 주의 이름으로 많은 권능을 행하지 아니하였나이까 하리니 그때에 내가 그들에게 밝히 말하되 내가 너희를 도무지 알지 못하니 불법을 행하는 자들아 내게서 떠나가라 하리라"(마 7:21-23).

여기서 예수님은 그분의 이름으로 빛나는 성과를 거두는 사람들의 자기기만을 지적하신다. 예언하는 자들, 귀신을 쫓는 자들, 기적을 행하는 자들, 누구보다도 많은 사람을 돕는 자들, 이들이 무슨 잘못이란 말인가. 겉으로만 보면 이들의 사역은 나무랄 데가 없어 보인다.

하지만 예수님은 한 가지가 지독히 잘못되었다고 말씀하신다.

"내가 너희를 도무지 알지 못하니."

잠깐! 어떻게 이럴 수가 있는가? 예수님은 우리를 어머니의 뱃속에 있을 때부터 아셨지 않은가. 예수님은 우리의 머리카락 개수까지 다 아시지 않는가. 그런 분이 어찌 우리를 모른다고 하실 수 있는가. 혹시 "네가 나를 도무지 알지 못하니"라고 말씀하셨다면 그나마 생각해 볼 만한 여지가 있다.

여기서 "알다"로 번역된 성경의 단어는 친밀하고도 개인적인 앎의 관계를 의미한다. 이는 아담과 하와가 에덴동산에서 벌거벗고도 창피한 줄 몰랐을 당시의 연합과 비슷한 상태다(창 2:25). 진심으로 "주여, 주여"라고 부르고 겉보기에 화려한 성과를 거두고 있는가? 머리로는 하나님에 관해 많이 알고 있는가? 하지만 그리스도께서 우리를 '모른다면' 그 모든 것은 아무런 소용이 없다. 진정으로 중요한 것은 항복을 통한 예수님과의 깊은 연합에서 나오는 참된 열매뿐이다.

열매를 맺으려면 예수님이 우리 삶과 리더십의 모든 측면으로 들어오실 만큼 충분히 속도를 늦춰야 한다. 하나님이 우리에 '관해' 속속들이 아신다고 해서 반드시 우리의 삶 '속으로' 들어오신 것은 아니다. 사랑의 연합은 항복의 행위다. 하나님께 우리의 전부를 열어 드리는 것이다. 그리고 서둘러서 될 일이 아니다. 마음 문을 그분께 겸손히 열어 드리고 그 뒤로도 계속해서 열어 두어야 한다. 예수님은 억지로 우리의 문을 열지 않으신다. 우리가 자발적으로만 할 수 있는 것이다.

평생 리더십의 트로피를 산처럼 쌓고서 예수님 앞에 나아갔더니 "내가 너를 도무지 알지 못하니"라는 대답과 함께 문전박대를 당한다고 생각해 보라. 실제로 '많은' 사람이 이런 꼴을 당할 것이다. 최후의 심판 자리에서 빛나는 상장 더미를 내밀었다가 예수님께 거부당할 사람이 '많다는' 사실은 "우리 모두에게 충격 그 자체다."[1] 예수님을 "주여"라고 부르는 것만으로는 부족하다. 화려한 성과를 쌓는 것만으로는 부족하다. 예수님은 외적인 모양새만 그럴듯한 제자들을 호되게 나무라신다. 예수님에 따르면 그들의 노력은 단순한 실패 정도가 아니라 지독한 '불법'이다.

이제 스스로에게 묻자. 마음 문이 예수님께 얼마나 열려 있는가? 끝없이 밀려오는 리더의 일에 정신이 팔려 그 문을 열 시간조차 없었는가? 아니면 그 문을 계속해서 열어 두지 못하고 있는가? 아주 가끔씩만 예수님 안에 거하는가? 아니면 아예 일종의 영적 자동 조종 장치로 움직이고 있는가?

명심하라. 예수님은 그분 없이 교회를 이끌거나 세울 수 없다고 말씀하신 것이 아니다. 다만 그분과 사랑의 연합을 이루지 않고서는 우리의 힘으로 아무리 애써 봐야 아무런 가치가 없다(요 15:5). 다시 말해, 우리가 무엇을 하는지도 중요하지만 우리가 어떤 상태인지가 훨씬 더 중요하다.

우리는 워낙 할 일도 많고 생각해야 할 일도 많기 때문에 다음과 같은 상황을 정상으로 받아들이기 쉽다.

- 주중에 자신은 개인적으로 예수님을 만나지 않으면서도 주말 예배에 많은 사람이 예수님을 만나게 만드는 찬양 리더와 여타 음

악 사역자들.

- 먼저 스스로 하나님의 메시지를 마음 깊이 새길 시간을 갖지 않고도 성경을 명쾌하게 설명하고 사람들을 잘 훈련시키는 강사들.
- 주기적으로 하나님과 시간을 보내지 않고도 효과적으로 인프라를 구축하고 사역자들을 감독하고 재정을 관리하는 교회 행정가들.

이런 식으로 사역하는 리더들을 존경하고 지지하는 것까지는 아니더라도 그렇게 큰 문제는 아니라고 생각한다.

예수님을 처음 믿고서 얼마 있지 않아 나는 예수님과 전혀 혹은 제대로 관계를 맺지 않은 크리스천 리더들이 큰 성과를 거두고 유명세를 떨치는 슬픈 현실을 보았다. 그때만 해도 너무나 혼란스럽고 안타까웠다. 하지만 목회한 지 수십 년이 지난 지금은 더 이상 혼란스럽지 않다. 왜 그런지 아는가? 나 자신이 그런 리더처럼 굴 때가 너무도 많았기 때문이다. 나도 머릿속에서 예수님을 완전히 지운 채로 설교를 준비하고 전한 적이 있다. 스스로는 할 일이 태산처럼 많아 예수님과 친밀히 교제할 시간이 없으면서도 남들을 예수님과의 교제로 이끄는 것은 너무도 잘하는 사람. 바로 내가 그런 사람이었다. 그리고 지금도 그 굴레에서 완전히 헤어 나오지 못했다.

신학자 조나단 에드워즈(Jonathan Edwards)는 탁월한 성경 주석서를 통해 성경 속에 하나님과 '함께' 하지 않은 채로 하나님을 '위해' 일하는 사람들에 관한 이야기가 많이 등장한다는 점을 지적했다. 구약의 발람 선지자, 가룟 유다, 사울이 모두 그런 인물이었다. 그들은 하나님과 진정으로 연합하지 않고도 하나님을 위한 일을 누구보다도 잘 해내는 것처럼 보였다. 에드워즈는 진정한 영적 성숙과 사역적 열매의 유일한 증거는 '아가페' 즉 하나님과 남들을 향한 희생적인 사랑이라고 결론 내렸다.[2] 유일하게 이 사랑만큼은 사탄이 모방할 수 없다. 그리고 이 아가페 사랑은 오직 하나님과 사랑의 연합을 이룬 사람의 삶 속에서만 나타난다.

아마 이 점에 대해서 이의를 제기할 크리스천 리더는 아무도 없을 것이다. "물론이지! 당연히 하나님과 사랑의 연합을 이뤄야지!" 문제는 하나님과 사랑의 연합을 이루려면 시간이 필요하다는 점이다. 그런데 역설적으로 우리는 하나님을 섬기는 데 너무 바빠 도무지 그분을 만날 시간이 없다. 그래서 일부로든 아니든 하나님과의 관계는 건너뛴다. 그 과정에서 사랑보다 리더십을 중시하기 시작한다. 각설하고, 우리는 하나님과 사랑의 연합을 이루기 위해 속도를 늦추지 않는다.

이런 일이 어떻게 일어나는가? 대개는 자신도 모르는 사이에 시작된다. 하지만 사랑의 연합을 바탕으로 리더의 일을 하지 않은 결과는 참담하기 그지없다. 따라서 무엇이 사랑의 연합이고 무엇이 사랑의 연합이 아닌지를 분명하게 정의하는 것이 매우 중요하다.

사랑의 연합이란 무엇인가?

사랑의 연합은 묵상과 큐티 시간 자체를 말하지 않는다. 끝없는 영적 훈련의 목록을 소화하는 것을 의미하지도 않는다. 감정적으로 하나님을 강력하게 경험하는 것도 아니다. 일정을 잘 관리하거나 단순히 분주하게 움직이는 것을 의미하지도 않는다. 적절한 삶의 속도를 유지하는 것을 뜻하지도 않는다. 이는 모두 중요하지만, 사랑의 연합을 누리지 않고도 얼마든지 그럴듯하게 해낼 수 있다. 그렇다면 사랑의 연합이란 무엇이며, 왜 그토록 많은 시간을 요하는가?

신학자 한스 우르스 폰 발타살(Hans Urs von Balthasar)은 명저 《기도》 (Prayer)에서 예수님을 이렇게 묘사했다. "여기 사랑으로 인해 삶의 모든 측면에서 아버지의 뜻대로 행하신 분, 그래서 죄 없으신 분이 있다."[3] 잠시 이 단순하면서도 심오한 글을 깊이 묵상해 보라. 가슴에 와 닿을 때까지 몇 번이고 읽으라. 여기서 폰 발타살이 묘사한 것은 사랑의 연합 곧 사랑으로 인해 하나님께 우리 삶을 활짝 열어젖힌 상태다. 예수님이 라오디게아 교인들에게 말씀하신 것도 바로 이런 연합이다.

> 볼지어다. 내가 문밖에 서서 두드리노니 누구든지 내 음성을 듣고 문을 열면 내가 그에게로 들어가 그와 더불어 먹고 그는 나와 더불어 먹으리라(계 3:20).

사랑의 연합을 이루면 문을 활짝 열어 둔 채로 살게 된다. 리더십까지 포함해서 삶의 모든 영역에서 하나님의 뜻대로 행하게 된다. 부담스러운 대화와 까다로운 의사결정에서 우리의 감정을 다스리는 일까지 모든 것을 하나님의 뜻대로 하게 된다. 하나님과의 이런 관계는 서두른다고 하루아침에 뚝딱 이루어지는 것이 아니다. 속도를 늦춰 이런 사랑의 관계가 가능한 삶의 구조와 리듬을 만들어 가야 한다.

자, 그렇다면 우리가 매일같이 던져야 하는 질문은 이것이다. "내 삶과 리더십의 현재 속도가 매사에 하나님의 뜻대로 행하고 그분의 임재 안에 거하는 데 도움이 되는가 아니면 방해가 되는가?" 이러한 목적으로 접근하면 모든 영적 훈련이 그 자체로 목적이 아니라 이러한 목적을 위한 수단이 된다. 단, 착각해서는 곤란하다. 매일같이 밀려드는 리더십의 압박과 요구 속에서도 계속해서 순종의 자세를 유지하는 것은 결코 쉬운 일이 아니다.

예수님은 평생 극심한 일의 압박 속에서 사셨다. 우리 같은 보통 사람은 평생 경험하지 못할 만큼 거대한 압박이었다. 하지만 아무리 바빠도 예수님은 때마다 일을 내려놓고 아버지와 친밀한 시간을 보내셨다. 그분은 하나님과 동조되기 위해 속도를 줄이셨다. 그로 인해 그분은 아버지 안에 있고 아버지는 그분 안에 있어 아버지의 임재로 몸과 영혼과 마음의 구석구석까지 가득 채우실 수 있었다. 그분은 주기적으로 사역지에서 벗어나 상황과 문제와 사역을 아버지께 온전히 맡기셨다. 그 결과, 그분은 바쁜 가운데서도 하나님과의 관계에서 비롯한 깊은 쉼을 누리고 오직 하나님의 뜻에만 집중할 수 있었다.[4]

지금 예수님은 아버지와의 이런 쉼과 사랑의 관계로 우리를 초대하고 계신다. "그가 내 안에, 내가 그 안에 거하면 사람이 열매를 많이 맺나니 나를 떠나서는 너희가 아무 것도 할 수 없음이라"(요 15:5). 여기서 "거하면"으로 번역된 헬라어 동사는 "머무르다" 혹은 "붙어 있다" 혹은 "함께 살다"라고도 번역될 수 있다. 이 구절은 예수님이 본으로 보여 주신 사랑의 연합이 우리에게 반드시 필요하다는 점을 말하고 있다. 예수님은 우리가 사랑의 연합을 이루면 "열매"가 반드시 따른다고 약속하신다. 하지만 우리가 사랑의 연합을 위해 속도를 늦추지 않으면 우리 자신만이 아니라 우리가 이끄는 사람들, 나아가 주변 세상이 크고도 오래 가는 대가를 치르게 된다.

하나님과 얼마나 사랑의 연합을 이루고 있는가?

다음 진술들을 통해 당신이 하나님과 사랑의 연합을 잘 이루고 있는지 간단하게 평가해 보라. 각 진술 옆에 당신의 상태에 해당하는 숫자를 적으라.

(5 = 항상 그렇다 / 4 = 자주 그렇다 / 3 = 가끔 그렇다 / 2 = 거의 그렇지 않다 / 1 = 전혀 그렇지 않다)

_____ 1. 리더로서 나의 최우선 사항은 매일 예수님과 사랑의 연합을 유지하기 위해 시간을 내는 것이다.

_____ 2. 결정을 내리고 팀원들과 상호작용하고 새로운 계획을 실행할 때 언제나 내적 삶을 하나님께 활짝 열어젖힌다.

_____ 3. 새로운 기회를 받아들이거나 포기하기 전에 먼저 충분히 기도하면서 하나님의 뜻을 분별하려고 노력한다.

_____ 4. 주기적으로 리더의 일에서 벗어나 하나님의 선물을 즐기는 시간(친구들과의 여유로운 식사, 아름다운 음악 감상, 자연 속의 산책, 석양 감상하기 등)을 낸다.

_____ 5. 예수님과 교제하고 그분을 통해 변화되기 위해 주기적으로 성경을 묵상한다.

_____ 6. 고요한 가운데 아무런 방해도 받지 않고 하나님의 임재를 누리기 위해 주기적으로 고독과 침묵의 시간을 낸다.

_____ 7. 재능과 시간, 에너지, 지식 등에서 한계를 넘지 않도록 스스로 무리하지

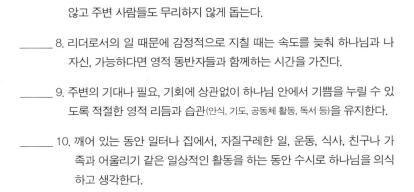

않고 주변 사람들도 무리하지 않게 돕는다.

_____ 8. 리더로서의 일 때문에 감정적으로 지칠 때는 속도를 늦춰 하나님과 나 자신, 가능하다면 영적 동반자들과 함께하는 시간을 가진다.

_____ 9. 주변의 기대나 필요, 기회에 상관없이 하나님 안에서 기쁨을 누릴 수 있 도록 적절한 영적 리듬과 습관(안식, 기도, 공동체 활동, 독서 등)을 유지한다.

_____ 10. 깨어 있는 동안 일터나 집에서, 자질구레한 일, 운동, 식사, 친구나 가 족과 어울리기 같은 일상적인 활동을 하는 동안 수시로 하나님을 의식 하고 생각한다.

잠시 당신의 답을 검토해 보라. 무엇이 가장 눈에 들어오는가? 이번 장의 끝에 현재 상태를 파악하는 데 도움이 될 만한 설명을 실어 놓았다. 현재 상태를 파악해서 앞으로 어떤 단계들을 밟아야 할지 고민하길 바란다.

하나님과 사랑의 연합이 리더십에 미치는 영향

지금쯤 당신이 어떤 생각을 하고 있을지 짐작이 간다. 혹시 이런 생각을 하고 있는지 않은가? '다 좋은 말이다. 하지만 내가 처리해야 할 일은 산더미처럼 많고 내가 처한 상황은 복잡하기 짝이 없다. 리더로서 나는 무조건 성과를 만들어 내야만 한다. 하나님과 사랑의 연합을 이루고는 싶지만 무지막지한 성과의 압박 속에서 도대체 어떻게 해야 하는가?' 좋은 질문이다. 아마도 사랑의 연합으로 일하는 리더와 사랑의 연합을 이루지 못한 리더의 차이점을 단적으로 보여 주는 몇 가지 시나리오를 보고 나면 답이 나오지 않을까 싶다.

시나리오 1. 루카스(Lucas)는 창립 멤버 50명과 교회를 개척했다. 약 9개월에 걸친 준비 끝에 교회는 공식적으로 간판을 달았다. 처음 4주 만에 35명이 넘는 사람들이 새로 찾아왔다. 교회는 흥분과 기대감으로 들썩였다. 유일한 문제점은 루카스가 도저히 감당할 수 없을 만큼 많은 일을 맡고 있다는 것이다.

- 사랑의 연합에서 나오지 않은 반응 : 주일 밤마다 루카스는 해야 할 일을 꼼꼼히 기록한다. 하지만 다 할 수 없다는 것을 알기에 각 항목의 경중을 신중히 따져서 가장 효과적으로 보이는 활동만을 찾아낸다. 한 주가 끝날 무렵에는 목록에서 최소한 절반은 지울 수 있을 거라는 생각으로 우선순위를 매긴다. 매일 그는 기도하면서 새벽 예배 설교 본문을 연구한다. 그는 꼭두새벽부터 밤 늦게까지, 때로는 밤을 새우면서까지 열심히 일한다. 교회와 섬기는 사람들을 위해 중보기도도 한다. 자신의 노력이 실패할까 두렵지만 좋은 생각을 하며 애써 두려움을 몰아낸다. '하나님은 신실하시니까 실패할 리가 없어. 하나님은 분명 우리의 사역을 응원하고 계셔. 지금은 다른 생각을 할 겨를이 없지만 교인 숫자가 백 명만 되면 상황이 안정될 거야.'
- 사랑의 연합에서 나온 반응 : 루카스는 자신이 얼마나 위험한 상황에 처해 있는지 잘 알고 있다. 해야 할 일을 다 하려면 잠시 앉

아 있을 틈도 없다. 따라서 지금 가장 시급한 것은 안식의 리듬을 유지하고, 고독과 침묵의 시간을 보내고, 설교 준비 외에 성경을 깊이 묵상하는 것이다. 그는 어떻게든 시간을 내서 예수님을 자기 삶과 리더십의 중심으로 모시려고 한다. 창립 첫해에 교회를 이끄는 것은 곧 사나운 풍랑을 헤쳐 나가는 것과도 같다. 이 거친 풍랑 속에서는 단단한 닻이 필요하다는 것을 알기 때문에 그는 한 달에 한 번씩 영적 스승을 만난다. 주일 밤마다 그는 하나님의 인도하심과 지혜를 구하면서 해야 할 일들의 우선순위를 짠다. 근심 걱정은 하나님 앞에 내려놓고 배우자와 교회 개척 전문가, 친한 친구에게도 솔직히 털어놓는다. 바쁜 하루 중에 예수님을 잊어버리기가 얼마나 쉬운지를 잘 알기에 늘 하나님의 뜻대로 행할 은혜를 달라고 기도한다.

시나리오 2. 루스(Ruth)는 미국은 물론이고 전 세계에서 운영되는 비영리 사역 기관인 EHS(Emotionally Healthy Spirituality)의 대표다. 그녀는 이 조직의 유일한 정규 직원이며, 이 외에 작은 사역 팀도 이끌고 있다. 그녀는 사업을 그만두고 이전 연봉의 3분의 1 수준으로 EHS에 합류했다. 그녀는 강하고 창의적이고 비전으로 넘치는 리더(나!) 아래에서 일하고 있으며 한정된 재정으로 급속히 성장하는 사역을 이끌고 있다.

- 사랑의 연합에서 나오지 않은 반응 : 기차를 타고 출근하는 동안 교회에서 얻은 무료 신앙 잡지를 읽는다. 그러고 나면 하나님과 함께 하루를 시작했다는 뿌듯함이 밀려온다. 하나님과의 시간은

그것으로 충분하다고 생각하고 특별히 문제가 생기지 않는 한 하루 종일 그분에 관한 생각은 별로 하지 않는다. 해야 할 일이 끊이지 않기 때문에 종일 일 생각뿐이다. "여기에 내 삶을 전부 쏟아붓지 않으면 하나님의 일에 최선을 다하지 않는 것이다." 그녀는 이런 모토로 일하고 있다. 한편, 재정에 관한 걱정이 이만저만이 아니다. 부족한 재정 탓에 사역이 성장을 멈출까 봐 걱정이다. 윗사람과 사역 제직회(ministry board)의 승인을 받아 내는 일도 늘 머릿속에 걸려 있다. 그녀에게 사역의 실패는 곧 인생의 실패다. 그런 필승의 각오로 필요한 분야의 최고 인재들을 영입했다. 사생활이 어떤지는 따지지 않고 그저 기술이 가장 뛰어난 사람들만 선별했다. 그녀의 목표는 더 많은 일을 벌이고 예산을 늘려 사역을 확장하는 것이다.

- 사랑의 연합에서 나온 반응 : 기차를 타고 출근하는 동안 기도하고 성경을 읽고 묵상한다. 하루 종일 하나님을 기억하고 그분의 음성을 들으며 자신의 힘이 아닌 그분의 능력으로 일하려고 노력한다. 이전 연봉의 3분의 1밖에 받지 못하지만 마음은 훨씬 더 편안하고 뿌듯하다. 열심히 일하지만 저녁과 주말에는 반드시 일을 손에서 놓는다. 그 시간은 꼭 쉬고 하나님과 교제하는 데만 사용한다. 안식을 실천하고 친구와 가족, 영적 동반자들과의 관계를 열심히 가꾼다. 사역 기관의 대표라는 역할을 사랑하지만 언제라도 떠날 준비가 되어 있다. 이유를 물어보면 "나는 하나님과 남들에게 사랑을 받는 귀한 존재니까요"라는 대답이 돌아온다. 그녀는 일을 무조건 빨리 하는 것이 좋다고 생각하지 않는다. 그래서

힘이 들면 서슴없이 내게 휴식을 요청한다.

그녀는 개인적인 한계와 조직 전체의 한계를 어떻게 극복할지에 대해 언제나 하나님께 지혜를 구한다. 예전 같았으면 먼저 마케팅 전략을 세운 뒤에 "하나님, 여기 EHS를 홍보하기 위해 세운 계획이 있습니다. 이 계획을 축복해 주십시오"라고 기도했을 것이다. 하지만 지금은 선택사항들을 면밀히 검토한 뒤에 "주님, 이렇게 부족한 시간과 자원으로 최대의 효과를 거두려면 어떻게 하는 것이 최선입니까?"라고 묻는다. 그녀는 자신의 행동 하나 하나가 자신의 팀원들에게 영향을 미친다는 것을 분명히 알고 있다. 그래서 무작정 회의를 열지 않고 언제나 기도로 준비한다. "내게 가장 중요한 것은 내가 원하는 것이 아니라 우리 팀원들을 향한 하나님의 최선이 무엇인지 아는 것이다." 그녀는 직원들을 목적을 위한 수단이 아니라 감정과 생각을 가진 인간으로 대한다. 그래서 그들에게 업무에 필요한 기술만 가르치는 것이 아니라 그들의 개인적인 삶도 관심 있게 들여다본다. 그녀는 다른 누구보다도 자신이 변해야 팀이 성장한다는 것을 잘 알고 있기에 늘 자신의 정서적 영적 문제점을 바로잡으려고 노력한다.

시나리오 3. 딜런(Dylan)은 5년 동안 사역자로 일해 온 교회에서 소그룹 사역을 진두지휘하고 있다. 그런데 최근 혁신적인 리더십에 관한 컨퍼런스에 참석했다가 성장 엔진에 불을 뿜고 있다는 다른 소그룹들에 관한 고무적인 이야기를 들었다. 거기서 배운 창의적인 사역 전략에 한껏 고무된 그는 기대감과 새로운 비전으로 가득 찬 채 교회로 돌아온다.

- 사랑의 연합에서 나오지 않은 반응 : 딜런은 컨퍼런스에 대해 하나님께 감사하고, 배운 기술을 하루라도 빨리 사용해 보고 싶은 열망에 불타오른다. 그래서 교회로 돌아오자마자 다섯 명의 핵심 리더들에게 자신의 비전과 아이디어를 나누기 위한 모임을 계획한다. 모임을 준비하면서 최대한 빠른 시일 내에 성과를 내놓기 위해 즉시 실행할 수 있는 세 가지 실질적인 단계를 찾아낸다. 그러고 나서 팀원들이 변화에 마음이 열리도록 기도한다. 너무 성급하게 일을 벌이는 것이 아닌가 하는 걱정이 조금은 들지만 그냥 무시한다. 새로운 소그룹들을 통해 눈부신 성과가 나타나기만 하면 담임목사의 만면에 미소가 걸릴 것이다. 그것만 생각하면 마구 힘이 솟는다. 그는 잔뜩 흥분된 얼굴로 회의장으로 걸어 들어가 소그룹과 교회 전체를 새로운 수준으로 도약시킬 방안을 침을 튀겨 가며 설명한다.

- 사랑의 연합에서 나온 반응 : 다섯 명의 핵심 리더들과의 모임을 준비하기에 앞서 오후 시간을 통째로 내서 하나님께 기도하면서 컨퍼런스에서의 흥분을 가라앉힌다. 지금 자신이 너무 흥분하고 있다는 것을 잘 안다. 그래서 깊이 심호흡을 한 뒤에 자신의 마음을 확인해본다. "이 흥분은 어디서 온 것인가? 단순히 내 사역을 성장시켜 담임목사님과 교인들에게 내 존재감을 확실히 심어줄 기회라고 생각해서 흥분한 것인가? 아니면 많은 사람에게 도움이 되기 때문에 흥분한 것인가?" 이번에는 지혜로운 동료인 프랜(Fran)에게 전화를 걸어 점심 약속을 잡는다. 자신의 비전을 설명하고 솔직한 의견을 들어볼 생각이다. 그 다음에는 담임목사를

만나 또다시 피드백을 얻는다. 그러고도 3주 동안 조사하고 고민하고 기도한 끝에 다섯 명의 핵심 리더들을 소집한다. 그들에게 컨퍼런스에서의 경험을 나누고 가장 고무적이었던 아이디어와 전략을 설명한다. 그러고 나서 각 사람의 의견과 질문에 유심히 귀를 기울인다. 무엇보다도 모임 내내 그 리더들을 통해 하나님이 하시려는 말씀에 귀를 기울인다. 팀은 함께 지혜와 분별력을 달라고 기도한 뒤에 세 가지 구체적인 단계에 합의한다.

세 가지 시나리오에서 사랑의 연합에서 나온 반응의 초점은 하나같이 리더십 전략이나 효과적인 실천 방안이 아니다. 초점은 '행동'이 아니라 하나님과 사랑의 연합이라는 '상태'다. 예수님과 그분의 뜻을 향해 우리 삶의 모든 영역을 의식적으로 열어젖힐 때만이 비로소 이런 종류의 반응이 가능해진다.

개척 교회 목사인 루카스와 사역 기관 대표인 루스는 둘 다 도저히 감당할 수 없을 만큼 할 일이 많다. 그런데 그들의 의사결정과 우선순위 설정, 성공에 대한 정의는 모두 상황이나 결과가 아닌 하나님과의 사랑의 연합을 통해 이루어진다. 그 결과, 그들은 극심한 압박 속에서도 하나님이 주신 놀라운 자유와 기쁨을 누리고 있다. 소그룹 사역자인 딜런은 하나님과 동행하기 위해 속도를 늦춘 덕분에 팀을 훨씬 더 좋은 새로운 방향으로 이끌고 있다. 어떤 경우에도 사랑의 연합에서 벗어나지 않겠다는 결단 덕분에 사역을 향한 하나님의 계획을 훨씬 더 분별해 나가고 있다.

사랑의 연합을 위해 속도를 늦추지 않은 결과가 항상 당장 나타나는 것은 아니다. 그래서 당장은 하나님과의 만남을 무시하고 곧장 일을 벌이

길 잘했다는 생각이 들 수도 있다. '내가 좀 앞서갔는지도 모르겠어. 하지만 어쨌든 덕분에 상황이 전보다 훨씬 더 좋아졌잖아. 괜히 걱정했어.' 리더십에 이런 식으로 접근했다가는 언젠가 큰코다친다. 겉으로는 건강한 성장과 발전이 지속되는 것처럼 보이지만 결국은 쓴 열매를 맺게 되어 있다.

다음과 같은 경우는 사랑의 연합을 이루지 못한 것이다

- 시간은 없고 할 일은 많아 극심한 압박감에 시달린다.
- 늘 성급하게 일에 뛰어든다.
- 늘 성급한 의견과 비판을 남발한다.
- 늘 미래를 걱정한다.
- 남들의 생각에 지나치게 신경을 쓴다.
- 방어적으로 굴고 쉽게 마음에 상처를 받거나 화를 낸다.
- 늘 일에 바빠 정신이 없다.
- 스트레스와 걱정, 몸의 경직을 계속해서 무시한다.[5]
- 남들의 성공에 기뻐하지 않거나 위협감을 느낀다.
- 늘 듣기보다 말하기에 바쁘다.

속도를 늦추지 않은 결과들

사도 바울은 리더가 되려는 꿈이 "선한 일을 사모하는 것이라"라고 말했다(딤전 3:1). 예수님의 이름으로 남들을 섬기는 일에 일생을 바치는 것은 좋고도 아름답고 칭찬받을 만한 일이다. 교회와 세상은 리더들을 절실히 필요로 하고 있다. 다만 하나님의 뜻대로 이끌지 않으면 상황은 오히려 더 빠질 뿐이다. 사랑의 연합을 위해 속도를 줄이지 않으면 조만간 그에 상응하는 결과를 거둔다. 우리 자신이나 우리가 섬기려는 사람들이 톡톡히 대가를 치르게 된다. 거의 30년 동안 목회하면서 나는 이제부터 기술하려는 결과들을 하나도 빠짐없이 경험해 봤다. 물론 덕분에 많은 교훈을 얻기는 했지만 참으로 고통스럽고도 비싼 교육 과정이었다. 아무쪼록 나를 비롯해서 당신보다 먼저 이 길을 걷다가 숱하게 넘어진 사람들의 실수에서 배워 당신만큼은 이런 함정에 빠지지 않기를 바란다.

우리의 방식대로 하나님의 일을 하다간 반드시 혹독한 대가를 치른다

모세와 그의 형이자 부목사인 아론은 약속의 땅에 들어가기 위해 거의 40년 동안 열심히 일하면서 기다렸다. 여자와 어린아이를 빼고도 관리해야 할 사람이 603,550명이나 되다 보니[6] 모세와 아론의 인내심은 끊임없이 시험대 위에 올랐다. 이스라엘 백성들의 끝없는 불평은 그 어떤 성자의 인내심도 바닥이 나게 만들 만했다. 그런데 또다시 백성들이 음식과 물이 없다고 울부짖기 시작했다. 심지어 자신들을 괜히 광야로 끌고 나와 죽게 만들었다며 모세를 비난하는 목소리까지 들렸으니 모세는 당연히 불같이 노할 수밖에 없었다. 이제는 지칠 대로 지쳐서 화를 억누를 힘조차 남아 있지 않았다. 그가 냉정을 잃고 어떤 상황이 펼쳐졌는지 보자.

여호와께서 모세에게 말씀하여 이르시되 지팡이를 가지고 네 형 아론과 함께 회중을 모으고 그들의 목전에서 **너희는 반석에게 명령하여 물을 내라** 하라. 네가 그 반석이 물을 내게 하여 회중과 그들의 짐승에게 마시게 할지니라. 모세가 그 명령대로 여호와 앞에서 지팡이를 잡으니라. 모세와 아론이 회중을 그 반석 앞에 모으고 모세가 그들에게 이르되 반역한 너희여 들으라. 우리가 너희를 위하여 이 반석에서 물을 내랴 하고 **모세가 그의 손을 들어 그의 지팡이로 반석을 두 번 치니** 물이 많이 솟아나오므로 회중과 그들의 짐승이 마시니라. 여호와께서 모세와 아론에게 이르시되 너희가 나를 믿지 아니하고 이스라엘 자손의 목전에서 내 거룩함을 나타내지 아니한 고로 너희는 이 회중을 내가 그들에게 준 땅으로 인도하여 들이지 못하리라 하시니라(민 20:7-12).

모세와 아론은 분명 사람들을 섬기고 있었다. 유일한 문제점은 수십 년이 흐르는 사이 하나님과 사랑의 연합에서 멀어져 자신의 힘으로 일을 처리하기 시작했다는 것이다. 모세는 이성을 잃고 백성들에게 '반역자'라는 막말까지 했다. 그러고 나서 하나님께 뜻을 물어 순종하지 않고 바위를 치는 낡은 수법을 다시 동원했다. "예전에도 통했으니 이번에도 통하겠지!"(출 17:6)

다행히 이번에도 물이 콸콸 쏟아져 5백만 명에 육박하는 무리에다 가축들까지 흡족할 만큼 목을 축였다. 사람들의 필요가 채워졌다. 하지만 그로 인해 모세와 아론은 혹독한 대가를 치르고 만다. 하나님은 그들의 반역과 불신을 지적하시면서[7] 백성들을 데리고 약속의 땅에 들어가는

것을 금하셨다.⁸

나도 하나님의 굽이굽이 도는 길이 답답해서 '바위를 친' 적이 수도 없이 많다.⁹ 기도로 하나님의 인도하심을 구하면서 사역자 모임을 열어 놓고는 이내 하나님은 까마득히 잊은 채 내 계획대로 밀고나간 적이 한두 번이 아니다. 우리만의 특별한 상황에 대한 하나님의 뜻을 분별하려고 노력하지 않고 과거에 통했던 방법들과 다른 교회에서 통했던 방법들을 내 멋대로 동원하곤 했다. 이유는 뻔했다. 그게 더 빠르고 쉬웠기 때문이다. 하지만 그 대가는 혹독했다. 하나님의 타이밍에 하나님의 방식대로 하나님의 뜻을 행했더라면 '약속의 땅'의 기쁨과 만족을 누렸을 테지만 안타깝게도 그 모든 것을 놓치고 말았다.

당신은 어떤가? 당신 멋대로 '바위를 쳐서' 일을 처리했는가? 그로 인해 지금 어떤 '약속의 땅'을 놓치고 있는가? 당신이 구체적으로 어떤 상황에 처해 있는지는 모르겠지만 당신이 예수님의 기쁨과 평안을 놓치고 있을 거라는 사실만큼은 자신 있게 말할 수 있다. 리더십을 발휘하기가 점점 힘들어질 것이다. 당신이 섬기는 사람들이 점점 짐처럼 느껴질 것이다. 다 내려놓고 어디론가 도망치고 싶어질 것이다. 광야를 헤매는 사람처럼 답답한 심정에 "하나님, 어디 계십니까? 어떻게 된 겁니까?"라고 부르짖게 될 것이다. 혹시 본궤도에서 이탈했다는 사실을 깨닫고는 처음으로 돌아가 다시 시작하더라도 그때까지 치른 대가는 실로 엄청날 것이다.

빛의 속도로 살다가는 영혼이 일그러진다

내가 리더들에게 사랑의 연합을 위해 삶을 재배치하라고 말하면 가장 흔히 돌아오는 대답 중 하나는 그럴 시간이 없다는 것이다. 당신의 대답도 그렇다면 십중팔구 당신은 너무 빨리 달리고 있다. 설령 수많은 공을 저글링하면서도 아직까지 용케 하나도 떨어뜨리지 않았다 해도 눈에 보이지 않는 곳에서 이미 금이 가기 시작했을 것이다. 빛의 속도로 달리면 거울 앞에 서서 썩어 가는 자신의 영혼을 볼 겨를이 없다. 중요하지만 잘 알려지지 않은 신약의 한 이야기가 예수님과 사랑의 연합을 이루기 위해 속도를 늦추지 않고 빛나는 성과를 향해서만 달리는 사역의 위험성을 잘 보여 준다.

사도 바울의 놀라운 기적과 에베소 교회의 폭발적인 성장을 목격한 스게와의 일곱 아들은 자신들도 멋진 성과로 사람들의 주목을 받고 싶어졌다. 자, 이야기를 들어 보자.

> 이에 돌아다니며 마술하는 어떤 유대인들이 시험 삼아 악귀 들린 자들에게 주 예수의 이름을 불러 말하되 내가 바울이 전파하는 예수를 의지하여 너희에게 명하노라 하더라. 유대의 한 제사장 스게와의 일곱 아들도 이 일을 행하더니 악귀가 대답하여 이르되 내가 예수도 알고 바울도 알거니와 너희는 누구냐 하며 악귀 들린 사람이 그들에게 뛰어올라 눌러 이기니 그들이 상하여 벗은 몸으로 그 집에서 도망하는지라(행 19:13-16).

좋게 생각해서 스게와의 일곱 아들이 좋은 일을 하려고 했다 치자. 하나님 나라를 넓히는 일에 동참하고 싶었다고 치자. 하지만 아무리 좋게 보려 해도 그들의 동기는 결코 순수하지만은 않았다. 하나님의 능력으로 귀신을 쫓아내 명성을 얻겠다는 생각에 그들은 영적 지름길을 택하고 만다. 그들은 사랑의 연합(바울이 일으킨 기적의 근원)을 위해 장기적인 투자를 하지 않은 채 잘 알지도 못하고 감당할 능력도 되지 않는 영적 세계로 무작정 뛰어들었다. 그 결과는 삼십육계 줄행랑이었다.

예수님과 '함께' 시간을 보내지는 않고 예수님'의' 능력을 발휘하겠다고 나서면 "벗은 몸으로 그 집에서 도망"치는 것처럼 추한 꼴을 당하게 되어 있다. 스게와의 일곱 아들은 스스로 잘 알지도 삶으로 실천하지도 못하는 진리를 말하고 그 진리에 따라 행동하려고 했다. 그들은 눈앞의 영적 전쟁을 감당할 만큼 하나님과 '함께' 함에서 오는 힘이 없었다. 하나님과의 동행이 뒷받침되지 않은 탓에 위험에 노출되고 말았다.

나는 악령에게 눌리거나 벗은 몸으로 피를 흘리며 도망쳐 본 적은 없다. 하지만 제대로 소화하지 못한 진리를 전하는 심정이 얼마나 공허한지는 누구보다도 잘 안다. 다른 설교자의 말을 그대로 흉내 냈던 적도 많다. 그 사람 말에 너무나 감동을 받아 내가 해도 똑같은 힘을 발휘할 줄 알았다. 문제는 그 사람의 입을 통해 나온 하나님의 말씀을 나의 마음과 삶에서 진정 나의 말씀으로 소화시킬 만한 시간이 없었다는 것이다. "하나님, 지금은 할 일이 너무 많습니다. 제가 얼마나 압박에 시달리고 있는지 잘 아시죠? 나중에 제대로 할 테니까 일단은 제 사람들을 도울 수 있게 저를 좀 도와주세요." 그런 태도로 설교해서 어떤 열매가 맺혔을까? 아무런 열매도 나타나지 않았다. 내 말은 공허하기 짝이 없었다. 능력도 효과도 없었다. 변화된 인생은 눈을 씻고 찾아봐도 찾을 수 없었다.

스게와의 아들들처럼 하려는 것은 자기기만이다. 자신의 본모습이 아닌 가짜 모습으로 열매를 맺을 수 있다고 착각하는 것이다. 시간을 내서 예수님께 우리의 동기와 두려움을 활짝 열어 보이지 않으면 우리의 영혼이 시들고 점점 참된 모습에서 멀어지게 된다.

하나님과의 시간을 무시하면 반드시 장기적인 대가를 치른다

예수님은 일생의 90퍼센트 이상(33년 중 30년)을 무명인으로 사셨다. 그 기간 동안 그분은 아버지와 사랑의 연합을 완성해 나가셨다. 3년의 사역을 통해 눈에 띠게 위대한 일을 행하신 것은 눈에 띠지 않는 기간에 열심히 기초를 쌓으셨기 때문에 가능했다.[10] 그리고 3년의 사역 기간 동안에도 그분은 그 기초 곧 아버지와의 관계에 계속해서 투자를 하셨다. 아무리 할 일이 많아도 그 기초를 쌓는 시간만큼은 절대 빼먹지 않으셨다. 공생애 초기 가버나움에서 이른 아침에 기도하실 때부터(막 1:35) 겟세마네 동산에서의 마지막 시간까지(마 26:36-46) 예수님은 아버지를 만날 시간을 따로 떼어 놓으셨다.

예수님께 아버지와의 지속적인 관계라는 기초가 절실히 필요했다면 우리는 말할 것도 없다. 눈에 띠지 않는 시간에 하나님과의 관계에 투자하지 않고도 장기적인 대가를 치르지 않을 것이라고 생각했다면 지독한 오산이다. 예수님은 극도의 압박 속에서도 만족을, 지독한 배신 앞에서도 평안을, 십자가 위에서도 용서를 베푸는 능력의 본을 보여 주셨다. 이 모두는 오랫동안 아버지와의 연합을 가꿔 온 결과였다. 위와 같은 예수님의 본을 따르지 못하는 크리스천 리더가 그토록 많은 것은 하나님과의 관계를 가꾸지 않기 때문이다. 그로 인해 우리의 리더십은 만족과 평안이 아니라 불만족과 근심으로 얼룩져 있다. 라이언(Ryan)의 이야기는 전형적인 케이스다.

라이언은 지난 11년 동안 제일 성회 교회(First Assembly)의 담임목사로 섬겨 왔다. 그는 새벽마다 빠짐없이 큐티를 해서 매년 성경을 통독한다. 30분 동안 성경을 읽고 묵상한 뒤에는 가족과 교회, 온 세상을 위해 10-15분간 중보기도를 드린다. 일주일에 6일(바쁠 때는 7일)을 일하고 여름마다 3주간 휴가를 갖는다. 주일 설교와 예배 인도 외에도 수시로 교인들을 병문안하고 주중에는 성경 공부 모임을 진행한다. 여러 사역에 참여하는 자원봉사자들을 관리하고 마을 경찰관에 소속된 목사로도 섬기고 있다.

라이언이 처음 목회를 할 때는 주일 예배 출석수가 평균 200명 정도였다. 요즘 교회 안에 좋은 일이 벌어지고 있으니, 교인들이 하나로 똘똘 뭉치고, 건강한 관계들이 교회 전체를 하나의 가족으로 만들고 있다. 주일학교와 중고등부도 속이 꽉 차 있다. 또한 그의 교회는 여러 가지 실질적인 측면에서 지역사회를 열심히 섬기고 있다.

하지만 라이언은 자신이 실패자로 느껴진다. 불만족스럽고 행복하지가 않다. 11년간 피와 땀과 눈물을 쏟아부었건만 교인 숫자는 제자리걸음이다. 최초의 200명에서 겨우 몇 명이 늘었을 뿐이다. 점점 자신감이 없어진다. '아무래도 나는 좋은 리더가 아닌가 봐. 그렇지 않다면 지금쯤 교인 숫자가 이보다는 많아야 하지 않는가.'

연간 교단 총회에 참석하면 언제나 더 큰 교회들의 성과만 박수를 받는다. 교인 숫자가 전부가 아니라고 생각하지만 어쩔 수 없이 그것으로 평가를 받는다. 그래서 좀처럼 늘지 않는 교인 숫자를 생각하면 속이 쓰리고 불안감이 밀려온다.

라이언은 일대일 양육 기술을 배우고 싶다. 교인들의 재능을 이끌어 내는 리더십 기술도 새로 배워야 할 필요성이 있다. 하지만 그의 진짜 문제는 외적인 것이 아니라 내적인 것이다. 의욕적으로 새벽 묵상을 하고는 있지만 설교 본문을 읽는 것이 전부고 기도는 남들을 위한 중보기도뿐이다. 자신의 내적 삶을 가꾸기 위한 영적 훈련은 거의 하고 있지 않다는 뜻이다. 고독이나 침묵 훈련을 하거나 성경 속에서 예수님을 만나기 위해 충분한 시간을 내고 있지 않다. 라이언은 하나님과 연합하기 위해 노력하고 있지 않다.

라이언은 그리스도 안에서 내면 깊은 곳의 변화를 이루기 위해 다양한 영적 훈련을 해야 한다. 예수님을 따르고 사랑하는 방식에 대한 철저한 정밀검사와 조정이 필요하다. 하나님이 주신 일에 충성을 다하고 불안과 근심을 일으키는 내적 압박을 이겨 내는 것으로 성공을 재정의해야 한다. 만약 라이언이 용기를 내서 이런 변화의 여행을 시작한다면 회심의 전형적인 세 가지 요소를 경험할 것이다. 첫째, 자신이 누구이며 하나님이 누구신지에 대한 계시적 깨달음을 얻는다. 둘째, 예수님께로 철저히 돌아가게 된다. 셋째, 삶의 깊은 변화를 경험한다.[11]

당신도 이런 회심을 경험했으면 한다. 내가 하나님과 사랑의 연합을 이루기 위해 속도를 늦추라고 말하는 것은 그렇지 않아도 벅찬 일정에 또 다른 항목을 끼워 넣으라는 뜻이 아니다. 유턴을 해서 완전히 새로운 개념의 리더십을 중심으로 삶을 재배치하라는 뜻이다. 결국, 현대 서구의 리더십 방식에 대한 반문화 운동을 일으키자는 말이다.

사랑의 연합을 이루기 위해 속도를 늦추라

사랑의 연합이란 개념은 책 한 권을 다 할애해도 모자란 주제이며,

실제로 다양한 각도에서 이 주제를 파헤친 책들이 시중에 많이 나와 있다. 다만 여기서는 당신이 예수님과 사랑의 연합을 이루기 위해 속도를 늦추도록 몇 가지 실질적인 방안을 제시하고자 한다. 이 여행을 시작하기에 앞서 평생이 걸리는 과정이라는 점을 명심하라. 친밀한 관계를 쌓는 것이 다 그렇듯 이 사랑의 연합은 충분한 숙성 기간을 거쳐야 활짝 꽃을 피울 수 있다.

1. 하나님을 만날 당신의 '광야'를 찾으라

성경 곳곳에서 그리고 교회 역사 내내 광야는 영적 준비와 정화, 변화의 장소였다. 예컨대, 모세는 하나님께 그분의 백성들을 애굽에서 이끌어 나오는 임무를 받기 전 광야에서 40년을 살았다. 엘리야 선지자는 광야에서 산 덕분에 이스라엘 역사상 가장 어두운 시기에 하나님의 선지자로 꿋꿋이 옳은 길을 갈 수 있었다. 세례 요한은 성인이 된 뒤로 삶의 대부분을 광야에서 보냈다. 거기서 그는 온 국가에 회개를 촉구했고 예수님을 메시아로 알아볼 수 있었다. 바울은 아라비아 사막에서 3년 동안 하나님의 계시를 받은 뒤에 예루살렘으로 가 사도로서의 사역을 시작했다. 예수님은 때마다 사역을 잠시 접고 광야로 들어가 아버지와 단 둘이 시간을 보내셨다. 사랑의 연합을 위해 속도를 늦추려면 이와 비슷하게 우리만의 '광야'를 찾아야 한다.

3-5세기 사막 교부와 교모들(Desert Fathers and Mothers)은 시리아와 팔레스타인, 이집트의 사막에서 수사나 은둔자로 살았다. 이집트의 성 안토니우스(Anthony the Great)도 그런 수사 중 하나였다. 이집트에서 독실한 부모에게 좋은 교육과 양육을 받은 안토니우스는 마을 밖에서 홀로 살다가 나

중에는 사막으로 들어가 20년을 살았다. 작가 헨리 나우웬(Henry Nouwen)은 안토니우스를 이렇게 묘사했다. "안토니우스는 초연함을 배우고자 재물을 포기했다. 연민을 배우고자 말을 포기했다. 기도를 배우고자 활동을 포기했다. 광야에서 그는 하나님을 발견하는 동시에 사탄과 치열한 전투를 벌였다."[12]

안토니우스가 20년간 홀로 살다가 나타나자 사람들은 그에게서 진정하고도 건강한 사람의 특징들을 보았다. 그는 몸과 마음과 영혼이 온전한 사람으로 변해 있었다. 그에게 조언을 구하는 사람들이 구름 떼처럼 몰려왔고, 하나님은 그를 크게 사용하셨다. 나중에 그는 다시 은둔 생활에 돌입했다. 이번에는 사막 '안쪽의 산(inner mountain)'으로 들어가 남은 평생을 홀로 살았다. 한 저자가 그를 어떻게 묘사하는지 보자. "그가 여느 사람들과 구별되었던 점은 육체적 차원이 아니라 인격의 안정성과 영원의 순결성이었다. 그의 영혼 속에는 한 점 혼란도 없었다. 그의 외적 감각들도 방해를 받지 않았다. … 그의 영혼은 고요해서 한 번도 불안한 모습을 보이지 않았고, 그의 마음은 기쁨으로 넘쳐 한 번도 우울한 모습을 보인 적이 없었다."[13]

물론 크리스천 리더로서 우리가 광야에서 평생 홀로 살기는 어렵다. 하지만 공원 벤치에서 도서관과 침실, 창문을 향한 의자, 수련원까지 창의력을 발휘하면 사람들과 활동들에서 벗어나 하나님과 단 둘이 보낼 수 있는 공간을 얼마든지 찾을 수 있다. 복잡한 도심에서 살더라도 하나님과 단 둘이 보낼 수 있는 광야를 찾아 유지시킬 필요성이 있다. 주변의 아무런 방해도 받지 않고 혼자 있을 수 있는 광야에서 예수님과 그분의 뜻이 우리 삶의 구석구석까지 들어오도록 우리의 마음 문을 최대한 활짝 열어젖혀야 한다. 이런 사랑의 항복이 가능하도록 속도를 늦춰야 한다.

다음은 내가 오랫동안 묵상해 온 안토니우스에 관한 짧은 일화다.

> 한번은 아바 안토니우스가 콘스탄티누스 대제에게서 콘스탄티노
> 플로 초대하는 편지를 받았다. 그가 가야 할지 고민하다가 아바 폴
> (Abba Paul)에게 물어보니 이런 대답이 돌아왔다. "자네가 간다면 안토
> 니우스로 불리겠지만 여기(사막에) 남는다면 아바 안토니우스로 불릴
> 걸세."[14]

결국 안토니우스는 황제를 섬기라는 청을 거절했다. 왜 그랬을까? 그렇게 되면 하나님이 광야에서 그를 위해 준비하신 것을 버려야 했기 때문이다. 그는 무명인으로서 사람들을 섬기는 믿음의 아버지 곧 '아바'로 부르심을 받았다. 만약 그가 하나님과 사랑의 연합을 이룰 수 있는 사막에서의 삶을 버렸다면 그의 이름에서 '아바'란 명칭이 떨어져 나갔을 것이다. 그는 리더로서의 미묘한 균형을 잘 유지했다. 우리도 하나님을 '위한 활동'과 하나님과 '함께 하는 상태' 사이에서 우리에게 맞는 균형점을 찾아 유지해야 한다.

특히 현대 서구의 개신교에서는 성과를 지나치게 중시하기 때문에 과도한 사역 활동이 정상이라는 착각에 빠지기 쉽다. 우리는 기회의 문이 열리면 앞뒤 재지 말고 무조건 그 속으로 들어가는 것이 하나님의 뜻이라고 믿는다. 하지만 전혀 그렇지 않다. 하나님과의 강한 연합이 기초를 이루지 않은 채로 하나님을 위한다는 명목으로 모든 기회를 맹목적으로 잡으려고 하다가 파멸의 길을 걸은 리더가 수두룩하다. 이러 기초를 쌓으려

면 인간의 한계라는 선물을 받아들여야 한다.

아내와 나는 이 한계를 받아들이면서 삶의 규칙(Rule of Life)이라는 옛 지혜를 빌렸다. 그 효과는 상상 그 이상이었다. 덕분에 우리는 우리의 삶에서 불필요한 곁가지들을 쳐 내고 하나님 안에서 더 풍성하고도 드넓은 삶을 살 수 있는 여유를 만들어 낼 수 있었다.

2. 삶의 규칙을 정하라

삶의 규칙이라는 용어는 언어학상으로 '격자 울타리(trellis)'를 뜻하는 옛 헬라어 단어에서 비롯했다. 격자 울타리는 포도나무 같은 식물이 타고 올라가 열매를 맺도록 도와주는 지지 구조물이다. 이 이미지는 삶의 규칙이 무엇이며 어떤 기능을 하는지를 잘 보여 준다. 삶의 규칙은 우리가 자라서 그리스도 안에 거하게 도와주는 지지 구조물이다. 그렇게 되면 우리의 삶이 영적으로 번영하고 우리의 리더십이 풍성한 열매를 맺는다.[15]

많은 크리스천 리더들이 영적 삶을 가꾸기 위해 나름의 계획을 세워 실천한다. 예를 들어, 1년에 성경 일독을 하거나 매일 아침 30분씩 하나님을 만나거나 소그룹 활동에 참여하거나 매년 하룻밤 철야 기도회를 가진다. 하지만 지지 구조물을 갖춘 리더는 찾아보기가 드물다. 하지만 이 지지물은 반드시 필요하다. 우리의 삶과 리더십을 하나님의 뜻과 임재로 가득 채우기 위해 속도를 늦추려면 철저하고도 종합적인 계획이 필요하다.

삶의 규칙을 정하면 자신이 해오던 영적 훈련들을 하나의 구조로 정리하여 매사에 하나님께 관심을 집중할 수 있다. 구체적인 삶의 규칙이야 사람마다 다르겠지만 나는 오랫동안 다음과 같은 틀을 사용했다(다음

페이지를 보라). 이 틀은 베네딕트회에서 실천하는 네 가지 주요 범주인 기도, 쉼, 관계, 일로 이루어져 있다. 나는 틀 자체를 그대로 유지한 채 1년에 한두 번씩 각 범주에 구체적인 실천 사항을 더한다.

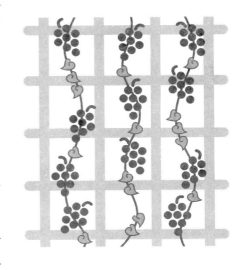

각 범주는 단순히 해야 할 일들을 나눈 것이 아니라 각각이 하나님의 사랑을 주고받기 위한 하나의 수단이다. 하나님의 사랑 자체는 정중앙에 있다. 아침부터 저녁까지 계속해서 하나님의 사랑을 주고받지 않으면 내가 하는 모든 일이 사실상 헛수고일 뿐이기 때문이다. 네 가지 영역의 균형을 유지하기 위해서는 다른 영역에 지장을 줄 수 있는 활동이나 규칙을 추가하지 말아야 한다. 예컨대, 나는 쉼과 기도, 관계의 리듬을 무너뜨릴 수 있는 일은 하지 않는다.

실제로 나는 새로운 일을 벌일지 고민할 때마다 이 그림을 꺼내서 확인한다. 예컨대, 최근에 대규모 국제 컨퍼런스에서 강연을 해 달라는 제의가 들어왔다. 정말 좋은 기회라고 생각했지만 눈물을 머금고 거절했다. 기도와 쉼, 관계의 범주에서 기존의 할 일을 보니 강연을 준비할 시간도 충분하지 않을 뿐더러 장시간 비행기를 타고 가서 혼신의 힘을 쏟아 강연을 한 뒤에 다시 장시간 비행기를 타고 돌아온다면 가정과 교회에서 맡은 책임을 충실히 감당할 체력이 남아 있을 리가 없었다. 강연 제의를 받아들이려면 '일' 박스에서 한두 가지 일을 지우는 수밖에 없었다. 하지만 지우고 싶은 일도 지울 수 있는 일도 없었기 때문에 선택은 너무도 쉬웠다. 나는 두 번 생각할 것도 없이 강연 제의를 정중히 거절했다.

삶의 규칙을 세우려고 할 때 리더들이 빠지기 쉬운 두 가지 함정이 있다. 첫 번째 함정은 도무지 엄두가 나지 않아서 아무것도 하지 않는 것이다. 두 번째 함정은 모든 것을 하려는 것이다. 의욕이 너무 앞서 현재 상황과 영적 상태에서는 도저히 감당할 수 없을 만큼 많은 규칙을 정한 탓에 얼마 못 가서 자포자기를 하고 마는 사람이 너무도 많다.

양극단의 함정에 빠지거나 귀찮다고 다른 누군가의 삶의 규칙을 그대로 베끼지 않기를 바란다. 내 삶의 규칙은 13년 넘게 항목을 추가하고 삭제하기를 반복한 결과물이다. 처음 해 보는 사람은 감당하기 벅찬 삶의 규칙을 세우지 않는 편이 좋다. 당신의 현재 상황에 맞는 삶의 규칙을 정하라. 당신의 성격이나 나이를 고려해서 얼마나 많은 구조가 필요한지 판단하라.

삶의 규칙을 정할 때는 준비 작업을 철저히 할수록 좋은 결과물을 기대할 수 있다. 기도, 쉼, 관계, 일의 항목을 채우기 전에 충분한 시간을 내서 다음 질문에 관해 깊이 고민해 보라.

- **당신이 지금 하는 활동 중에 영혼을 살찌우고 기쁨을 더해 주는 활동은 무엇인가?** 활동만이 아니라 사람과 장소에 관해서도 생각해 보라. 생각나는 모든 것을 기록하라. 정원 가꾸기, 강아지와의 산책, 삼림욕, 친한 친구들과의 수다, 요리, 그림, 스카이다이빙을 비롯해서 캐면 캘수록 계속해서 나올 것이다. 그 모두를 적으라. 영혼을 살찌우는 활동을 많이 하고 있지 않다면 어떤 활동을 해

기 도

- 매주 안식일을 지킨다
- 매일기도(하루에 서너 번)
- 거룩한 독서(Lecto Divina)
- 주기적인 일기
- 고독과 침묵
- 매일의 성찰(Daily Examen)
- 사막/교부들에 관해 읽는다
- 연간 4-5일간의 금욕적인 수련을 한다

쉼

- 일주일에 5-6번씩 운동을 한다
- 잘 계획된 휴가
- 금요일은 하루의 2/3-하루 종일 쉰다
- 광범위한 독서를 한다
- 7년마다 3-4개월의 안식을 실천한다
- 치료(therapy)
- 산이나 바다로 나가고 걷거나 자전 거를 탄다
- 소셜미디어 사용을 절제한다
- 말을 절제한다

하나님의 사랑
(주고받는다)

관계

- 아내와 함께 삶을 즐기려고 노력한다
- 자녀인 에바, 마리아, 크리스티, 페이 스와 어울린다
- 형제자매와 자주 연락한다
- 영적 지도자를 주기적으로 만난다
- 교회 및 EHS의 리더들을 자주 만난다
- 친구들과 시간을 보낸다
- 친척 모임에 참석한다
- 처갓집 식구들과의 휴가

일

- 개인적인 자기 계발
- 교회 사역자들을 멘토링한다
- 교회에서 설교하고 가르친다
- 교회와 NLCDC의 성장을 위해 자 원을 공급한다
- 사역자들에게 다섯 가지 M과 교회 의 가치들을 가르친다
- 블로그와 페이스북, 트위터 활동
- EHS 교관들을 발굴하고 훈련시킨다
- 가정의 재정을 관리한다
- 저술 활동을 절제한다
- 새로운 일을 시작하기 전에 기도하 고 분석한다

보고 싶은지 찬찬히 고민해 보라.

- **어떤 사람이나 장소, 활동이 당신을 지치게 만들거나 그리스도께 단단히 닻을 내리지 못하도록 방해하는가?** 폭력적인 영화나 서두름, 한계를 벗어난 활동처럼 당신의 영혼에 악영향을 끼치는 모든 것을 생각나는 대로 적어 보라.
- **현재 어떤 '꼭 해야 할 일'이 당신의 리듬에 영향을 끼치고 있는가?** 예를 들어, 노부모 돌보기나 어린아이 키우기, 장애아 키우기, 나빠진 건강 챙기기, 직장에서의 바쁜 일 처리하기 등을 적어 보라.

영혼을 살찌우는 활동, 고갈시키는 활동, 반드시 해야 하는 일을 확인했으면 기도와 쉼, 관계, 일의 네 범주에 무엇을 넣을지 고민할 준비가 된 셈이다. 내가 살핀 바로 거의 모든 리더가 '일' 박스만 가득 채우고 있기 때문에 다른 박스부터 채우고 나서 일 박스를 가장 나중에 채울 것을 권한다.

각 박스를 채울 때 먼저 자기 마음의 소리에 귀를 기울이기를 바란다. 삶의 이 영역에서 가장 원하는 것은 무엇인가? 하나님은 우리의 바람을 통해 말씀하실 때가 많으니 자신의 바람을 무시하거나 대수롭지 않게 생각하지 말라. 삶의 규칙에는 즐겁고 재미있는 일이나 놀이가 반드시 포함되어야 한다. 지킬 수 없는 규칙을 세우지 말고 처음에는 가볍게 시작하라.

기도와 쉼의 범주에 관해 고민할 때는 내가 속도를 늦추는 데 가장 효과적이라고 생각하는 다섯 가지 활동 중 한두 가지를 꼭 선택하길 권한다. 침묵, 성경 묵상, 성무일도, 성찰 기도, 안식일 준수가 그것이다.

첫째, 침묵. 침묵은 무언의 기도 가운데 조용히 주님을 만나는 것이다. 나는 매일 20분간 조용한 가운데 하나님의 임재 속에 푹 파묻히려고 노력한다. 그렇게 하면 마음이 고요하고 평안해진 상태에서 다시 활동에 돌입할 수 있다. 20분이 너무 많게 느껴지면 처음에는 1-2분으로 시작해서 점점 시간을 늘려 가면 된다.

둘째, 성경 묵상. 약간의 성경 구절을 읽고 기도하면서 하나님의 음성에 귀를 기울이라. 하나님의 생각과 마음을 헤아리려고 노력하라. 나 같은 경우에는 예수님을 더 깊이 알기 위해 매일 4복음서에서 한 구절을 묵상한다. 하나님과 단 둘이 보내는 시간 외에도 성경 한두 구절을 늘 지니고 다니면서 수시로 묵상한다.

셋째, 매일기도. 매일기도는 아침 기도와 저녁 기도 같은 식으로 하루 중 시간을 정해 기도하는 옛 관행이다. 매일기도의 목적은 하루 중 정해진 시간마다 일상 활동을 멈추고 하나님을 만나기 위해 규칙적인 리듬을 정하는 것이다.[16] 잠깐의 기도를 위해 하루에 서너 번 일상 활동을 멈추면 나의 삶이 훨씬 더 풍성해진다.

넷째, 성찰 기도. 성찰 기도는 우리 안에서 나타나는 성령님의 운동에 주의를 집중하고 하나님의 임재를 확인하며 하나님의 뜻을 분별하기 위한 기도다. 기본적으로 다음과 같은 다섯 단계로 이루어진다.

1. 하나님이 주신 복에 감사한다.
2. 하나님이 임재하신 적이 있는지, 내가 그분을 무시한 적이 있는지, 열린 마음과 감사로 하루를 점검한다.

3. 하나님의 음성을 듣기 위해 자신의 감정에 관심을 기울인다.

4. 죄에 대한 슬픔을 토로하고 하나님께 용서하시는 사랑을 구한다.

5. 나를 사랑하시는 하나님께 나 자신을 더 온전히 드릴 수 있게 해 달라고 기도한다.[17]

특히 단계 3에 관심을 기울이기 바란다. 하나님이 우리에게 말씀하시는 방법 가운데 하나는 내면 깊은 곳의 감정과 갈망을 통해서다. 로욜라의 이냐시오(Ignatius of Loyola)는 이런 감정과 갈망에 대해 "위로(consolation)"와 "고독(desolation)"이라는 표현을 썼다. 위로는 우리 안을 기쁨과 생명력, 에너지, 평안으로 가득 채워 주는 경험을 말한다. 고독은 우리의 생명력을 갉아먹어 지치게 만드는 경험들이다. 위로는 우리로 하여금 하나님, 우리 자신, 남들과 더 연합하게 만드는 반면, 고독은 분리시킨다. 하루의 활동을 돌아보며 스스로에게 다음과 같이 물으라.

- 어떤 활동이 내게 기쁨과 평안을 더해 주는가? 어떤 활동을 할 때 하나님과의 연합을 느끼는가?(위로)
- 어떤 활동이 나를 슬프고 냉담하고 지치게 만드는가? 어떤 활동을 할 때 하나님에게서 멀어지는 느낌이 드는가?(고독)

거의 무의식적인 습관으로 자리를 잡을 때까지 하루에 한두 번씩 성찰 기도를 하길 바란다. 그렇게 하면 매일 작은 일에서든 큰일에서든 하나님의 뜻을 분별할 수 있을 것이다. 예를 들어, 사역자 모임에서 말을 얼마나 많이 할지와 같은 사소한 문제든 새로운 팀원을 영입하는 것과 같은 큰 문제든 언제나 하나님의 뜻을 찾으려고 노력해야 한다.

다섯째, 안식일 준수. 안식일은 24시간 동안 모든 일을 멈추고 하나님의 선물들 안에서 쉬고 즐기는 것이다. 안식일은 정서적으로 건강한 리더가 되기 위해 필수불가결한 요소이기 때문에 다음 장 전체를 이 하나의 주제에 할애할 생각이다.

삶의 규칙을 정하고 지킬 때 자신의 의지로 하려고 하지 말고 늘 하나님의 은혜를 구하기를 바란다. 장담컨대 결심대로 하기 힘든 순간이 반드시 찾아올 것이다. 살다 보면 뜻밖의 사건과 피할 수 없는 난관이 나타나기 마련이다. 또한 '당신에게' 맞는 삶의 규칙을 찾아내기 위해서는 열린 태도와 실험 정신이 필요하다. 무엇보다도 모든 영적 훈련의 궁극적인 목적이 예수님과 사랑으로 연합하는 삶을 가꾸는 것임을 잊지 말라. 나는 이 점을 망각한 적이 한두 번이 아니다. 영적 훈련을 한답시고 나름대로 최선을 다하는데 정작 주님을 향한 마음의 문은 꽁꽁 닫혀 있던 경우가 너무나 많다. 언제라도 주님의 음성을 들을 수 있도록 마음을 부드럽게 유지하고 그 문을 활짝 열기를 바란다.

조급해하지 말고 여행을 마음 편히 즐기라

예수님과 사랑의 연합을 이루기 위해 속도를 늦추는 것은 반문화적이며 선지자적인 자세다. 단, 우리가 정해진 틀에 따라 움직이는 수도원 공동체나 달리 할 일이 없는 사막으로 들어가기는 쉽지 않다. 따라서 시행착오를 겪으면서 각자의 독특한 성격과 맡은 책임, 한계, 가족 역학에 맞는 틀을 찾아내야 한다.

중요한 것은 장기적인 시각을 품는 것이다. 심호흡을 크게 하고 긴
장을 풀라. 삶의 브레이크를 갑자기 세게 밟아 단번에 속도를 줄이는 것
은 별로 추천하고 싶지 않다. 나는 도무지 진전이 없어 답답할 때마다 한
트라피스트회 수사가 60년간 기도만으로 살아온 세월을 돌아보며 내게
했던 말을 떠올린다. "나는 이제 겨우 시작입니다."

사랑의 연합 평가에 대한 설명

사랑의 연합에 대한 평가를 해 봤다면 다음의 설명이 평가 결과를 이해하는 데 도움
이 될 것이다.

대부분 1-2점을 받았다면 자신의 힘으로 너무 많은 일을 하고 있을 가능성이 높다.
아마도 하나님이 시키신 일보다 더 많이 하고 있을 것이다. 십중팔구 수많은 일을 하는
내내 예수님 생각을 한 번도 하지 않을 것이다. 할 일이 많아 정신이 없으니 기도가 기
쁨보다 의무처럼 느껴질 것이다. 당신이 이 평가를 받고 이 책을 읽고 있다는 것이 참으
로 하나님의 은혜가 아닐 수 없다. 하나님이 이 문제로 당신의 관심을 끈 데는 다 이유
가 있다. 지금 하나님이 당신을 향해 속도를 늦추라고 말씀하고 계신 건지도 모른다. 하
나님께 이 평가를 통해 뭐라고 말씀하고 계신지 여쭤 보라. 그리고 다음 단계를 밟을 때
도와줄 지혜로운 멘토나 친구를 찾으라.
대부분 2-3점을 받았다면 발전하고는 있지만 아직은 하나님을 '위한 일'을 감당할
만큼 하나님과 '함께하는 상태'가 뒷받침되고 있지 못하다. 크리스천 리더십의 핵심이
하나님을 섬기는 것 못지않게 하나님과의 교제를 누리는 것이라는 점은 이해하고 있

다. 스스로에게 이렇게 물으라. "하나님과 사랑의 연합이 더 깊어지고 있는가? 오히려 퇴보하고 있는가? 지금 하나님이 내게 어떤 변화를 요구하고 계실까?" '속도를 늦춰 사랑의 연합을 이루기 위해 첫 단계들을 밟으라'에서 소개한 방법 중 무엇이 지금 당신에게 가장 필요할지 고민해 보라.

대부분 4-5점을 받았다면 하나님과의 관계를 중심으로 쉼을 잘 실천하고 있다. 당신이 현재 맡고 있는 리더의 일에 맞는 리듬 속에서 하나님과 '함께하는 상태'가 하나님을 '위한 일'을 잘 뒷받침하고 있다. 아직 삶의 규칙을 정하지 않았다면 시간을 내서 예수님과 동행하는 삶을 어떻게 가꾸고 있는지 써 보길 바란다. 그렇게 하나님이 이미 주신 원칙들을 충분히 정리한 다음 동료나 당신이 이끄는 사람들에게 보여 주라. 그와 동시에, 이번 장을 통해 하나님이 당신에게 추가로 무엇을 요구하시는지 깊이 고민해 보라. 그분과 더 깊은 관계로 나아가기 위해 무엇이 더 필요할까?

Chapter 5

사역을 멈추고
하나님을 생각하며 안식하라

몇 해 전 목사들과 크리스천 리더들에 대해 '폭발 직전'까지 간 적이 있다. 참다못해 결국 밥(Bob)을 찾아가고 말았다. 밥의 사무실 벽에는 '박사' 자가 붙은 멋진 명판이 붙어 있다. 그는 스트레스에 시달리는 리더들을 상담해 온 35년 경력의 베테랑 임상 심리학자다. 세상에 오직 그만이 나의 답답한 속을 풀어 줄 수 있을 것 같았다.

"선생님, 제발 좀 도와주세요." 차근차근 설명할 기분이 아니라 다짜고짜 짜증을 폭발시켰다. "도대체 왜들 그런지 모르겠어요. 목사들과 리더들은 정말 이상한 사람들이에요. 제가 하나님과의 관계를 위해 속도를 늦추라고 말하면 다들 고개를 끄덕입니다. 안식일을 지키자고 하면 다들 옳은 소리라고 맞장구를 치지요. 당장 자신의 교회로 달려가 안식일에 관해 설교하는 목사들도 있어요. 하지만 정작 실천하는 사람은 눈을 씻고 찾아봐도 없어요."

짜증이 절망으로 이어지면서 내 목소리가 낮아졌다.

"이것저것 사소한 부분을 바꾸는 사람들이 있기는 해요. 하지만 그래봐야 작심삼일이더군요. 어느새 제자리로 돌아가 있지 뭐에요. 괜히 제 힘만 뺐어요."

밥이 당연히 안쓰러운 표정을 지을 줄 알았다. 그런데 웬걸, 그가 웃는 게 아닌가. 어이가 없어서 짐짓 화난 표정으로, 혹시 내가 박사님이라고 부르지 않아서 그런가 하고 생각하면서 물었다.

"뭐가 그리 우스워요?"

"목사님. 그분들은 멈출 수가 없어요! 크리스천 리더들은 제가 매일같이 상담하는 변호사나 CEO, 기업 리더들과 조금도 다르지 않아요."

"무슨 말씀이세요?" 내가 말을 끊었다. "그들은 목사와 교회 리더들이라고요! 그리스도를 아는 사람들이에요."

"잘 모르시는군요."

밥은 침착했고, 나는 그렇지 못했다.

그때 밥이 뜻밖의 말을 했다. "그분들은 멈출 수가 없어요. 멈췄다가는 죽을지도 모르니까요. 그분들은 공포에 떨고 있어요. 속도를 늦추면 내면 깊은 곳의 뭔가를 보게 될까 봐 무의식적으로 두려워하고 있어요. 그런데 그분들이 고독, 안식일, 침묵 같은 것들을 하길 바라시다니요." 그가 다시 낄낄거렸다. "내면 깊은 곳의 뭔가가 그분들을 움직이고 있지만 그분들은 들여다볼 용기가 없어요."

눈앞이 훤해지는 기분이었다. "멈췄다가는 죽을지도 모르니까요. 그분들은 공포에 떨고 있어요"라는 말이 맴돌았다.

"멈추는 것에 대한 두려움은 내면 깊은 곳이 공허하다는 증거입니다." 밥은 계속해서 사무적인 투로 말했다. "목사님은 그분들에게 자존감을 무너뜨릴 수 있는 활동을 권하고 있는 겁니다. 그분들은 철저히 일에서 자존감을 얻고 있으니까요. 사태의 심각성을 아시겠습니까?"

"전혀요." 말은 그렇게 했지만 그의 말은 내게 생각할 거리를 산더미처럼 안겨 주었다.

한편으로는 절망스러웠다. 크리스천 리더들이 삶의 이 분야에서 변하기가 그토록 어렵단 말인가. 하지만 한편으로는 한줄기 빛이 보였다. 밥 덕분에 왜 그토록 많은 리더들이 안식일을 지키지 못하고 나도 왜 그리 오랫동안 앞만 보고 달려왔는지 퍼즐의 잃어버린 조각 하나를 마침내 찾아냈다. 그들이 겉으로 보여 주는 삶의 표면 아래에는 두려움과 수치가 숨어 있었던 것이다.

이번 장에서 이 문제를 비롯해서 오늘날의 리더들에게 안식일이 그 토록 힘든 이유들을 자세히 분석해 보자. 하지만 그러기에 앞서 안식일이 무엇인지부터 정확히 짚고 넘어가는 것이 옳은 순서일 것이다.

안식일이란 무엇인가?

성경의 안식일은 24시간 동안 일을 멈추고 쉬고 즐기고 하나님을 생각하는 날이다. 전통적인 안식일은 금요일에 해가 떨어질 때 시작해서 토요일 해가 떨어질 때 끝이 난다. 그런가 하면 대부분의 기독교 교단에서는 일요일을 안식일로 지켜왔다. 사도 바울은 안식일을 어떤 날에 지켜도 좋다고 생각했다(롬 14:1-17). 따라서 일주일 중 어떤 요일이냐는 중요하지 않다. 중요한 것은 어떤 날이든 24시간을 따로 떼어 절대 건드리지 않는 것이다.

매주 안식일을 지켜야 한다는 것은 세상과 전혀 다른 리듬을 유지해야 한다는 뜻이다. 세상의 리듬은 다음과 같다.

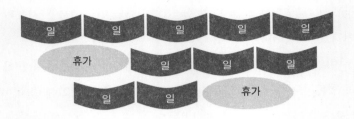

'세속적인' 리듬

| 일 | 일 | 일 | 일 | 일 |

| 휴가 | 일 | 일 | 일 |

| 일 | 일 | 휴가 |

반면, 하나님의 리듬은 다음과 같다.

'신성한' 리듬

안식일	일	안식일	일
안식일	일	안식일	일
안식일	일	안식일	일

하나님의 안식일 리듬은 피조 세계 전체의 이면에 흐르는 리듬이다. 하루를 보면 빛과 어두움, 일출과 일몰, 밀물과 썰물이 있다. 한 해를 보면 만물이 기재기를 펴는 봄이 있는가 하면 만물이 잠을 자는 겨울이 있다. 그래서 작가 웨인 밀러(Wayne Muller)는 이렇게 말했다. "안식일을 기억하는 것은 부담스러운 의무가 아니다. … 자연의 근원적인 법칙 하나를 기억하는 것이다. 만물의 이치, 우리가 불가피하게 속해 있는 리듬과 춤을 기억하는 것이다."[1] 유급이든 무급이든 모든 일은 좋은 것이지만 적절

한 안식이 반드시 필요하다.

너무도 많은 리더들이 저지르는 실수 중 하나는 일이 인생의 다른 모든 영역으로까지 침범해 하나님이 우리를 위해 정하신 일과 쉼의 적절한 리듬을 무너뜨리도록 놔둔다는 것이다.

1996년 아내와 함께 정서적으로 건강한 영성으로 가는 여행을 시작할 때 안식의 리듬이 너무도 중요하다는 것을 깨달았다. 그래서 몇 권의 책을 구해서 읽고 설교 중에 가끔 안식일에 관한 이야기를 하고 개인적으로 일주일에 하루씩 쉬는 훈련을 했다. 하지만 안식일이 단순한 휴일과 어떻게 다른지는 잘 알지 못했다. 그 외에도 의문이 가득했다. "무엇은 해도 되고 무엇은 하지 말아야 하는가? 돌봐야 할 아이가 네 명이나 되는데 어떻게 하루를 온전히 쉰단 말인가? 쉬는 날에 교회에 급한 일이 생기면 어떻게 하는가?" 끝없이 밀려드는 개인적인 일과 교회 일로 인해 내 안식일 실험은 결국 실패로 돌아가고 말았다. 나는 예전처럼 월요일마다 단순히 휴식을 취하는 방식으로 돌아갔고, 그 후로 7년 동안 가끔씩 안식일 실험을 다시 했다가 실패하기를 반복했다.

그러다가 2003-2004년 두 번째 안식을 통해 일생일대의 변화를 겪은 뒤에야 비로소 '안식일이라는 것'의 정체를 알아내기로 다시금 마음먹었다. 이번에는 나 자신만을 위해서가 아니라 교회를 위해서 반드시 끝장을 봐야 했다. 나는 안식일을 연구하는 시간을 따로 정해서 창세기에서 요한계시록까지 '안식일'이란 단어가 나오는 모든 구절을 철저히 분석했다. 나아가, 안식일에 관해 시중에 나온 책이란 책은 죄다 사서 읽고, 무려 3,500년에 걸린 유대의 안식일 전통과 기원을 면밀히 조사했다.

이런 강도 높은 연구 끝에, 이번 장의 앞부분에서 읽은 안식일의 네 가지 기본적인 특징을 찾아냈다. 다시 말하자면, 안식일은 24시간 동안 일을 '멈추고' '쉼'을 누리고 '즐기고' 하나님을 '생각하는' 날이다. 이 네 가지 특징은 그 뒤로 단순한 휴일과 성경적인 안식일을 구분하는 데 큰 도움이 되었다. 세속적인 시각에서 보면 휴일의 목적은 나머지 6일간 일의 효율을 높이기 위해 심신을 회복하는 것이다. 이런 휴일이 긍정적인 결과를 낳더라도 유진 피터슨(Eugene Peterson) 목사에 따르면 "가짜 안식일(a bastard Sabbath)"에 불과하다.[2] 따라서 안식일의 네 가지 근본적인 특징을 하나씩 자세히 살펴보자.[3]

첫째, 멈춘다. 안식일은 무엇보다도 모든 일을 멈추는 날이다. 유급이든 무급이든 일은 무조건 손에서 놓아야 한다. 안식일을 통해 우리는 우리의 한계를 인정한다. 우주가 돌아가는 데 우리의 손길이 반드시 필요하다는 것은 착각이다. 안식일을 지키는 것은 우리가 발버둥을 쳐도 모든 목표를 다 이룰 수는 없고, 우리의 도움이 없어도 하나님이 우주를 완벽히 운행하신다고 인정하는 것이다.

나의 안식일은 금요일 저녁 6시에 시작해서 토요일 저녁 6시에 끝이 난다. 그 시간 동안 나는 교회 목사의 역할과 관련된 모든 일을 손에서 놓는 것은 물론이고 집필이나 강연 준비도 일체 하지 않는다. 일부러 이메일과 전화 답신을 하지 않고 설교 준비를 비롯해서 꼭 해야 할 일은 미리 해 놓는다. 은행 볼일과 빨래, 자질구레한 일, 장보기, 집안 청소 같은 개인적인 일도 손에서 놓는다.

둘째, 쉰다. 일단 일을 멈춘 뒤에는 쉬라는 하나님의 초대를 받아들인다. 하나님은 창조 사역 후 쉬셨다. 그래서 우리는 일곱째 날마다 그분처럼 쉬어야 한다(창 2:1-4). 쉬는 동안 낮잠이나 산책, 독서, 좋은 음식 섭

취, 취미 활동, 스포츠처럼 심신을 회복시키는 활동을 해야 한다. 유급이든 무급이든 일은 무조건 안 된다.

그런데 월급을 받지 않고 하는 개인적인 일을 멈추려면 미리 계획을 세워야 한다. 안식일에 쉬는 흉내를 내지 않고 진정으로 쉬려면 안식일에 할 수 없는 일을 주중에 미리 처리해야 한다. 예를 들어, 은행 볼일이나 청소, 집안 수리, 빨래 같은 일이 안식일까지 남아 있어서는 안 된다.

쉬는 동안 나는 낮잠을 자거나 아내와 데이트를 나가거나 딸들과 시간을 보내거나 소설을 읽거나 좋은 영화를 보거나 여유롭게 산책을 하거나 친구와 친척의 집을 방문하거나 기차를 타고 맨해튼에 예술 작품을 감상하러 간다. 머리를 식힐 겸 우리 집 작은 뜰의 잔디를 깎기도 한다.

셋째, 즐긴다. 하나님은 세상 창조를 마친 뒤 "심히 좋았더라"라고 선포하셨다(창 1:31). 이것은 한참 뜯어보다가 "어? 생각보다 괜찮네"라고 뒷북을 치는 것이 아니라 한눈에 마음에 들어 기쁨에 겨운 탄성을 지르는 것이었다. 하나님은 안식일의 일부로서 이런 축하에 동참하라고 말씀하신다. 따라서 우리도 피조 세계와 하나님이 주신 모든 선물을 즐겨야 한다. 이런 선물은 셀 수 없이 많으며 사람과 장소, 물건까지 다양한 형태를 띤다.

안식일을 준비할 때 생각해야 할 가장 중요한 질문 중 하나는 "무엇이 내게 기쁨과 즐거움을 주는가?"이다. 답은 사람마다 다르겠지만 안식일은 피조 세계와 그 안의 선물들을 즐기는 날이다. 아내와 나는 둘 다 자연의 아름다움과 웅장함을 사랑한다. 바다와 호수, 해변, 산, 별이 총총한 밤하늘까지 생각만 해도 절로 웃음이 나온다. 또한 아내는 식도락가다. 그래서 음식이라는 선물을 맛보는 시간도 빼놓을 수 없는 안식일의 즐거움이다. 나는 도서관과 서점을 좋아하고, 아내는 신선한 재료로 요리하는 것을 즐긴다. 안식일마다 우리는 가능한 모든 수단과 오감을 동원해서 삶이라는 만찬을 즐긴다.

넷째, 생각한다. 하나님의 사랑을 골똘히 생각하는 것이야말로 안식일의 핵심 중에 핵심이다. 안식일이 안식일인 까닭은 "여호와께 성결"한 날이기 때문이다. 안식일은 하나님을 까마득히 잊은 채 즐기기만 하는 날이 아니라 오히려 하나님께로 더 가까이 다가가는 날이다. 안식일은 눈에 보이는 것들 속에서 보이지 않는 것을 보는 날이다. 다시 말해, 우리 삶의 숨은 이면에서 흐르는 하나님의 선하심을 의식하는 날이다. 그렇다고 해서 하루 종일 기도만 하거나 성경만 읽으라는 말은 아니다. 물론 그런 활동도 안식일의 일부이긴 하지만 하나님을 생각한다는 것은 그분이 주신 많은 선물을 통해 나타난 그분의 사랑에 관심을 집중한다는 뜻이다. 영국의 시인이자 사제 제라드 맨리 홉킨스(Gerard Manley Hopkins)는 "세상은 하나님의 위대함으로 가득 차 있다"라고 말했다. 시편도 만물이 하나님의 영광을 선포한다고 노래한다(시 19:1을 보라). 안식일에 우리는 사람과 음식, 예술 작품에서 아기와 스포츠, 취미, 음악까지 모든 것에서 하나님의 위대함을 보려고 의식적으로 노력해야 한다. 그런 의미에서 하나님을 깊이 생각하는 것은 즐기는 것의 연장선이다. 다시 말해, 하나님이 즐기라고 주신 모든 것에서 그분 사랑의 증거를 찾아야 한다.

안식일을 규칙적으로 지키기 전에는 휴일이나 휴가를 마치고 돌아오면 하나님에게서 다소 멀어진 느낌일 때가 많았다. 하지만 지금은 안식일을 통해 그분의 임재와 사랑을 더없이 실질적으로 경험한다. 예전에는 그런 경험이 목사로서 해야 하는 '일'이었지만 지금은 순수한 안식이다.

안식일 덕분에 하나님과의 관계(하나님과 함께 하는 '상태')를 리더로서의 일(하나님을 위한 '일')과 분리할 수 있게 되었다.

안식일을 어떻게 보낼까 고민할 때 이 네 가지 특징이 유용한 틀이 되어 주리라 믿는다. 다만, 너무 세세한 부분까지 정하려고 하지 말고 안식일의 전체적인 의미에 집중하기를 바란다. 복잡하게 생각할 것 없이 안식일은 영원을 미리 맛볼 수 있는 기회다. 랍비 아브라함 요수아 헤셀(Abraham Joshua Heschel)의 말을 들어 보자.

> 이 땅에 있는 동안 안식일을 맛보는 법을 배우지 못하면, 영생을 음미하는 법을 전수받지 못하면, 내세에 영원의 맛을 즐기지 못할 것이다. … 다가올 세상의 본질은 영원한 안식일이다. 시간 속의 일곱 번째 날은 영원의 견본이다.[4]

이 땅에서 우리는 안식일을 통해 영원을 연습한다. 이 땅에서의 삶이 끝나고 나서 완벽히 멈추고 쉬고 즐기고 하나님의 영광을 바라볼 날을 고대한다. 안식일은 이 망가진 세상에서 잠시 벗어나 만물이 본모습을 회복할 내세를 기대하는 날이다. 매우 실질적인 의미에서 안식일은 하늘과 땅을 하나로 연결시키는 날이다. 안식일을 통해 우리는 일에서 쉴 뿐 아니라 쉼을 바탕으로 일할 수 있게 된다.

안식일을 얼마나 잘 누리고 있는가?

다음 진술들을 통해 당신이 안식일을 잘 누리고 있는지 간단하게 평가해 보라. 각 진술 옆에 당신의 상태에 해당하는 숫자를 적으라.

(5 = 항상 그렇다 / 4 = 자주 그렇다 / 3 = 가끔 그렇다 / 2 = 거의 그렇지 않다 / 1 = 전혀 그렇지 않다)

_____ 1. 일을 멈추고 쉬는 날을 정해 정기적으로 안식일을 실천한다.

_____ 2. 안식일이 내 직업적 일과 개인적인 일에 대해 건강한 경계선이 되어 준다.

_____ 3. 매주 안식일에 하나님의 수많은 선물, 가령 사람, 아름다운 것들, 취미, 산, 음식, 음악 등을 즐긴다.

_____ 4. 안식일을, 예수님과 얼굴을 마주할 날에 누릴 궁극적인 안식을 미리 맛보며 영원을 연습하는 날로 여긴다.

_____ 5. 선지자적이고 반문화적인 행위로 안식일을 지킨다. 즉 내게 안식일은 내 진정한 정체성(=하나님이 사랑하시는 아들이나 딸)이 아닌 내 성과로 나를 규정하는 세상의 가치에 저항하는 행위다.

_____ 6. 나 없이도 하나님이 이 세상을 완벽히 운행하시고 그분의 나라를 세우실 줄 전적으로 믿고서 안식일에 기꺼이 내 모든 일을 내려놓는다.

_____ 7. 리더로서 내 일이나 역할이 아닌 하나님의 사랑에서 나의 주된 정체성을 찾는다.

_____ 8. 안식일에 뜻밖의 깨달음을 얻을 때가 많다.

_____ 9. 여타 휴가와 휴일에도 멈추고 쉬고 즐기고 생각한다는 안식일의 원칙을 적용한다.

_____ 10. 수많은 선물을 통해 내게 흘러들어오는 하나님의 사랑에만 온전히 집

중하도록 안식일을 미리 준비하고 계획하여 적절한 시간과 공간을 만들어 낸다.

잠시 당신의 답을 검토해 보라. 무엇이 가장 눈에 들어오는가? 이번 장의 끝에 당신의 현재 상태를 파악하는 데 도움이 될 만한 설명을 실어 놓았다. 현재 상태를 파악해서 앞으로 어떤 단계들을 밟아야 할지 고민하길 바란다.

안식일을 지키기가 힘든 이유

안식일은 3,500년 전 하나님이 처음 도입하실 때도 혁명적인 개념이었는데 지금도 그 이유는 다르지만 여전히 반문화적인 개념이다. 목회자들과 크리스천 리더들을 돕다 보니 안식일을 지키기가 그토록 힘든 이유 세 가지가 특히 눈에 들어왔다.

우리 안에서 뭔가가 발견될까 봐 두렵다

밥이 내게 속도를 늦추지 못하는 리더들이 그토록 많은 이유를 말해 줬던 것이 기억나는가? "그분들은 멈출 수가 없어요. 멈췄다가는 죽을지도 모르니까요. 그분들은 공포에 떨고 있어요. 속도를 늦추면 내면 깊은 곳의 뭔가를 보게 될까 봐 무의식적으로 두려워하고 있어요. … 내면 깊은 곳의 뭔가가 그분들을 움직이고 있지만 그분들은 들여다볼 용기가 없어요."

그 "뭔가"가 무엇일까? 안식일을 위해 속도를 늦추는 것에 대한 저항, 심지어 공포 이면에 무엇이 도사리고 있는가? 나는 오랫동안 전 세계의 수많은 목사들을 관찰하고 그들과 깊은 대화를 나눈 끝에 그것이 '수치심'이라는 결론을 내렸다.

수치심은 자신이 본질적으로 흠이 많고 무가치하며 "인간으로서 치명적인 약점을 안고"[5] 있다는 지독히 고통스러운 느낌 혹은 그런 경험을 말한다. 그래서 우리는 몸이 부서져라 일하고 나서 다시 또 죽어라 일한다. "이 언덕만 넘으면 나 자신이 조금 더 나은 사람처럼 느껴질 거야. 그때는 한숨을 좀 돌리고 쉴 수 있겠지. 하지만 지금은 멈출 수 없어."

수치심과 죄책감을 구분할 필요성이 있다. 죄책감은 내가 저지른 '행동'과 관련이 있다. 예를 들어 빨간불을 무시한 채 달렸을 때 죄책감이 발생한다. 이는 내가 저지른 실수에서 비롯한 감정이지 나라는 사람 전체를 살펴서 나온 감정은 아니다. 반면, 수치심은 내가 '어떤 사람인지'와 관련이 있다. "빨간불을 무시한 채 달린 것은 단순한 실수가 아니야. 이제 나는 실패자야." 이것이 수치심이다. 리더로서 부족한 모습을 보일 때 우리는 이런 생각을 하게 된다. '이런 바보! 멍청하고 쓸모없는 놈! 내가 유능한 리더였다면 이런 일이 발생했을 리가 없어.' 수치심은 우리가 단순히 실수한 것이 아니라 실수 자체라고 말한다.[6]

안식일이 두려운 것은 아무런 생산적인 활동도 하지 않으면 자신의 창피한 모습이 훤히 드러나는 것만 같기 때문이다. 하나님이나 남들 앞에서 발가벗겨지는 기분이 든다. 과로하면 이런 열등감을 남들뿐 아니라 자기 자신에게도 숨길 수 있다. 발에 불이 나도록 뛰어다니면 다음과 같이 속삭이는 내면의 목소리를 따돌릴 수 있다.

나는 평생 잘 해낼 수 없어.

나는 평생 안정을 이룰 수 없어.

나는 평생 완벽해질 수 없어.

나는 평생 두각을 나타낼 수 없어.

나는 평생 성공할 수 없어.

이런 목소리를 들은 적이 있는가?

일중독이라는 탈출구를 통해 이런 수치의 메시지를 피해 도망치려는 크리스천 리더가 너무도 많다. 나는 그런 크리스천 리더 중 한 명이다. 하지만 다행히 지금은 일중독에서 회복되고 있는 중이다. 혹시 당신도 일을 너무 많이 하는 편은 아닌가? 다음과 같은 질문으로 간단하게 자기 평가를 해 보라.

가족들과 어울릴 때나 다른 활동을 할 때보다 일을 할 때 살아 있는 기분을 느끼는가?

일을 침실까지 갖고 가는가? 주말에도 일하는가? 휴가지에서도?

일이 당신이 가장 잘하고 싶고 가장 많이 이야기하는 활동인가?

일주일에 40시간 이상을 일하는가?

가족이나 친구들이 당신이 집이나 모임에 제때 오는 것을 일찌감치 포기했는가?

일을 제때 마치지 못할까 걱정되어 야근을 밥 먹듯이 하는가?

프로젝트의 기한을 너무 짧게 잡아 서둘러 일하는 편인가?

팀원들이 일보다 다른 것을 중시하는 모습을 보면 참지 못하는가?

일중독 때문에 가정이 불화하거나 다른 관계들이 흔들리고 있는가?[7]

평가 결과가 어떠한가? 몇 가지 질문에라도 그렇다고 대답했다면 일중독 증상을 의심해 봐야 한다. 아울러, 일중독은 단순히 바쁜 것이 아니라 더 깊은 차원의 문제라는 것을 알아야 한다. 몇 달을 넘어 몇 년 동안 계속해서 과로해 왔다면 몸의 상태가 이미 변해 있을 가능성이 높다.

계속해서 과로하면 뇌의 신경 구조가 변한다는 사실을 아는가?[8] 잠시 앉을 틈도 없는 환경에 오랫동안 노출되면 뇌가 그런 환경을 다루는 데 도움이 되는 호르몬들을 분비시킨다. 그렇게 시간이 지나면 우리 몸이 그런 호르몬들에 적응이 되어 점차 그 호르몬들에 의존하기 시작한다. 예컨대, 극도로 경쟁적인 환경에서 일하는 경영자들은 실제로 임상적인 아드레날린 중독 증상을 보이곤 한다.

그렇다면 이런 현상이 안식일과 무슨 관련이 있는가? 일주일 내내 일하던 삶에 안식일의 리듬을 끼워 넣는 식의 큰 변화를 시도하면 우리의 몸이 일종의 금단 증상을 겪을 수 있다는 말이다. 따라서 안식일의 습관을 기르려면 감정적 영적 전쟁만이 아니라 육체적 전쟁을 치러야 할 수 있다.

안식일을 율법주의나 낡은 관습으로 치부한다

안식일에 대한 혼동은 안식일이 생긴 이래로 계속되었다. 그런 혼동 속에서 유대인들, 그리고 나중에는 크리스천들도 안식일의 적용에 관한 규칙들을 열심히 만들어 냈다. 4세기, 기독교를 받아들인 최초의 로마 황제인 콘스탄티누스 대제는 안식일을 법정 공휴일로 제정해 온 국민에게 쉼을 명령했다. 미국 식민지 시대 초기에는 소위 '파란 법(blue laws)'을 통해 안식일에 여러 활동과 상거래를 금했다. 일요일 영업 금지법(Sunday-closing laws)은 1610년으로 거슬러 올라간다. 이 법에는 단순히 영업 금지만이 아니라 교회 의무 출석까지 포함되었다. 이 법은 심지어 180년이 지나서도 엄격하게 집행되었다.

- 미국 초대 대통령 조지 워싱턴(George Washington)은 코네티컷 주에서 뉴욕 주로 여행할 때 일요일에 여행을 금하는 코네티컷 주법 때문에 가던 길을 멈춰야 했다.
- 1800년대 아칸소 주에서 제임스 암스트롱(James Armstrong)은 일요일에 자기 밭에서 감자를 캔 죄로 25달러의 벌금형을 받았다.
- 존 믹스(John Meeks)는 일요일에 다람쥐 사냥을 한 죄로 22.5달러의 벌금형을 받았다.[9]

정통 유대교의 핵심 문서이자 모든 유대교 법의 근간인 탈무드는 안식일에 금하는 활동을 무려 39개 범주로 나눠 규정하고 있다. 금지된 활동에는 씨 뿌리기와 수확, 방직, 건설, 빵 굽기, 불 피우기 등이 있다. 이외에도 수세기에 걸쳐 늘어난 항목이 가히 셀 수 없을 지경이다. 오늘날 정통 유대교나 하시디즘 공동체 중에는 안식일에 전기 제품을 켜거나 끄고, 자동차를 운전하고, 집 밖에서 정해진 거리 이상을 걷는 것을 금하는 곳이 많다. 그래서 등불과 전열기는 대개 자동 타이머를 맞춰 놓는다. 의사와 환자 중에 정통 유대교인이 상당수를 차지하는 뉴욕 시티의 한 병원에서는 안식일에 버튼을 누를 필요가 없도록 엘리베이터가 층마다 서도록 프로그램 되어 있다.

많은 크리스천 리더들이 이런 구태의연한 규칙과 법 때문에 안식일을 무의미한 율법주의로 치부한다. 하지만 이는 안식일의 본질적인 목적을 몰라서 생긴 오해일 뿐이다. 안식일의 전통을 잘 지켜 나가야 함을 보여 주는 성경 구절이 얼마나 많은지 모른다. 나도 예수님을 믿고 나서 처음 27년간은 그런 오해 속에 빠져 있었다.

정체성에 대한 왜곡된 관념을 갖고 있다

사람을 처음 만나면 우리는 으레 "무슨 일을 하세요?"라고 묻는다. 현대인들이 직업에서 주된 정체성을 찾기 때문이다. 대학을 졸업하고 나서 한동안 취직을 못하거나 실직을 당한 경험이 있는 사람이라면 하는 일이 없을 때 사람을 만나기가 얼마나 창피한지를 잘 알 것이다. 그만큼 우리는 일을 통해 자신을 정의하고 세상 속에서 자신의 자리를 가늠한다. 자신만이 아니라 남들도 하는 일에 따라 분류하고 가치를 매긴다. 다음 두 사람 중에서 누가 사람들에게 더 존경을 받을까 생각해 보라. 나날이 전 세계로 뻗어가는 대형 사역 단체를 세운 38세의 젊은 리더. 75명이 다니는 시골 교회를 30년 넘게 충성스럽게 섬기다가 은퇴한 68세의 목사.

물론 일은 우리의 정체성을 형성하는 하나의 요소다. 하나님은 일꾼이시며 우리도 일꾼이다. 하지만 그게 전부는 아니다. 우리는 일꾼이기 이전에 인간 '존재'다. 그런데 앞뒤가 바뀌어 우리의 역할이나 직함이 정체성의 근간이 되어 버리면 우리는 인간 '존재'에서 인간 '행동'으로 전락한다. 그렇게 되면 일이나 생산적인 활동을 멈추기가 극도로 어려워진다. 엘리엇(Elliot)의 이야기를 들어 보라.

어느 주일, 우리 교회의 주일학교 부장인 엘리엇이 안식일에 관한 내 설교를 듣고 나를 찾아왔다. 그는 어릴 적 가정환경 때문에 안식일을 지키기가 너무 어렵다고 토로했다. "누나와 어린 두 동생과 저는 계단 아래서 엄마가 올라오는 발자국 소리만 들리면 화들짝 놀라 뭔가 하는 시늉을 했어요. 먼지를 털든 방안을 정리하든 뭐라도 했죠. 우리 집안에서 아무것도 하지 않은 채 가만히 앉아 있는 것은 절대 용납되지 않았어요. 엄마가 장을 보러 나가면 집에 돌아오실 즈음에 맞춰 나가서 장바구니를 받아야 했어요. 삼십 년도 넘게 지났건만 지금도 뭔가 생산적인 활동을 하지 않으면 한없이 죄책감이 밀려와요."

남의 얘기 같지가 않다. 어린 시절 우리 집에서도 "네가 이룬 성과가 곧 너 자신이다"라는 무언의 압박이 늘 존재했다.[10] 나의 정체성과 가치는 뭔가를 생산하고 성취하는 능력에 따라 심하게 널뛰기를 뛰었다. 좋은 성적을 받아오고 스포츠 시합에서 이기면 부모의 시선이 달라지고 나의 자신감이 치솟았다. 어쩌다 쉬는 것은 다시 치열한 삶의 현장으로 돌아갈 수 있도록 충전하기 위함이었다. 아무것도 하지 않고 순수한 즐거움을 위해서 쉰다는 것은 상상도 할 수 없는 일이었다.

안타깝게도 나와 엘리엇처럼 정체성과 쉼에 대한 왜곡된 관념을 품고 있는 사람이 너무도 많다. 아시아에서 남미와 북미, 중동, 유럽, 오세아니아까지 어떤 사람이냐가 아니라 무엇을 하느냐에 따라 사람을 평가하는 왜곡된 관념이 널리 퍼져 있다. 이러한 가족과 문화의 압박은 쉽게 떨쳐 버릴 수 있는 것이 아니다.

그렇다면 어떻게 해야 안식일을 중심으로 삶을 재해석하고 재배치할 수 있을까? 나는 안식일이 여러 면을 가진 아름다운 다이아몬드라는

성경의 위대한 비전을 회복하는 데 답이 있다고 믿는다. 이 다이아몬드의
면 하나하나는 살아 계신 하나님과 동행하는 삶을 통해 이 세상에 찬란한
생명의 빛을 비춘다.

안식일은 아름다운 다이아몬드다

반질반질하게 닦아 윤이 나는 다이아몬드의 면 하나하나는 영롱한
빛으로 반짝인다. 각 면은 다이아몬드의 수많은 속성과 아름다움 중 한
측면을 보여 준다.[11] 다이아몬드는 많게는 58개의 면을 갖고 있다!

안식일은 여러 면을 가진 값진 다이아몬드와도 같다. 각 면이 하나
님의 임재와 사랑을 비춘다. 다이아몬드의 각 면이 각기 다른 면을 비추
듯, 안식일은 탐구하고 실천할수록 점점 더 찬란하게 빛난다. 안식일의
찬란한 면들에 둘러싸이면 그 면들이 비추는 하나님의 영광스러운 속성
들 때문에 말할 수 없는 경이감과 경외감에 젖어 들게 된다.

수천 년 동안 유대인들은 안식일이라고 부르는 이 아름다운 다이아
몬드를 소중히 간직해 왔다. 베스트셀러 《유대의 날들》(*Jewish Days*)의 작가
프란신 클락스브룬(Francine Klagsbrun)은 안식일을 다음과 같이 묘사했다.

내가 그날의 거룩함을 온전히 이해하기도 전에, 그 아름다움을 진정
으로 음미하기도 전에, 그 의식들을 해석하기도 전에, 내게 안식일
은 '기적'이었다. 아버지는 내가 어릴 적부터 당신이 백세가 될 때까
지 늘 그렇게 말씀하셨다. … 실로 기적이었다. 안식일이 히브리 성

경에 활짝 꽃피운 모습으로 나타나기 전까지 우주에 그런 날은 없었다. 다른 고대 민족들에게 '악한 날들'은 있었지만 … 하지만 매년 매달 매주 정해진 날에 모든 일을 멈추고 만물, 그러니까 동물들까지도 쉬는 모습은 어디에도 없었다.[12]

안식일이 기적이라는 클락스브룬의 표현이 참으로 마음에 든다. 그는 안식일의 수많은 면 중 하나, 즉 매주 정해진 날이 거룩하게 구별된 것은 안식일이 유일무이하다는 점을 보았다.

3,500년의 유대 역사에 비해 나는 고작 12년간 안식일을 연구하고 실천했으니 수박 겉핥기에 불과하다. 그럼에도 이 무한히 아름다운 다이아몬드의 몇 가지 면을 조금이나마 들여다볼 수 있었다. 그중에서 네 가지 면이 안식일의 기적을 이해하고 경험하는 데 말할 수 없는 도움이 되었다.

- 안식일은 핵심적인 영적 훈련이다
- 안식일은 통치자들과 권세들에 대한 저항이다
- 안식일은 놀이다
- 안식일은 계시의 통로다

이 면 하나하나가 당신 안에 안식일을 중심으로 삶을 재배치하려는 의지와 용기를 일으키기를 간절히 바란다. 그리하여 매순간 밀려오는 세상의 압박을 거부하고 꿋꿋이 안식일을 지켜나갈 수 있기를 바란다.

안식일은 핵심적인 영적 훈련이다

영적 훈련 치고 중요하지 않은 것이 없지만 개중에는 그리스도 안에서 성숙하기 위해 반드시 필요한 '핵심적인' 영적 훈련들이 있다. 이런 훈련이 우리를 '구원'해 주지는 않지만 성장을 위해서 반드시 필요하다. 이런 식으로 생각하면 이해하기 쉬울 것이다. 우리가 성경을 읽음으로써 구원을 받지는 않는다. 기도로 구원을 받는 것도 아니다. 예배를 통해서 구원을 받는 것도 아니다. 오직 우리의 죄를 위해 십자가에서 돌아가셨다가 무덤에서 살아나신 예수 그리스도를 믿음으로써만 구원을 받을 수 있다. 하지만 매일 성경을 읽고 기도하고 예배 가운데 하나님을 만나지 않으면 영적으로 제대로 성장하기가 어렵다. 그런 의미에서 안식일은 '핵심적인' 영적 훈련이다. 안식일은 우리 삶 속으로 하나님의 은혜와 복을 전해 주는 필수불가결한 배송 시스템이다. 안식일은 하나님이 우리 삶의 속도를 늦추기 위해 직접 정하신 방법이다. 이 안식일을 통해 속도를 늦춰야 하나님, 우리 자신, 우리가 사랑하는 사람들과 참된 관계를 누릴 수 있다.

우리가 안식일 같은 영적 훈련에 환멸을 느끼는 것은 무엇보다도 이 훈련이 율법주의와 방탕의 양극단 중 하나로 전락한 사례가 너무도 많기 때문이다.

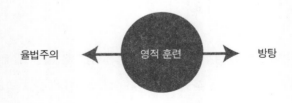

율법주의는 자신의 순종을 통해 하나님의 인정을 받으려는 시도로

216

정의할 수 있다. 신약에서 우리는 예수님이 안식일에 병자를 치유하셨을 때 율법을 어겼다며 맹비난을 퍼부었던 유대의 종교 지도자들에게서 이 율법주의를 볼 수 있다. 사도 바울은 그 어떤 종류의 율법주의도 교회에 발을 붙이지 못하게 하라고 권고했다. "그러므로 먹고 마시는 것과 절기나 초하루나 안식일을 이유로 누구든지 너희를 비판하지 못하게 하라. 이 것들은 장래 일의 그림자이나 몸은 그리스도의 것이니라"(골 2:16-17).

반면, 방탕은 하나님의 명령을 완전히 무시함으로써 그분의 은혜를 남용하는 것이다. 영적 훈련과 관련해서는 안식일 같은 훈련을 무의미하고 불필요한 관행으로 치부하는 것이다. 황금 같은 주말에 산으로 들로 놀러가느라 주일 예배를 빼먹는 것이 이런 방탕의 좋은 예다. 어차피 하나님이 출석부를 기록하시지도 않은데 굳이 주일 예배에 갈 필요가 뭔가!

예수님을 믿고 나서 처음 20년간 나는 안식일과 관련해서 확실히 방탕 쪽으로 기울어 있었다. 안식일이 기도와 성경 공부, 예배, 헌금만큼이나 중요한 '핵심적인' 영적 훈련이라는 사실을 마침내 깨닫고 나서야 비로소 안개가 걷혔다.[13] 나아가, 안식일은 하나님이 그분의 백성들에게 주신 좋은 선물이다. 그래서 예수님은 이렇게 말씀하셨다. "안식일이 사람을 위하여 있는 것이요 사람이 안식일을 위하여 있는 것이 아니니"(막 2:27).

안식일은 부담스러운 짐이 아니다. 안식일은 우리를 향한 하나님의 사랑 표현이다. 이 선물을 왜 마다하는가? 리더에게 안식일은 일이 삶의 전부가 아니며 하나님을 삶의 중심에 모셔야 한다는 사실을 일깨워 준다. 안식일의 리듬을 통해 균형을 이룰 때 우리의 일은 우상이 아닌 선물로서 제자리를 찾아간다.

안식일은 통치자들과 권세들에 대한 저항이다[14]

"통치자들과 권세들"은 사도 바울이 말한 "이 어둠의 세상 주관자들"
과 "악의 영들"이다(엡 6:12). 이것은 수만 가지 형태로 나타나는 다양한 악
한 영향력을 말한다. 신학자 월터 윙크(Walter Wink)는 "하늘에 있는 것과
땅에 있는 것, 신과 인간, 영적인 것과 정치적인 것, 눈에 보이지 않는 것
과 눈에 보이는 것"이란 표현을 썼다.[15] 인간을 비인간화하고 파괴하는 교
육과 경제, 정치 시스템 속에 이것들이 깃들어 있다. 이는 사악한 야망과
정욕, 인종차별, 성차별, 돈의 숭상 같은 것들을 움직이는 이면의 힘들이
다. 바로 이런 악마적인 힘들이 우리를 일의 노예로 전락시켜 안식일의
기쁨을 누리지 못하게 만들고 있다.

안식일을 실천할 때 우리는 이런 통치자들과 권세들에 저항하는 것
이다. 하나님이 안식일을 왜 지키라고 하셨는지 보라.

> 안식일을 지켜 거룩하게 하라. … 너는 기억하라. 네가 애굽 땅에서
> 종이 되었더니 네 하나님 여호와가 강한 손과 편 팔로 거기서 너를
> 인도하여 내었나니(신 5:12, 15).

이 명령에서 핵심 구절은 "너는 기억하라. 네가 애굽 땅에서 종이 되
었더니 네 하나님 여호와가 … 너를 인도하여 내었나니"다. 400년 넘게
애굽의 노예로 살 때 이스라엘 백성들은 일주일에 7일을 일했다. 한마디
로 1년 365일 하루도 쉬지 않고 일한 것이다. 그들의 부모와 조부모, 증조

부모, 고조부모는 오직 한 가지 목적을 위해 존재했다. 바로 일! 그들은 멈출 수 없었다. 잠시도 쉴 수 없었다. 삶을 즐긴다는 것은 먼 나라 얘기일 뿐이었다.

하나님께 맞선 권세인 바로는 바로 사도 바울이 말한 "악의 영"이었다. 당시 바로는 신처럼 숭배를 받았다. 그는 하나님의 백성들을 오로지 일과 생산만을 위한 비인간으로 전락시킨 사악한 통치자였다. 하지만 이제 하나님의 백성들에 대한 그의 압제는 와해되었다. 이제 그들은 새로운 정체성을 부여받았다. 더 이상 그들의 가치는 그들이 무엇을 '하는지'에서 비롯하지 않고 '누구인지'에서 비롯하게 되었다. 이제 그들은 살아 계신 하나님의 사랑과 은혜로 해방된 아들이요 딸이었다.

그런데 요즘 세상에서도 가혹하고 압제적인 현장 감독 아래서 죽어라 일만 하는 사람들이 많으니 참으로 안타까운 노릇이다. 우리의 머릿속에 사는 '바로'는 멈추지도 쉬지도 말고 쉴 새 없이 손발을 놀리라고 우리를 다그친다. 세상 문화는 우리의 가치가 무엇을 성취하거나 생산하느냐에 달려 있다고 말하며 우리 발에 족쇄를 채운다. 세상의 말대로라면 어떤 희생을 치르더라도 더 많이 성취하지 않으면 패자다. 나날이 '더 크고 더 좋아지지' 않으면 제대로 하고 있는 것이 아니다. 그래서 우리는 우리보다 더 빨리 더 많은 벽돌을 쌓는 것처럼 보이는 리더들과 자신을 비교하면서 괴로워한다. "나는 도대체 뭐가 문제지?"

하나님은 안식일이라는 선물을 내밀며 그분의 편에 서서 통치자들과 권세들에게 저항하라고 말씀하신다. 작가이자 학자인 월터 브루그만 (Walter Brueggemann)은 이렇게 말했다. "안식일은 쉼의 하나님 편에 서기 위한 확실하고도 구체적이며 가시적인 방법이다."[16] 이 얼마나 기분 좋은 초대인가. 안식일의 초대를 통해 하나님은 우리에게 그 옛날 애굽의 종살이에서 해방된 이스라엘 백성들처럼 잔치를 벌이고 춤을 추고 노래를 부르라고 말씀하신다. 일주일마다 찾아오는 이 거룩한 쉼을 통해 우리는 역할이나 생산성으로 우리를 평가하는 세상의 모든 영향력을 거부한다. 안식일은 우리가 노예가 아니라 예수 그리스도께서 피로 사신 자유민이라는 사실을 온 세상에 공개적으로 선포하는 행위다.

리더로서 안식일을 실천할 때 우리는 자신의 삶을 위해서만 통치자들과 권세들에 저항하는 것이 아니라 우리가 이끄는 사람들, 교회 전체, 세상, 심지어 통치자들과 권세들에게도 저항의 본을 보여 주는 것이다.

지금도 유대인들은 안식일을 하나님의 선민이라는 정체성의 핵심적인 요소로 여긴다. 그들은 안식일이 지금도 여전히 저항의 수단이 될 수 있음을 보여 준다. 특히 B&H 포토(B&H Photo)는 이런 저항의 선봉장이라고 할 만하다.

뉴욕 시티 9번가에 자리한 B&H 포토는 체인점을 제외하면 미국에서 가장 큰 사진 및 동영상 장비 판매점이며, 전 세계적으로는 도쿄의 요도바시 카메라(Yodobashi Camera)에 이은 두 번째 규모다. B&H 포토는 소유주들을 비롯해서 많은 직원들이 18세기 동유럽에 살던 조상들의 전통 복장을 고수하는 하시디즘 유대인들이다. 하루 평균 8-9천 명이 이 매장에 찾아온다. 하지만 매출의 70퍼센트는 온라인을 통해 이루어진다. 온라인에서 받은 주문은 브루클린 근처에 있는 약 2만 제곱미터의 창고에서 처리한다.

고도로 경쟁적인 시장에서도 B&H 포토는 안식일을 비롯해서 약 여섯 개의 유대교 휴일에는 어김없이 문을 닫는다. 주중에 손님이 가장 많은 금요일 오후 1시부터 문을 닫아 토요일도 하루 종일 쉰다. 안식일에도 B&H 포토의 웹사이트는 볼 수 있지만 주문은 할 수 없다.

최근 한 고객이 B&H 포토의 커뮤니케이션 책임자에게 어떻게 추수 감사절 다음날로 연중 가장 매출이 높은 블랙 프라이데이(Black Friday)에 오프라인 매장만이 아니라 온라인 매장까지 닫을 수 있냐고 물었다. 책임자의 답변은 지극히 간단했다. "더 높으신 분의 명령이거든요."[17]

작가이자 홀로코스트 생존자인 엘리 비젤(Elie Wiesel)은 참혹한 나치 강제 수용소에서도 안식일이 변함없이 지켜졌다는 기록을 통해 안식일이 곧 저항임을 재확인시켜 준다.

> 금요일 밤마다 돌아다니며 아무에게나 희미하게 웃으며 "형제여, 잊지 마시오. 오늘은 샤바트(Shabbat : 히브리어로 안식일-역주)요"라고 말했던 리투아니아 '마기드(maggid)' 곧 설교자가 기억난다. 연기와 악취 속에서도 여전히 안식일이 시간과 공간을 지배한다는 사실을 상기시키려는 것이었으리라.[18]

그 리투아니아 설교자와 B&H 포토의 직원들은 모두 중요한 성경 원칙을 이해하고 있었다. 바로 하나님이 세상의 모든 통치자들과 권세들을 다스리신다는 원칙이다. 하나님은 만왕의 왕이요 만주의 주시다.

안식일의 기쁨을 실천하는 것은 곧 예수 그리스도께서 십자가 위에서 모든 악한 영들을 이기셨다고 선포하는 것이다(골 2:15). 이는 인간이 생산성과 상관없이 무한히 가치 있는 존재이며 하나님의 사랑이 우주에서 가장 중요한 현실이라고 고백하는 것이다.

안식일은 놀이다

일전에 내 친구 크리스틴(Christine)에게서 최근에 이스라엘에 다녀온 이야기를 들었다. 어느 금요일 오후 크리스틴이 예루살렘의 한 야외 카페에 앉아 친구들과 담소를 나누는데 일단의 남자아이들이 동네가 떠나가라 노래를 부르고 소리를 지르며 우르로 달려갔다. 아이들이 워낙 큰 소리로 떠들어, 크리스틴은 처음에는 무슨 큰일이 난 줄 알았다. 하지만 지나가는 웨이터에게 물어보니 걱정할 일은 아니었다. "곧 안식일이라서 들떠서 그래요."

"안식일이라서 들떴다고요?" 크리스틴은 귀가 의심스러워 다시 말했다.

"네. 노래와 외침으로 안식일을 맞이하는 겁니다."

크리스틴은 그곳 아이들이 열광하는 모습이 마치 디즈니월드에서 실컷 놀 생각에 들떠 있는 미국 아이들과 비슷했다고 말했다.

어떤가? 이런 기쁨과 기대감으로 안식일을 기다리는 것이 상상이 가는가?

내가 처음 안식일을 놀이로 이해한 것은 독일이 낳은 위대한 신학자 위르겐 몰트만(Jürgen Moltmann) 덕분이다. 몰트겐은 《놀이의 신학》(*Theology of Play*)이란 책에서 이렇게 묻는다. "자유롭고 완벽히 자족하신 하나님이 왜 우주를 창조하셨을까?" 그가 잠언에서 찾아낸 답은 하나님이 세상을 창조하며 '노셨다는' 것이다. 세상이 시작되기 영원 전부터 계셨던 지혜(잠 8:23, 25)께서 세상이 창조될 때 아버지의 임재 안에서 노셨다. "내가 그 곁에 있어서 창조자가 되어 날마다 그의 기뻐하신 바가 되었으며 항상 그 앞에서 즐거워하였으며 사람이 거처할 땅에서 즐거워하며 인자들을 기

222

뻐하였느니라"(잠 8:30-31). "창조는 선의와 즐거움의 결과물이다. 따라서 창조는 하나님의 놀이다. 측량할 수 없이 끝없는 지혜의 놀이다. 창조는 하나님이 영광을 드러내시는 수단이다."[19]

하나님은 세상을 창조하실 때 "새벽별들이 기뻐 노래하며 하나님의 아들들이 다 기뻐 소리를 질렀느니라"라고 욥에게 알려 주셨다(욥 38:7). 그렇다면 우리는 하나님의 사랑과 기쁨의 열매인 셈이다. 하나님은 하나님 역할을 즐기신다.

하나님의 피조 세계를 가만히 살펴보면 장난스러운 '낭비'가 엿보인다. 싹을 틔우지 못할 운명이라도 상관없이 생산되는 씨앗들. 누가 보든 말든 가을날에 화려한 채색 옷으로 갈아입는 나뭇잎들. 인간의 눈이 미치지 못하는 저 깊은 심해에 숨어 몰래 헤엄치고 있는 물고기 종들. 봐주는 사람 하나 없이도 아름답게 피어오르는 꽃들. 이 모두는 하나님이 즐기기 위해 창조하신 것이다.[20] 한 신학자는 하나님의 장난기가 의심스럽거든 더도 말고 오리너구리와 타조, 기린을 보라고 말했다. 이 동물들은 보기만 해도 자신도 모르게 어린아이와 같은 미소가 피어오른다.[21]

몰트만은 우리가 하나님의 형상을 따라 지음받은 피조물인 만큼 놀 줄 알아야 한다고 말했다. 그러면서 그는 하나님의 기쁨에 동참할 수 있는 다양한 놀이를 상상했다.

창조와 마찬가지로 인간의 놀이들은 자유의 표현이다. … 창조할 때 창조자의 기쁨과 게임을 할 때 게이머의 즐거움은 서로 비슷하다. 창조와 마찬가지로 게임은 진지함과 유쾌함, 긴장감과 긴장 완화를 결합시킨다. 게이머는 진지한 얼굴로 게임에 몰두하는 동시에 자기

자신과 게임을 초월한다. 왜냐하면 결국 그것은 게임일 뿐이니까.[22]

    이런 종류의 놀이는 우리가 예수님과 얼굴을 마주하고 모든 죄와 죽음이 영원히 사라질 날의 기쁨을 가리킨다. 매우 실질적인 의미에서 놀이는 영원을 미리 맛보는 것이다. 몰트만은 "우리는 미래를 알기 위해 끊임없이 미래를 갖고 논다"라고 말했다.[23]

    나부터 시작해서 목사와 크리스천 리더들은 대체로 잘 놀 줄 모른다. 가끔은 우리가 삶에 대해 하나님보다도 더 진지한 것 같다는 생각이 든다! 내게 놀이는 가장 배우기 힘든 것 중에 하나였다. 우리 가족은 놀지 않았다. 아침에 눈을 떠서 밤에 눈을 감을 때까지 쉴 새 없이 일만 했다. 내가 다닌 교회는 하나같이 놀이와 담을 쌓은 곳이었다. 조금만 마음이 풀어져서 놀라치면 사방에서 날아오는 따가운 눈총에 견뎌 날 수가 없었다. 잠시라도 놀기에는 하나님을 위해 할 일이 너무 많았다! 그래서 내게 안식일에 노는 법은 건강한 그리스도의 제자이자 리더가 되기 위한 중요한 훈련 과목 중 하나였다.

    놀이가 중요한 것은 일이 삶의 전부가 아니라고 믿는다는 확실한 증거 가운데 하나이기 때문이다. 놀이는 너무 심각하고 너무 결과에 집착하는 우리의 성향을 바로잡아 준다. 노는 것은 실용적인 목적과 아무런 상관이 없다.[24] 하나님이 알아서 우주를 운행하실 테니 안식일만큼은 긴장을 풀고 놀라. 그리고 나머지 6일 동안도 틈틈이 놀라.

안식일에 관한 어느 열일곱 살 소녀의 지혜

피터(Peter)와 르네 호프만(Renee Hoffman) 부부는 미시건 주로 이사하기 전까지 7년 가까이 뉴 라이프 펠로십 교회에 다녔다. 뉴욕 시티에 살 때 이 가정은 두 가지 점에서 남달랐다. 첫째, 호프만 부부는 방 세 개짜리 임대 아파트에서 열두 자녀를 키웠다. 다행히 자녀들 모두가 동시에 집에 산 적은 없었다. 둘째, 이 가정은 우리 교회로 오기 전 10년부터 꾸준히 안식일을 지켜 왔다.

다음 글은 호프만 부부의 열일곱 살 난 고등학생 딸 애비(Abbey)가 쓴 학교 논문의 일부다.

우리 집은 토요일 밤 6시 30분이면 주방 탁자 위의 작은 촛불 하나만 빼고 모든 불을 끈다. 촛불은 탁자를 둘러싼 부모님이나 여섯 명의 동생, 보통 한두 손님의 얼굴을 은은하게 달궈 준다. 진수성찬을 덮어 놓은 천을 걷으면 여름밤의 시원한 산들바람처럼 기분 좋은 냄새가 온 방안에 가득 찬다. … 우리 가정은 이런 식으로 안식일을 맞이한다. 10년 가까이 매주 이 의식을 치러 왔다. 토요일 오후 6시에 시작해서 일요일 오후 6시까지 계속된다.

정신없이 살기 쉽기 때문에 가족으로서 속도를 늦추고 삶의 의미를 되새길 필요성이 있다. 안식일 준수는 우리가 하나님이 아니라는 믿음의 고백이다. 우리는 우리가 일주일에 하루쯤 쉬어도 하나님이 세상을 운행하시는 데는 아무런 지장이 없다고 믿는다. 안식일이면 우리는 전화기와 컴퓨터를 모두 끄고 텔레비전 시청을 절제한다. 대신, 가족으로서 우리가 영적으로 성장하고 서로 가까워질 수 있는 활동을 한다. 예를 들어, 기타를 치며 찬양을 부르거나 공원에서 산책을 하며 빨갛게 단풍이 든 가을 나뭇잎을 감상하거나 그냥 세상만사를 잊고 게임에 몰두한다. 주일 아침에는 비가 오나 햇빛이 쨍쨍하나 일찍 일어나 15인승 밴에 구겨 타고 오전 9시까지 교회에 도착한다. 교회에 가면 우리가 같은 목표를 추구하는 신자들이라는 전체 몸의 일부라는 사실을 다시금 기억할 수 있다.

안식일은 내가 가장 좋아하는 날이다. 언젠가 하나님이 내게 가정을 이루게 하신다면 이 전통을 이어 가고 싶다. 안식일은 우리 가정에 화목과 사랑, 질서를 준다. 이 외에도 유익한 점을 다 꼽자면 끝이 없다.

와우! 정말이지 고등학생답지 않은 통찰력과 지혜가 아닌가? 애비가 묘사한 호프만 가족의 안식일은 우리가 지금까지 다룬 안식일의 세 측면을 다 담고 있다. 영적 훈련으로서의 안식일, 통치자들과 권세들에 대한 저항으로서의 안식일, 놀이로서의 안식일이 그것이다.

안식일은 계시의 통로다

성경과 기도, 지혜로운 영적 스승들, 피조 세계, 닫힌 기회의 문을 비롯해서 우리는 다양한 형태로 하나님께 계시를 받는다. 또한 대부분의 크리스천들은 고난의 도가니와 인생의 풍랑 같은 통로를 통해서만 찾아오는 하나님의 계시가 있다는 점을 인정한다. 하지만 비슷한 원칙이 안식일에도 적용된다는 것을 아는 사람은 그리 많지 않다. 우리가 일에서 완전히 벗어나 쉴 때만 하나님이 우리의 영혼 속에 부어 주실 수 있는 것들이 있다.

안식일을 지킬 때 우리는 하나님이 일하시는 모습만이 아니라 쉬시는 모습 속에서도 그분의 거룩하심과 선하심을 발견할 수 있다. 다시 말해, 안식일이라는 하나님의 선물을 받아들이지 않으면 안식일 외에 다른 통로로는 얻을 수 없는 하나님에 관한 뭔가를 놓칠 수밖에 없다. 무슨 말인지 간단한 성경의 예로 설명해 보겠다.

하나님은 옛 이스라엘 백성들에게 7년마다 1년 동안 땅을 묵혀 땅에 안식을 주라고 명령하셨다. 이유가 무엇이었을까? 그래야 땅이 떨어진 영양분을 다시 채워 넣을 수 있기 때문이었다. 땅을 쉼 없이 계속해서 사용하면 결국 불모지로 변해 버린다. 우리 영혼의 땅도 크게 다르지 않다. 일은 우리의 에너지와 지혜를 고갈시킨다. 따라서 우리 영혼의 땅을 쉬지 않게 계속해서 돌리는 것은 우리 자신에 대한 폭력이다. 우리는 일과 쉼의 균형 속에서 번영하도록 창조되었다. 피로가 쌓일수록 성령의 열매로 일하고 사람들을 이끌기가 점점 더 힘들어진다. 그래서 하나님은 안식일에 쉬고 즐기고 놀면서 사랑과 희락, 평강, 인내, 온유 같은 고갈된 영양분을 보충하라고 명령하신다. 인간으로서 리더로서 하나님의 사랑을 받아 우리의 영혼을 충전해야 마땅한 열매를 맺을 수 있다.

또한 일을 멈추고 쉬면 우리에게 말씀하시는 하나님을 발견하게 된다. 그렇다. 하나님은 우리에게 말씀하고 계신다. 그것도 아주 많이 말씀하신다. 하나님이 우리에게 보여 주시려는 것들이 있는데, 쉬지 않으면 들리기는 커녕 하나님이 말씀하고 계신지조차 느낄 수 없다. 예를 들어, 우리가 그토록 중요하게 여겼던 목표들이 갑자기 덜 중요하게 보일 수 있다. 심지어는 하나님이 부르시는 일의 걸림돌로 보일 수도 있다. 리더로서의 목표와 관심사가 인생의 전부가 아니라는 것을 깨닫기도 한다. 24시간 동안 우리의 일과 모든 문제와 걱정거리까지 전적으로 하나님께 맡기는 연습을 하면 나머지 6일 동안에도 일의 결과를 그분께 맡기기가 점점 더 쉬워진다.

아내와 나는 안식일마다 중요한 진리들을 우리 영혼 속에 꾹꾹 눌러 담아 주시는 하나님의 은혜에 놀라곤 한다. 최근에 새삼 깨달은 두 가지 진리를 소개한다.

- **하나님은 서두르시지 않는다.** 하나님은 내가 내 목표를 위해 정한 시간표보다 느리게 움직이실 때가 많다. 아예 하나님의 목표가 나와 전혀 다를 때도 많다. 나머지 6일 동안 나는 하나님의 나

라를 넓히기 위해 전략을 짜고 사람들을 동원하고 내 비전을 전해 준다. 6일 내내 머릿속에 온갖 흥미진진한 아이디어와 계획이 떠다닌다. 하지만 안식일에 일을 멈추고서 보면, 당장 모든 일을 이뤄야 한다고 호들갑을 떠는 나와 달리 여유롭고도 신중하게 세상 구원의 계획을 펼쳐 가시는 하나님이 보인다.

- **리더로서 내가 해야 할 가장 중요한 하나님의 일은 예수님을 믿는 것이다**(요 6:28-29). 나머지 6일 동안 나는 세상 속에서 하나님의 교회를 세우기 위해 내 모든 은사와 재능을 최대한 분출시킨다. 하지만 안식일에는 오직 예수님을 믿고 그분의 사랑을 받는 데만 집중한다. 예수님이 교회의 머리시며 이 세상을 나보다 훨씬 더 잘 운영하신다는 사실을 다시금 기억한다. 내가 다스리는 것이 아니라 참으로 그분이 다스리신다. 사실, 내가 잘 때도 하나님은 여전히 일하고 계신다. 나는 단지 잠에서 깨면 밤새 쉼 없이 진행되던 그분의 일에 다시 합류하는 것일 뿐이다(시 121, 127편).

안식일에 그저 가던 길을 멈추고 자리에 앉아 눈과 귀를 열기만 하면 수많은 계시가 우리를 기다리고 있다. 우리는 말은 정말 잘하는데 듣기는 영 서투르다. 안식일을 실천할수록 듣는 능력이 발달해, 하나님이 내내 우리를 향해 말씀하고 계셨는데 우리가 너무 바빠서 듣지 못했다는 사실을 발견한다.

안식일이라는 아름다운 다이아몬드의 네 면을 지금까지 경험하지 못했다는 사실이 너무 한스러운가? 걱정하지 말라. 아직 늦지 않았다. 지금이라도 안식일의 아름다움과 기쁨 속으로 뛰어들라.

안식일을 위해 보호용기를 마련하라

단순한 하루 휴가가 아니라 "네 하나님 여호와의 안식일"을 지키려면 창의성과 인내력, 그리고 시행착오가 필요하다. 본격적으로 안식일을 지켜보면 얼마나 많은 고민과 사전 계획이 필요한지 금세 알게 된다. 안식일의 시간 사용에 대한 규칙을 정하고 고수하는 것도 중요하다.

내 친구 토드 데서레이지(Todd Deatherage)는 팔레스타인에 평화와 이해의 시대를 열기 위해 애를 쓰는 비영리 단체의 공동 창립자다. 팔레스타인과 관련된 일이다 보니 그는 그곳을 자주 들락거린다. 그가 한 유대인 가정에서 경험한 안식일(샤바트)에 관한 이야기를 듣고 깊은 감명을 받았던 기억이 난다.

> 약 10년 전부터 한 랍비 친구가 자신의 집에서 치르는 샤바트 의식에 나를 자주 초대했다. 그 가정의 샤바트는 언제나 가족과 친구들이 둘러앉은 근사한 식사로 시작된다. 기도하고 서로를 축복한 뒤에는 여유로운 대화가 밤늦게까지 이어진다. 서너 시간이 지나가는 것이 예사다. 장소를 신중히 정하고 정성껏 꾸며서 별미를 준비하고 온 가족과 많은 친구를 부르는 것을 볼 때마다 단순한 식사 모임이 아니라 하나의 성대한 잔치라는 생각이 들었다. 일주일에 한 번씩 치르는 추수감사절이라고 생각하면 정확하다.
>
> 이 랍비 가족은 안식일에 할 수 있는 것과 할 수 없는 것에 대한 엄격한 규칙을 정해 그대로 지켰다. 그런 규칙은 안식일의 섬을 지켜 주는 보호용기와도 같았다. 그 가족에게 샤바트는 주중의 나머지 6일

과 전혀 다르다. 첨단기술과 정보로 넘쳐나는 이 시대에는 한눈을 팔게 만드는 것이 수없이 많은데, 이 가족의 샤바트는 기도와 공부, 산책, 낮잠, 장거리 도보 여행, 함께 하는 식사, 의미 있는 대화를 위해 그 모든 방해물을 한쪽으로 치워 두는 날이다. 확실한 규칙을 정해 보호하지 않으면 이런 것들을 위한 시간이나 공간을 만들어 낼수 없다.

이 랍비 가족과 같은 식으로 안식일의 규칙(보호용기)을 정하면 안식일이 율법주의(해야 할 일과 하지 말아야 할 일이 담긴 목록)의 일종이 아니라 기대되는 날이 된다. 이날은 더 좋은 뭔가를 기대하는 마음으로 내 모든 노동을 한쪽으로 치우는 날이다. 안식일은 하나님이 해 주신 일을 감사로 돌아보는 동시에 하나님이 앞으로 해 주실 일을 고대하는 날이다.

안식일은 풍성하고도 아름다운 날이 될 수 있다. 다만, 그렇게 되려면 보호용기(규칙)를 만들어야 한다. 안식일을 일주일의 나머지 6일과 구별시키는 구체적인 규칙을 정해서 엄격히 준수해야 한다. 예를 들어, 전화기와 컴퓨터를 끄기로 정할 수 있다. 일에 관한 이야기는 절대 하지 않기로 합의할 수도 있다. 식사와 촛불 점화, 기도로 안식일을 시작하고 마칠 수도 있다. 구체적으로 어떻게 하든 핵심은 안식일의 네 가지 원칙(멈추고 쉬고 즐기고 하나님을 생각한다)을 바탕으로 자신만의 보호용기를 만드는 것이다. 다음과 같은 가이드라인에 따라 당신만의 안식일 용기를 만들어 보라.

첫째, 안식일에 관한 자료를 읽으라. 기독교와 유대교의 시각에서 안식일을 조명한 좋은 책들이 시중에 많이 나와 있다. 웨인 멀러(Wayne

Muller)의 《휴》(Sabbath : Finding Rest, Renewal and Delight in Our Busy Lives)와 아브라함 요수아 헤셀의 《안식》(The Sabbath : Its Meaning for Modern Man)을 추천한다. 기도하면서 천천히 읽기를 바란다.

둘째, 24시간의 틈을 찾으라. 목사들은 대개 월요일에 쉰다. 그런 경우라면 그냥 그날을 안식일로 바꿔도 좋다. 하지만 주일에 일하는 목사와 교회 리더들에게는 전통적인 유대교 안식일(금요일 밤 6시에서 토요일 밤 6시까지)을 지키라고 추천하는 편이다. 단, 토요일에 결혼식처럼 빠질 수 없는 약속이 자주 생긴다면 장기적인 관점에서 월요일이 더 적합할 수 있다. 중요한 것은 요일을 수시로 바꾸지 말고 어떤 요일이든 일관된 안식일을 하루 정하는 것이다. 일과 쉼의 균형 잡힌 리듬을 유지하려면 안식일을 특정 요일로 못 박는 것이 중요하다. 나도 강연이나 뜻밖의 상황에는 어쩔 수 없이 안식일을 조정하지만 그런 경우를 최소화하려고 노력한다.

셋째, 당신에게 기쁨을 주는 활동들을 꼽아 보라. 간단하게 보이지만 실제로 해 보면 그렇게 만만하지 않다. 특히, 평생 즐거움이란 것을 모르고 산 사람이라면 더더욱 그렇다. 하루 날을 정해서 어떤 장소나 활동, 사람들이 당신에게 기운을 북돋아 주는지 돌아보라. 또한 평소에 하고 싶었지만 시간이 없거나 기회가 닿지 않아 하지 못한 일들을 생각해 보라. 이를테면 스포츠나 친구들과의 게임, 외식, 영화, 야외 활동, 사교춤, (일이 아닌 여가로서의)독서 같은 것을 생각해 볼 수 있다. 뭐든 놀이처럼 즐겁게 할 수 있는 것을 찾아보라.

넷째, 미리 준비하라. 24시간의 안식일을 정했다 하더라도 실제로 그날 일을 멈추고 쉬려면 그에 맞게 주중의 삶을 미리 재배치해야 한다.

쉬는 날에 주로 처리하던 볼일이 무엇인지 확인해서 주중에 미리 처리하라. 미리 준비하지 않으면 결국 안식일에 그 일을 하게 되어 있다. 안식일이 시작되는 날(혹은 전날 밤)에는 서너 시간 전에 안식일로 전환하는 과정을 시작하라. 그렇게 전환하는 시간에 장보기나 은행 업무, 잔디 깎기, 다음 주에 일할 준비를 하기 위한 마지막 전화 같은 잔무를 처리하라.

다섯째, 당신만의 '보호용기'를 정해서 실험하라. 안식일에 무엇을 하고 무엇을 하지 않을지에 대한 규칙을 정하라는 말이다. 이런 질문을 던지라. "안식일을 주중의 나머지 6일과 어떻게 다르게 보낼까?" "이 안식일의 쉼을 보호하기 위해 무엇을 하고 무엇을 하지 말아야 할까?" 예를 들어, 다음과 같이 '해야 할 일'과 '하지 말아야 할'을 정해 보라.

- 안식일에는 다음과 같은 것을 할 것이다.
  - 촛불을 켜고 감사기도를 드리면서 안식일의 시작을 공식 선포한다.
  - 성경 읽기와 기도, 침묵을 통해 하나님의 음성을 듣는 시간을 가진다.
  - 자연으로 나가거나 예술 작품(음악이나 드라마, 시각 예술 등)을 보면서 하나님이 지으신 피조 세계의 아름다움에 파묻힌다.
- 안식일에는 다음과 같은 것을 하지 않을 것이다.
  - 트위터나 페이스북을 하지 않고 일 관련 이메일은 절대 읽지 않는다.
  - 위급 상황이 아닌 이상 일을 하지 않고 일에 관한 이야기도 일체 하지 않는다.

– 밀린 집안일이나 볼일을 처리하지 않는다.

모두에게 적용되는 정답 따위는 없다. 당신의 안식일 보호용기는 상사나 동료, 친구들과 전혀 다를 수 있다. 그래도 괜찮을 뿐 아니라 그래야만 한다. 저마다 지나고 있는 인생의 계절이 다르고 맡은 책임이 다르기 때문이다.

자신의 보호용기를 정한 뒤에는 최소한 4-6주간 그대로 밀고나가기를 바란다. 처음에는 맞지 않는 옷을 입은 것처럼 어색하고 삐거덕거리겠지만 점점 쉬워질 테니 걱정하지 말라. 몇 주간 항목을 추가하거나 빼면서 조정을 하다 보면 6개월쯤 되어 잘 정돈된 당신만의 멋진 안식일이 탄생할 것이다.

여섯째, 도움을 구하라. 주변에 규칙적으로 안식일을 지키는 사람들이 있으면 찾아가 이야기를 나누라. 그들은 어떻게 하는가? 그들은 무엇을 배웠는가? 그들이 어떤 함정을 조심하라고 경고하는가? 주위에 안식일을 지키는 사람이 없다면 함께 안식일을 실천하며 배운 점을 서로 공유할 친구나 동료를 모으라. 싱글일수록 남들의 도움이 필요하다. 안식일에 친구들을 불러 함께 식사를 하고, 사교 모임을 주최하거나 참석하고, 북 클럽이나 교회 활동에 참여하고, 춤이나 도보 여행, 요리 같은 취미 동호회에 가입하는 싱글들이 많다. 안식일이 일에 영향을 끼치는 경우에는 관련된 상사나 동료, 부하 직원에게 미리 말하고 양해를 구하는 것이 좋다. 안식일이 직장 내 분란의 불씨가 되어서는 하나님께 영광이 되지 않는다. 따라서 항상 배려를 잊지 말라. 최대한 주변의 이해와 도움을 구하려고 노력하라.

자신만의 안식일 리듬과 보호용기를 정했으면 이제 안식일을 바탕으로 리더십을 발휘할 수 있는 준비가 된 셈이다.

안식일을 바탕으로 리더십을 발휘하라

30년 가까이 리더로 살아온 사람으로서 자신 있게 말하건대, 일주일 중 안식일은 내 리더십을 위해 단연 가장 중요한 날이다. 또한 안식일은 복음의 진리가 가장 가슴에 와 닿는 날이다. 왜냐하면 아무런 생산적인 활동을 하지 않고도 절대적인 사랑을 받기 때문이다. 무슨 말인지 내 이야기로 설명해 보겠다.

최근 안식일에 아내가 출장을 갔을 때 네 딸들과 한 명씩 일대일 데이트를 즐길 기회가 생겼다. 안식일 저녁은 마리아와 함께 영화를 보면서 시작했다. 이튿날 아침에는 퀸스에서 맨해튼까지 가서 크리스티와 아침 식사를 하고 1.5킬로미터쯤 걸어가 에바와 점심을 먹고 오후를 함께 했다. 집에 돌아와서는 페이스와 기분 좋은 대화를 즐겼다. 그 주의 안식일을 마치고 "나는 세상에서 가장 복 받은 남자야!"라고 탄성을 질렀던 기억이 난다.

안식일은 내게 무엇이 가장 중요한지를 가르쳐 주었다. 하나님, 사랑, 즐거움, 기쁨, 아내, 딸들, 친구들, 친척들. 이보다 더 중요한 것들이 어디 있는가. 덕분에 나는 안식일을 사역의 기초로 삼기 전과 매우 다른 리더로 변해 있다. 내려놓는 것을 전보다 훨씬 잘한다. 하나님의 음성에 귀를 기울이는 능력도 일취월장했다. 그리고 대개는 여유를 갖고 산다.

내가 안식을 통해 이렇게 변하니까 나만 좋은 것이 아니라 가족과 내가 이끄는 사람들까지 좋은 영향을 받고 있다. 조금 시간이 걸리긴 했지만 안식일이 쉼을 바탕으로 일하게 해 주는 날임을 깨닫고 나서는 내가 이끄는 사람들을 쉬게 해 주는 것이 전보다 훨씬 더 쉬워졌다. 이와 관련된 성경의 원칙은 다음과 같다.

> 안식일을 지켜 거룩하게 하라. … 너나 네 아들이나 네 딸이나 네 남종이나 네 여종이나 네 소나 … 아무 일도 하지 못하게 하고 네 남종이나 네 여종에게 너 같이 안식하게 할지니라(신 5:12, 14).

물론 사역자들과 자원봉사자들이 우리의 종은 아니지만 분명 우리의 권위와 영향력 아래에 있다. 따라서 그들에게 안식일을 지킬 수 있도록 적절한 경계선들을 유지하라고 권할 책임이 우리에게 있다.

안식일을 바탕으로 리더십을 발휘하는 것의 의미는 사람마다 다를 수 있다. 다음과 같은 가이드라인에 따라 그 의미를 고민해 보라.

첫째, 본보기로 이끌라. 안식일에 관한 당신의 경험을 이야기하라. 성공만이 아니라 실패한 경험까지도 솔직히 고백하라. 안식일을 실천하는 것은 선지자적인 행위이며 강력한 교육 수단이다. 당신이 이끄는 사람들은 본보기를 필요로 한다. 그리고 그들에게 보여 줄 수 있는 가장 좋은 본보기는 바로 안식일의 본보기다.

둘째, 질문과 난관을 다루는 데 도움이 되는 자료를 제공하라. 우리 교회에서는 사역자와 핵심 리더들에게 안식일에 관해 가르친다. 안식일에 관한 교육은 우리 교회에 등록하기 위한 교육 과정과 영적 형성을 위한 핵심 과정의 일부다. 또한 우리 교회에서는 책과 설교 자료, 논문, 팟캐스트를 비롯한 다양한 자료를 제공한다.[25]

리더가 안식일을 조직의 핵심 가치로 도입하면 사람들이 안식일을 실천하면서 많은 질문을 내놓을 것이다. 사역 팀에 안식일을 가르칠 때는 주간 모임 때 시간을 내서 그런 질문을 다루라. 교인들을 대상으로 안식일을 가르칠 때는 어린 자녀나 나이든 부모를 돌보는 일에서 위급한 상황과 일정이 수시로 변하는 직장까지 여러 사람의 다양한 애로사항을 미리 고려해야 한다. 리더가 그 모든 문제를 해결해 줄 수는 없지만 자료와 도움의 손길을 제공하고 자주 묻는 질문에 대해서는 답해 줄 수 있다.

셋째, 안식일을 잘 지키고 있는지 수시로 물어 참여를 이끌어 내라. 조직 내에 안식일의 전통을 뿌리내리려면 자꾸만 관심을 보여 줘야 한다. 나는 자원봉사자와 팀원, 동료, 친구들에게 안식일의 리듬과 삶의 속도를 어떻게 유지하고 있는지 구체적인 질문을 자주 던진다. 그렇게 하면 내가 그들에게 단순히 일하는 사람들로서가 아니라 전인격적으로 관심을 갖고 있다는 메시지를 전해 줄 수 있다.

3부에서는 안식일이 건강한 문화를 조성하고 건강한 팀을 구축하는 데 얼마나 중요한지를 자세히 살펴보자. 지금은, 우리가 이끄는 사람들에게 안식일이라는 선물을 주려면 먼저 우리 자신이 안식일을 실천해야 한다는 점만큼은 확실히 마음에 새기고 넘어가자.

안식일을 잘 지키고 있는가

링키지(Linkage)의 경영자인 내 친구인 샘 램(Sam Lam)은 '링키지 20 컨버세이션 @ 하버드(Linkage 20 Conversation @ Harvard)'라는 독특한 리더십 프로그램을 운영한다. 이 프로그램에서는 역동적인 리더들이 전 세계의 고위 경영자들에게 생산성을 극대화하는 법을 직접 가르친다. 이 경영자들은 하나같이 야심만만하고 경쟁심이 강하며 무슨 일이든 불도저식으로 밀어붙이는 스타일이다. 램은 그들이 교회를 다니든 다니지 않든 상관없이 안식일을 무시한 채 스스로를 한계까지 몰아붙이는 사람들이라고 말한다. 그는 자신도 아직 안식일 무시병에서 회복되는 중이라고 고백했다.

그래서 램의 초점은 이 리더들이 주중에 얼마나 많은 시간을 일하느냐가 아니라 안식일을 잘 지키느냐 하는 것이다. 그의 말을 들어 보자.

우리가 안식을 지키지 않으면 하나님은 어떻게든 그 시간을 보충시키신다. 오랫동안 나는 이스라엘 백성들이 바벨론에서 70년간 포로로 살았던 것이 우상 숭배를 비롯한 죄 때문이라고 생각했다. 그러던 어느 날 성경을 뒤적이다가 안식일에 대한 내 생각을 송두리째 바꿔 놓는 구절을 만났다. 바로 역대하 36장 21절이었다. "이에 토지가 황폐하여 땅이 안식년을 누림 같이 안식하여 칠십 년을 지냈으니 여호와께서 예레미야의 입으로 하신 말씀이 이루어졌더라." 다시 말해, 안식일을 지키지 않으면 어떻게든 보상이 이루어진다. 어떻게든 손실을 메워야 한다. 오늘날에도 똑같은 원칙이 적용된다고 믿는다. 우리가 안식일을 지키지 않아 손실이 발생하면 하나님은 위기나 건강 문제, 위급 상황, 뭐든 우리의 관심을 끄는 사건을 통해 우리를 멈추게 하신다.

램의 해석에 따라 안식일의 신학을 주창할 생각까지는 없지만 그의 말이 사실이라는 증거를 수없이 두 눈으로 확인했다. 우리가 계속해서 쉼의 필요성을 무시한 채 한계를 넘어서까지 일하면 하나님께 저지를 당할 가능성이 높다. 우리가 안식일이라는 선물을 거절하면 조만간 어떤 식으로든 정서적 육체적 영적으로 주저앉을 것이다. 혹시 지금 그런 상태에 빠져 있는가? 걱정하지 말라. 하나님이 반드시 당신을 회복시키시고 안식일의 선물을 다시 제시하실 것이다. 하나님은 내게도 여러 번 그렇게 해 주셨다. 하나님은 당신과 나를 그만큼 깊이 사랑하신다.

안식일 평가에 대한 설명

안식일에 대한 평가를 했다면 다음의 설명이 평가 결과를 이해하는 데 도움이 될 것이다.

대부분 1-2점을 받았다면 하나님이 원하시는 것보다 더 많이 일하고 있는 셈이다. 아마 일주일에 제대로 쉬는 날이 하루도 없을 것이다. 당신의 몸과 마음, 영혼은 일과 안식일의 균형 잡힌 리듬 속에서 살도록 창조되었다. 지금 이 리듬이 절실히 필요하다. 이번 장에서 인용된 안식일에 관한 성경 구절들을 묵상하고 당신의 리더십과 개인적인 삶, 팀에 의미하는 바를 깊이 고민해 보라. 부담스럽다면 처음에는 안식일을 12시간으로 시작해서 점점 늘려가는 것도 괜찮다.

대부분 2-3점을 받았다면 일과 안식일의 균형을 이룬 건강한 리더십의 리듬으로 가는 여행을 시작했다. 일에 관해 적절한 경계선을 정해 일을 쉴 줄 알며, 일이 당신의 전부가 아니라는 사실을 이해한다. 하나님의 선물을 즐길 줄도 안다. 풍성한 안식일을 경험함으로 나머지 6일도 알차게 살 수 있는 기초는 갖춘 셈이다. 신학 측면과 실생활 측면 모두에서 안식일의 본질을 깊이 고민해 보길 바란다. 안식일을 실천하는 데 걸림돌이나 부담감이 있다면 친구들에게 상의하거나 일기를 쓰면서 그 원인을 찾아보라.

대부분 4-5점을 받았다면 하나님이 주신 안식일을 제대로 누리고 있다. 함께 사역하는 사람들에게 안식일의 신학적 기초와 실질적 적용에 관해 가르칠 준비가 되었다. 더 많은 사람을 모아 놓고 강연을 해도 좋다. 남들이 핵심적인 영적 훈련으로서 안식일을 잘 실천하도록 돕기 위해 당신 자신의 안식일을 더 철저히 갈고 다듬기를 바란다.

Part 3

리더의 외적 삶을
풍성하게 하는 4가지 처방

건강한 내적 삶이
리더십의
열매를 맺다

리더의 외적 삶에 관한 네 개의 장으로 이 책을 시작할까 하는 생각도 했다. 리더들은 당장 실행할 수 있는 실용적인 자료와 새로운 개념을 원하기 때문이다. 하지만 내적 삶을 다루지 않고 외적 삶의 방안들부터 시작하면 지속적인 변화가 불가능하다는 판단에 따라 외적 삶에 관한 내용을 뒤로 빼냈다.

2부는 '파일'이라고 하는 콘크리트나 강철 기둥을 단단한 바위를 뚫을 때까지 땅에 박은 맨해튼의 한 마천루에 관한 이미지로 시작했다. 이 이미지는 이 책 전반부의 요점을 효과적으로 전달해 준다. 다시 요약하자면, 정서적으로 건강한 리더가 되기 위해서는 특정한 영적 훈련들을 내적 삶에 깊이 박아야 한다. 전반부에서 '자신의 그림자를 직면하라, 결혼 생활 혹은 싱글 생활을 바탕으로 리더십을 발휘하라, 사랑의 연합을 위해 속도를 늦추라, 안식일을 즐기라'라는 내적 삶의 기초를 다루었다.

리더의 외적 삶에 관한 3부로 넘어가면서 마천루의 이미지를 열매 맺는 큰 나무에 관한 오래 된 이미지로 바꾸고자 한다. 이 이미지는 뿌리(내적 삶)와 열매 맺는 가지(외적 삶) 사이의 뗄 수 없는 유기적인 관계를 보다 분명하게 보여 준다.

뿌리가 얕은 나무는 겉으로는 아름다워 보일지 몰라도 장기적인 성장에 필요한 물과 영양분을 충분히 공급받을 수 없다. 뿌리가 감당할 수 없을 만큼 사역과 조직이 빠르고도 크게 성장하면 반드시 문제가 발생한다. 깊고도 넓게 뻗어나간 뿌리는 나무를 단단하게 지탱해 주고 더 많은 토양에서 충분한 물과 영양분을 빨아들인다. 그런데 우리 영적 삶의 뿌리는 성장하는 교회나 조직, 팀을 키우고 이끌기에 역부족일 때가 너무도 많다(2부).

동시에, 뿌리를 깊이 내린 내적 삶은 좋은 조직 활동으로 이어져야 마땅하다. 하지만 안타깝게도 실제로는 그렇지 않은 경우가 너무도 많다. 내적 삶과 외적 삶의 단절, 즉 예수님과 동행하는 영성을 계획과 팀 구축, 힘의 올바른 사용과 지혜로운 경계 설정, 끝과 새로운 출발 같은 리더의 일에 적용하지 못하는 상황이 자주 나타난다. 우리는 세상의 비즈니스 방식을 그대로 차용해서 이 일을 하려고 할 때가 너무도 많다. 이렇게 세상의 가지를 우리의 영적 뿌리에 접붙이면 잘못된 종류의 열매만 맺을 따름이다. 우리는 비즈니스 세계의 좋은 것들을 구속하되 우리 팀과 사역의 영적 삶에 '맞도록' 신중히 가지치기를 해야 한다. 좋은 열매를 맺으려면 예수님께 붙은 뿌리의 생명력이 위로 그리고 밖으로 흘러가 외적 리더십의 모든 측면에 두루 퍼져야 한다.

3부에서는 뿌리의 수분과 영양분이 리더십의 가지들(중요한 영역들)로 어떻게 흘러가야 할지를 살펴보자. 이 책에서 나는 리더의 외적 삶 중 다음 네 가지 일에 초점을 맞추기로 했다.

- 계획과 의사결정
- 문화와 팀 구축

- 힘과 지혜로운 경계
- 끝과 새로운 시작

    이 네 가지 일은 모든 리더의 삶에 기초라 할 만큼 중요하지만 간과될 때가 너무도 많다. 개인적으로 내적 삶을 이런 네 가지 외적 삶과 통합한 결과, 나만이 아니라 교회 전체에 기쁨과 생명력이 넘쳤다. 하나님은 우리에게 그분의 뜻이 펼쳐질 때까지 참을성 있게 기다릴 은혜와 망설임 없이 전진할 수 있는 명료함을 주셨다. 이 책을 통해 당신도 그렇게 되기를 간절히 원한다.

    자, 이제 우리가 리더로서 매일 마주치는 첫 번째 외적 작업인 계획과 의사결정부터 시작해 보자.

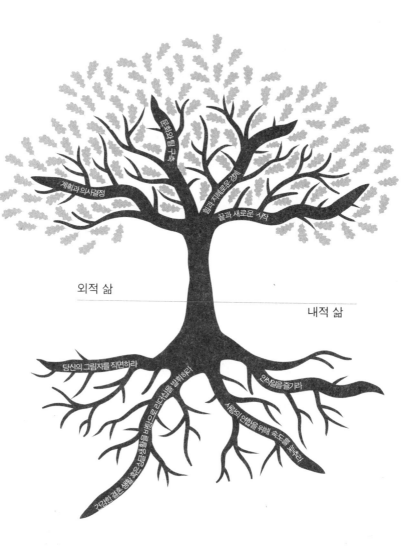

외적 삶

내적 삶

Chapter 6

세상의 방식을
그대로 접붙이지 말라

1997년 뉴 라이프 교회를 개척한 지 2년이 지났을 때 아내와 나는 한 컨퍼런스에 참석하기 위해 비행기에 몸을 실었다. 당시 아내에게 꼭 할 말이 있어 말할 기회만 기다리고 있었는데 비행기 안에서 마침내 용기를 냈다.

"여보, 있잖아요, 다섯 달 뒤부터 주일 오후에 스페인어 예배를 드릴 생각이에요. 모든 준비는 이미 끝났어요. 반응이 대단할 거예요!"

하지만 아내는 아무런 대꾸도 없었다. 싸늘한 침묵이 흘렀다. 그 짧은 순간, 그간 준비해 온 과정을 떠올리며 내 결정이 옳음을 다시금 확인했다.

우리는 신학교에 다니고 코스타리카에서 공부하고 1년 동안 스페인어를 사용하는 교회에서 섬기고 나서 스페인어 사용자가 대다수인 지역에 뉴 라이프 교회를 열었다. 이 모든 과정이 이 방향을 가리키고 있었다. 게다가 이번에는 하나님이 콜롬비아에서 막 도착한 부부까지 교회의 리더로 보내 주셨다.

아무리 생각해도 스페인어 예배를 시작하는 것은 분명 하나님의 뜻이었다. 그렇게 하면 이 지역을 그리스도의 복음으로 물들일 수 있다고 생각했다. '이토록 모든 상황이 완벽한데 하나님의 뜻이 아닐 리가 없어!' 스페인어 예배를 드리면 그만큼 사역자도 더 많이 발굴할 수 있으니 일석이조가 아닌가. 이 기회를 절대 놓칠 수 없었다.

한참 만에 아내가 분명히 짜증 섞인 투로 입을 열었다. "도대체 무슨 소리를 하는 거예요? 영어 예배도 아직 자리를 잡지 않았는데 다른 언어 예배를 시작하겠다고요? 아직 리더들도 충분하지 않다고요! 그 예배에서는 누가 설교를 하죠? 당신이요?"

아내가 그렇게 나올 줄 알았다. "아니에요. 콜롬비아에서 목회를 하다가 이곳으로 온 부부가 있어요. 다음 주에 우리 교회에 올 거예요. 뛰어난 목회자들이라고 강력하게 추천받은 분들이에요. 내가 할 일은 거의 없어요. 기껏해야 한 달에 한두 번만 설교하면 될 거예요."

"장난해요?" 아내는 투덜거리며 고개를 돌려 창문 밖의 구름떼를 응시했다.

나도 나대로 생각에 잠겼다. '아내가 옳을지도 몰라. 하지만 서두르지 않으면 애써 배운 스페인어를 다 까먹을지도 몰라. 그동안 쏟아부은 시간과 에너지와 돈이 다 물거품이 될지 몰라.'

팔 뻗으면 닿을 만큼 가까운 우리 사이의 공간이 어색한 침묵 때문에 태평양만큼이나 넓어 보였다.

아내가 지나가는 구름을 응시하는 동안 나는 아내에게 믿음과 비전을 달라고 하나님께 기도했다. 그러고 나서 침을 한번 꿀꺽 삼키고는 어색한 침묵을 깼다.

"여보, 걱정하지 말아요." 나는 침착하고도 자신감 넘치는 목소리를 유지하려고 애썼다. "자문 위원회와 이야기를 나눠 봤는데 다들 좋다며 밀어붙이기로 의기투합했어요."

아내가 땅이 꺼져라 무거운 한숨을 내쉬었다.

"여보, 아직 준비가 안 됐어요. 분명, 충분히 고민하지 않았을 거예요. 하지만 내가 아무리 말려도 어차피 할 거잖아요. 알아서 하세요."

아내의 말이 맞았다.

첫해에 스페인어 예배에 참석하는 교인들의 숫자는 급속도로 늘어났다. 하지만 콜롬비아에서 온 부부는 우리의 기대만큼이 아니었다. 결국 얼마 있지 않아 다른 목사를 영입했다. 그런데 3년 뒤 그 목사는 우리 교인 300명을 데리고 나가 다른 교회를 세웠다. 그 교회는 세 번이나 분열을 거듭하더니 결국 10년 만에 문을 닫고 말았다.

하루아침에 300명이 사라진 뒤 뉴 라이프 교회에 남은 스페인어 예배 교인들은 차츰 안정을 되찾고 영어 예배 교인들과 나란히 성장하기 시작했다. 하지만 그러기까지 9년의 긴 세월 동안 극심한 혼란과 고통, 불필요한 오해와 상처를 헤쳐 나가는 길은 험난하기 짝이 없었다.

그 비행기 안에서 아내와 함께 대화를 나눌 때만 해도 나는 리더의 내적 삶을 하나님께 단단히 고정시키는 네 가지 중요한 뿌리를 제대로 이해하지 못하고 있었다. 뿌리가 단단하지 못하니 내 리더십은 바람 앞에 촛불처럼 수시로 흔들렸다. 특히, 계획과 의사결정에서는 한없이 부족한 모습을 보였다. 우리 교회의 리더십 구조는 내 얕은 뿌리를 여실히 드러냈다. 그 영향이 교회 전체에 미치는 게 한눈에 보였다. 관계는 삐거덕거리고 자원봉사자들은 지칠 대로 지쳤으며 갈등이 끊이질 않았다. 사람들이 빠져나가고 사역들이 휘청거렸다. 나는 나름의 목회 기술로 어떻게든 이 모든 틈을 땜질하려고 했지만 그럴수록 상황은 점점 더 파국으로 치달았다.

문제가 생긴 것은 인정할 수밖에 없었다. 하지만 적절한 계획과 의사결정 프로세스만 찾아내면 옳은 결정을 내릴 수 있으리라 생각했다. 하지만 지나고 나서 보니 너무도 어리석은 생각이었다.

건강한 뿌리, 곧 내적 삶을 기르고 나서야 비로소 잘못된 계획과 의사결정을 바로잡는 과정이 시작되었다. 마침내 예수님과 함께하는 삶이 위로 밖으로 강력하게 뻗어나가기 시작했다. 낡은 표준 관행에서 정서적으로 건강한 계획과 의사결정이라는 새 방식으로 방향을 선회하자 열매가 속속 나타나기 시작했다.

당신의 계획과 의사결정 과정은 얼마나 건강한가?

다음 진술들을 통해 당신의 계획과 의사결정 과정을 간단하게 평가해 보라. 각 진술 옆에 당신의 상태에 해당하는 숫자를 적으라.

(5 = 항상 그렇다 / 4 = 자주 그렇다 / 3 = 가끔 그렇다 / 2 = 거의 그렇지 않다 / 1 = 전혀 그렇지 않다)

_____ 1. 하나님의 뜻을 분별하는 것이 리더로서 나의 가장 중요한 일이라는 믿음이 내 계획과 의사결정 과정에서 그대로 묻어 나온다.

_____ 2. 그림자 때문에 하나님이 원하시는 것보다 더 많은 기회를 받아들이거나 실패에 대한 두려움 탓에 하나님이 열어 주신 기회의 문을 그냥 지나쳐 갈 수 있다는 사실을 정확히 인식하고 있다.

_____ 3. 내적 준비(하나님과 충분한 시간을 보내는 것)가 외적 준비(필요한 데이터를 수집하는 것)보다 훨씬 더 중요하다는 믿음이 내 계획과 의사결정 과정에서 그대로 묻어나온다.

_____ 4. 계획과 의사결정을 위한 회의 전이나 도중에 기도와 고민을 위한 시간을 충분히 가진다.

_____ 5. 사역이나 조직, 팀의 장기적인 유익을 위해서라면 반대를 무릅쓰고라도

옳은 결정을 밀어붙일 수 있다.

_____ 6. 감정적으로 격해 있을 때, 예컨대 짜증이나 화가 났을 때 중요한 계획을 세우거나 중요한 의사결정을 내리지 않도록 조심한다.

_____ 7. 내가 세운 계획과 내린 결정이 나의 결혼 생활/싱글 생활, 그리스도와 사랑의 연합, 안식일 리듬에 어떤 영향을 미칠지를 늘 고려한다.

_____ 8. 내가 세운 계획과 내린 결정이 나와 함께 사역하는 사람들의 결혼 생활/싱글 생활, 그리스도와의 사랑의 연합, 안식일 리듬에 어떤 영향을 미칠지를 늘 고려한다.

_____ 9. 중요한 결정을 성급하게 내리고 싶은 유혹을 뿌리친다. 기도하면서 장기적인 결과를 신중히 고려한다.

_____ 10. 내가 언제라도 자기기만에 빠질 수 있다는 사실, 즉 내 뜻을 하나님의 뜻으로 혼동할 수 있다는 사실을 뼈저리게 인식하고 있다.

잠시 당신의 답을 검토해 보라. 무엇이 가장 눈에 들어오는가? 이번 장의 끝에 계획과 의사결정 과정에 관한 당신의 현재 상태를 파악하는 데 도움이 될 만한 설명을 실어 놓았다.

계획과 의사결정에 관한 표준 관행의 특징들

나는 전략을 짜고 비전을 던지고 창조적인 해법을 찾아낼 때 가장 살아 있는 기분을 느낀다. 하지만 이런 일을 할 때 잘못된 가정을 할 때가 너무나 많다. 혹시 당신도 그렇지 않은지 솔직하게 돌아보라.

- 기도로 회의를 열고 마치면 하나님이 모든 결정을 인도해 주실 줄 알았다.
- 교회가 항상 열매를 맺는 것이 하나님의 뜻이라고 생각했다.
- 우리의 전략이 효과를 거두기만 하면 하나님의 뜻대로 가고 있는 줄로 생각했다.
- 우리가 항상 눈앞의 한계를 극복하는 것이 하나님의 뜻이라고 생각했다.
- 모든 팀원이 수시로 자신의 내적 삶을 챙기고 성경과 지혜로운 조언을 통해 하나님의 뜻을 분별하려고 노력하는 줄 알았다.
- 모든 팀원이 알아서 그리스도와 사랑의 연합을 이루고 충분히 기도를 한 상태로 회의실에 들어오는 줄 알았다.
- 수적인 성장과 사역 프로그램에 대한 참여도의 증가가 그리스도 안에서 진정으로 성장한 증거라고 생각했다.

안타깝게도 이 모든 가정은 틀렸다. 더 안타까운 사실은 수많은 크리스천 리더들과 그 팀원들의 계획과 의사결정 과정의 밑바탕에 이런 그릇된 가정이 깔려 있다는 것이다. 이런 가정을 할 때 흔한 세 가지 함정에 빠지기 쉽다. 첫째, 성공을 너무 편협하게 정의할 수 있다. 둘째, 하나님 없이 계획을 세우고 행동을 취할 수 있다. 셋째, 하나님이 정해 주신 한계를 넘어설 수 있다.

성공을 너무 편협하게 정의한다

교회들은 출석률, 재정(헌금, 예산 달성 및 초과 등), 세례 교인 숫자, 소그룹이나 여타 사역 프로그램에 참여하는 교인들의 숫자로 성공을 판단하는 경향이 있다. 비영리 기관이나 일반 기업이라면 시장 점유율이나 프로그램 확장, 섬기는 사람들의 숫자를 측정할 것이다. 우리는 숫자가 올라가면 성공한 것이고 숫자가 내려가면 실패한 것이라고 생각한다.

물론 숫자가 하나님을 위한 열매를 맺고 있다는 증거 중 하나가 될 수도 있다. 하지만 숫자만으로 성공을 가늠한다면 삼천포로 빠질 수 있다. 내가 직접 경험해 봐서 그 위험성을 누구보다도 잘 안다.

뉴 라이프 교회를 개척한 지 얼마 되지 않았을 때 한 지역 아웃리치 전략에 동참하는 조건으로 5,000달러의 보조금을 제안받았다. 전문적으로 제작한 부활절 예배 초대장 만 장을 하나씩 봉투에 넣어 보내는 것이 이 전략의 중요한 부분 중 하나였다. 이 전략은 이미 많은 교회에서 엄청난 성공을 거두었고, 우리 교회의 성장에도 반드시 도움이 될 거라고 했다. 나는 창립 멤버들과 함께 2주간 열심히 봉투에 이름과 주소를 적어 발송했다.

마침내 부활절이 찾아왔고, 기존에 나오던 25명 외에 50명이 추가로 출석했다. 하지만 그들 대부분은 창립 멤버들이 타지에서 초대한 가족과 친구들이었다. 교회 인근에서 찾아온 사람은 겨우 두 명이었다. 그들마저도 다음 주에는 오지 않았다. 한껏 부풀었던 기대의 풍선은 펑 하고 터지고 말았다.

어떻게 된 것일까?

지금 와서 돌이켜보면 모두가 나의 미성숙과 리더십 경험의 부족 때문이었다. 영어로 수천 마디를 써 봐야 여러 가지 언어가 공존하고 7만 명이 허름한 아파트의 비좁은 성냥갑 속에서 사는 지역에서는 별로 소용이 없다. 예배 도중에 차들이 난입한다는 둥, 우리 교회에 관한 헛소문이 원인이었는지도 모르겠다. 하지만 우리의 노력이 실패한 것은 결정적으로 눈에 보이지 않는 뭔가 때문이었다. 주범은 바로 성공에 대한 편협한 시각이었다.

내가 책과 미디어, 수많은 크리스천 리더십 컨퍼런스를 통해 접한 성공의 모델들은 하나같이 교외 부촌에서 급성장하는 대형 교회들이나 한국, 남미, 아프리카의 초대형 교회들을 근거로 했다. 또한 나는 미국의 대각성 운동(Great Awakening)과 영국의 존 웨슬리(John Welsey), 뉴욕의 찰스 피니(Charles Finney), 로스앤젤레스 아주사 거리(Azusa Street)의 윌리엄 시모어(William J. Seymour)가 주도한 부흥 운동들에 관한 역사를 읽고 많은 영향을 받았다.

이런 통로를 통해 많은 것을 배웠지만 그렇게 배운 것을 주로 외적인 것에만 적용했다. 예를 들어, 사역 확장, 인재 영입, 수적 성장을 위한 전략, 소그룹 확산, 사람들의 관심을 끄는 예배와 설교에만 초점을 맞추었다. 물론 이런 외적인 요소도 중요하다. 다만 외적인 문제에 관해 고민하는 시간이 내적인 변화에 관해 고민하는 시간보다 훨씬 많았다는 게 문제다. 사람들이 하나님과 개인적으로 깊은 관계를 맺고 있는가? 양질의 결혼 생활이나 싱글 생활을 영위하고 있는가? 영적으로 얼마나 성숙했는가? 공동체로서 교인들 사이의 관계는 어떠한가? 이런 질문을 고민하는 시간은 너무도 부족했다.

또한 우리 교회의 리더들은 세상을 변화시키기 위한 원동력이자 선행조건으로서 자신의 내적 변화에 너무도 소홀했다. 내적 변화의 중요성을 몰랐던 것은 아니다. 나는 웬만한 목사 못지않게 내적 변화에 관한 설교를 자주 했다. 하지만 하나님의 일을 한다는 명목으로 발에 불이 나도록 뛰어다니느라 실제로 내적 변화에 쏟을 시간도 힘도 남아 있질 않았다. 우리는 바쁜 삶과 꽉 찬 일정에 꽁꽁 묶여 있었다.

내가 만약 성공에 대한 넓은 시각을 품었더라면 5,000달러 제안과 수적 성장에 관해 깊이 고민하고 기도하기 위해 속도를 늦추었을 것이다. 하지만 당시에는 성공에 대한 하나님의 정의나 그 상황에서 우리를 향한 하나님의 뜻을 어떻게 분별해야 할지 알지 못했다. 그래서 외적인 것에 치중한 소위 표준 모델을 아무 의심 없이 받아들였다. 그리고 오랜 세월 동안 이런 실수를 반복하면서도 깨달을 줄 몰랐다. 단순한 경험 부족이 문제가 아니었기 때문이다. 나는 성공에 대한 편협한 정의라는 굴레에 갇혀 있었다.

하나님 없이 계획을 세우고 행동을 취한다

역사가 기록된 이래로 하나님의 리더들은 그분 없이 제멋대로 계획을 세워 왔다. 한번 보자.

아브라함과 사라는 하나님이 약속하신 아들을 주실 때까지 11년을 기다렸다. 하지만 하나님이 생각만큼 빨리 응답하시지 않자 조바심이 나서는 애굽인 여종인 하갈을 통해 대를 잇기로 결정한다. 그리하여 이스마엘이 태어났지만 알다시피 그로 인해 집안에 분란만 일어난다(창 16:1-4).

모세는 자기 백성들을 돕기 위한 의욕이 지나치게 앞선 나머지 충동적으로 애굽인을 살해하고 말았다. 그렇게 성급한 결정을 내린 대가로 그는 목숨을 잃을 뻔했으며 비록 진짜 가족은 아니지만 평생 함께 살아온 사람들에게 버림을 받고 광야로 쫓겨나야 했다(출 2:11-23).

옛 이스라엘 백성들은 다른 나라들처럼 왕의 다스림을 받고 싶었다. 보이지 않는 하나님을 왕으로 삼지 않고 적의 공격에서 보호해 줄 인간 왕을 달라고 아우성을 쳤다. "우리도 우리 왕이 있어야 하리니 우리도 다른 나라들 같이 되어 우리의 왕이 우리를 다스리며 우리 앞에 나가서 우리의 싸움을 싸워야 할 것이니이다"(삼상 8:19-20). 사무엘 선지자가 한사코 말렸지만 백성들은 막무가내였다. 그 결과는 갈등과 우상숭배, 그리고 결국 왕국의 분열이었다(왕상 12장).

솔로몬은 이 땅에 더 크고 좋은 하나님의 나라를 세우기 위해 계획을 세우고 전략적 제휴를 맺고 협상을 진행했다. 보통 시민들이 보기에 그의 성과는 눈부신 성공이요 하나님의 인정과 복을 받았다는 확실한 증거였다. 하지만 하나님이 보시기에 솔로몬의 성과는 자신의 능력을 과시하기 위한 노력에 불과했다. 솔로몬은 하나님 없이 제멋대로 계획을 세웠다.[1]

예를 들자면 끝이 없다. 왕위를 놓기 싫어서 다윗을 죽이려고 했던 사울 왕의 결정. 니느웨로 가라는 하나님의 명령을 피해 도망친 요나 선지자. 예수님을 종교 지도자들에게 넘긴 가룟 유다. 갈라디아에서 이방인들과 식사 자리에 동석하기를 거부한 사도 베드로. 하나님의 음성은 듣지도 않은 채 그분을 위해 계획을 세우는 것은 수천 년 동안 인류의 표준 관행이었다.

영국 저술가이자 텔레비전 해설자인 맬컴 머거리지(Malcolm Muggeridge)는 예수님이 살아 계신다면 사탄이 광야에서 했던 시험에 네 번째 항목을 추가할 게 분명하다고 주장했다. 그가 추측한 네 번째 시험은 다음과 같았다.

어느 날 루시우스 그라두스(Lucius Gradus)라는 로마의 거물이 갈릴리에서 예수님의 설교를 듣고 깊은 인상을 받는다. "이 예수는 스타성이 대단하군. 조금만 밀어주면 슈퍼스타가 되겠어!"

그라두스는 아랫사람들에게 "예수에게 헛바람을 넣어" 로마로 데려오라고 명령한다. 아울러 세례 요한과 함께 아테네의 철학 학교에서 토크쇼 교사들도 좀 데려오게 한다.

"이 자를 전 세계적인 전도자로 키워야겠어. 문명 세계는 물론이고 두메산골까지 이 자의 가르침을 퍼뜨리겠어. 바보가 아닌 이상 이렇게 매력적인 제의를 거절할 리가 없지. 갈릴리 같은 시골구석에서 촌뜨기들에게 대접을 받는 것보다 온 세상 사람들이 다 알아주는 유명인이 되는 것이 훨씬 낫잖아! 참, 이 프로그램의 광고는 없어. 딱하나, 시작과 끝에 '이 프로그램은 사탄 주식회사의 후원으로 제작됩니다'라는 문구만 내보내겠어."[2]

이 글은 1960년대에 쓰인 글이다. 하지만 소셜 미디어와 디지털 기술의 홍수 속에서 사는 이 시대에 훨씬 더 어울리는 글이다. 오늘날 그라두스의 이런 전략에 열광하지 않을 사람이 몇이나 될까? 과연 예수님께 그런 제안을 거절하라고 말할 사람이 얼마나 될까? 물론 사탄 주식회사를 알리는 문구는 마음에 걸리지만 나라도 예수님께 분명히 도움이 되는 이 제안을 선뜻 거절하지 못할 것 같다.

특히, 예전의 나라면 쌍수를 들고 환영했을 것이다. 왜일까? 예전의 나는 하나님을 위해 최대한 많은 사람에게 다가가는 것을 성공으로 정의했기 때문이다. 이 목적에만 부합된다면 뭐든 하나님의 뜻이라고 여겼다. 그런 의미에서, 머거리지의 글에 나오는 가공인물의 전략은 비록 하나님이 빠진 전략이라고 해도 하나님의 나라를 넓히는 데 아주 효과적이니 당연히 하나님의 뜻이 아닌가.

물론 하나님 나라를 넓히기 위해 계획을 세우는 것은 성경적이고 훌륭한 일이다. 하지만 우리가 늘 던져야 할 질문이 하나 있다. "이 기회나 계획이 하나님의 더 큰 계획과 일치하는가? 과연 하나님이 우리를 이 일로 부르고 계실까?" 우리의 시각은 제한적이다. 하나님의 생각과 길은 우리와 생각과 길과 다르고 더 높다. (사 55:8-9). 우리가 그분의 계획을 알 수 있는 유일한 길은 그분의 음성에 유심히 귀를 기울이는 것뿐이다.

하나님이 정해 주신 한계를 넘어선다

인간으로서의 한계, 개인적인 한계, 팀의 한계, 사역이나 조직의 한계 등 크리스천 리더로서 우리에게는 수많은 한계가 있다. 우리의 시간과 에너지, 은사는 무한하지 않다. 가족도 돌봐야 하니 다른 일에 쏟을 수 있는 시간과 에너지가 정해져 있다. 인간으로서 우리는 가벼운 한계에서 극심한 한계까지 매일같이 온갖 한계에 부딪힌다.

신학자 라인홀트 니부어(Reinhold Niebuhr)가 죄의 본질을 "피조물로서의 우리 존재에 관한 불안감 때문에 자신의 한계와 유한함을 극복하려는 욕구"라고 정의한 것은 바로 이런 맥락에서다.[3] 예나 지금이나 크리스천 리더들은 이 욕구에 따라 움직이고 있다. 우리는 도무지 하나님의 타이밍을 기다리고 하나님의 음성을 듣고 자신의 한계를 인정할 줄 모른다. 나도 그런 어리석은 길을 수없이 걸어봤다. 창피하지만 그런 경험 중 하나를 예로 들어 보겠다.

맨해튼에서 가까운 덕분에 우리 교회에는 재능 있는 크리스천 배우들이 자주 찾아온다. 한번은 몇몇 배우들이 교회를 위해 자신들의 재능을 사용하겠다는 뜻을 전했다. 우리로서는 너무 감사한 일이었다. 특히, 다가올 크리스마스에 지역 주민을 위한 프로그램으로 뮤지컬을 무대에 올리면 딱 어울릴 것 같았다. 그리스도를 위해 사람들에게 다가갈 수 있는 절호의 기회이기 때문에 무조건 하나님의 뜻이라고 판단했다. 다른 사람들은 몰라도 최소한 나는 그렇게 생각했다.

때는 우리 교회가 문을 연 지 6년째인 1993년이었다. 〈갓스펠〉(Godspell) 뮤지컬에 관한 소문이 퍼지자 나흘 밤 내내 평소보다 오륙 배나 많은 사람들이 찾아왔다. 공연은 성황리에 끝났고, 많은 사람이 그리스도를 영접했다. 우리 교회는 한동안 지역 주민들의 입에 오르내렸다. 어느 모로 보나 뮤지컬과 우리의 크리스마스 아웃리치 프로그램은 대성공이었다.

하지만 정작 뮤지컬에 참여한 사람들의 입에서 나온 말은 '성공'이 아니라 '혼돈'과 '혼란'이었다. 지금 와서 돌이켜보면 겉으로는 대성공이었지만 실상은 대재난이었다. 뮤지컬처럼 복잡한 프로젝트를 추진할 때는 관계적 역학을 잘 다루어야 하는데 우리에겐 그럴 만한 리더십이 부족했다. 다양한 성격이 다각도에서 부딪히는 바람에 갈등을 진화하기 위한 수많은 모임과 전화 통화가 필요했다. 완벽한 작품을 빚어 내기 위한 리허설은 배우와 스텝, 지원 인력들의 진만 빼놓았다. 가족 모임까지 취소할 정도로 쉼 없이 연습이 진행되다 보니 배우자와 가족들에게서 항의 전화가 빗발쳤다.

우리는 이만한 규모의 프로그램을 감당할 만한 인프라가 부족했다.

그리고 말 그대로 이 프로그램은 순전히 지역 주민들의 문화생활을 위한 프로그램에 불과했다. 네 번의 예배에 참석한 사람들의 전화번호를 열심히 적었지만 크리스마스 기간이 끝나고 나자 그 목록은 사실상 휴지 조각으로 변해 버렸다. 후속 조치를 취할 만한 에너지는 한 줌도 남아 있지 않았다.

사랑의 메시지를 지역 주민들에게 전하려는 우리의 뜻 자체를 하나님이 싫어하셨을까? 그렇지는 않다고 생각한다. 하지만 우리의 한계를 무시한 채 맹목적으로 달려간 것이 과연 하나님의 뜻이었을까?

자신의 한계를 무시하는 것은 리더들이 가장 많이 빠지는 함정 가운데 하나다.[4] 절호의 기회처럼 보이는 것을 거절하고 얼핏 초라해 보이는 계획을 받아들이려면 영적으로 매우 성숙해야만 한다. 3백 명이 모인다면 5백 명으로 성장하지 말란 법이 있는가? 자꾸만 감당하지 못할 꿈을 꾸기가 쉽다. 하지만 하나님이 정해 주신 한계보다 더 많은 일을 하려는 것은 실패와 고갈로 가는 지름길이다.

한계는 하나님과 우리의 관계에서 매우 중요한 개념이다. 하나님은 아무런 설명도 없이 아담과 하와에게 분명한 한계를 정해 주셨다. "선악을 알게 하는 나무의 열매는 먹지 말라. 네가 먹는 날에는 반드시 죽으리라"(창 2:17). 아담과 하와는 이해할 수 없더라도 하나님의 선하심을 무조건 믿어야 했다.

신학자 로버트 배런(Robert Barron)에 따르면 아담과 하와가 보여 준 반역의 본질은 가던 길을 멈추고 하나님의 리듬을 받아들이지 않은 것이다.[5] 하나님이 나와 내가 이끄는 사람들에게 정하신 한계를 받아들이지 않은 것도 같은 죄다. 예나 지금이나 리더로서 가장 어려운 일은 이 한계를 받아들이는 것이다. 사실, 나만 그런 것이 아닐 터이다.

교만의 죄를 저지르는 리더가 얼마나 많은지 모른다. 교만은 자신의 한계를 인정하지 않는 것이다. 시편 기자는 이 죄를 특히 조심했던 것 같다. "또 주의 종에게 고의로 죄를 짓지 말게 하사 그 죄가 나를 주장하지 못하게 하소서. 그리하면 내가 정직하여 큰 죄과에서 벗어나겠나이다"(시 19:13). 그래서 이제 나는 나의 한계를, 하나님의 뜻에서 벗어나지 않고 천천히 펼쳐지는 그분의 길로 계속해서 가도록 보호해 주는 가드레일로 여긴다.

잠시 멈춰 보자. 지금까지 다룬 세 가지 오류는 성공을 너무 편협하게 정의하는 것, 하나님 없이 계획을 세우는 것, 하나님이 정해 주신 한계를 넘어서는 것이다. 이 중에서 당신은 어떤 오류에 가장 잘 빠지는가? 이유가 뭐라고 생각하는가? 이런 오류가 오늘날 크리스천 리더들의 계획과 의사결정 방식에서 자주 나타난다면 정서적으로 건강한 계획과 의사결정은 어떤 모습일까?

좋은 질문이다. 이제부터 이 질문을 탐구해 보자.

정서적으로 건강한 계획과 의사결정

정서적으로 건강한 계획과 의사결정은 하나의 가정으로 시작된다. 우리 인간의 마음은 냉담해지기 쉽다는 가정이다. 12세기 클레르보의 베르나르(Bernard of Clairvaux) 대수도원장은 제자 중 한 명으로 최근에 교황이 된 에우제니오 3세(Eugene III)에게 다음과 같은 경고의 글을 썼다.

넘쳐나던 일이 끊어지면 자네가 절망에 빠져 강퍅해질까 걱정스럽네. … 일에 정신이 팔려 점점 원치 않는 방향으로 흐르지 말고 잠시라도 일을 손에서 놓는 것이 현명할 것이네. 그렇지 않으면 강퍅한 마음으로 흐르고 말 것이네. 강퍅한 마음이 뭐냐고 묻지 말게. 강퍅한 마음으로 흐를까 걱정한 적이 없다면 자네의 마음은 이미 강퍅해진 것이네.[6]

베르나르 대수도원장에 따르면, 마음이 강퍅해질까 걱정하지 않는다면 그 마음은 이미 강퍅해진 것이다. 강퍅해진 마음은 모든 면에서 리더에게 악영향을 끼치지만 무엇보다도 하나님의 뜻을 분별하고 행할 수 없게 만든다는 점이 가장 치명적이다. 하나님의 인도하심을 따를 수 있도록 우리의 마음을 늘 부드럽게 유지시키지 않으면 우리의 계획과 의사결정으로 하나님께 영광을 돌릴 수 없다.

나는 정서적으로 건강한 계획과 의사결정의 네 가지 특성을 갖추려고 애써 왔다. 이 네 가지 특성이 우리 마음의 토양에 점점 더 깊이 뿌리를 내려야 한다고 굳게 믿는다. 또한 이 특성들은 우리 교회를 이끌 뿐 아니라 전 세계 여러 교회의 리더들과 협력하면서 규명된 것들이다.

나머지 모든 특성의 기초가 되는 한 가지 특성부터 시작해 보자. 그것은 바로 무조건 하나님의 뜻을 따르는 것을 성공으로 여기는 것이다.

1. 하나님의 뜻을 무조건 따르는 것을 성공으로 정의한다

예수님을 영접한 날부터 나는 하나님의 뜻에 귀를 기울이는 것이 더없이 중요함을 머리로는 알고 있었다. 그러다 1996년 아내와 함께 정서

적으로 건강한 영성으로의 여행
을 시작하면서 내가 그때까지 하
나님의 뜻을 얼마나 많이 놓치
거나 알면서도 무시해 왔는지를
절실히 깨달았다. 하지만 계획
과 의사결정에 대한 나의 접근법
이 근본적으로 변한 것은 2003-

정서적으로 건강한 계획과 의사결정

**1. 하나님의 뜻을 무조건 따르는 것을 성공
   으로 정의한다.**
2. 마음의 준비를 위한 시간을 낸다.
3. 슬기를 달라고 기도한다.
4. 우리의 한계 속에서 하나님을 찾는다.

2004년 아내와 함께 4개월간 관상적인 안식 기간을 보낸 뒤의 일이다. 그
때부터 내가 2부에서 설명한 내적 삶의 네 가지 측면이 내 영혼의 토양에
뿌리를 내리기 시작했다. 그 결과, 성공에 대한 나의 정의가 넓고도 깊어
졌다. 덕분에 하나님의 뜻을 분별하는 방식이 전과 180도로 달라졌다.

무슨 일이 일어난 것인가? 내 삶의 속도가 느려진 것이다. 덕분에
규칙적으로 고독과 침묵의 훈련을 하고 매주 안식일을 지키고 매일 성무
일도를 통해 기도하고 삶의 규칙을 실천하는 식으로 하나님과 '함께 있는'
시간을 늘릴 수 있었다. 하나님의 뜻에 귀를 기울이고 그 뜻을 따르는 것
이 개인적으로나 리더로서나 내 삶의 가장 중요한 초점이 되었다.

나는 우리 교회의 궁극적인 목적이 하나라는 사실을 깨달았다. 하
나님이 원하는 교회가 되고, 어떤 결과가 따르든 상관없이 하나님이 원하
시는 일을 하는 것이다. 이것이 내 유일한 성공의 지표가 되었다. 교인 숫
자의 증가, 더 크고 좋은 프로그램, 더 많은 사람을 섬기는 것 같은 이전
의 성공 지표들은 뒤로 밀려났다. 더 이상 하나님의 뜻에 귀를 기울이고
순종하는 일을 뒷전으로 미루면서까지 '성공하고' 싶지 않았다.

사역이나 조직, 팀이 성장해도 실질적으로는 실패한 것일 수 있다고

생각해 본 적이 있는가?

잠시 하나님께 충성을 다한 리더, 그래서 누구보다도 성공한 리더 몇 사람에 관해 생각해 보자. 예수님은 세례 요한에 대해 "여자가 낳은 자 중에 요한보다 큰 자가 없도다"라고 엄청나게 파격적으로 평가하셨다(눅 7:28). 하지만 요한이 이룬 사역의 크기를 막대그래프로 그려 보면 정점을 이룬 뒤에 꾸준히 급격한 하강곡선을 그리고 있다. 그나마 그가 참수형을 당하면서 그의 사역은 완전히 멈추고 만다. 예레미야 선지자는 열정과 순종으로 하나님을 섬겼지만 내내 사람들에게 무시와 조롱을 당했다. 아무리 봐도 우리가 흔히 생각하는 성공의 모습은 아니다. 아모스 선지자에게 성공은 씨알도 먹히지 않는 북쪽 이스라엘에서 설교하기 위해 그나마 영적 열매가 맺히는 고향 남 유다를 떠난 것이었다. 예수님은 수많은 사람이 변화되는 가버나움의 부흥 현장을 떠나 다른 도시들에서 처음부터 다시 시작하셨다(막 1:39-40).

이 중에서 과연 오늘날에도 성공한 리더라 불릴 사람이 있는가? 하지만 성경을 보면 하나님은 분명 그들의 사역을 기뻐하셨다. 그렇다면 우리의 사역이 성장해도 사실상은 실패한 것일 수 있다는 말이다. 왜일까? 하나님의 성공 기준이 성장에 국한되지 않기 때문이다. 성공은 무엇보다도 하나님이 시키시는 일을 그분의 타이밍에 그분의 방식으로 하는 것을 의미한다.

오래 전 성공을 새롭게 정의하기 위해 애를 쓰던 중 내 삶을 마치고 하나님의 보좌 앞에 서서 이렇게 말하는 상상을 해 봤다. "자, 하나님을 위해 이런 성과를 거뒀습니다. 보세요. 지금 뉴 라이프 교회는 만 명의 성도를 자랑합니다."

하지만 내 상상 속의 하나님은 별로 기뻐하시는 표정이 아니었다. "잘하긴 했지만 그건 내가 너에게 시킨 일이 아니야. 그 일은 다른 지역의 다른 목사에게 준 일이란다."

오늘날 하나님이 크리스천 리더들에게 맡기신 일이 얼마나 광범위하고 다양한지 생각해 보라. 대기업의 CEO, 가출 청소년들을 선도하는 선교단체 간사, 기독교에 적대적인 도심에서 목회하는 목사, 유럽 중부의 기업가, 급성장하는 한 아프리카 교회의 장로, 인적이 드문 시골에서 목회를 하는 겸직 목사. 이렇게 다양한 환경에서 일하는 다양한 리더에게 획일적인 성공의 잣대를 적용할 수 있을까? 하지만 성공을 '오직' 외적으로만 정의하고 평가하면 그렇게 될 수밖에 없다.

우리가 반드시 기억해야 할 것은 우리 각자가 독특한 상황에 처해 있으며, 그 상황에서 뭐든 하나님의 뜻을 행하는 것이 하나님이 생각하시는 성공이라는 것이다. 개인적으로든 교회나 사역, 팀 전체의 차원에서든 성공의 핵심은 하나님의 뜻을 행하느냐다. 따라서 모든 리더 앞에 놓인 과제는 각자 현 시점과 현재 상황에서 하나님의 뜻이 무엇인지 정확히 알아내기 위한 느리고도 고통스러운 분별의 과정을 거치는 것이다.

뉴 라이프 교회에 대한 하나님의 성공 기준을 받아들이기가 처음에는 정말 힘들었다. 그 기준을 따르니 성장세가 둔해졌고, 대형 교회의 다른 리더들에 비해 내가 너무도 초라하게 느껴졌다. 하지만 조금씩 하나님의 지혜를 의지하니 그분이 우리에게서 원하는 세 가지 성공의 지표가 눈에 들어왔다. 우리는 성공을 다음과 같이 정의하기 시작했다.

첫째, 사람들이 삶의 표면을 넘어 내면 깊은 곳에서 변화되는 것이 곧 성공이다. 하나님의 뜻을 무조건 따르기로 결심하면서 우리 교회는 정서적으로 건강한 영성을 우리 사역의 중심에 두기 시작했다. 이를 위해 수적 성장만이 아니라 영적 변화를 통해 성공을 측정할 방법을 알아내야 했다. 그때 우리가 정한 성공의 척도 몇 가지를 소개하면 다음과 같다.

- 뉴 라이프 교회의 모든 리더가 아침에 10-30분 동안 기도하고 성경을 읽을 뿐 아니라 오후나 저녁에 다시 기도하고 묵상하는 시간을 가짐으로써 하나님과의 관계를 가꾼다.
- 사역자와 제직회, 핵심 리더들이 삶의 속도를 늦춰 매주 24시간의 안식일을 지킨다.
- 사역자와 제직회, 핵심 리더들이 각자 삶 속에서 하나님의 뜻을 분별하고 따르기 위해 최소한 하루에 한 번씩 성찰의 기도를 드린다.[7]
- 목회 팀과 행정 팀의 모든 일원이 사역과 관계에 정서적으로 건강한 기술들을 꾸준히 적용시킨다.
- 뉴 라이프 교회의 모든 교인은 하나님의 사랑을 받고 줄 수 있도록 개인적인 삶의 규칙을 세운다. 등록 면접에서 이 규칙을 나눈다.
- 모든 교인의 85퍼센트가 영적 성장을 위해 소그룹이나 사역을 통해 서로 연결된다(=교회 공동체 안의 작은 공동체).
- 모든 어린아이와 청소년이 책임 리더와 함께 제자 훈련을 받는다.
- 교인들 중에서 결혼한 부부들의 50퍼센트가 훈련을 통해 서로에 대한 사랑이 세상을 향한 하나님의 열정적인 사랑의 살아 있는

증거라는 사실을 배운다.

이 중에는 명확하게 측정할 수 있는 척도도 있지만 측정하기가 애매한 척도도 있다. 하지만 분명하게 측정할 수 있는 경우에도 한 사람이 예수님의 형상으로 얼마나 변했는지를 '측정하는' 일에서 우리의 한계를 겸허히 인정하는 것이 매우 중요하다. 생각해 보라. 전 세계 80만 종 식물의 성장에 필요한 조건이 제각각인 것처럼 영적 성장으로 가는 길도 사람마다 다 다르다.

각 식물마다 빛과 온도, 비료, pH 등의 조합을 달리 해줘야 성장이 원활하게 이루어진다. 클로버 같은 콩류는 뿌리에 박테리아가 있어 스스로 질소를 만들어 낸다. 따라서 질소가 빠진 특수한 비료를 필요로 한다. 풀 같은 식물은 햇빛을 충분히 받아야 하는 반면, 봉선화 같은 식물은 그늘에서 제대로 성장한다. 80만 종 식물에 필요한 자원의 조합을 다 알려면 평생이 걸려도 모자랄 것이다. 하나님이 우리를 성숙으로 이끌기 위해 사용하시는 수만 가지 방법을 다 알려고 해도 마찬가지다. 모두에게 맞는 방법이란 존재하지 않는다.[8]

최근 아내와 나는 가정 사역자들의 성장 척도를 마련하기 위해 머리를 맞대었다. 모든 사람이 완벽히 수긍할 때까지 부부의 영적 성장에 관한 정의를 다듬고 또 다듬었다. 가정 사역의 방향과 계획에 매우 중요했기 때문에 고심에 고심을 거듭했다.

하지만 동시에 우리는 그리스도 안에서의 변화를 평가하는 일에서 우리의 한계를 절감했다. 기계가 아닌 사람을 다루는 것이기 때문에 정확한 답이 나올 수 없다. 따라서 사람을 평가할 때는 언제나 겸손과 이해의 자세로 임해야만 한다. 물론 성경 읽기와 기도, 공동체처럼 그리스도 안에서 성장하기 위해 공통적으로 필요한 요소도 있다. 사실상 모든 식물이 햇빛과 물을 필요로 하는 것처럼 말이다. 이는 성공의 분명한 척도가 될 수 있다. 하지만 이런 요소의 실질적인 적용은 사람마다 천차만별이다. 따라서 영적 성장과 성숙의 다양한 척도를 가르치고 적용할 때는 겸손한 자세로 신중에 신중을 기해야 한다.

둘째, 인종적 문화적 경제적 성적 담을 허무는 것이 곧 성공이다. 처음부터 뉴 라이프 교회는 복음의 능력을 보여 주는 선지자적 증인으로서 인종적 문화적 경제적 성적 담을 허무는 다민족 교회로 부름을 받았다. 우리 교회는 사역의 전후좌우 모든 면에서 이 목표를 추구한다. 고용과 프로그램, 예배, 소그룹, 아웃리치, 재정, 설교, 목회 성공의 정의까지 모든 측면이 이 목표에 따라 이루어진다.

그렇다면 담을 허문다는 것이 실제적으로는 어떤 모습일까?

장로와 사역자, 사역 팀 리더까지 모든 리더들의 구성이 이런 다양성을 반영하고 있다. 이는 우리를 분열시킬 수 있는 문화적 인종적 차이가 엄연히 존재한다는 뜻이다. 이런 틈을 메우기 위해서 우리는 서로의 이야기를 듣는 시간을 자주 가진다. 그러다 보니 고통스러운 대화가 몇날 며칠이고 지속되는 일도 자주 있었다.

예컨대, 중국계 미국인들이 남미계와 아프리카계 미국인들에게서 당한 일을 듣고 나서 역으로 남미계와 아프리카계 미국인들이 중국계 미국인들에게 당한 일을 들으면 얘기가 너무 달라 어떻게 서로의 긴장을 해소해야 할지 앞이 캄캄할 때가 한두 번이 아니다. 하지만 그렇게 해야 두 집단 사이에 다리를 놓을 수 있기 때문에 힘들어도 계속해서 대화의 장을 마련한다.

우리는 사역자 회의와 설교, 소그룹, 훈련 등 다양한 환경에서 교회의 화합을 강조한다. 이렇게 화합을 성공의 척도로 삼고 나서 우리가 예배하는 방식, 사는 장소, 자녀를 키우는 방식, 친구를 사귀는 방식, 부담스러운 정치적 문제를 토론하는 방식까지 모든 면이 변했다.

셋째, 지역과 세상을 섬기는 것이 곧 성공이다. 우리는 가난한 사람들의 교회로 부름을 받았지만 가난한 사람들만을 '위한' 교회는 아니다. 무슨 말인지 예를 들어 보겠다.

우리 교회는 노숙자들에게 깨끗한 샤워를 제공한다. 그런데 건물은 여기저기 헐어서 주변 미관을 좀 해치는 면이 있다. 또한 우리 교회는 붐비는 네거리 근처에 있기 때문에 주일에 주차 공간을 찾으려면 족히 30-40분은 걸린다. 우리 교회에서 한 블록 떨어진 곳에 있는 큰 호텔은 최근 7백 명 정도를 수용하는 노숙자 쉼터로 개조되었다. 이런 상황 때문에 우리 지역의 학교들과 사회사업기관들은 많은 불편을 겪었다. 우리는 이를 보상하는 차원에서 무료 식품 배급 같은 기존 사역을 확장하고 멘토링 프로그램과 방과 후 봉사 같은 새로운 사역을 많이 개발했다. 지역 사회를 섬기는 것을 성공의 척도로 삼은 뒤로는 남보다 자원이나 지식, 기술이 많은 교인들을 동원해 노숙자나 위기 청소년, 의료보험 미가입자들에게 실질적인 도움을 주는 사업도 벌이고 있다.

나머지 세 가지 성공 지표로 넘어가기 전에 잠시 깊이 생각해 보기를 바란다. 수적 성장이 아닌 하나님의 뜻을 무조건 따르는 것을 성공으로 보면 실질적으로 어떤 변화가 나타날까? 하나님이 당신과 당신의 팀을 어떤 성공의 지표들로 부르고 계신가? 이런 질문을 던지자니 어떤 두려움이나 걱정이 밀려오는가?

　　이런 질문이 현재 상태를 얼마나 심하게 뒤흔들지 충분히 이해한다. 하지만 하나님의 성공 정의를 중심으로 살고 리더십을 발휘하면 그로 인한 보람과 해방감은 이루 말할 수 없다. 당장은 조금 힘들더라도 모험을 해 보라. 장담컨대 결코 후회하지 않을 것이다.

　　2. 마음의 준비를 위한 시간을 낸다

　　정서적으로 건강한 계획과 의사결정은 단순히 기도로 모임을 연 뒤에 곧바로 토론으로 돌진하는 것이 아니다. 먼저 마음의 준비를 위한 시간을 내야 한다. 아무리 시급한 일이 있어도 잠시 뒤로 미룬 채 오직 하나님의 뜻을 분별하고 따르기로 마음먹는 시간을 만들어야 한다. 이러한 준비 작업은 개인적인 마음의 준비와 팀 전체의 준비라는 두 가지 수준에서 이루어진다.

개인적인 마음의 준비

　　회의실에 들어가기 전에 리더로서 우리가 가장 먼저 챙겨야 할 것은 하나님 앞에서 마음의 준비를 하는 것이다. 준비 시간은 얼마나 필요할까? 결정이나 계획이 얼마나 중요한지와 그 순간 내적 삶 속에서 소음이 얼마나 시끄러운가에 따라 달라진다. 뉴 라이프 교회의 리더들이 지키는 간단한 원칙 하나는, 중요한 결정을 내려야 할수록 준비 시간을 길게 가진다는 것이다. 예수님은 이런 마음의 준비에 대한 본을 보여 주셨다. 예를 들어 열두 제자를 선택하실 때는 밤을 새워 기도하셨다.

이때에 예수께서 기도하시러 산으로 가사 밤이 새도록 하나님께 기도하시고 밝으매 그 제자들을 부르사 그 중에서 열둘을 택하여 사도라 칭하셨으니(눅 6:12-13,).

정서적으로 건강한 계획과 의사결정

1. 하나님의 뜻을 무조건 따르는 것을 성공으로 정의한다.
2. **마음의 준비를 위한 시간을 낸다.**
3. 슬기를 달라고 기도한다.
4. 우리의 한계 속에서 하나님을 찾는다.

예수님은 가버나움에 머물라고 아우성치는 목소리들 속에서 아버지의 뜻을 분별하기 위해 아침 일찍 일어나 혼자 조용한 곳으로 가셨다.

날이 밝으매 예수께서 나오사 한적한 곳에 가시니 무리가 찾다가 만나서 자기들에게서 떠나시지 못하게 만류하려 하매 예수께서 이르시되 내가 다른 동네들에서도 하나님의 나라 복음을 전하여야 하리니 나는 이 일을 위해 보내심을 받았노라 하시고(눅 4:42-43).

예수님은 틈틈이 사람들과 사역 현장을 떠나 홀로 기도하셨다.

예수의 소문이 더욱 퍼지매 수많은 무리가 말씀도 듣고 자기 병도 고침을 받고자 하여 모여 오되 예수는 물러가사 한적한 곳에서 기도하시니라(눅 5:15).

아마도 가장 교훈적인 장면은 예수님이 겟세마네 동산에서 아버지의 뜻에 항복하려고 애쓰시는 장면이 아닐까 싶다. 이는 성경 전체에서 계획과 의사결정에 관한 가장 중요한 구절 중 하나다. 이 장면에서 예수님은 세 번이나 똑같은 기도를 드리셨다.

> 내 아버지여 만일 할 만하시거든 이 잔을 내게서 지나가게 하옵소서 (마 26:39).

리더 예수님께도 순종은 배워야만 하는 것이었다. 그러니 우리는 더더욱 배워야 한다.

> 그는 육체에 계실 때에 자기를 죽음에서 능히 구원하실 이에게 심한 통곡과 눈물로 간구와 소원을 올렸고 그의 경건하심으로 말미암아 들으심을 얻었느니라. 그가 아들이시면서도 받으신 고난으로 순종함을 배워서(히 5:7-8).

참된 순종은 하나같이 힘든 과정을 통해 배우고 오랜 기도로 이뤄낸 결과물이다. 하나님의 아들조차 아버지의 뜻에 복종하기 위해 땅에 얼굴을 묻고 고통스러워하셔야 했으니 우리는 정말이지 몸부림을 쳐야 그런 순종의 발치라도 따라갈 수 있을 것이다.

내가 계획과 의사결정을 위해 마음의 준비를 하는 것은 로욜라의 이냐시오가 말한 '초연'의 상태를 유지하기 위함이다. 이냐시오가 말한 초연은 냉담하거나 무관심이 아니라 단지 하나님의 뜻 외에는 그 무엇에도 연연하지 않다는 뜻이다. 이냐시오는 하나님이 어떤 결과나 응답을 주시든 받아들이겠다고 마음먹을 때 그분이 하시려는 말씀을 진정으로 들을 수 있다고 말했다. 특정한 결과에 지나치게 집착해서는 하나님의 음성을 분명히 들을 수 없다. 인간적인 애착과 두려움, 집착의 귀마개는 우리의 영적 귀를 멀게 만든다. 이런 상태에서는 우리의 뜻을 하나님의 뜻으로 오해할 수밖에 없다.

이냐시오는 이런 초연의 상태를 영적으로 자유로워진 상태로 보았다. 그에 따르면 진정으로 자유로워진 사람은 자신이 건강한지 아픈지, 부유한지 가난한지 전혀 신경을 쓰지 않는다. 심지어 장수할지 단명할지도 전혀 중요한 문제가 아니다.[9] 자신의 삶 전체를 하나님의 손에 의탁하고 결과를 온전히 그분께 맡긴다. 물론 실제로 몸이 아프거나 이른 나이에 죽고 싶은 사람은 어디에도 없다. 이냐시오의 요지는 무엇을 하고 어디로 가고 무엇을 볼지를 외적 상황이 아니라 하나님의 인도하심에 따라 결정해야 한다는 말이다. 가장 중요한 것은 하나님이 먼저 사랑해 주신 것에 감격하여 그분을 사랑하고 그분 뜻에 순종하는 것이다.

이런 내적 초연에 이르러 어떤 결과에든 하나님의 선하심을 믿게 되는 건 결코 쉬운 일이 아니다. 우리는 직함이며 지위와 명예, 장소, 사람, 안전, 남들의 의견 같은 수만 가지 부차적인 것들에 애착을 갖고 있다. 이런 애착이 지나쳐 집착으로 발전하면 하나님을 우리 삶의 중심에서 내보내고 그 집착의 대상을 우리 정체성의 핵심으로 삼게 된다.[10]

그래서 나는 늘 초연한 기도를 드리게 해 달라고 기도한다. "아버지, 당신의 뜻 외에 모든 결과에 초연하고 싶습니다. 오직 당신의 뜻이 이루어지기만을 원하고 싶습니다." 매일 나는 이 고백이 나의 솔직한 고백이 되게 해 달라고 기도한다. 이렇게 마음의 준비를 하지 않으면 하나님의 음성을 놓칠 가능성이 아주 커진다.

또한 특히 모임이 많이 잡힌 날은 '스따찌오(statio)'라고 하는 베네딕트회의 훈련법으로 마음의 준비를 한다. 스따찌오는 '막간'의 중요성을 인정하는 것이다. 작가 조앤 치티스터(Joan Chittister)의 다음 글은 스따찌오를 잘 설명해 준다. "스따찌오 훈련법은 마음을 모아 우리가 막 하려는 일을 의식하고 우리 곁에 계신 하나님께 집중하는 것이다. 스따찌오는 기계적으로 하던 일을 의식적으로 하려는 갈망이다. 스따찌오는 집중의 기술이다."[11]

하나의 회의가 끝나자마자 다른 회의실로 옮기다 보면 이전 회의에서 다뤘던 주제와 문제가 계속해서 머릿속에서 맴돌기 쉽다. 다음 회의에 집중하기 위해서는 이전 회의를 머릿속에서 지워 버려야 한다. 그렇게 하지 않으면 내면의 소음으로 인해 하나님의 음성을 들을 수 없다. 그래서 나는 모임 사이에 몇 분간 혼자서 조용히 보내는 스따찌오를 실천한다. 하나님이 내 몸을 통해 말씀하실 수 있다는 사실을 알기 때문에 내 몸이 긴장이나 불안감을 보이는지 관심을 집중한다. 몇 분간 혼자 있기가 불가능할 때는 이삼 분간의 침묵으로 모임을 시작한 뒤에 시편 일부를 읽거나 회의실 안에 촛불을 켜서 예수님이야말로 우리가 원하는 빛임을 다시금 기억한다. 이렇게 하면 나 자신이 온전히 예수님께 집중할 수 있다. 물론 팀원들에게도 도움이 되리라 믿는다!

팀 전체적인 마음의 준비

좋은 결정을 내리기 위해서 우리는 주중의 팀 모임과 아침부터 저녁까지 하루 종일 이어지는 계획 모임까지 모든 모임을 시작하기 전에 하나님께 마음을 집중시키는 시간을 갖는다.

내가 회의를 진행할 때는 이삼 분간 침묵하거나 함께 기도를 드린다. 그런 다음에는 그리스도께 마음을 집중하게 하는 묵상거리를 읽는다. 회의를 이렇게 시작하는 목적은 특정 결과에 대한 집착을 버리고 다함께 하나님의 뜻을 구하는 데만 집중하도록 분위기를 조성하기 위함이다. 우리는 하나님 앞에서 잠잠하고 그분을 참을성 있게 기다리기 위해 침묵하거나 기도를 드린다(시 37:7).

사역 팀이 일 년에 세 번 있는 계획 모임(주로 9월과 1일, 6월)을 위해 야외 수련회장으로 갈 때는 본격적인 계획을 세우기 전에 팀원 개인적으로 하나님을 만나는 시간을 반드시 갖는다. 주로, 묵상할 성경 구절을 받아 각자 흩어지거나 한 자리에서 몇 가지 공동의 질문을 놓고 침묵의 시간을 갖는다. 우리는 계획 수립이라는 '일'을 하기 전에 언제나 하나님과 함께하는 '상태'를 먼저 갖춘다. 예를 들어, 최근 사역자 수련회는 예수님이 고독과 사역의 적절한 리듬을 유지하셨음을 보여 주는 성경 구절을 읽고 나서 주디 브라운(Judy Brown)의 〈불〉이라는 시 한 편에 관해 함께 토론했다. 다 함께 이 시를 큰 소리로 두 번 읽고 나서 마음에 와 닿는 문장에 줄을 치고 깨달은 바를 적게 했다.

불을 타오르게 만드는 것을
장작 사이의 공간,
숨 구멍이다.
좋은 것이 너무 많으면
너무 많은 장작이

너무 빽빽이 쌓여 있으면
물통을 들이부은 것처럼
불이 꺼지고 만다.
따라서 불을 키우려면
장작만큼이나
사이의 공간에
신경을 써야 한다.

장작을 쌓을 때와
똑같은 방식으로
사이의 공간을
만들고 보면
연료와 연료의 부재가
함께 어우러져야
불이 일어난다는 사실을
눈으로 확인하게 된다.

때로는 장작을
가볍게 쌓아야 한다.
공간이 있어야,
어떻게 타오를지 아는
불꽃이 빠져나갈 수 있는
구멍이 있어야

불이 커질 수 있다.[12]

"이 시에서 어떤 단어나 문장이 마음에 와 닿는가?"라는 질문으로 10분 가량 토론의 시간을 가졌다. 그리고 약 20분 동안 각자 다음과 같은 질문에 관해 고민하는 시간을 가졌다.

- 작년 한 해 동안 사역이나 삶 속에서 너무 많은 장작을 쌓은 적이 있는가?
- 좋은 것이 너무 많은 것이 그리 좋은 일은 아니었던 적이 있는가?
- 인생의 이 시기에 충분한 공간을 만들기 위해 구체적으로 어떻게 해야 할까?
- 지금 하나님이 어떤 불을 일으키기 위해 당신이 장작 사이에 공간을 조금만 더 만들기를 기다리고 계실까?

이어서 세 그룹으로 나누어 25분간 다음 질문에 관해 토론했다.

- 개인적인 시간에 하나님을 어떻게 경험했는가?
- 그 경험으로 비추어 볼 때 지금 당신은 하나님께 무엇을 받아야 하는가?(예를 들어, 절제력, 용기, 믿음, 힘, 슬기)
- 서로를 위해 기도하면서 모임을 마무리한다.

24시간 동안 하나님과 하나가 되는 시간을 가졌기 때문에 수련회의 계획 모임이 훨씬 더 효과적으로 진행되었다. 예수님을 위한 '일'을 하기 위한 원동력으로서 그분과 함께하는 '상태'가 되겠다는 공통의 갈망이 우리를 하나로 묶어 주었다. 그리고 각자 하나님의 뜻을 구해서 얻은 결론을 서로 나누는 사이에 모든 팀원이 하나라는 의식이 강해졌다. 이 모두는 더 좋은 결정으로 이어졌다.

예를 들어, 그 수련회에서 다가올 시즌의 교회 일정이 너무 빡빡하다는 점에 모두가 의견을 같이했다. 우리는 한 걸음 뒤로 물러나 몇 가지 사소하지만 중요한 조정을 했다. 만약 우리가 먼저 하나님과 함께하는 '상태'에 투자하지 않았다면 우리가 '너무 많은 장작'을 쌓았다는 것도 모르고 무조건 앞만 보고 달려갔을 것이다.

3. 슬기를 달라고 기도한다

슬기는 뛰어난 리더가 되기 위한 가장 중요한 자질 혹은 덕목 중 하나다. 슬기가 없으면 좋은 계획을 세우고 좋은 결정을 내리기가 불가능하다. '슬기'는 모든 것을 고려하는 선견지명이 있는 사람을 묘사할 때 쓰는 표현이다. 슬기로운 사람은 장기적인 결과를 충분히 고려한 다음에 결정을 내린다. 이는 좋은 판단을 내리기 위한 비결이며 잠언의 중요한 주제 가운데 하나다. 슬기와 관련된 잠언의 몇 구절을 소개한다.

> **정서적으로 건강한 계획과 의사결정**
>
> 1. 하나님의 뜻을 무조건 따르는 것을 성공으로 정의한다.
> 2. 마음의 준비를 위한 시간을 낸다.
> 3. **슬기를 달라고 기도한다.**
> 4. 우리의 한계 속에서 하나님을 찾는다.

- 슬기로운 자의 지혜는 자기의 길을 아는 것이라도(잠 14:8 전반부).

- 어리석은 자는 온갖 말을 믿으나 슬기로운 자는 자기의 행동을 삼가느니라(잠 14:15).
- 지식 없는 소원은 선하지 못하고 발이 급한 사람은 잘못 가느니라(잠 19:2).
- 부지런한 자의 경영은 풍부함에 이를 것이나 조급한 자는 궁핍함에 이를 따름이니라(잠 21:5).
- 슬기로운 자는 재앙을 보면 숨어 피하여도 어리석은 자는 나가다가 해를 받느니라(잠 22:3).
- 네 일을 밖에서 다스리며 너를 위하여 밭에서 준비하고 그 후에 네 집을 세울지니라(잠 24:27).

슬기는 충동이나 감정에 휘둘리지 않고 명료한 사고를 가능하게 한다는 의미에서 '최고 덕목(executive virtue)'으로 불려 왔다. 슬기는 자신과 남들의 과거를 떠올려 현재에 적용할 만한 교훈과 원칙을 도출해 낸다. 슬기는 겸손과 짝을 이뤄 경험이 많은 사람들에게 조언을 구할 줄 안다. 슬기는 조심스럽고 신중하게 미래를 대비한다. 슬기는 "감정을 배제하고 생각할 때 장기적으로 무엇이 최선인가?"라고 묻는다.[13] 슬기는 모든 관련 요인과 가능성, 어려움, 결과를 세심하게 따져본다. 무엇보다도 슬기의 가장 중요한 특징은 성급하게 굴지 않는다는 것이다. 슬기는 참을성 있게 하나님을 기다리고 충분히 시간을 두고 결정을 내릴 줄 안다.[14]

성경은 슬기로운 사람을 단순하거나 어리석은 사람과 자주 비교한다. 어리석은 사람들은 줏대가 없어서 주변 사람들에게 이리저리 끌려다닌다. 그들은 찬찬히 고민하고 중요한 질문을 던지는 수고를 원치 않는다. 그들의 결정은 언제나 성급하고 충동적이다. 눈앞의 상황만 잠시 모면하길 원하기 때문이다.

어리석은 사람. 목회 초기의 내가 바로 그런 사람이었다. 실제로 나는 스스로를 실수 박사라 부를 만큼 툭하면 어리석은 결정을 내렸다. 중요한 질문을 던지지 않고 성급하게 자원봉사자와 사역자를 임명한 적이 몇 번이던가. 뒷감당할 능력도 없으면서 무조건 새로운 사역을 추진한 적이 몇 번이던가. 내 일정표를 확인하지도 않고 새로운 책임을 덜컥 맡은 적이 몇 번이던가. 우리 팀의 가족과 리듬, 안식일에 미칠 영향도 고려하지 않은 채 무턱대고 교회 확장을 추진한 적이 몇 번이던가. 지난 실수의 쓰레기를 다 치우기도 전에 새로운 일을 벌여 쓰레기 위에 쓰레기를 부었던 적이 몇 번이던가. 심지어 슬기를 달라는 기도는 내 기도 목록에도 없었다. 하지만 지금은 깨달은 지 오래되었다. 지금은 하나님의 뜻을 구할 때마다 슬기를 달라는 기도가 후렴구처럼 빠지지 않는다.

우리 교회는 슬기를 달라고 기도하고 최대한 슬기를 발휘하려고 애써 왔다. 덕분에 하나님의 뜻에 맞게 결정하는 횟수가 점점 늘어났다. 지금도 슬기를 구하는 기도는 늘 우리를 좋은 결정으로 이끌어 준다. 특히, 그 기도가 하나님의 뜻을 무조건 따르겠다는 결단과 짝을 이루면 엄청난 시너지 효과를 발휘한다. 최근의 사례를 한번 들어 보겠다.

우리는 4년 반에 걸린 중요한 리더십 승계의 마지막 해를 지나고 있었다. 나는 뉴 라이프 교회의 담임목사직에서 물러나고 리치(Rich) 목사가 그 역할을 원활하게 물려받도록 14개월 동안 그와 공동 목회를 하면서 열심히 훈련을 시켜 왔다. 리치는 이 과정을 잘 밟으면서 점점 자리를 잡아갔다. 승계 과정은 원활하게 진행되었고, 그는 첫 리더십 행보 중 하나로서 멀티사이트 교회를 향한 우리의 오랜 비전에 다시 불을 붙였다. 이 일을 위해 이후 몇 개월 동안 심도 깊은 논의가 진행되었다. 사실, 전국에서 사람들이 이 비전을 추구하라며 우리를 격려한 지 몇 년 째였다. 이미 새로운 캠퍼스의 목사 자리에 관심을 보인 이들도 있었다. 리치의 포부를 듣자마자 내 마음속에서도 불이 일어났다.

우리 교회 리더들에게 이 아이디어를 설명하자 온 교회가 기대감으로 들썩거렸다. 뉴 라이프 교회는 급속도로 성장하고 있었다. 이 성장세가 더 빨라질 가능성에 사역자들은 흥분을 감추지 못했다. 그런데 어느 날, 집행부(executive team)의 레드(Redd)가 리더들에게 한 가지 건의를 했다.

"이건 보통 큰 결정이 아니기 때문에 아무래도 찬찬히 분별해야 할 필요성이 있습니다. 두세 시간 정도 분별을 위한 모임을 갖는 것이 어떻겠습니까?"

모두가 두어 주 뒤에 모이기로 동의했다.

그동안 우리는 루스 헤일리 바턴(Ruth Haley Barton)의 《함께 하나님의 뜻을 추구하라》(*Pursuing God's Will Together : A Discernment Practice for Leadership Groups*)라는 책을 읽으면서 모임을 준비했다.[15] 레드가 우리 상황에 맞게 책의 원칙을 간단하게 정리해 주면 그에 따라 모임을 진행했다. 먼저, 초연하게 해 달라고 기도했다. 우리 각자가 특정한 결과에 대한 집착을 내려놓을 필요성이 있었다. 그런 다음에는 다시 한자리에 모여 하나님이 무슨 말씀을 하시든 순종할 준비가 되었는지 각자 마음속 깊은 곳을 들여다보았다. 레드가 모두에게 물었다. "지금 여러분 중에 결과에 초연한 분은 얼마나 되십니까?" 처음에는 간단하게 "예"와 "아니오"로 답하고 나서 나중에는 1-10점을 매겼다. 1점은 특정한 결과에 완전히 집착한 상태고, 10점은 하나님이 무엇을 원하시든 그대로 따를 수 있을 만큼 완전히 열린 마음을 의미한다.

세 시간에 걸친 모임이 끝날 무렵, 우리는 다른 캠퍼스를 열기에는 6개월이란 시간이 너무 촉박하다는 결론에 도달했다. 새 성전을 세우기 위해서는 처리해야 할 일이 산더미처럼 많은데 아무리 생각해도 6개월로는 어림도 없었다. 무엇보다도 아직 승계 과정이 완성되지 않은 상태였다. 또한 빠른 시일 내에 인재를 채워 넣어야 할 중요한 자리가 두 개나 남아 있었다. 이 외에도 모든 수준의 리더십을 강화할 필요성이 있었다.

또한 리더들이 의사결정 속도를 늦추는 슬기를 발휘한 덕분에 리치는 자신의 그림자가 이 결정에 어떤 영향을 끼치고 있는지를 점검할 시간을 벌 수 있었다. 비전을 던질 당시는 전혀 몰랐지만 분별을 위한 모임과 이후 깊은 성찰을 통해 그는 다음과 같은 사실을 똑똑히 볼 수 있었다.

처음에는 인정하기 어려웠지만 분별을 위한 모임이 진행될수록 점점 더 분명히 보였다. 뉴 라이프 교회를 다음 단계로 도약시킬 능력이 충분하다는 사실을 나 자신과 주변 사람들에게 증명해 보이고 싶은 마음이 내 안에 가득했다. 내 또래의 수많은 목회자들이 공격적으로 멀티캠퍼스를 추진해서 교인 숫자를 엄청나게 늘리고 있다는 사실이 자꾸만 신경 쓰였다. 하지만 현재 우리 시설의 한계로 볼 때 아직은 감당할 수 없다고 결론 내렸다. 창피하지만 사실이다. 이 모임을 건의하고 계획해 준 레드에게 정말 감사하다. 그가 아니었다면 지금쯤 내가 어떤 곤혹스러운 상황에 처해 있을지 생각만 해도 아찔하다.

성경은 "노하기를 더디 하는 것이 사람의 슬기요"라고 말한다(잠 19:11). 그렇다. 슬기로운 사람은 참을성이 있다. 리치는 새로운 캠퍼스를 빨리 열어야 한다는 자기 안팎의 압박을 견뎌 냈다. 참으로 대단한 자기 성찰이요 슬기가 아닐 수 없다. 덕분에 그와 그의 가족만이 아니라 교회 전체가 골치 아픈 상황을 피할 수 있었다.

우리는 남들의 실수를 통해 슬기를 배울 수 있다.[16] 자신의 실패를 통해서도 슬기를 배울 수 있다.[17] 지혜로운 조언을 통해서도 슬기를 배울 수 있다.[18] 하지만 이 필수불가결한 덕목을 기르기 위한 가장 중요한 방법은 이 선물을 달라고 끊임없이 하나님께 요청하는 것이다.

정서적으로 건강한 계획과 의사결정에 관해서 빼놓을 수 없는 마지막 특징이 남아 있다. 그것은 바로 우리의 한계 '속에서' 하나님을 찾는 것이다.

4. 우리의 한계 속에서 하나님을 찾는다.

아마도 우리가 하나님을 찾기 위해 살필 가능성이 가장 적은 곳은 바로 우리의 한계 속일 것이다. 우리는 어떻게든 한계를 이겨 내고 한계를 우회할 방법을 찾아내고 한계를 거부하고 한계와 싸우고 한계를 정면으로 돌파하려고 한다. 심지어 한계에 도전하는 것을 용기나 믿음의 증거처럼 여긴다. 하지만 우리의 한계 '속에서' 하나님을 찾지 않으면 그분을 앞질러 가기 쉽다.

몇 년 전 정서적으로 건강한 리더십 컨퍼런스를 개최했을 때 참석 숫자에 한계를 두지 않았다가 큰 애를 먹었던 기억이 지금도 생생하다. 행정 팀은 325명까지만 등록을 받으라고 권했지만 내가 끝내 욕심을 부렸다. 컨퍼런스 장소가 꽉 차면 열기가 뜨거워질 뿐 아니라 등록비도 많이 걷혀서 좋다는 이유였다. 결국 우리 사역자와 자원봉사자, 시스템, 건물이 감당할 수 없을 만큼 많은 사람이 등록하고 말았다. 그 때문에 모두가 행사 당일까지 몇 주간 밤낮 없이 과로해야만 했다. 내가 마시는 카페인도 하루 두 잔에서 여섯 잔으로 늘어났다. 행사 당일에도 사역자와 강사들이 하나님이 주신 에너지를 다 쓰고도 모자라 몸이 축날 정도로 다 짜내야 했다. 컨퍼런스가 끝나자 모두가 완전히 방전되었다. 그나마 컨퍼런스를 진행할 때는 아드레날린의 힘으로 힘든 줄 몰랐는데 끝나자마자 열흘 동안 꼼짝없이 드러누워 있어야 했다. 다행히 감기에 걸리지는 않았지만 아파서 거동도 할 수 없을 지경이었다. 참다못해 결국 의사를 찾아가 진찰을 받아 보니 그냥 탈진이라는 진단이 나왔다. "어서 집에 가서 푹 주무세요."

하나님이 주신 한계라는 선물을 마다한 결과였다. 내 몸이 하나님의 뜻에서 벗어났다는 신호를 수없이 보내왔지만 나는 끝까지 무시했다. 하나님을 '위한' 일을 한다는 명목으로 하나님을 거역했다. 그러지 말라고 경고하는 책까지 쓴 내가 스스로 그 경고를 완전히 무시했다![19]

내가 왜 한계를 넘어서 무리했을까? 우리 교회의 영향력을 넓힐 절호의 기회를 봤기 때문이다. 그렇다면 나는 무엇을 보지 못했을까? 하나님이 작고 사소한 일 속에 계시며 그런 일을 통해 큰 영향력을 발휘하신다는 사실을 보지 못했다.

　세상 모든 교회가 그렇듯 뉴 라이프 교회도 건물과 가난한 동네, 사회적 지위가 낮은 사람들을 비롯해서 수많은 한계를 안고 있다. 하지만 이런 한계를 넘어서려고 하지 않고 그 안에서 하나님을 찾으면 다른 뭔가가 눈에 들어온다. 한계라고만 생각했던 것이 남들에게 예수님을 소개하기 위한 최고의 수단임을 깨닫게 된다. 사도 바울의 말이 기억나는가? 하나님의 능력은 우리의 강함이 아니라 '약함'을 통해 온전히 드러난다(고후 12:9).

　하나님은 인간의 한계를 통해 그분 자신을 독특하고도 강력하게 드러내신다. 볼 눈만 있다면 그분을 볼 수 있다. 성경의 예를 살펴보자.

- 모세는 말주변이 없다는 한계를 안고 있었다. 그래서 하나님께 그 문제를 아뢰었더니 이런 대답이 돌아왔다. "누가 사람의 입을 지었느냐? … 나 여호와가 아니냐? 이제 가라. 내가 네 입과 함께 있어서 할 말을 가르치리라"(출 4:10-12). 하나님은 모세의 약점을 통해 역사하시겠다는 뜻을 분명히 드러내셨다. 실제로 모세는 이후 40년 동안 하나님의 능력으로 3백만 명의 백성을 이끌 수 있었다.

- 예레미야는 우울한 성격이라는 한계를 안고 있었다. 심지어 자신이 태어난 날을 저주하며 죽기를 바라기도 했다. 하지만 하나님은 그런 성격의 한계를 통해 역사하셔서 그에게 그분의 마음에 관한 놀라운 통찰을 주셨다. 그 통찰은 지금까지도 수많은 하나님의 백성에게 교훈을 주고 있다.

- 세례 요한은 광야에서 수도사와 비슷한 초라한 삶을 살았다. 하지만 하나님은 이 한계를 통해 역사하셔서 그에게 다른 누구도 보지 못했던 것을 보여 주셨다. 즉 예수님을 하나님의 어린양으로 본 것은 그가 처음이었다.

- 아브라함은 본처 사라와의 사이에서 아들이 하나뿐이라는 한계를 안고 있었다. 하지만 이 한계에도 불구하고 믿음의 여행을 통해 하나님을 놀랍게 만나 많은 민족의 조상이 되었다(롬 4:17). 그의 이야기는 우리에게 하나님이 어떤 분이신지를 보여 준다. 이 모든 결과는 그의 한계에서 비롯했다.

- 기드온은 군대의 크기에서 한계를 안고 있었다. 135,000명의 미디안 군대 앞에서 300명의 이스라엘 군대는 바람 앞에 등불 같았다. 하지만 하나님은 그 한계를 통해 역사하셨고, 그로 인해 기드온의 군대는 자신들의 힘으로는 절대 이길 수 없는 상대를 이겼다. 그래서 그의 이야기는 수천 년 동안 하나님의 능력과 겸손한 순종의 중요성을 증언해 주고 있다.

- 열두 제자는 배고픈 5천 명의 남자들(여자와 어린아이를 포함하면 약 15,000-20,000명) 앞에서 겨우 떡 다섯 덩이와 물고기 두 마리라는 한계를 안고 있었다. 하지만 예수님은 그 한계를 통해 모두를 배불리 먹이심으로 자신이 생명의 떡임을 드러내셨다.

최근의 예를 원한다면 일곱 개 주의 서른세 개 지역에 캠퍼스를 둔 멀티사이트 교회인 LifeChurch.tv의 창립목사이자 담임목사인 크레이그 그로쉘(Craig Groeschel)의 얘기를 들어 보라. 그는 더 큰 시설을 짓기 위한 재정이 있었다면 LifeChurch.tv를 개척하지 않았을 것이라고 말한다. 재정 부족이라는 한계가 지금의 LifeChurch.tv를 탄생시킨 셈이다.

한계는 사실상 한계라는 포장에 싸인 하나님의 선물일 때가 많다. 성경에서 가장 반직관적인 진리, 그래서 받아들이기 힘든 진리 가운데 하나다. 이 진리는 스스로 신이 되어 세상을 다스리기 원하는 우리의 교만한 성향에 정면으로 반한다. 하지만 엄연히 진리다. 나는 리더의 일을 하면서 최소한 두 가지 측면에서 이 진리를 계속해서 경험하고 있다.

시간의 한계는 선물이다. 아내 덕분에 나는 담임목사로 있는 26년간 거의 한 해도 빠짐없이 우리 집의 지하실에서 한 가지 집중적인 소그룹 활동을 진행해 왔다.

내가 그 사역에 항상 열정적으로 임했던 것은 아니다. '겨우 15명 남짓한 사람들에게 이렇게 많은 시간을 투자하는 담임목사가 과연 몇이나 될까? 게다가 몇 명은 변화될 생각조차 하지 않잖아.' '더 중요한' 일이 산더미처럼 쌓여 있었기 때문에 그 소그룹을 중단하는 것이 옳아 보였다. 그 사역 때문에 더 많은 효과를 더 빨리 거둘 수 있는 일에 투자해야 할 시간과 에너지가 제한되는 것 같아 가슴이 답답했다.

하지만 하나님은 아내를 통해 내가 그 작지만 중요한 사역을 이어가게 만드셨다. 그리고 이 조용하지만 꾸준한 투자에서 뛰어난 리더들이 끊임없이 배출되었다. 바로 그들이 우리 교회를 상상도 못했던 차원까지 끌어올린 주역들이다. 우리가 쓴 소그룹 교재들도 사실상 그 오랜 세월 동안 우리 지하실 모임의 경험들이 축적된 결과물이다.

장소의 한계는 선물이다. 나는 다른 교회들의 장소를 우리 교회와 비교하면서 참 많이도 불평했다. 예를 들어, 다들 퀸스로 이사하기를 싫어해서 외부 인력을 영입하기가 여간 힘든 게 아니다. 목회 초기에는 돈과 권력의 중심지에서 CEO와 경영자들을 목회하는 목사들을 정말 부러워했다. 그럼에도 하나님은 퀸스라는 지역의 한계 속에서 뛰어난 사역 팀을 일으키셨다. 이 한계 속에서 태어난 팀이 아니라면 전 세계에서 달랑몸뚱이 하나로 미국으로 이민해 뉴욕 시티의 한 귀퉁이에서 사는 다양한사람들을 이토록 아름답게 섬기지 못하리라. 뉴 라이프 교회에는 하나님의 나라를 위한 굶주림과 갈증으로 온 몸을 불살라 일하는 놀라운 믿음의사람들이 수두룩하다. 그들이 보여 주는 독특한 섬김의 은사들을 보노라면 이 지역보다 더 복 받은 지역이 또 있을까 싶다. 더 놀라운 사실은 전세계의 수많은 크리스천 리더들이 '그들'을 보기 위해 이곳 퀸스로 날아온다는 것이다!

현재 우리는 하나님의 계획 중 작은 일부밖에 볼 수 없다. 그분의 길은 우리의 길과 다르다. 하지만 그분이 우리의 한계를 통해 나타내시는역사는 우리 자신의 힘으로는 꿈도 꿀 수 없을 만큼 어마어마하다.

지금까지 정서적으로 건강한 계획과 의사결정에 관해 많은 것을 다루었다. 잠시 시간을 내서 네 가지 특징을 돌아보자. 첫째, 하나님의 뜻을무조건 따르는 것을 성공으로 정의한다. 둘째, 마음의 준비를 위한 시간을 낸다. 셋째, 슬기를 달라고 기도한다. 넷째, 우리의 한계 속에서 하나님을 찾는다. 현재 당신 앞에 놓인 리더십의 난관을 생각할 때 무엇이 가장 마음에 와 닿는가? 리더로서 당신의 일에 그것을 적용할까 생각하니어떤 두려움이나 걱정이 앞서는가? 지금까지의 방식을 바꾸면 단기적으로 어떤 대가가 따를까? 방식을 바꾸지 않으면 장기적으로 어떤 대가가따를까? 일시적인 혼란을 무릅쓰고 모험 속으로 뛰어든다면, 장담컨대 그곳에서 당신을 내내 기다리고 계시던 하나님을 만날 것이다.

네 가지 질문을 던지라

나는 비행기 안에서 아내에게 어리석은 결정을 알렸던 이야기를 전하면서 이번 장의 포문을 열었다. 이제 당신도 정서적으로 건강한 의사결정이 무엇인지 감을 잡았으리라 믿는다. 그렇다면 이제 내가 아내에게 스페인어 예배를 시작하겠다고 선언했을 때 어떤 점이 잘못되었는지 찾아보라.

- 나는 나 자신의 그림자를 의식하지 못하고 있었다. 성급하게 일을 추진하려는 결정은 리더로서 우쭐한 기분을 느끼고 사람들에게 찬사를 받으려는 무의식적인 욕구에서 비롯했다. 나는 이런 욕구가 하나님의 음성에 귀를 멀게 만든다는 사실을 전혀 인식하지 못하고 있었다. 또한 나는 스페인어를 까먹을지 모른다는 근거 없고 이기적인 두려움에 사로잡혀 있었다.
- 나는 건강한 결혼 생활을 바탕으로 교회를 이끌고 있지 못했다. 그래서 스페인어 예배를 새로 열면 내 가족들과의 관계에 어떤 영향이 미칠지 전혀 고민하지 않았다. 먼저 아내와 충분한 대화를 나누지도 않고 매우 중요한 문제에서 어리석은 결정을 내리고 말았다.
- 새로운 예배를 추가하는 것이 하나님의 뜻이기 때문에 예수님과

사랑의 연합을 방해하지 않을 거라고 제멋대로 판단했다. 하지만 잘못된 판단이었다. 주중에 일이 훨씬 많아지는 바람에 그나마 부족하던 하나님과의 시간이 더 줄어들었다.

- 아내와 대화를 나눌 당시 나는 안식일을 지키지 않고 있었다. 월요일은 내 휴일이었다. 비록 월요일마다 쉬기는 했지만 특히 그날 나는 스페인어 사용자들을 위한 목회라는 일과 관련된 문제들에 온통 신경이 가 있었다.

이번 장을 마치면서 나 같은 실수를 하지 말라고 당부하고 싶다. 2부에서 다룬 내적 삶의 네 가지 뿌리를 통해 현재 상태를 돌아보고 정서적으로 건강한 계획과 의사결정으로 나아가기를 바란다. 이미 실천하고 있다면 더욱 갈고 다듬기를 바란다.

- **당신의 그림자를 직면하라.** 내 그림자나 다른 팀원들의 그림자가 내 계획과 결정에 어떤 영향을 끼치고 있는가? 내가 가장 두려워하는 것은 무엇인가? 이전까지 내린 결정들로 비추어 볼 때, 그림자의 영향력을 최소화하기 위한 개인적인 마음의 준비에 충분한 시간을 할애하고 있는가? 팀원들에게는 마음의 준비를 하기 위한 시간이 얼마나 필요할까? 내 그림자가 내 결정에 미치는 악영향을 최소화하기 위해 누구에게 지혜로운 조언을 구할까?
- **건강한 결혼 생활이나 싱글 생활을 바탕으로 리더십을 발휘하라.** 이 결정이나 계획이 건강한 결혼 생활이나 싱글 생활을 바탕으로 리더십을 발휘하는 데 어떤 영향을 미칠까? 팀원들이 건강하고도

활기 넘치는 결혼 생활이나 싱글 생활을 영위하려면 팀 차원에서 무엇을 바꿔야 할까? 결혼 생활이나 싱글 생활과 관련해서 하나님이 주신 한계를 받아들이고 있는가?

- **사랑의 연합을 위해 속도를 늦추라.** 이 결정이나 계획이 예수님과 사랑의 연합을 유지하는 데 어떤 영향을 미칠까? 1-10까지 점수를 매긴다면, 우리 팀은 이 결정에 대해 얼마나 불안해하는가? 슬기를 달라고 기도하고 중요한 데이터를 충분히 수집했는가? 하나님의 성공 기준을 알기 위해 속도를 늦춰 그분의 음성에 귀를 기울였는가? 어떤 유혹을 조심해야 하는가?

- **안식일을 즐기라.** 이 결정이 우리의 일과 안식일 리듬에 어떤 영향을 미칠까? 안식일이 방해를 받지 않도록 이 계획이 어떤 영향을 미칠지 꼼꼼히 따져 봤는가? 쉼을 고려해서 이 계획을 세우고 결정을 내렸는가? 이 결정이 앞으로 10년, 50년, 100년 뒤에 어떤 결과를 낳을까? 이 결정이 우리가 영원한 안식에 접어들어 예수님의 얼굴을 뵌 뒤에는 어떤 결과를 낳을까?[20]

기도하는 자세로 이런 문제에 관해 고민하면 자신의 뜻을 하나님의 뜻으로 오해하는 일 없이 더 슬기롭고 신중한 결정을 내릴 수 있다. 이 네 가지 영역을 다루는 것은 '카나리아'를 잘 관찰하는 것과도 같다.

카나리아를 잘 관찰하라

오래 전 공기 중 이산화탄소 농도를 측정할 수 있는 첨단장비가 없던 시절에는 광산 안에 위험한 가스가 쌓이고 쌓이다 보면 무시무시한 폭발이 일어나곤 했다. 그래서 광부들은 첨단장비 대신 유독가스에 극도로 민감한 카나리아를 광산 안에 두어 공기의 질을 판단했다. 보통 카나리아는 하루 종일 운다. 하지만 일산화탄소 수치가 너무 올라가면 카나리아의 울음이 그친다. 그런 상태가 지속되면 카나리아는 호흡 곤란 증세를 보이다가 기절하고 나중에는 죽어 버린다. 따라서 카나리아의 울음이 그쳤다는 것은 유독가스 농도가 너무 높기 때문에 폭발이 일어나기 전에 서둘러 광산을 빠져나가야 한다는 신호였다.

당신의 카나리아는 누구 혹은 무엇인가? 뭔가 잘못되었다는 신호를 어떻게 감지하는가? 당신의 의사결정이나 계획이 하나님의 뜻에서 벗어나 있는지를 어떻게 판단하는가? 당신의 계획과 의사결정이 위험 수위를 넘어 폭발 직전에 이르렀다는 사실을 알려줄 수 있는 사람이 있는가? 그런 사람이 없다면 하나님께 보내 달라고 요청하라. 당신의 계획과 의사결정 프로세스에 '정서적인 건강'을 더한다면 말할 수 없는 기쁨과 깊은 만족이 찾아올 것이다.

이어지는 7장에서는 계획과 의사결정 프로세스를 의식적으로 바꾸면 조직의 문화와 팀 구축 방식이 어떻게 변하는지를 탐구해 보자.

계획과 의사결정 평가에 대한 설명

다음의 설명이 현재 당신의 계획과 의사결정 프로세스가 어떤 상태에 있는지를 이해하는 데 도움이 될 것이다.

대부분 1-2점을 받았다면 당신의 계획과 의사결정 프로세스는 그리스도와의 깊은 관계를 바탕으로 하고 있지 않을 가능성이 높다. 기도로 하나님의 뜻을 묻고 필요한 정보를 수집하여 지혜로운 결정을 내리는 일에서 당신은 이제 겨우 걸음마 단계다. 먼저 하나님과의 내적 삶이라는 뿌리를 깊이 내리고(2부), 당신의 리더십에 좋은 영향을 끼칠 수 있는 건강한 지원 체계를 서서히 구축해나가기를 바란다. 그런 다음에는 그 기초를 바탕으로 이번 장의 원칙 한두 가지를 찬찬히 적용해 보라.

대부분 2-3점을 받았다면 아마도 정서적으로 건강한 계획과 의사결정 프로세스를 부분적으로만 이해하고 실천하고 있을 것이다. 이는 리더십의 혼란과 좋은 열매가 뒤섞여 있을 가능성이 높다는 뜻이다. 이번 평가 결과를, 조직 운영이나 팀의 관행 이면의 영적 뿌리를 좀 더 키우라는 하나님의 뜻으로 받아들이기를 바란다. 이번 장의 원칙 중에서 당신에게 무엇이 가장 시급한지 판단할 수 있는 지혜를 달라고 기도하라.

대부분 4-5점을 받았다면 당신의 계획과 의사결정은 기도와 슬기의 바탕 위에서 이루어지고 있다. 하나님의 뜻을 더욱 잘 분별할 수 있도록 계속해서 발전해 나가기를 바란다. 하나님이 당신과 당신의 팀을 뜻밖의 흥미진진한 모험으로 이끄시더라도 믿고 따라가라. 그 모험의 길에서 하나님이 일으키시는 변화의 물결 속으로 온 몸을 던지라. 이번 장에서 설명한 원칙들을 통해 보다 건강하고 역동적인 계획과 의사결정 프로세스로 나아가가길 바란다.

Chapter 7

사람들을 변화시켜
세상으로 흘러 보내라

먼저 어린 양과 호랑이에 관한 이야기 한 토막을 읽고서 본격적인 이야기를 해 보자.

옛날 옛적에 '친절 숲'에 풀 뜯기와 장난을 좋아하는 어린 양 한 마리가 살았다. 하루는 호랑이 한 마리가 숲에 찾아왔다. "나도 여기 살아도 될까?" 동물들은 다 신이 났다. 여느 숲과 달리 이 숲에는 호랑이가 살지 않아 신기했던 것이다. 하지만 어린 양은 왠지 걱정이 되었다. 그래서 양답게 소심하게 친구들에게 그런 말을 했더니 이런 대답이 돌아왔다. "걱정하지 마. 우리가 호랑이한테 가서 이곳에 살려면 다른 친구들을 괴롭히지 말아야 한다고 말해 줄게."

그 말에 어린 양은 안심하고 평소처럼 살았다. 그런데 얼마 있지 않아 호랑이가 으르렁거리며 돌아다니고 잡아먹을 듯 위협적인 표정을 짓기 시작했다. 그때마다 어린 양은 놀라서 친구들에게 조르르 달려갔다. "요즘 호랑이 때문에 너무 불안해." 하지만 이번에도 친구들은 어린 양을 안심시켰다. "걱정하지 마. 호랑이는 원래 그래." 친구들은 실제로 공격을 당한 것도 아닌데 왜 그리 호들갑이냐고 살짝 핀잔을 주었다.

그래서 어린 양은 호랑이 생각을 하지 않으려고 애를 썼다. 하지만 호랑이는 매번 어린 양이 한눈을 팔고 있을 때 갑자기 으르렁거려 소스라치게 놀라게 만들었다.

어린 양은 더 이상 참을 수가 없었다. 숲과 숲속 친구들을 아무리 사랑해도 도무지 불안해서 살 수가 없었다. 그래서 친구들을 찾아가 작별을 고했다.

친구들은 여전히 이해할 수 없다는 표정이었다. "얼마든지 해결할 수 있어. 아마도 오해가 좀 있었을 거야. 다 같이 앉아서 대화를 나누면 금세 오해가 풀릴 거야."

그때 별로 명민하지 않은 한 동물이 이렇게 말하는 소리가 들렸다. "정말 웃기는 소리군. 어린 양과 호랑이가 한 숲에서 살려면 대화는 답이 아니야. 살벌한 호랑이를 우리에 가두는 게 답이지!"[1]

어떤가? 훌륭한 이야기이지 않은가? 사실, 이는 어린 양과 호랑이에 관한 이야기라기보다는 어린 양의 친구들인 숲의 리더들에 관한 이야기다. 호랑이는 어디까지나 호랑이다. 호랑이가 어린 양처럼 순한 동물로 변할 일은 없다. 아무리 많은 모임과 대화도 이 문제를 해결할 수 없다. 이 친절 숲에 가장 필요한 것은 구분의 리더십(differentiated leadership)이다. 즉 가치관이 분명히 정립되어 있어서 남들의 반대나 압력에 전혀 흔들리지 않는 리더들이 필요하다.[2] 이 리더들에게는 공동체에 대한 사랑으로 인해 "호랑이를 우리에 가두는" 용기가 필요했다. 아무리 많은 협상을 진행해도 호랑이의 본성은 변하지 않는다. 이 리더들은 공동체를 보호하기 위해 호랑이를 필두로 한 다른 동물들의 비난을 무릅쓰고 단호한 결정을 내렸어야 했다. "도대체 나한테 왜 그러는 거야?" "도대체 뭐하는 거야? 리더가 되더니 냉혹한 군주가 되어 버렸어!" 이런 비난이 날아오든 말든 소신대로 밀어붙였어야 했다.

또한 친절 숲의 리더들은 호랑이가 실질적인 리더로 부상하지 않도록 그의 행동을 제한했어야 했다. 그들이 위험의 정도를 축소하고("아마도 오해가 좀 있었을 거야") 합리적인 태도라는 착각 속에서 문제를 직접적으로 다루지 않은 바람에 공동체 전체가 위험에 노출되었을 뿐 아니라 용인 가능한 행동과 용납할 수 없는 행동의 범위를 분명히 정할 기회를 놓치고 말았다. 그리고 그들이 기독교 공동체라고 가정하면 이 대립 속에 다 함께 그리스도를 닮게 성장할 기회라는 하나님의 선물이 있다는 사실도 간파하지 못했다.

문화와 팀 구축이란 무엇인가?

정서적으로 건강한 문화를 창출하고 정서적으로 건강한 팀을 구축하는 것은 담임목사뿐 아니라 선교단체 대표와 기업 경영자, 교회 제직회 회원, 소그룹 리더까지 모든 리더에게 중요한 일이다. 그런데 '크리스천' 리더들에게는 이 일이 훨씬 더 복잡하다. 우리가 구축해야 하는 문화와 팀은 세상의 그것들과 완전히 다르기 때문이다.

자 그렇다면, '팀 구축'과 '문화'란 정확히 무엇을 의미하는가?

'팀 구축'은 정의하기가 쉽다. 다양한 기술을 가진 사람들을 공통의 비전과 목표 아래로 끌어모으는 것이다. 하지만 '문화'는 설명하기가 좀 더 애매하다. 문화가 주로 특정한 불문율들로 이루어져 있기 때문이다. 그러니까 "이곳에서는 이런 식으로 행동해야 한다"라는 것이 곧 문화다.

문화는 불분명한 뭔가, 보이지 않는 분위기, 직접 경험하지 않고서는 딱 꼬집어 말하기 어려운 그곳만의 특색이다. 문화는 분명히 느껴지지만 말로 표현하기 힘든 뭔가다. 어떤 이는 문화를 특정 집단의 "생각과 행동에 관한 학습된 패턴들의 총합"으로 정의했고[3] 또 다른 이는 "문화는 인간들이 세상을 재료로 만드는 것이다"라고 말했다.[4] 여태껏 문화에 관해 이 둘보다 더 간단하면서도 명쾌한 정의는 본 적이 없다.

구글(Google), 애플(Apple), IBM 같은 다국적 기업들은 매우 독특한 문화를 갖고 있다. 인종 집단, 정치 집단, 국가들도 나름의 문화를 유지한다. 기독교 내에서도 교단마다 문화가 다르며, 선교단체 조직들의 문화도 천차만별이다. 모든 교회와 사역 기관, 프로젝트 팀은 그 조직 특유의 정신이 반영된 독특한 스타일을 갖고 있다.

문화는 비전, 가치, 전략(구도자 중심, 멀티사이트, 목적 중심 등), 공통의 행동 양식, 스타일(가운을 갖춰 입은 성가대, 예배 전에 조용히 앉아 있는 분위기, 편안한 복장 등), 언어, 공간 사용 방식을 모두 아우르는 개념이다. 권위를 사용하고 관계를 맺고 갈등을 다루고 지역사회(혹은 시장)에 접근하고 개인적 혹은 영적 성장을 정의하는 방식도 다 문화에 속한다. 크리스천 리더로서 우리는 구성원들의 배경과 어릴 적 집안 환경이 각기 달라서 생기는 혼란을 하나로 융화시켜 모두가 주님 안에서 하나의 가족으로 움직이는 문화를 창출해야 한다.

당신의 문화 및 팀 구축 방식은 얼마나 건강한가?

다음 진술들을 통해 문화 및 팀 구축에 관한 당신의 리더십을 간단하게 평가해 보

라. 각 진술 옆에 당신의 상태에 해당하는 숫자를 적으라.

(5 = 항상 그렇다 / 4 = 자주 그렇다 / 3 = 가끔 그렇다 / 2 = 거의 그렇지 않다 / 1 = 전혀 그렇지 않다)

_____ 1. 팀의 핵심 구성원들이 기술 측면에서 발전할 뿐 아니라 그리스도 안에서 변화되도록 돕는다.

_____ 2. '방 안의 코끼리', 가령 긴장, 지각, 불쾌한 몸동작, 빈정거림, 무례한 말, 침묵 등을 직접적이고도 신속하게 다룬다.

_____ 3. 팀원들이 건강한 리듬을 유지하고 예수님과 사랑의 연합을 맺는 것이 건강한 문화와 팀 구축의 기초라고 생각한다. 우리의 사역 일정과 계획은 이런 가치를 반영하고 있다.

_____ 4. 팀원들이 과민하게 반응하면 무시하지 않고 원인을 파악한다.

_____ 5. 좌절과 갈등이 발생할 때는 차이들을 조정하고 자신의 기대 사항을 분명히 전달한다.

_____ 6. 분명하고도 솔직하고 공손하고도 시기적절하게 의사를 전달한다.

_____ 7. 팀 모임에서 팀에 특정한 가치들을 불어넣기 위한 시간을 갖는다. 예를 들어 성경을 읽는 시간, 팀원들에게 감사를 표현하는 시간, 리더십에 관한 새로운 통찰을 나누는 시간.

_____ 8. 부적절한 행동이 보이면 영적 형성을 위한 기회로 보고서 그 근본 원인을 찾기 위해 충분한 시간을 투자한다.

_____ 9. 나는 팀에서 팀원들을 이해하기 위해 노력하는 리더라고 평가받는다.

_____ 10. 팀원들의 결혼 생활이나 싱글 생활이 건강한 문화와 팀을 위한 중요한 요소라 생각하기 때문에 그에 관한 구체적인 질문들을 던진다.

잠시 당신의 답을 검토해 보라. 무엇이 가장 눈에 들어오는가? 이번 장의 끝에 문화와 팀 구축에 관한 당신의 리더십을 점검하는 데 도움이 될 만한 설명을 실어 놓았다.

정서적으로 건강한 문화와 팀 구축의 특징들

　　문화와 팀 구축에 관해서 나는 너무도 오랫동안 친절 숲의 리더들처럼 굴었다. 그들은 건강한 문화와 팀을 구축하는 것이 리더의 중요한 책임이라는 사실을 전혀 알지 못했다. 예전의 나도 마찬가지였다. 그들은 대립을 회피했고, 자기 결정의 장기적인 의미를 생각하지 않는 근시안들이었다. 예전의 나도 그럴 때가 너무도 많았다.

　　나는 어떤 문화를 창출할지에 관해서 별로 고민하지 않았고, 설령 고민하더라도 그 문화를 창출하기 위해 필요한 노력을 기울이지 않았다. 우리 팀은 문화에 관한 이야기를 하지 않았다. 이야기하기 싫어서가 아니라 그런 것이 있는지조차 몰랐기 때문이다. 물론 부도덕, 회의 중에 고함을 지르는 행위, 인종차별 발언 등 명백히 부적절한 행동이 나타날 때는 적절한 조치를 취했지만 당장 큰 문제가 없는 한 목표를 달성하는 데만 집중했다. 팀의 화합을 중시했지만 어디까지나 생산성을 극대화하기 위한 수단으로만 중시했을 뿐이다.

　　하지만 정서적으로 건강한 문화와 팀을 구축하면 구성원들의 삶과 팀의 장기적인 사명에 엄청난 유익이 있다. 따라서 목사와 교사, 사역 리더, 제직회 회원, 기업 경영자, 선교사까지 모든 리더는 이런 문화와 팀을 구축하려고 노력해야 한다.

　　오랜 세월에 걸쳐 나는 정서적으로 건강한 문화와 팀 구축의 네 가지 핵심적인 특징을 규명해 냈다. 조직 문화와 팀이 건강하면 다음과 같은 모습이 나타난다.

1. 일의 성과와 개인적인 영적 형성이 하나로 연결되어 있다.

2. 방 안의 코끼리를 인정하고 다룬다.

3. 팀의 개인적인 영적 성장에 시간과 노력을 투자한다.

4. 팀원들의 결혼 생활과 싱글 생활을 중시한다.

이 모든 특징들은 수많은 처절한 실수와 오랜 시행착오 끝에 탄생했다. 이 특징 하나하나를 갖추기 위해서 몸과 마음을 온전히 다 쏟아 내야 했다. 아울러 문화를 건강한 방향으로 뜯어고치고, 그토록 피해 왔던 부담스러운 대화를 마주할 용기를 달라고 수없이 기도했다.

이 특징들을 차례로 살펴보자. 일과 영적 형성을 하나로 연결시키는 것이 최우선이다.

1. 일의 성과와 개인적인 영적 형성이 하나로 연결되어 있다

팀원들이 일을 얼마나 잘하느냐는 매우 중요하다. 우리가 사람들을 팀원(자원봉사자나 유급 직원)으로 부른 것은 특정한 일을 하기 위해서다. 따라서 그들이 그 일을 잘해 줘야만 한다. 정서적으로 건강한 문화와 팀에서는 일에 대한 이런 기대를 공개적으로 표현하고 합의한다. 서로를 공손하고도 솔직하며 분명하게 평가한다. 하지만 이것만으로는 부족하다.

팀원들이 자신의 내적 삶

정서적으로 건강한 문화와 팀 구축

1. **일의 성과와 개인적인 영적 형성이 하나로 연결되어 있다.**
2. 방 안의 코끼리를 인정하고 다룬다.
3. 팀의 개인적인 영적 성장에 시간과 노력을 투자한다.
4. 팀원들의 결혼 생활과 싱글 생활을 중시한다.

을 얼마나 잘 챙기는지도 중요하다. 과연 얼마나 중요한가? 정서적으로 건강한 문화와 팀에서는 이 일이 "매우 중요하다." 아니, 내적 삶의 건강과 성장은 일의 성과와 하나로 연결되어 있다. 안타깝게도, 대부분의 리더들이 넘지 말아야 할 선(부도덕, 도둑질, 거짓말, 공격적인 행동 등)만을 명시할 뿐 팀원들의 영적 성숙에 제대로 관심을 보이는 경우는 흔치 않다. 골치 아픈 팀원에 대한 다음 리더들의 접근법을 살펴보라.

- 제이콥(Jacob)? 그 집사 얘기할 때는 조심스러워. 보통 예민해야 말이지. 조금만 싫은 소리를 하면 금세 얼굴빛이 달라진다니까. 주일학교 운영에 관해 조금만 이의를 제기해도 그만둔다고 나올까 봐 무서워. 가뜩이나 자원봉사자가 모자란데 그가 그만두면 큰일이야.
- 미아(Mia)는 아직 어려서 미성숙하고 경솔해. 예전에는 부적절한 행동을 지적하기도 했지만 지금은 포기했어. 미아 때문에 자꾸만 자원봉사자들이 그만두고 있어. 미아 말로는 자원봉사자들이 책임감이 없어서 그렇다고 하지만 내가 볼 때는 미아가 문제야. 하지만 나이가 들면 불같은 성미도 좀 잦아들겠지. 어쨌든 미아 문제 말고도 신경 쓸 일이 많아. 게다가 미아가 웹사이트와 소셜 미디어에 관한 한 최고잖아. 얻는 게 있으면 잃는 것도 있지 뭐. 다 좋을 수는 없잖아.
- 오웬(Owen)은 소그룹 리더로서 흠잡을 데가 없지만 싫으면 싫다고 말할 줄 모르는 게 문제야. 매번 얼굴 표정이나 말투로 기분이 나쁜지 않은지 살펴야 한다니까. 기분이 나쁘냐고 몇 번이나 반

복해서 물어도 도통 대답을 하지 않아 신경 바짝 써서 비위를 맞춰야 해. 다행히 지금까지는 비위를 잘 맞춰서 별 문제는 없었지.

- 클레어(Claire)의 자동차를 보면 마치 토네이도가 쓸고 지나간 것 같아. 패스트푸드 봉지며 영수증과 비누, 치약, 파일 폴더, 악보가 앞좌석과 뒷좌석에 수북이 쌓여 있지. 사무실도 크게 다르지 않아. 원래 일할 때 마감일이 닥쳐서야 정신없이 서두르는 스타일인데 요즘은 개인적으로도 해결해야 할 일이 많은 것 같아. 하지만 마지막에는 어떻게든 해낸단 말이야. 게다가 그녀는 정말 훌륭한 찬양 리더야. 그래서 주변이 늘 혼란스러워도 모른 체 넘어갈 수밖에 없어.

어떤가? 당신 팀에도 제이콥이나 미아, 오웬, 클레어 같은 사람들이 있는가? 어쩔 수 없이 그를 참아 주고 사후에 그가 어질러 놓은 쓰레기를 치우느라 진을 빼고 있는가?

예전에는 나도 그랬다. 여느 목사와 리더들처럼 나도 이런 사람들의 어릴 적 집안 환경이나 자기 인식 부족에 신경 쓸 시간도 마음의 여유도 없었다. 목회 초기에는 나 스스로도 아직 그런 실타래를 풀지 못한 상태였으니 더더욱 말할 것도 없었다. 내가 할 수 있는 일이라곤 기껏해야 몇 가지 제안하는 것뿐이었다.

"너무 예민하게 굴지 말고 마음을 좀 편하게 가져 봐요."

"갈등 해결에 관한 좋은 책이 있는데 한번 읽어 보실래요?"

"밀고 나갈 건 밀고 나가세요. 할 말은 해야 합니다."

과연 이런 제안이 문제 해결에 얼마나 도움이 되었을까? 당시 내가 사용했던 방법은 이런 문제투성이 팀원들이 미성숙한 감정과 자기 인식 부족의 틀을 깨고 나오는 데 눈곱만큼도 도움이 되지 않았다. 보통 큰 문제가 아니었다.

변화되지 않은 리더는 언제나 변화되지 않은 팀을 만들어 내고, 그런 팀은 세상을 변화시키지 못한다. 그렇게 되면 아무리 숫자가 늘어나고 프로그램이 훌륭해도 여전히 모두가 변화되지 않은 채로 남아 있다. 당연히 그럴 수밖에. 우리 자신이 그리스도로 변화되지 않았는데 어찌 팀원들이, 나아가 세상이 그리스도를 닮게 변화되기를 바란단 말인가. 미성숙하거나 문제투성이 팀원들이 조금이라도 나아지기를 바란다면 먼저 우리 자신의 영적 변화에 초점을 맞추어야 한다.

개인적인 영적 성장

우리 교회 모든 리더의 직무 설명서에서 첫 번째 항목은 항상 '개인적인 영적 성장'이어야 한다. 영적 성장은 언제나 리더로부터 시작되어야 한다. 왜일까? 일의 성과와 개인적인 영적 성장이 불가분의 관계에 있다는 점을 팀원들에게 이해시키려면 본을 보여 주는 것이 최선이기 때문이다. 우리 자신이 그리스도 안에서 변화되는 것을 리더십의 최우선 사항으로 삼으면 그 가치를 우리 문화와 팀 전체에 불어넣을 수 있다.

아내와 나는 이러한 본을 보이기 위해 무던히 애를 쓴다. 예를 들어, 우리 스스로 멘토와 코치를 만나고 세미나와 워크숍, 컨퍼런스에 참여하며 신앙서적을 손에서 놓지 않는 모습을 보여 준다. 개인적으로 일적으로 성장하는 데 도움이 될 새로운 시각과 방법을 찾기 위해 우리가 사는 북미 문화와 복음주의 하위문화의 울타리를 넘어 넓은 세상의 다른 구석들을 뒤지기도 한다. 또한 29년간 사역하면서 우리는 배우고 변화되고 삶과 목회의 망가진 부분을 하나님의 치유하시는 손에 맡기는 데 집중하기 위해 세 번의 안식 기간을 가졌다. 우리는 하나님이 가르쳐 주시는 것을 설교와 사역자 회의, 개인적인 대화, 소그룹을 통해 사람들과 나눈다. 하나님과의 친밀한 관계를 통해 리더십을 발휘해야 한다는 우리의 핵심 가치를 사람들에게 전해 준다. 따라서 우리가 개인적인 영적 성장을 위해 시간과 노력, 돈을 투자하는 것은 이기적인 행위가 아니라 우리가 섬기는 사람들을 더 잘 섬기기 위한 투자다.

팀원들의 영적 성장

우리 스스로 일의 성과와 개인적인 영적 성장을 통합시키는 본을 보인 다음에야 비로소 팀원들을 바로세우기 위한 노력을 시작할 수 있다. 이는 해도 좋고 안 해도 좋은 '부차적인' 일도 아니요 '진짜' 일을 하기 위해 서둘러 해치워야 하는 일도 아니다. 크리스천 리더가 해야 하는 일 중에서도 가장 핵심적인 일이다. 뉴 라이프 교회의 사역자 중 한 명인 필 (Phil)의 이야기를 통해 설명해 보겠다.

필은 우리 교회의 사역 팀에 합류한 지 6개월 만에 어떻게든 대립을 피하려는 성향을 여실히 드러냈다. 아내와 나는 이 문제로 필을 코치하면서 다가올 '정서적으로 건강한 리더십 컨퍼런스'에서 그의 상황을 사례 연구로 다루고 싶다는 뜻을 내비쳤다. 다행히 그는 흔쾌히 허락해 주었다.

필은 최근 부활절 세례식과 관련해서 부사역자인 미르나(Myrna)와 대립을 피하려다 일어난 상황을 우리에게 털어놓았다. 부활절 직전 토요일, 필은 자신의 리더에게서 에밀리(Emily)란 십대 여학생이 세례식을 고

대하고 있다는 문자 메시지를 받았다. 에밀리는 세례의 기쁨을 함께하고자 교회에 나오지 않는 가족들까지 초대했다. 문제는 에밀리의 이름이 세례자 명단에서 빠져 있다는 것이었다. 프로그램 순서지에 에밀리의 이름이 인쇄되어 있지 않았다는 말이었다. 상관이 조치를 취해 줄 수 있겠냐고 묻자 필은 "그럼요, 문제없어요"라고 대답했다.

하지만 실상은 문제가 있었다. 그 토요일은 필의 안식일이었을 뿐 아니라 결혼 1주년 기념일이었다. 그런데도 필은 다섯 시간에 걸쳐 문제를 해결했다. 그 바람에 안식일과 결혼 기념일을 모두 망쳐 버리고 말았다. 세례자 명단 정리를 담당했던 부사역자에게 전화 한 통만 걸면 끝나는 것을 필은 고집스럽게 모든 상황을 스스로 처리했다.

부활주일, 부사역자는 필에게 명단을 빠뜨린 데 대한 사과를 했고 필은 사람 좋은 미소를 지어 보였다. "괜찮아요. 별 것 아닌데요, 뭐."

이야기를 다 듣고 나서 아내와 나는 필과 함께 그 상황을 어떻게 다루는 것이 현명할지를 고민했다. 먼저, 우리는 필에게 '진실의 사다리(The Ladder of Integrity)'라는 도구를 추천했다.[5]

진실의 사다리의 목적은 자신의 내면과 가치를 파악한 뒤 비난조가 아닌 공손한 어조로 할 말을 하도록 돕는 것이다. 진실의 사다리라고 명명한 것은 자신을 솔직하고 투명하게 돌아봄으로써 다른 사람과의 문제와 갈등을 다루게 도와주기 때문이다.

이후 6주간 필은 자신을 철저히 돌아본 뒤에 사다리의 각 단계에 적힌 문장을 완성했다. 그리고 그 문장들을 종합한 글을 나와 아내 앞에서 여러 번 읽는 연습을 했다. 필은 점점 미르나에게 자신의 생각을 분명히 표현할 수 있다는 자신감을 얻었다. 드디어 '정서적으로 건강한 리더십

10 - …을 바라고 기대한다

내 바람
(9-10)

9 - 솔직히 말해서 …하면 우리 관계에 도움이 될 것 같다

내 가치
(5-8)

8 - 당신에게 꼭 하고 싶은 말은…

7 - 이 상황을 개선하기 위해 내가 할 수 있는 한 가지는…

6 - …할 용의가 있다/…할 용의가 없다

5 - 이 문제가 내게 중요한 것은 내가 …에 가치를 두고 내가 …
함으로써 그 가치를 어겼기 때문이다

내 안에서
일어나는
일(1-4)

4 - 이 문제에 관한 내 감정은…(나의 반응은 나에 관해 …을 말해 준다)

3 - 이 문제에서 내가 원하는 것은…

2 - 이와 관련해서 나의 문제점은…

1 - 지금 내 마음속에 있는 문제는…(… 때문에 이 문제에 관해 말하기
가 부담스럽다)

진실의 사다리
단, 반드시 한 가지 문제만 다루라

컨퍼런스'가 열렸고, 그 자리에서 우리는 필과 미르나를 강단 위로 초대했다. 거기서 필은 약 5분간 자신의 글을 미르나에게 읽어 주었다.

미르나, 내게 매우 중요한 문제를 솔직히 털어놓을 수 있는 자리를 허락해 주셔서 감사해요. 다름 아니라 에밀리의 부활절 세례식 명단에 관한 얘기에요. 실수에 대해 사과해 주셨을 때는 정말 감사했어요. 그런데 내가 괜찮다고 말했던 것 기억나시죠? 사실은 전혀 괜찮지 않았답니다. 5분이면 끝날 줄 알았는데 다섯 시간이 걸리는 바람에 아내와의 안식일과 결혼 1주년 기념일을 다 망쳐 버렸답니다.

지금 이런 얘기를 하는 것은 내가 솔직하지 못했다는 것이 너무 속상하기 때문이에요. 별 것 아닌 것처럼 넘어갔지만 사실은 전혀 그렇지 못했거든요. 앞으로도 계속해서 당신에게 솔직하지 못할 거라고 생각하니까 가슴이 답답했어요. 이 문제를 곰곰이 생각하다가 내 고향에서는(필의 가족은 인도 출신이다) 어린 사람이 자기보다 나이 많은 사람이나 경험이 많은 사람에게 문제를 제기하지 않는 것이 불문율이라는 데 생각이 미쳤어요. 설령 그 사람이 정보를 잘못 알거나 실수를 한 것이라 해도 절대 따질 수 없고 그냥 혼자만 알고 있어야 해요. 솔직히 말할 수 없어요. 이런 태도가 교회와 가족 내의 관계를 망치고 있어요.

또한 나는 사람들의 이목에 신경을 많이 써요. 다들 나를 좋아해 주길 바라지요. 내가 힘들었다고 말하면 당신이 기분이 나빠서 나를 멀리할까 봐 두려웠어요. 그럼에도 나는 진실성을 중시한답니다. 그래서 나 자신이나 남들에게 솔직하지 못하면 스스로 괴로워서 견디기가 힘들어요. 진정성 있는 리더가 되고 싶어요. 그래서 이렇게 솔직히 말하는 연습을 하게 해 주셔서 정말 감사해요.

당신에게 꼭 하고 싶은 말은 당신을 존중하고 부사역자로서 당신의 수고에 감사한다는 거예요. 내가 문화적 배경 때문에 속마음을 솔직히 표현하는 것이 얼마나 어려운지도 알아주셨으면 해요. 이렇게 허심탄회하게 털어놓고 나니 이제부터 당신에게 뭐든 솔직히 말할 수 있을 것 같아요. 이를 계기로 우리 관계가 더 좋아질 거라고 믿어요. 앞으로 우리 관계를 더 열심히 가꿔서 하나님 나라를 세상에 비추는 거울이 되면 좋겠어요. 참, 내게도 뭐든 솔직히 말해 주길 바라요.

미르나는 환한 웃음으로 필을 안으며 "고마워요"라고 말했다.

그렇게 이 사건은 훈훈하게 마무리되었다.

과연 이런 일에 시간과 노력을 투자할 만한 가치가 있을까 의심스러운가? 하지만 몇 가지 다른 질문을 던지고 나면 생각이 달라질 것이다. 필이 계속해서 대립을 회피하면서 후회로 살아간다면 지금으로부터 1년, 3년, 10년 뒤에는 어떤 리더가 되어 있을까? 그가 자신의 미성숙한 모습을 개선하지 않으면 과연 뉴 라이프 교회의 소그룹과 사역들을 성숙한 모습으로 발전시킬 수 있을까? 그가 계속해서 문제를 다루지 않고 사람 좋은 미소 뒤에 숨어 있으면 부사역자나 윗사람과의 관계가 어떻게 될까? 이 모든 상황이 교회 전체의 건강에 어떤 영향을 끼칠까?

당신 팀의 모든 사람들은 당신과 마찬가지로 저마다 모난 구석과 개선해야 할 점을 갖고 있다. 그들이 아직 자신의 그림자를 직면하지 않았는가? 자기 인식이 너무 부족한가? 그렇다면 자신의 감정을 일기에 써 보게 하거나 멘토나 치료사 혹은 좋은 책을 추천해 주면 어떨까? 너무 몸이 부서져라 일해서 일하는 시간을 줄이고 하나님과의 시간을 늘리라고 충고해 줘야 할 사역자가 있는가? 싱글 리더들 중에 자신의 삶을 즐기지 못하고 오로지 일에만 파묻혀 사는 사람이 있는가? 그들과 함께 그 문제로 브레인스토밍을 해 보면 어떨까? 지난주에 이런 문제로 우리 EHS의 대표인 루스와 거의 두 시간에 걸쳐 진지한 대화를 나누었다.

요지는 각 팀원들에게 관심을 기울이고 그들을 위해 기도해야 한다는 말이다. 리더만이 아니라 모든 팀원이 튼튼한 내적 삶의 기초 위에서 일해야 한다. 재능이든 경험이든 우리가 가지지 못한 것을 줄 수 없는 것처럼 그들도 마찬가지다.

2. 방 안의 코끼리를 인정하고 다룬다

'방 안의 코끼리'란 명백히 부적절하거나 미성숙한 행동이지만 아무도 인정하거나 다루지 않은 채로 남아 있는 행동을 말한다. 이런 코끼리가 수많은 팀 속에서 마음대로 활개를 치고 돌아다니고 있다. 예를 들어 보자.

- 재클린(Jacqueline)은 탁월한 찬양 리더다. 워낙 재능이 뛰어나 가히 교회의 복덩어리라고 할 만한다. 하지만 매주 진행되는 예배 준비 모임에서는 늘 굳은 얼굴로 먼 산만 바라본다. 몸은 회의장에 있지만 마음은 다른 데에 있는 게 분명하다. 다섯 명의 다른 팀원들은 분명히 느끼면서도 말을 꺼내지 못하고 있다.
- 교회 제직회 회원인 마이클(Michael)은 성탄절 전후로 열린 기도

모임이 취소된 결정에
화가 난 나머지 여섯 명
의 사역자들에게 비판
의 이메일을 보낸다. 단
어 하나마다 분노로 이
글거린다. 담임목사는
마이클과 겨우 5분 동안
대화를 나눠 문제를 대

정서적으로 건강한 문화와 팀 구축

1. 일의 성과와 개인적인 영적 형성이 하나로 연결되어 있다.
2. **방 안의 코끼리를 인정하고 다룬다.**
3. 팀의 개인적인 영적 성장에 시간과 노력을 투자한다.
4. 팀원들의 결혼 생활과 싱글 생활을 중시한다.

충 봉합한다. 그래서 갈등의 불이 잠시 꺼지긴 했지만 갈등의 씨앗은 여전히 남아 있다.

• 롭(Rob)은 뛰어난 커뮤니케이터다. 모두가 그를 좋아한다. 문제는 그의 말과 행동이 자꾸만 어긋난다는 것이다. 어떤 일을 하겠다고 말만 해 놓고 지키지 않는 경우가 다반사다. 사실을 과장하고 윤색하는 것도 문제다. 그의 곁에서 일하는 사람들은 '뛰어난 커뮤니케이터'와 일하기 위한 대가 정도로 여기고 있다.

• 노라(Nora)의 사역은 승승장구하고 있다. 하지만 그녀는 툭하면 사역자 모임이나 일대일 약속에 늦게 나타난다. 물론 매번 사과하고 합당한 이유를 대지만 늦는 버릇은 여전히 고쳐지지 않고 있다. 사람들은 투덜거리면서도 그에 대한 책임을 묻지는 않는다.

• 행정 직원 패트릭(Patrick)은 10년간 사역자로 일했지만 일보다 비판에 더 열심이다. 입만 열면 남들을 비판한다. 특히, 교회에 나온 지 얼마 되지 않은 신임 사역자는 주된 표적이다. 교회는 성장하고 있지만 오직 그만 제자리걸음이다. 그의 리더는 그에게 어

떻게 말을 해야 할지 그리고 그에 관한 사람들의 불평을 어떻게 처리해야 할지 몰라 진땀을 빼고 있다. 코끼리가 방 안을 돌아다닌 지 수년째다.

이처럼 용납될 수 없는 행동을 그냥 넘어가는 일이 너무도 흔하다. 그래서 이런 코끼리를 공론화하고 해결 방안을 토론하라고 하면 대개 믿을 수 없다는 표정이 돌아온다. "목사님, 농담하시는 거죠? 방 안의 코끼리를 전부 처리하려고 하다간 어떻게 되는 줄 아세요? 팀이 반 토막이 날지도 모릅니다. 게다가 다른 일을 할 시간도 없고요."

각자 상황에 따라 어떤 방법을 쓸지 기도로 분별해야 한다. 나도 뉴 라이프 교회의 문화를 바꾸면서 그렇게 했다. 명심하라. 방 안의 코끼리가 저절로 사라지는 일은 거의 없다. 오히려 사람들의 침묵과 용인을 먹고 점점 몸집을 키워 언제 터질지 모르는 시한폭탄으로 변해 버린다. 내가 직접 겪어 봐서 잘 안다. 방 안의 코끼리를 무시했다가 톡톡한 대가를 치른 적이 한두 번이 아니다.

오랜 세월 나는 뉴 라이프 교회의 문화를 지킬 책임이 내게 있음을 깨닫지 못했다. 심지어 우리에게 문화란 것이 있는지조차 몰랐다. 그리고 문화에 관한 생각을 시작한 뒤로도 내게는 그에 관한 능력이 없다고 생각했다. 그래서 나 말고 다른 사람이 그 일을 해 주기를 바랐다. 그리고 이왕이면 사역자와 교회 제직회, 주요 자원봉사자들이 알아서 잘해 주면 좋겠다는 헛된 바람을 품었다. 그러다 그들이 사람들과의 관계에서 건강하지 못한 모습을 보일 때마다 놀라고 분노했다. "도대체 왜들 저러는 거야?" 하지만 상황은 간단했다. 그들의 미성숙하고 모난 내면이 겉으로 드러난 것일 뿐이었다.

리더로서 더 높이 올라갈수록 더 높은 수준의 성숙이 필요하다. 영
향력이 넓어지고 책임이 커질수록 내적 삶의 풀리지 않은 문제들이 결국
드러나게 되어 있다. 윗대의 문제, 트라우마, 권위자와의 문제, 그릇된 생
각에서 비롯한 미성숙이 조만간 겉으로 표출된다. 리더들이 완벽히 성숙
한 모습으로 우리 앞에 나타나 주길 바라지만 그런 일은 좀처럼 없다.

아내와 나는 뉴 라이프 교회에서 문제를 일으키는 코끼리들을 몰아
내겠다는 일념으로 16년간 리더들과 교인들을 위한 실질적인 기술들을
개발했다. 우리가 생각한 성공 공식은 간단했다.

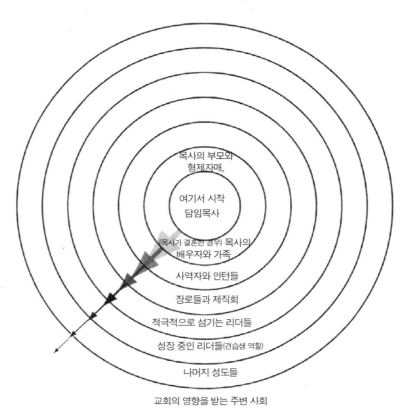

목사의 부모와
형제자매,

여기서 시작
담임목사

(목사가 결혼한 경우) 목사의
배우자와 가족

사역자와 인턴들

장로들과 제직회

적극적으로 섬기는 리더들

성장 중인 리더들(견습생 역할)

나머지 성도들

교회의 영향을 받는 주변 사회

새로운 기술들 + 새로운 언어 + 철저한 후속 조치 = 변화된 공동체

이 기술들을 개발한 목표는 리더들부터 시작해서 교회의 모든 구성원이 새로운 예수님의 식구로서 서로를 잘 사랑하도록 돕는 것이었다. 그렇게 탄생한 여덟 가지 기술을 우리는 '정서적으로 건강한 기술들'로 부른다.[6] 너무 간단해서 이상해 보일지 모르지만 이 기술 하나하나는 철저히 신학적 토대 위에서 개발된 것이며 제대로 이해하고 실천하려면 여간 힘들지 않다. 자, 이 기술들을 소개한다.

1. 공동체 분위기 읽기
2. 독심술을 멈추라
3. 기대사항을 분명히 전하라
4. 가계도를 그리라
5. 빙산을 탐구하라
6. 성육신적인 경청
7. 진실의 사다리를 오르라
8. 정정당당한 싸움

이런 기술 덕분에 방 안의 코끼리들과 그들의 문제점을 다루기 위한 공통의 틀이 마련되었다. 또한 이런 기술은 새로운 언어를 배우는 데 도움이 되었다. 예를 들어, 우리는 성급한 판단을 내리기 전에 마음을 가라앉히고 상대방을 사랑하는 마음으로 성숙한 대화법을 실천하려고 노력한다. 이를 위해 우리 뉴 라이프 교회가 장려하는 두 가지 간단하면서도

중요한 대화법은 "궁금합니다"와 "건의를 동반한 지적"이다. 후자는 문제를 지적할 때 "…알고 있습니다. …해 주시면 좋겠습니다"라고 말하는 것이다. 구체적으로 예를 들어 보겠다.

궁금하다는 식으로 말하면 잘못된 가정과 해석을 배제할 수 있다. 예를 들어 "왜 교회 주방을 그렇게 어질러 놓고 갔나요?"보다는 "왜 교회 주방을 치우시지 않았는지 궁금합니다"라고 말하는 것이다. "이메일 답장을 빨리 해 주셨어야죠"라고 말하기보다 "이메일 답장을 왜 빨리 해 주시지 않았는지 궁금합니다"라고 말하는 것이다. "궁금하다"라는 표현은 이유를 모르겠다고 인정하는 표현이다. 그렇게 하면 성급하게 판단하지 않고 마음을 가라앉힐 수 있다.

또한 우리는 사역 팀과 교인들에게 그리스도 안에서의 새 식구로서 문제를 올바르게 지적하는 법을 가르친다. 문제를 지적할 때 "…알고 있습니다. …해 주시면 좋겠습니다"라는 대화법을 사용하면 어릴 적 부모에게서 배운 부정적인 패턴을 고쳐 나갈 수 있다. 예를 들어, 리더가 마지막 순간에 가서야 파워포인트 프레젠테이션을 보내오면 프로젝트 담당자는 성급하게 짜증을 내지 말고 "파워포인트를 발표 두 시간 전에 보내 주신 것으로 알고 있습니다. 다음부터는 내가 컴퓨터로 옮길 수 있도록 하루 전에 보내 주시면 좋겠습니다"라고 말한다. 혹은 "회의에 또 늦었군요. 한 번만 더 늦으면 더는 당신과 일할 수 없어요"가 아니라 "이번 리더 모임에 이십 분 늦은 것으로 알고 있습니다. 앞으로는 늦게 되면 내 일정을 조정할 수 있게 미리 전화를 주시면 좋겠습니다"라고 말한다.

"…알고 있습니다. …해 주시면 좋겠습니다"라는 표현은 단순하지만 관계법을 바꾸기 위한 좋은 훈련 도구다. 이렇게 하면 매일같이 나타

나는 사소한 짜증거리를 적절히 다룰 수 있다.[7]

모두가 그리스도 안에서 성숙할 수 있는 방식으로 방 안의 코끼리를 인정하고 다룬다는 것이 실제로 어떤 모습일까? 두 가지 간단하면서도 구체적인 예를 들어 보자.

스티브(Steve)의 이야기다. 어느 날 아내와 나는 우리 집에서 우리 교회의 소그룹 리더 중 한 명인 스티브를 만났다. 스티브는 자신이 직장에서 훌륭한 프레젠테이션을 한 뒤에 상사가 자신만 빼고 모두에게 감사의 이메일을 보냈다며 씩씩거렸다. "기분 나쁘라고 일부러 나를 뺀 거예요." 아내와 나는 스티브에게 조언할 수 있는 좋은 기회라고 여겨 서로 눈을 마주쳤다.

"확실한가요?" 아내가 물었다. "상사가 그렇게 말했나요. 아니면 그렇게 생각하는 특별한 이유라도 있나요?" 우리가 '독심술을 멈추라'라고 부르는 기술에 따라 내가 스티브 역할을 맡고 스티브가 자신의 상사 역할을 맡아 스티브의 가정이 틀렸을 경우의 상황을 재현해 보았다. 먼저 내가 상사의 사무실로 들어가는 시늉을 하고서 말했다. "시몬스(Simmons) 부장님, 왜 저만 빼고 나머지 팀원에게는 모두 감사의 이메일을 보내셨는지 정말 이해할 수가 없습니다. 분명 회의실에서는 제 프레젠테이션에 아주 흡족해하신 눈치였는데 말입니다. 제가 뭔가를 빼먹었습니까?"

앤디(Andy)의 이야기를 보자. 일전에 목사인 한 친구가 내게 교회 찬양 팀의 앤디라는 팀원에 대해 이야기해 주었다. 앤디는 내 친구 목사를 찾아와 음악 감독이 팀원들의 잡담을 그냥 놔두는 바람에 연습 시간이 30분이나 초과되었다고 불평했다. 며칠 뒤 앤디의 분위기가 심상치 않은 것을 느낀 음악 감독이 이유를 물었다. "이보게 앤디, 지난 밤 연습 때 무슨 화나는 일이 있었는가? 연습이 끝나자마자 횅하니 가 버렸지 않나." 그러자 앤디는 이렇게 대답했다. "화는요, 무슨. 그냥 등이 아파서 일찍 집에 가서 쉰 거예요." 문제는 앤디가 전혀 아프지 않았다는 것이다. 그는 연습이 끝나고 교회 식구들과 밤늦게까지 농구를 했다.

목사는 며칠 뒤 앤디를 불러 기분 나쁘지 않도록 조심스럽게 말했다. "이상하군요. 음악 감독에게 등이 아파서 연습을 마치자마자 집으로 갔다고 하시던데 왜 그렇게 말씀하셨나요?" 이어진 대화는 앤디 인생의 큰 전환점이 되었다. 앤디는 대립을 피해 왔던 어린 시절에 관한 이야기를 했다. 아울러 목사는 앤디에게서 교회 내 '예절'에 관한 잘못된 가정을 찾아냈다. 두 사람은 앤디가 음악 감독을 다시 찾아가 상황을 있는 그대로 이야기해야 할지도 진지하게 고민했다.

이런 경험은 스티브와 앤디가 성장하기 위한 중요한 계기가 되었다. 두 사람은 윗대의 문제에서 비롯한 건강하지 못한 패턴을 바꾸고 예수님의 새로운 가족으로서 살아가는 법을 배우기 위한 여행을 시작할 수 있었다. 또한 이들의 행동을 지적한 리더들도 더 건강한 문화를 창출할 수 있었다. 스티브와 앤디가 계속해서 관계법을 바꿔 나가면 그들이 속한 공동체도 변화될 것이다. 이런 작은 일대일 코치가 눈앞의 상황을 넘어 문화 전체로 지속적인 파급 효과를 일으키는 모습을 수없이 관찰했다.

"모든 길은 로마로 통한다"라는 옛 격언에는 깊은 지혜가 담겨 있다. 모든 바큇살이 중심축으로 이어지듯 그 옛날 로마는 세계의 중심지여서 세상 모든 길이 로마로 이어져 있었다. 마찬가지로, 우리 삶의 모든 표면적인 문제는 결국 우리 자신이나 남들과의 관계에서 반복적으로 발생하는 건강하지 못한 문제로 거슬러 올라간다. 앤디와 음악 감독 사이의 작은 실랑이 같은 문제를 깊이 파헤쳐 보면 똑같은 행동을 자꾸만 유발하는 근본 원인으로 이어진다. 따라서 한 가지 문제를 깊이 파헤치면 나머지 문제들에 대한 해법이 나타난다.

교회나 비영리 기관을 이끌면 기업 세계만큼 많은 봉급을 제시하기 어렵다. 사실, 우리가 이끄는 팀은 주로 자원봉사자들로 이루어져 있다. 하지만 우리는 팀원들에게 돈보다 훨씬 더 귀한 뭔가를 줄 수 있다. 바로 예수님을 닮아 가기 위한 개인적인 영적 성장의 기회다. 이것이야말로 무엇과도 비교할 수 없는 선물이다.

3. 팀의 개인적인 영적 성장에 시간과 노력을 투자한다

정서적으로 건강한 리더들은 팀원들의 직업적 기술이나 사역 기술만이 아니라 개인적인 영적 성장에 투자한다. 풍성한 사역의 열매와 지속적인 파급 효과를 낳는다는 것을 잘 알기 때문이다.

예수님은 무리를 가르치고 인도하는 동시에 12명의 핵심 멤버들에게 자신의 전부를 쏟아 내셨다. 덕분에 그들이 곧 태동할 교회의 문화를 올바로 형성할 수 있었다. 운명의 십자가가 눈앞에 다가올수록 예수님은 그들을 훈련시키는 데 막대한 에너지를 쏟아부으셨다. 마찬가지로, 크리스천 리더로서 우리도 프로그램이나 전체 사역에만 신경을 쓰지 말고 핵심 팀을 키우는 데 더 많은 노력을 기울여야 한다. 예수님처럼 우리도 다수에 대한 리더십과 핵심 팀의 훈련이라는 두 가지 차원 중 어느 것 하나도 소홀히 하지 말아야 한다. 교회나 사역 기관, 여타 큰 조직의 수장이라면 '핵심 인물 30인'을 규명해야 한다. 조직이나 사역 기관에 속한 작은 팀을 이끄는 리더들도 주요 팀원들을 찾아 그들에게 집중적으로 투자해야 한다.

NCD(Natural Church Development)는 전 세계에서 건강한 성장을 이루고 있는 교회들을 조사하는 유수한 조직이다. 1990년대 말부터 71개 국가에 흩어진 7만 개 이상 교회를 상대로 9,300번의 조사를 벌였다. 교회의 건강을 평가하기 위한 NCD만의 독특한 방식

> ### 정서적으로 건강한 문화와 팀 구축
>
> 1. 일의 성과와 개인적인 영적 형성이 하나로 연결되어 있다.
> 2. 방 안의 코끼리를 인정하고 다룬다.
> 3. **팀의 개인적인 영적 성장에 시간과 노력을 투자한다.**
> 4. 팀원들의 결혼 생활과 싱글 생활을 중시한다.

은 교회 규모에 상관없이 '오직 핵심 인물 30명'만을 조사하는 것이다.[8] 핵심 인물들은 세 가지 기준에 부합해야 한다. (1)성가대나 찬양 팀, 남성 모임, 소그룹 등 교회 내 그룹에 속해야 한다. (2)사교적인 모임만이 아니라 사역에 적극적으로 참여해야 한다. (3)교인들의 삶과 성장을 돌봐야 한다. 대형 교회의 리더들이 30명 이상을 조사할 수 없냐고 물으면 NCD는 다음과 같이 답변한다.

> 가능하긴 합니다만 통계적으로 정확한 결과를 산출하기 위해 더 많은 숫자는 필요하지 않기 때문에 추천하지 않습니다. 누구의 의견이 가장 중요한지 누가 교회의 삶에 가장 큰 영향을 미치는지 고민해서 기준에 맞는 30인만 간추릴 것을 추천합니다. 이는 유기체 심장의 생검을 하는 것과 같은 이치입니다.[9]

1-2년 뒤 교회 문화가 변했는지 확인하고 싶을 때는 또다시 기준에

맞는 30인을 선정해 NCD 조사를 한다. 이 30인의 가치와 정신, 행동, 방식, 영성이 문화 전체에 스며들어 있기 때문이다.

뉴 라이프 교회에서는 공식적으로 NCD 조사를 실시한 적이 없지만 30-40명의 사역자와 장로, 사역 리더, 주요 소모임 리더들을 선별해 이 책에서 소개한 원칙들을 집중적으로 훈련시키고 있다. 그렇게 하면 우리가 추구하는 문화가 교회 전체로 퍼져 나갈 수 있다.[10]

팀의 개인적인 영적 성장에 투자한다는 것이 실제로 어떤 의미인지를 최근의 몇 가지 예로 설명해 보겠다. 지난 몇 주간 우리는 주간 팀 모임에서 안식일을 실천하고 성찰 기도를 통해 하나님의 음성을 듣고 리더로서 구체적인 소명을 분별하는 문제, 그리고 사람들의 변화에 관한 신경과학적인 기제에 관해 장시간 이야기를 나눴다. 또한 우리는 매일 기도의 일환으로서 함께 정오 기도를 드린다. 그리고 나서야 비로소 다가올 행사, 정책 변화, 문제 등 사업적 의제로 넘어간다.

하지만 팀에 대한 이런 투자가 예상보다 훨씬 더 많은 시간과 에너지를 잡아먹을 때도 있다. 다음 상황은 내가 뉴 라이프 교회의 담임목사 직을 리치에게 공식적으로 넘기기 두 주 전에 일어났다. 리치는 이미 지난 18개월간 사역자들을 공식적으로 이끌어 온 상태였다. 이 이야기에 등장하는 젊은 사역자인 마이크(Mike)가 그 시점까지 나와 상호작용한 적이 거의 없었다는 뜻이다.

때는 주일이었다. 그날 아내는 세 번의 예배에서 '뉴 라이프 교회에서의 26년간 어렵게 배운 교훈들'이란 제목의 설교를 전하고 있었다. 그런데 세 번째 예배가 시작되기 전 나는 동영상 녹화를 담당하는 유급 사역자인 마이크에게 아내가 뉴 라이프 교회에서 마지막으로 전하는 설교를 녹화해 달라고 부탁했다. 그러자 뜻밖의 대답이 돌아왔다.

"그건 힘듭니다. 원래 두 번째 예배만 녹화합니다."

"알아요. 하지만 오늘은 특별한 주일이잖아요. 사모의 가장 좋은 설교를 기록하고 싶어서 그러니까 부탁 좀 할게요."

하지만 마이크는 막무가내였다.

"이번에는 저도 성도석에 앉아서 예배를 드릴 겁니다. 그래서 안 됩니다."

점점 화가 치밀어 오르고 혼란스러웠다. '나이는 겨우 스물다섯에 우리 사역자로 들어온 지 1년밖에 안 된 친구가 너무하는구먼. 자신이 산 세월보다 내가 이 교회의 담임목사로 섬긴 세월이 더 길다는 것을 모르는가? 이 작은 부탁을 들어주기가 그렇게 힘든가?'

이어서 나는 자기회의(나의 그림자)의 늪으로 빠져들었다. '내가 너무 완벽주의자처럼 구는 건 아닐까? 왜 이렇게 호들갑을 떨어? 어차피 아내는 신경도 쓰지 않을 텐데'

나는 전에 예배를 녹화했던 다른 사역자를 언급하면서 이 사람에게 대신 녹화를 맡기면 어떻겠냐고 물었다. "그분은 녹화할 줄 몰라요!" 마이크는 톡 쏘고 나서 자리를 떴다. 나는 어안이 벙벙해서 아무 말도 하지 못했다.

세 번째 예배에서 아내는 은혜로운 설교를 전했고 나는 내내 새빨개진 얼굴로 씩씩거렸다. 이 모습이 녹화되지 않아서 얼마나 다행인지 모른다. 마이크를 당장 해고하고 싶은 유혹이 마음 한구석에서 일어났다. 하지만 예배를 마치고 사람들에게 인사를 하고 나서 가만히 생각해 보니 아직은 그 얘기를 누구에게도 말할 준비가 되어 있지 않았다.

마음을 충분히 가라앉힌 뒤 상황을 분명히 돌아보고 최선의 해법을 찾아내기까지 주일 밤과 월요일 하루 종일이 걸렸다. 월요일에 다른 할 일이 많았지만 마이크나 교회 집행부나 나에게 매우 중요한 문제라고 판단했기 때문에 오로지 이 일에만 전념했다.

이런 질문과 씨름했다. "내가 두 주 뒤 자리에서 물러나 새로운 역할을 맡으면 계속해서 이런 대접을 받을까?" 사실 그래서 몇몇 목회자 친구들이 애초에 담임목사직을 승계하지 말라고 충고하기도 했었다. "그들의 말이 옳았을까?" 결국, 그렇지는 않다는 결론을 내렸다. 교회 제직회와 리치, 사역 팀, 교인들은 모두 나를 존중하고 사랑했다.

나는 이 일이 모두에게 중요한 배움의 기회가 되리라 판단했다. 최소한, 그렇게 될 희망이 있었다. 그래서 헝클어진 생각을 두 페이지에 걸쳐 노트에 정리했다. 그리고 화요일에 리치와 마이크가 속한 팀의 리더를 만나기로 했다.

나는 주일에 마이크와의 사이에 있었던 일을 설명하면서 모임의 문을 열었다. 마이크의 경험 부족, 윗대의 문제, 개인적인 성숙도 그리고 마지막으로 그의 재능에 관해 이야기했다. 그가 인격적 성장에 비해 너무 중요한 자리에 앉은 것은 재능 때문이었다. 이게 의도하지 않은 결과들을 낳고 있었다. 마이크는 파트타임 사역자로 우리 교회에 왔지만 곧 훨씬 더 많은 책임이 따르는 전임 사역자가 되었다. 그는 대체로 일을 잘해 왔지만 그의 성장에 개인적으로 투자하는 사람이 아무도 없다는 것이 문제였다. 이곳에 12개월 동안 사역자로 있는 동안 두 명의 리더를 섬겼는데 거의 아무런 터치를 받지 않았다. 또한 알아보니 우리 교회에서 오랫동안 사역해 온 두 명의 사역자가 다른 배경에서 그의 행동에 우려를 표시해 왔다. 그의 행동과 태도는 단순히 스물다섯 살짜리 젊은이의 실수로 치부하기엔 너무 심각했다. 교회 사역자라는 자리가 얼마나 중요하고 교회를 바라보는 세상의 시선에 얼마나 막대한 영향을 끼치는지 단단히 오해하고 있는 것이 분명했다. 재능만 뛰어나다고 다 되는 것이 아니었다.

팀의 리더가 마이크의 개인적인 성장을 세심히 챙겨 주지 않으면 마이크는 우리 교회에서 오랫동안 사역하기 힘들었다. 문제는 그에게 어떻게 안전한 배움의 장을 마련해 주느냐 하는 것이었다. 어떻게 하면 그에게 상처를 주지 않고 도울 수 있을까? 그렇다고 이 문제를 다루지 '않는' 것은 불가했다. 상처를 줄까 봐 그의 행동을 계속해서 방치한다면 결국 그를 내보낼 수밖에 없으니 그 자신과 교회 모두에 손해일 수밖에 없었다.

마이크와 모임을 갖기 전에 이렇게 생각했다. '이 젊은이를 그냥 놔두기에는 재능이 너무 아까워. 그래서 고통스러운 선물을 줄 수밖에 없어. 그가 이 선물을 받아들이기만을 바랄 뿐이야. 앞으로 다른 어느 곳에서도 이런 선물을 받기는 쉽지 않을 테니 우리가 이 선물을 꼭 줘야 해.'

내 계획은 마이크를 불러 그의 행동이 옳지 않았다는 점을 지적한 뒤에 이렇게 말하는 것이었다. "마이크, 일터의 윗사람이 근무 시간에 뭔가를 시키면 해야 합니다. 또다시 이번처럼 행동하면 해고될 겁니다. 다른 일터라면 벌써 해고되었어요."

개인적으로 모임을 준비하는 데 거의 이틀이 걸렸다. 세 사역자가 모여서 준비하는 데 또 한 시간이 걸렸다. 그에 반해 마이크와의 대화는 10분도 채 걸리지 않았다. 하나님의 은혜로 이야기는 해피엔딩으로 끝났다. 마이크는 진심으로 사과했다.

뉴 라이프 교회에서 마이크의 미래는 아직도 확실히 정해진 게 없다. 우리는 그를 아끼고 건강한 팀과 문화를 워낙 중시하기 때문에 이와 같은 대화가 몇 번 더 이루어질 가능성이 높다. 하지만 우리가 그의 개인적인 성장에 충분한 시간을 투자한다면 그가 앞으로 어디서 어떻게 그리스도를 섬기든 남은 평생 많은 사람들에게 선한 영향력을 끼치리라 믿어 의심치 않는다.

리더로서 우리는 매일 우리 자신, 그리고 우리가 이끄는 조직이나 팀의 에너지와 자원을 어떻게 투자할지 선택을 내린다. 이는 우리의 가장 중요한 선택 가운데 하나다.[11] 하루아침에 문화를 바꾸거나 팀을 구축할 수 있는 프로그램이나 공식 따위는 없다. 충분한 투자가 관건이다. 팀의 문제는 전혀 예상 못할 순간에 나타날 때가 많다. 그리고 그 문제는 우리 자신의 내적 문제와 하나로 연결되어 있을 때가 많다. 하지만 이런 문제는 팀과 문화가 변할 수 있는 좋은 기회다. 따라서 많은 시간과 에너지를 투자할 만한 가치가 있다.

문화와 팀 구축에 관해서 매우 중요하지만 자주 간과되는 주제가 또 하나 있다. 바로 팀원들의 결혼 생활과 싱글 생활의 질이다.

4. 팀원들의 결혼 생활과 싱글 생활을 중시한다

교육, 지역 정부, 기업, 의료 같은 분야에서 일하면 누구도 우리의 결혼 생활이나 싱글 생활에 신경을 쓰지 않는다. 심지어 그런 문제에 관해 묻는 것이 위법인 지역도 있다. 하지만 교회와 기독교 단체에서 일하는 사람들의 수준은 더 높아야 한다. 우리는 사회보다 더 높은 수준의 도덕과 안정성을 추구한다. 불륜이나 포르노, 난잡한 성생활 같은 행동은 절대 용납되지 않는다.

크리스천 리더들은 하나같이 건강한 결혼 생활과 싱글 생활을 추구한다고 말한다. 실제로 팀원들에게 "가정은 평안한가?"라고 묻는 리더들도 있다. 하지만 내가 볼 때 우리 대부분은 다른 중요한 일이 많기 때문에 실제 상황과 상관없이 "그렇다"라는 대답이 나오기를 내심 기대한다.

정서적으로 건강한 문화와 팀 구축

1. 일의 성과와 개인적인 영적 형성이 하나로 연결되어 있다.
2. 방 안의 코끼리를 인정하고 다룬다.
3. 팀의 개인적인 영적 성장에 시간과 노력을 투자한다.
4. **팀원들의 결혼 생활과 싱글 생활을 중시한다.**

하지만 정말로 건강한 결혼 생활과 싱글 생활이 세상을 향한 하나님의 사랑을 보여 주는 표적이요 기사이며 가장 크게 울려 퍼지는 복음의 메시지라고 믿는다면 팀원들이 각자의 생활을 챙기도록 적극적으로 관여해야 한다.[12] 뉴 라이프 교회에서 리더들에게 꼭 권장하는 질문 중 하나는 팀원들의 결혼 생활이나 싱글 생활에 관한 질문이다. 팀원들의 결혼 생활과 싱글 생활은 그들의 사역이 어떤 상태에 있는지를 적나라하게 보여 주는 엑스레이와도 같다. 우리가 지난 20년간 살펴보니 사역 분야를 막론하고 그렇다.

뉴 라이프 교회의 인사 위원회가 가난하고 소외된 지역 주민들을 돕는 사역인 '지역 사회 개발 주식회사(Community Development Corporation)'의 책임자를 수년 동안 물색했던 적이 있다. 비즈니스 세계에서 경험이 많고 우리 지역에서 계속해서 살 수 있는 리더가 필요했다. 동시에 우리 교회의 가치들을 구현할 수 있는 사람이어야 했다. 오랜 고민 끝에 우리는 교인 중 레드가 적임자라고 판단했다. 그래서 그에게 건설 현장 소장이라는 안정된 직장을 버리고 3분의 1밖에 되지 않는 월급으로 우리 사역 팀에 들어올 용의가 있는지 진지하게 물었다.

그런 논의 중 레드의 아내 아야(Aya)가 함께한 자리에서 이야기를 해야 할 시간이 왔다. 어느 화요일 저녁 나는 레드의 아파트 앞에 차를 세우고 4층까지 계단을 올라갔다. 남편의 직업이 건설 현장 소장에서 교회 사역자로 바뀌고 월급이 절반 이하로 깎이는 것에 관한 아내의 생각을 꼭 들어봐야 한다고 생각했다. 그날 밤이 깜깜해질 무렵 레드는 우리의 제의를 받아들이기로 마음을 완전히 굳혔다.

그때 나는 그에게 기혼 리더들에게는 "배우자가 사랑을 느껴야 한다"라는 자격요건이 있다는 걸 아는지 물었다.

"아뇨. 금시초문입니다만."

"우리 교회에서는 웬만하면 해고를 하지 않습니다. 하지만 한 가지를 어기면 곧바로 해고에요. 일을 너무 많이 해서 사모님이 사랑받지 못한다고 느낀다면 당신을 해고할 겁니다."

아야는 미소를 지었고, 레드는 믿을 수 없다는 표정으로 나를 쳐다봤다.

"농담이 아니에요. 정말로 해고할 겁니다. 사역자가 되면 할 일이 끊임없이 밀려올 겁니다. 하지만 우리는 사역자들이 그리스도의 사랑으로 넘치는 결혼 생활을 바탕으로 일하기를 원합니다. 그래서 두 분에게 교회 사역이 가정을 화목하게 만드는지 피폐하게 만드는지 수시로 물을 겁니다."

레드가 한바탕 웃더니 계속해서 웃음기를 머금은 채로 대답했다.

"이건 확실히 비즈니스 세계와 다르군요."

나중에 레드는 우리의 대화를 하나님의 음성으로 받아들였다고 말했다. "레드야, 아내 다음으로 일을 사랑해라. 이것이 올바른 순서다."

레드와 아야는 두 사람의 관계에 대한 교회의 관심을 높이 샀고, 레드는 그 자리를 받아들였다.

그날의 대화는 조직의 정서적인 건강이 리더들의 결혼 생활이나 기혼 생활의 건강과 뗄 수 없는 관계에 있다는 확신에서 비롯했다. 사도 바울도 리더들의 집안이 평안하지 못하면 건강한 교회를 일굴 수 없다는 사실을 잘 알고 있었다(딤전 3:8). 그래서 장로의 요건 중 하나로 삼았다.

아울러 나는 기혼 리더들에게 "배우자와의 시간을 잘 챙기고 있습니까?"라고 물을 때와 똑같은 심각함과 진지함으로 싱글 리더들에게도 인생길을 함께 걷는 사람들과의 시간을 잘 챙기고 있는지를 묻는다. 나는 결혼한 리더들만큼이나 싱글 리더들의 일상과 취미에도 관심을 가진다. 가족이 있는 리더들뿐 아니라 싱글 리더들에 대해서도 안식일과 일의 리듬을 유지시켜 주려고 애를 쓴다.

1996년 아내와 내가 부부의 삶을 완전히 뜯어고쳤을 때 우리는 교회를 변화시키려고 애를 쓰지 않았다. 우리는 단지 예전과 다른 방식으로 차이점을 조율하고 의견을 주장하고 성급한 반응을 절제하고 남들에게 좀 더 공감하고 언제나 진실을 정중하게 말하려고 최선을 다했을 뿐이다. 하나님은 우리가 부모에게서 물려받은 부정적인 유산들을 버리게 도와주셨다. 우리는 자신에 대해, 서로에 대해, 하나님에 대해 완전히 다른 사람으로 변해 있었다. 몇 년이 지나자 우리 결혼 생활의 이런 강력한 변화가 교회 전체로 흘러넘치기 시작했다. 가득 차면 넘치는 것이 당연한 이

치다. 하나님은 우리의 관계와 서로에 대한 행동만이 아니라 각자의 내적 삶까지 철저히 변화시켜 주셨다. 이런 변화가 다른 모든 관계와 교회 전체의 문화로 흘러나가는 것은 시간 문제였다.

리더들에게 이런 내용을 가르치면 이렇게 말하는 사람들이 꼭 있다. "목사님, 사람들이 일을 잘하고 있는지를 확인해야 하는 것은 당연하지만 사생활까지 챙겨야 합니까?" 그때마다 내 대답은 똑같다. "당연하지요. 사람들의 변화라는 하나님의 목적을 이루려면 이보다 더 좋은 방법이 없습니다. 먼저 당신의 팀원들이 변화되지 않고서 어떻게 사람들을 변화시킬 수 있겠습니까? 그래서 예수님도 열두 명의 제자 훈련이라는 느린 과정을 건너뛰지 않으신 겁니다."

네 가지 질문을 던지라

2부에서 다룬 내적 삶의 네 가지 기초를 토대로 한 다음 질문들을 통해 정서적으로 건강한 문화와 팀 구축에 관한 경험과 리더십 상태를 돌아보라. 질문을 좀 바꿔도 좋고, 문화와 팀 구축에 관해 팀원들과 토론하기 위한 출발점으로 삼아도 좋다.

- **당신의 그림자를 직면하라.** 나의 그림자가 팀원들과 함께 이루려는 문화에 악영향을 끼치지 않도록 어떻게 하면 그 그림자를 인식하는 능력을 기를 수 있을까? 최근 팀원들 앞에서 나도 모르게 옛 버릇이 나왔을 때 어떻게 하면 흥분을 가라앉히고 보다 성숙

하고도 사려 깊은 반응을 보일 수 있었을까? 내 주변 사람들 중에서 누가 내게 이런 맹점과 약점을 비춰 주는 거울 역할을 할 수 있을까?

- **건강한 결혼 생활과 싱글 생활을 바탕으로 리더십을 발휘하라.** 건강한 팀과 문화의 모델로서 내 결혼 생활이나 싱글 생활을 얼마나 잘 가꾸고 있는가? 건강한 문화를 구축하는 일과 내 결혼/싱글 생활을 가꾸는 일 사이의 균형을 유지하기 위해 구체적으로 어떻게 하고 있는가? 기혼자라면, 배우자가 말하는 우리 결혼 생활의 가장 큰 걸림돌은 무엇인가? 싱글이라면, 가장 가까운 친구들이 말하는 내 싱글 생활의 가장 큰 걸림돌은 무엇인가? 거기에 뭐라고 답할 것인가?

- **사랑의 연합을 위해 속도를 늦추라.** 문화와 팀 구축이라는 이 힘든 일에서 개인적으로 '예수님과 함께하는 상태'가 '예수님을 위한 일'을 어느 정도까지 뒷받침해 주는가? 조금? 많이? 전혀 뒷받침해 주지 못하고 있는가? 속도를 늦추기 위해 지금 내게 가장 필요한 영적 훈련은 무엇일까? 예수님과 더 깊은 관계로 나아가고 팀원들도 그런 관계로 이끌기 위해 어떤 도구를 사용하면 좋을까? 내 속도를 늦춰 하나님과 사랑의 연합을 이루고 팀원들도 그런 방향으로 이끌기 위해 나의 무엇을 조정해야 하는가?

- **안식일을 즐기라.** 나의 일과 안식일의 리듬이 건강한 문화와 팀 구축을 위한 본이 되고 있는가? 안식일에 무엇을 할 때가 가장 즐겁고 힘이 나는가? 그것이 우리 팀에 어떻게 도움이 되는가? 내가 안식일을 진정으로 즐기기 위해 극복해야 하는 최대 걸림돌은 무

엇인가? 우리 팀원들의 걸림돌과 얼마나 비슷한가? 어떻게 해야 내 삶 속에서 놀이의 요소를 늘려 내 일과의 균형을 맞출 수 있을 까? 그리고 우리 팀원들도 그런 균형을 이루도록 어떻게 도와야 할까?

이번 장을 통해 당신이 정서적으로 건강한 문화와 팀의 힘을 조금이 나마 엿보았으리라 믿는다. 이런 리더십의 세계로 들어가는 것은 곧 아브 라함처럼 고향과 친척과 아버지의 집을 떠나 낯선 땅으로 가는 것과도 같 다(창 12:1을 보라). 그래서 적어도 처음에는 어색하고 혼란스러울 것이다. 하지만 한 가지 사실만은 분명하다. 이 새로운 땅에서 하나님이 뜻밖의 방식으로 당신을 만나 주시고 당신과 팀, 사역, 그리고 그리스도를 위해 섬기려는 세상에 말할 수 없는 복을 주실 것이다.

문화와 팀 구축 평가에 대한 설명

다음의 설명이 평가 결과를 이해하는 데 도움이 될 것이다.

대부분 1-2점을 받았다면 필시 건강한 문화와 팀 구축에 관해 별로 생각해 본 적이 없고 그에 관한 훈련도 제대로 받지 못했을 것이다. 자신의 행동 혹은 무행동이 주변 사람들에게 어떤 영향을 미치는지 인식하는 능력은 중요한 리더십 자질이다. 먼저 당신이 팀에 대해 어떤 비전과 꿈을 품고 있는지 돌아보라. 믿을 만한 멘토나 팀원과 함께 머리를 맞대라. 건강한 문화와 팀 구축의 네 가지 특징들을 유심히 읽고 나서 한 가지 원칙을 골라 적용하라.

대부분 2-3점을 받았다면 어느 정도 건강한 문화와 팀 구축을 실천하고 있다. 충분한 시간을 내서 혼자 혹은 남들과 함께 당신의 팀과 문화를 점검하길 바란다. 현재 당신의 문화와 팀이 어떤 특징들을 보이고 있는지 나열해 보라. 그러고 나서 당신의 팀에 관해 하나님이 주신 비전과 꿈을 나열해 보라. 오늘부터 3-9개월간 당신의 문화와 팀을 그런 문화와 팀으로 발전시키기 위해 밟을 수 있는 구체적인 단계를 네다섯 가지만 적어 보라.

대부분 4-5점을 받았다면 축하한다! 당신은 건강한 문화와 팀을 구축하고 있다. 이번 장의 방법들을 통해 당신의 리더십을 더 키우거나 그것을 바탕으로 스스로 새로운 방법을 찾아보라. 팀원들에게 나누고 싶은 가치와 비전을 분명히 기록하라. 그리고 팀원들과 함께 앞으로 그 가치와 비전을 실행해 나가기 위한 방안을 토론하라. 당신은 다른 사람이 각자의 팀을 잘 이끌고 발전시키도록 도울 수 있는 위치에 있다.

Chapter 8

힘을 올바로 사용하고
경계를 설정하라

35년간 크리스천 리더로 일하면서 가장 고통스러운 경험들을 통해 배운 교훈이 바로 '힘의 사용과 지혜로운 경계'에 관한 것이다. 힘의 문제를 풀어 나가는 일이야말로 인격과 리더십의 진정한 시험대다. 스캔들에 관한 뉴스가 터져 나오면 우리는 권력 남용이라며 목소리를 높인다. 하지만 기독교 내에서는 힘의 사용과 관련된 지뢰들을 공개적으로 토론하기는커녕 그런 것이 있다는 사실조차 제대로 인정하려고 하지 않는다. 이런 침묵은 많은 피해를 낳고 있다. 리더가 평생 아름답게 쌓아 온 업적이 한 순간에 무너지는 것은 기본이요 다시 회복될 가능성마저 짓밟아 버리기 일쑤다. 좋은 소식은, 우리가 리더십 여행의 어느 지점에 있든 힘을 잘 사용하고 지혜로운 경계를 설정하는 법을 '배울' 수 있다는 것이다.

당신이 내 윗사람이라도 된단 말이오?

초기의 뉴 라이프 교회는 사도행전의 초대교회처럼 함께 살겠다는 비전으로 뭉친 이삼십 대의 젊은 가정이 대부분이었다. 우리 대부분은 일부러 같은 지역으로 이사를 왔다. 자녀가 함께 어울려 놀았고 집이며 시간과 돈까지 삶의 많은 부분을 공유했다. 교회의 담임목사이긴 했지만 담임목사처럼 행동한 적은 한 번도 없었다. 단지 우리 모두가 흥미진진한 모험에 함께 뛰어든 하나님 나라의 친구요 동료라고만 생각했다.

처음 몇 년간은 이런 식으로 아무런 문제없이 지냈다. 그런데 언제 부터인가 조금씩 균열이 가기 시작했다. 그중에서도 우리 팀의 핵심 리더 인 펠리페(Felipe)와의 불화는 참으로 쓰라렸다. 펠리페와 나는 교회의 향 후 방향과 목회 전략을 둘러싸고 의견 충돌을 빚었다. 펠리페는 공동의 삶을 통해 그리스도를 선지자적으로 증언하는 작은 가정 교회를 꿈꾸었 다. 그가 그런 얘기를 할 때마다 깊은 감명을 받기는 했지만 나도 교회에 대한 나름의 비전을 키워 가고 있었다. 나는 소그룹의 기초 위에 교회를 세우되 주일 예배를 구도자와 신자 모두가 마음껏 어우러지는 축제의 장 으로 만들고 싶었다. 펠리페와 나는 하나님 나라의 확장이라는 같은 목표 를 추구했지만 그 목표를 이루기 위한 비전과 전략은 사뭇 달랐다.

"왜 맘대로 뉴 라이프 교회의 방향을 결정하는 겁니까?" 한 사역자 모임에서 펠리페가 내게 따져 댔다. "우리는 여기에 인생 전체를 걸었습 니다." 나는 어안이 벙벙해서 도무지 대꾸할 말을 찾지 못했다.

펠리페의 말이 이어졌다. "우리는 한 몸의 다른 지체로, 모두가 동등 한 위치에 있습니다. 우리는 가족입니다. 그런데 어떻게 맘대로 이런 결 정을 내릴 수 있습니까?"

"나는 담임목사입니다." 나도 모르게 그렇게 내뱉었다. 그러고 나니 내가 그런 말을 했다는 것이 스스로도 이상했다.

"이럴 수가! 지금까지 한 번도 지위를 내세우지 않으셨어요. 그런데 이제 와서 지위를 내세우시다니요. 정말 슬프군요." 그가 나를 쳐다보지 못하고 바닥만 쳐다봤다.

나는 꿀 먹은 벙어리가 됐다. 맞는 말이었다. 내 리더십은 불분명하 고 혼란스러웠다.

결국 우리는 갈라섰다. 펠리페는 다른 곳에서 활기 넘치는 가정 교회를 세웠고 뉴 라이프 교회는 건물을 사서 나날이 부흥했다. 하지만 그 일이 우리 관계에 입힌 상처는 치유하는 데 오랜 세월이 걸렸다. 나는 그 일을 안 좋은 기억으로만 마음에 담고 있었을 뿐 그 일이 신학적으로 혹은 리더십과 관련해서 어떤 의미가 있는지에 대해서는 깊이 생각하지 않았다.

십 년 뒤, 힘의 문제가 다시 고개를 쳐들었고 나는 또 다른 기로에 섰다. 아내와 나는 교회 안의 몇몇 가정과 유독 친하게 지냈다. 모두 우리 교회 리더들의 가정이었는데 우리는 함께 영화도 보고 휴가도 갔다. 그 리더들 대부분은 자원봉사자였지만 두 명은 유급 사역자였다. 펠리페와 마찬가지로 그들도 뉴 라이프 교회의 가치와 문화를 모범적으로 실천하는 신실한 사람들이었다. 나는 그들을 깊이 사랑하고 존경했다.

교회는 서서히 하지만 꾸준히 성장해 갔다. 초기의 리더들 외에도 많은 리더가 세워져 장로회와 집행부, 사역 팀, 인사 위원회가 보다 체계를 갖추었다. 중간 관리자뿐 아니라 중요한 자리의 리더들도 많이 늘어났다. 그로 인해 이 친구들을 대하는 나의 태도가 변하기 시작했다. 나는 계속해서 이 친구들과 주일 오후에 바비큐를 즐기거나 함께 휴가를 보내면서도 그러한 비공식 모임에서는 예전처럼 민감한 정보를 스스럼없이 털어놓지 않았다.

나는 단지 공과 사를 구별했을 뿐인데 이 친구들은 내가 예전처럼 막역하게 굴지 않는다고 느꼈다. 우리 사이에 점점 틈이 벌어지기 시작했다. 그러던 차에 인사 위원회에서 장기 사역자의 필요성을 논의하게 되었다. 나로서는 여간 입장이 곤혹스러운 게 아니었다. 이 친구들 중 유급 사역자들이 그 자리에 여전히 적합한지에 대해 내가 뭐라고 말하기가 곤란했기 때문이다. 인사 위원회의 다른 사람들은 이 점을 알고서 말을 아꼈다. 나는 말로 표현할 수 없을 만큼 괴로웠다.

상관과 친구 사이에서 지독한 딜레마에 빠진 나는 사임을 심각하게 고려할 정도로 고통스러웠다. 친구라면 윤리적으로 치명적인 잘못을 저지르지 않는 이상 평생 자리를 지켜 주는 것이 도리 아닌가. 동시에 한 교회의 담임목사라면 교회의 자원을 최대한 효과적으로 사용해야 하지 않는가. 그러기 위해서는 각 자리에 가장 적합한 사람을 앉혀야 한다.

결국 수많은 밤을 뒤척인 끝에 친구간의 암묵적인 도리를 버리고 그들을 기존의 사역자 자리에서 해임하는 힘든 결정을 내렸다. 결국은 일이 선하게 마무리되었지만 나는 그 과정을 매끄럽게 처리하지 못했다. 그 과정은 혼란 그 자체였다. 지금 그 일을 돌아보면 손발이 오그라든다. 나는 힘이 관계에 어떤 영향을 끼치는지, 그리고 지혜로운 경계가 얼마나 필요한지를 몰라도 너무 몰랐다. 나는 좋은 친구와 좋은 '보스'가 둘 다 되고 싶었지만 둘 다 되지 못했다.

나는 일자리를 잃은 사역자들만이 아니라 나머지 친구들에게도 신임을 잃었다. 오랫동안 소중히 가꿔 왔던 관계들을 잃고 말았다. 내가 뉴라이프 교회의 담임목사로 26년간 시무하면서 겪은 가장 큰 실패 가운데 하나다. 그럼에도 하나님은 이 일을 통해 내가 원했던 것보다도 훨씬 더 많은 교훈을 주셨다. 그 일은 교회와 공동체의 본질, 힘의 올바른 사용, 지혜로운 경계의 중요성에 대해 새롭게 생각하는 계기가 되었다.

이런 실수를 저지른 것이 나만은 아닐 터이다. 내가 아는 거의 모든 교회와 비영리 단체, 팀, 기독교 공동체가 힘을 올바로 사용하고 지혜로운 경계를 설정하지 못해서 생긴 깊은 상처를 안고 있다. 교회는 유리처럼 깨지기 쉽고 더없이 복잡한 시스템이다. 우리는 공동체요 가족이며 비영리 선교 단체다. 하지만 자원의 관리라는 '비즈니스' 측면도 있다. 예컨대 우리는 인력을 고용하고 해고하며, 법적 문제를 처리하고, 예산을 관리하고, 성공을 정의한다.

여기서 힘의 문제를 충분히 다룰 수는 없다. 가능한 모든 시나리오를 다루지도 않을 것이다. 다만 내가 경험을 통해 나름대로 얻은 몇 가지 통찰을 함께 나누고 싶다. 아무쪼록 이번 장을 깊이 소화시켜 당신만큼은 나처럼 실수하지 않고 이 지뢰밭을 잘 헤쳐 나갔으면 하는 바람이다. 당신만을 위해서가 아니라 가족과 친구, 사역, 그리고 무엇보다도 그리스도의 영광을 위해 힘을 잘 사용하고 지혜로운 경계를 설정하길 바란다.

자, 힘이 무엇인지 정의하면서 시작해 보자.

힘이란 무엇인가?

힘에 관해 내가 아는 가장 적절한 정의는 이렇다. "힘은 영향을 미치는 능력이다." 작가 리처드 굴라(Richard Gula)의 설명을 들어 보자.

(힘은) 일을 이루게 해 주는 것이다. 그런 의미에서 누구나 힘을 갖고 있다. 다만 힘의 정도에는 차이가 있다. 영향력으로서의 힘은 언제나 우리의 자원에 비례한다. 가장 중요한 자기 진단은 자신이 가진 힘의 근원들을 파악하는 것이다. 왜냐하면 자신의 힘을 과소평가하

거나 무시할 때 비윤리적인 행동을 할 위험이 가장 높기 때문이다.[1]

　개인적으로 굴라의 설명에서 가장 마음에 와 닿는 것은 누구나 힘을 갖고 있다는 말이다. 그렇다면 사실상 우리 모두가 리더인 셈이다. 정도의 차이는 있겠지만 누구나 영향력을 갖고 있다. 우리 모두에게는 힘이 있다. 그리고 우리 모두는 그 힘을 사용하고 있다. 다만 잘 사용하느냐 잘못 사용하느냐, 선하게 사용하느냐 악하게 사용하느냐의 차이는 있다.

　문제는 하나님이 자신에게 주신 힘의 본질을 돌아보기는커녕 자신에게 그런 힘이 있는지조차 인식하지 못하는 리더가 태반이라는 것이다. 그런 리더는 힘을 부주의하게 혹은 이기적으로 사용해서 조직에 해를 끼치기 쉽다. 자신이 남들에게 어떤 영향을 끼치는지 혹은 남들이 자신을 어떻게 바라보는지를 잘 모르고, 심지어 그런 것에 신경을 쓰지 않는다. 성경은 사울 왕과 솔로몬 왕을 비롯해서 이런 리더의 예로 가득하다.

　이런 리더의 반대편 극단에는 힘을 사용하길 꺼려하는 리더들이 있다. 그렇게 되면 엉뚱한 사람들이 무주공산을 차지하겠다고 덤벼들어 대혼란을 빚게 된다. "그때에 이스라엘에 왕이 없으므로 사람이 각기 자기의 소견에 옳은 대로 행하였더라"(삿 21:25). 바로 이런 상황에 처한 사역 기관이나 교회가 적지 않다.[2]

　나는 리더들을 가르치고 코치하면서 힘을 발휘하기를 주저하고 꺼려하는 이 두 번째 부류로 인한 피해도 심심치 않게 목격했다. 사실, 나도 이런 부류 중에 하나다. 힘이라는 것이 특권이나 높은 사회적 지위, 남들의 위에 선다는 의미를 함축하고 있기 때문에 이런 리더는 남들을 '지배'하는 것이 옳지 않고 성경적이지 않다고 생각한다. '힘'을 가진 리더라고 하면 가까이 하기에 너무 먼 존재처럼 느껴진다. 그래서 그들은 자신이 가진 매우 실질적인 힘을 부인하거나 과소평가한다. 심지어 스스로 힘을 발휘할 자격이 없다고 생각하거나 힘을 발휘하기를 두려워하는 사람들도 있다. 특히, 그들은 하나님의 이름으로 힘을 사용한다는 것은 엄두도 내지 못한다. 그 결과, 스스로 힘이 없다고 느끼면서 남들을 이끌기 위해 어쩔 수 없이 힘을 발휘하는 딜레마 속에서 살고 있다.

그래서 다시 한 번 말한다. 우리 '모두'는 힘을 갖고 있다. 목사뿐 아니라 사역 팀 리더, 사역 단체 운영자, 제직회 회원, 소그룹 리더, 교회의 터줏대감, 기부자, 부모, 찬양 팀의 음악가들까지 우리 모두에게는 힘이 있다. 문제는 그 힘이 어디서 나오는지 그리고 그 힘을 어떻게 책임감 있게 사용할지를 모른다는 것이다. 힘에 대한 우리의 이해는 불완전하고 제한적이다. 권력에 굶주리거나 힘을 발휘하기를 두려워하는 것이 다 이런 이해 부족에서 비롯한다. 다음 시나리오를 읽어 보면 무슨 말인지 좀 더 감이 잡힐 것이다.

- 교육목사인 헨리(Henry)는 이렇게 말한다. "나는 격주로 주일에 설교만 합니다. 교회를 운영하지도 않고 심지어 리더 팀에 속해 있지도 않습니다. 그런 일을 하는 분들은 따로 있습니다." 헨리는 교회 내에서 자신이 맡은 공적 역할과 커뮤니케이션 기술 자체가 적잖은 영향력을 발휘한다는 사실을 전혀 인식하지 못하고 있다.
- 교회 제직회 회원인 주아니타(Juanita)가 공동의회에서 이렇게 말한다. "저는 이번 새로운 프로젝트에 반대합니다. 하지만 그저 한 표를 행사할 뿐입니다. 무엇이 최선인지는 각자 알아서 판단해

주시길 바랍니다." 투표 결과, 새 프로젝트의 추진은 부결된다. 주아니타는 그 발언을 통해 자신의 힘에 대한 인식 부족을 여실히 드러냈다. 그는 가르치는 능력이 탁월하고 이 교회를 오래 다녔기 때문에 사람들은 그에게 권위를 투사하고 있다. 하지만 정작 그 자신은 이런 사실을 전혀 인식하지 못하고 있다.

• 단(Dan)은 지난 15년간 제일교회(Frist Church)에서 중고등부 전도사로 사역했다. 그는 어릴 적부터 쭉 교회에서 자라 왔고 그의 친척 중 일곱 명이 여러 사역에 적극적으로 참여하고 있다. 중고등부는 인원은 적지만 그의 리더십 아래서 똘똘 뭉쳐 있다. 그런데 그가 남을 잘 믿지 못한다는게 문제다. 그는 다른 어른들의 도움을 좀처럼 받아들이지 못한다. 활동과 수련회를 계획하고 실행하는 기술은 뛰어나지만 학생들을 영적으로 훈련시킬 만한 소양은 부족하다는 것도 또 다른 문제점이다. 그래서 그의 사역은 답보 상태에 빠져 있다. 담임목사는 그런 문제로 대화를 시도해 봤지만 단은 그런 얘기만 나오면 발끈한다. 대화 도중에 갑자기 벌떡 일어나 방을 나가 버린 적이 한두 번이 아니다. 담임목사가 자신의 사역에 관한 질문을 던지자 그만두겠다고 엄포를 놓은 적도 두 번이나 된다. 교회 제직회는 이러지도 저러지도 못해 깊은 고민에 빠져 있다. 단 혼자 그만두면 그나마 다행이지만 그의 친척들과 그를 맹목적으로 추종하는 몇몇 학부모들까지 교회를 나가 버리면 큰일이다. 단 스스로는 아무런 문제도 없다고 생각한다. 하지만 자신이 15년의 세월을 투자한 사역인 만큼 중고등부 사역이 당연히 자신을 중심으로 돌아가야 한다는 생각은 철저히 잘못된

것이다.

- 목사의 배우자가 이렇게 말한다. "남편이 목사지 제가 목사는 아니잖아요. 저는 여느 교인들과 똑같아요." 틀린 말이다. 사모는 다른 교인들과 '아주' 다르다. 특히, 담임목사의 배우자인 경우에는 더더욱 그렇다. 사모는 목사와 "한 몸"이다. 목사와 한 이불을 덮고 자는 사람이다! 사모가 여러 자원봉사자 중 한 명처럼 보이는 경우라도 사모는 어디까지나 사모다. 사모는 목사와 결혼했다는 사실만으로 큰 힘을 부여받는다. 그런데 때로는 사모가 막후에서 휘두르는 힘이 방 안에서 가장 큰 코끼리가 되기도 한다.

- 제임스(James) 목사는 탁월한 설교자이며 비전을 제시하고 기금을 모으는 데 남다른 능력을 보인다. 덕분에 교회는 꾸준히 성장하고 있다. 제임스는 예배에 일찍 오고 주중 기도회와 성경 공부 모임에 참석하고 십일조를 내고 최소한 한 가지 사역에 참여하라는 식으로 교인들에게 분명 기대사항을 전달하고 있다. 그와 핵심 사역자들은 재정에서 부지 구매와 인사까지 모든 결정을 내린다. 그는 때마다 헌금과 영적 권위에 관해 설교한다. 교인들은 그를 하나님의 사람으로 존경한다. 교인들의 최우선 사항 중 하나는 그와 그의 가족을 잘 섬기는 것이다. 그는 실제로 많은 장점을 지닌 훌륭한 사람이다. 한 번도 스캔들이 없었고 교회를 누구보다도 사랑한다. 문제는 그가 교인들에 대한 자신의 힘과 영향력을 제대로 모르고 있다는 것이다. 교인들은 그의 결정에 일절 토를 달지 않는다. 교회의 재정을 보고하는 자리에는 어색한 침묵만 흐른다. 제임스는 교회의 대소사를 거의 혼자 처리하다시피

한다. 그 때문에 교회 안의 많은 은사가 잠에서 깨어나지 못하고 있다. 제임스는 자신이 자라 온 문화와 윗대의 문제가 자신의 리더십에 얼마나 나쁜 영향력을 끼치고 있는지 전혀 모르고 있다.

이 모든 시나리오에서 리더들은 리더십과 관련한 자신의 힘을 제대로 이해하지 못하고 있다. 그로 인해 그들의 사역은 한계에 부딪히고 그들이 섬기는 공동체는 상처를 입고 있다.

우리가 어떤 식으로 힘을 발휘하고 남들에게 영향을 미치는지 제대로 이해하려면 그 힘이 어디서 오는지를 분명히 알아야 한다. 모든 리더는 힘의 여섯 가지 주요 근원을 알아야 한다. [3]

첫째, 지위에서 오는 힘. 지위나 직함에서 오는 힘은 가장 알아보기 쉬운 형태의 힘이다. 우리는 목사나 대표, 제직회 회원, 소그룹 리더, CFO(최고 재무 책임자), 찬양 인도 사역자로 선택되었다. 이런 지위는 남들에게 영향력을 발휘할 수 있는 발판이다.

둘째, 개인적인 힘. 개인적인 힘은 하나님이 독특하게 지어 주신 모습에서 나오는 힘이다. 예컨대 은사나 개성, 지식, 교육, 능력에서 나오는 힘이다. 이 중에는 타고난 자산도 있고 특권(고등 교육 등)이나 독특한 기회(좋은 스승이나 새로운 경험 등)의 결과물도 있다.

셋째, '하나님이란 이름'의 힘. 공식적으로 하나님을 대리하는 역할을 맡을 때 부여되는 신성한 무게를 말한다. 우리가 하나님과 교회를 대표하면 사람들이 우리의 말과 행동을 달리 보게 된다. 우리의 말과 행동이 단순히 한 개인의 말과 행동이 아니라 우리 자신을 초월한 뭔가를 상징하게 된다. 그런 의미에서 크리스천 리더들은 정치인이나 대기업 회장,

사회사업가나 교사를 비롯해서 세상의 그 어떤 리더들보다도 큰 힘을 지니고 있다. 스스로 자격이 없는 것 같아도 분명 하나님의 임재를 대표한다. 우리는 예수님의 이름으로 사람들을 섬긴다.[4] 그래서 사람들이 우리를 믿는다.

넷째, 투사된 힘. 투사된 힘은 남들이 무의식중에 우리에게 투사하는 힘이다. 이런 역학에 대해 심리학에서는 '전이(transference)'라는 용어를 사용한다. 남들이 자신의 채워지지 않은 필요와 풀리지 않은 문제를 우리에게 투사할 때 일어나는 현상이다. 그들이 그렇게 투사하는 이유는 우리가 그런 필요를 채워 주고 그런 문제를 해결해 주길 바라기 때문이다. 우리가 하나님의 대변인으로서 그분에 관해 말하면 우리에게 자신의 의존감이나 적대감, 이성으로서의 감정, 예전에 다른 권위자나 가까운 사람에게서 받은 상처를 투사하는 사람이 생기기 마련이다.[5] 대체로 상처가 많은 사람일수록 리더에게 가시적인 힘을 투사할 가능성이 높다.

다섯째, 관계적 힘. 사람들이 우리에게 자신의 두려움과 비밀을 털어놓으면 우리의 힘이 강해진다. 아무도 모르는 사실을 말한다는 것은 친밀함의 표현이다. 리더로서 우리는 누군가를 상담할 때 그의 고통스러운 경험이나 남모를 죄를 듣고 비밀을 지켜 준다. 또한 우리는 죽음(자살, 가족의 죽음, 이혼을 통한 부부 관계의 죽음)이나 변화(탄생, 졸업, 은퇴), 비극(학대, 사고, 배신), 신앙의 위기 같은 가장 혼란스러운 순간에 사람들의 곁을 지켜 준다. 남들과 이런 순간을 함께할 때마다 우리의 힘이 강해진다.

여섯때, 문화적 힘. 문화적 힘에는 나이에서 인종과 성, 민족까지 다양한 것이 포함된다. 예를 들어 아시아와 아프리카에서는 단지 나이가 많다는 이유만으로도 힘이 생긴다. 가장 연장자가 죽거나 후계자에게 권한

343

을 넘길 때까지 집단의 리더로 남기도 한다. 대부분의 국가에서는 남성이 여성보다 더 많은 힘을 지닌다. 안타깝게도 지역이나 사회, 시대에 따라 피부색이 힘을 결정하는 요인이 되기도 한다. 이 모든 요인은 리더의 영향력을 결정한다.

힘이나 영향력의 근원과 정도에 상관없이 모든 힘은 하나님의 선물이다. 그리고 힘이 많을수록 좋든 싫든 주변 사람들에게 더 큰 영향력을 발휘한다. 따라서 리더라면 자신이 그 힘을 어떻게 사용하고 있는지 늘 점검할 필요가 있다. 힘을 사용하는 것이 무슨 의미인지 알아야 하고, 그다음에는 남들과의 관계 속에서 지혜롭고도 건강한 경계를 설정하는 법을 배워야 한다.

당신의 힘 사용과 지혜로운 경계는 얼마나 건강한가?

다음 진술들을 통해 힘의 사용과 지혜로운 경계에 관한 당신의 현주소를 간단하게 평가해 보라. 각 진술 옆에 당신의 상태에 해당하는 숫자를 적으라.

(5 = 항상 그렇다 / 4 = 자주 그렇다 / 3 = 가끔 그렇다 / 2 = 거의 그렇지 않다 / 1 = 전혀 그렇지 지 않다)

_____ 1. 하나님이 내게 주신 힘과 내가 그 힘으로 주변 사람들에게 미치는 영향력을 정확히 인식하고 있다.

_____ 2. 내 그림자가 내 힘의 사용(혹은 사용하지 않는 것)에 미치는 영향을 수시로 점검한다.

_____ 3. 이중적인 관계의 함정에 빠지지 않도록 조심한다. 친구들에게는 친구가, 교인들에게는 목사가, 가르치는 사람들에게는 선생이, 자원봉사자와 직원들에게는 관리자가 되기 위해 노력한다.

_____ 4. 문화와 인종, 성, 나이가 내 힘의 사용과 나에 대한 사람들의 시각에 어떤 영향을 미치는지를 세심하게 살핀다.

_____ 5. 내 윗대가 힘을 어떻게 사용했는지 깊이 돌아보았으며, 내 힘의 사용과 힘에 대한 나의 반응에 어떤 영향을 미치고 있는지 잘 알고 있다.

_____ 6. 팀 내의 역할들과 경계들을 분명히 정하고 유지하려고 노력한다.

_____ 7. 팀원들이 힘과 영향력을 잘 사용하는지 혹은 사용할 책임을 회피하는지 관심 있게 지켜본다.

_____ 8. 남들이 힘을 어떻게 사용하고 있는지 이해하고 그 힘을 잘 사용할 수 있도록 지혜로운 조언과 경고의 말을 해 준다.

_____ 9. 리더의 자리에 따른 특권을 이기적으로 이용하고픈 유혹을 떨쳐 낸다.

_____ 10. 가족이나 가까운 친구를 리더로 세우기 전에 지혜로운 조언을 구하고 다른 관계자들과 허심탄회한 대화를 나눈다.

잠시 답을 검토해 보라. 무엇이 가장 눈에 들어오는가? 이번 장의 끝에 힘의 사용과 지혜로운 경계에 관한 당신의 현재 건강 상태를 점검하는 데 도움이 될 만한 설명을 실어 놓았다.

정서적으로 건강한 힘 사용과 지혜로운 경계의 특징들

역경을 다루는 모습을 보면 사람의 인격을 알 수 있다고 한다. 이와 비슷하게, 힘을 다루는 모습을 보면 리더의 건강 상태를 알 수 있다. 그리스도의 제자로서 힘을 잘 사용하고 싶다면 다음과 같은 것을 반드시 해야 한다.

1. 자신의 힘을 확인하고 분석하라
2. 자신의 힘으로 남들을 섬기라
3. 이중 관계를 인정하고 점검하라

세 가지 특징을 하나씩 자세히 살펴보자.

1. 자신의 힘을 확인하고 분석하라

정서적으로 건강한 리더는 자신이 힘이 어디서 오는지뿐 아니라 자신이 힘을 어떻게 사용하고 있는지를 정확히 알고 있다. 이렇게 되기 위해서는 하나님이 자신에게 주신 힘이 무엇인지 확인하고 나서 그 힘을 분석해야만 한다. 다음 목록을 읽기 전에 먼저 노트나 메모지를 찾으라. 그러고 나서 힘의 여섯 개 범주에 관한 다음 질문들을 읽고 답을 적어 보라.

지위에서 오는 힘. 하나님이 당신에게 영향력을 발휘할 수 있는 어떤 공식적인 자리를 주셨는가? 예컨대 소그룹 리더나 목사, 리더의 배우자, 단체 대표, 공동체 조직자, CEO나 CFO, 안내위원, 교사, 팀 리더, 부모 등이 그런 자리다. 이 지위에 어떤 특권과 기회가 따르는가?

개인적인 힘. 하나님이 당신에게 어떤 독특한 은사와 기술, 자산을 주셨는가? 당신의 경험과 받은 교육, 능력, 천부 재능을 돌아보라. 하나님이 남들에게 영향을 끼칠 수 있도록 어떤 성격을 주셨

는가? 내향적인 성격인가 아니면 외향적인 성격인가? 꼼꼼한 성격인가 아니면 전체적인 비전을 제시하는 스타일인가?

'하나님이란 이름'의 힘. 당신의 말과 행동은 어떤 면에서 교회나 일터, 가족, 친구 그룹 내에서 '신성한 무게'를 지니는가? 얼마나 많은 사람이 당신에게 영적 지혜와 조언을 구하는가? 교회 안팎에서 당신을, 하나님을 대언하는 영적 권위자로 여기는 사람들은 누구인가?[6]

투사된 힘. 당신에게 자신의 필요를 채워 주거나 자신의 문제를 해결해 줄 힘이 있다고 생각하는 사람들이 있는가? 누가 당신을 멀리서 바라보면서 실제보다 더 지혜롭거나 거룩하거나 유능하게 이상화하는가?

관계적 힘. 당신이 목회하거나 섬기거나 코치하거나 인생의 고난과 변화를 함께한 사람들과 얼마나 오랫동안 관계를 쌓아 왔는가? 개인과 가족, 집단의 조건에서 생각해 보라. 서로 모든 것을 터놓는 신뢰 관계로 인해 그들이 당신을 어떤 시각으로 바라보고 당신에게 어떤 기대를 품고 있는가?

문화적 힘. 당신의 나이나 인종, 성, 민족 같은 문화적 요인이 어떤 식으로 힘이나 영향력을 만들어 내고 있는가? 다른 환경으로 가면 어떻게 바뀔까? 예컨대 다른 문화나 인종 집단에 가면 다른 대접을 받을 수 있

다. 젊은이들이 당신을 존중하지 않을 수도 있다. 나이가 많은 사람들은 단지 당신의 지위만으로도 당신을 존중하고 당신의 말을 여과 없이 받아들일 수 있다.

계속해서 읽기 전에 잠시 당신의 답을 다시 확인해 보라. 당신의 힘과 당신이 영향을 미치는 사람들에 관한 어떤 사실이 가장 눈에 들어오는가? 몇 분간 위의 분석에 관한 하나님의 음성에 귀를 기울여 보라. 그분의 이름으로 남들에게 영향을 미칠 기회를 주신 것에 감사하라. 그리고 당신의 삶과 리더십이 사람들에게 "더 온전히 살고 번영하게 해 주는" 선물이 되도록 힘을 잘 사용하게 해 달라고 기도하라.[7]

힘 분석의 실례

담임목사
지위에서 오는 힘
- 교회의 최고 영적 책임자로서 목회의 방향과 비전을 정한다.
- 하나님을 대언한다. 내가 매주 25-45분 동안 주님의 이름으로 말씀을 선포하면 사람들이 조용히 앉아서 경청한다.
- 교회 자원의 배치를 결정할 때(재정, 고용과 해고, 사역자와 자원봉사자, 시설 사용, 인력들의 시간 사용 등) 내 의견이 가장 많이 반영된다.

개인적인 힘
- 나는 커뮤니케이션 능력이 뛰어나다. 내가 말하면 사람들의 마음이 움직인다.
- 다년간의 성경 공부와 목회 경험 덕분에 하나님 말씀에 대해 누구보다도 잘 안다.
- 재능과 능력 덕분에 교회의 여러 부분을 이끌고 관리할 수 있다. 책임을 적절히

위임할 줄도 안다.

'하나님이란 이름'의 힘

- 내가 말하고 가르치면 사람들은 하나님이 나를 통해 말씀하시는 것으로 받아들인다.
- 사람들은 나를 목사요 예수 그리스도의 대리인으로 신뢰하며, 종종 아무에게도 말하지 않는 비밀을 내게 털어놓는다.
- 사람들, 심지어 처음 본 사람들도 인생의 중요한 변화(죽음, 불치병, 탄생, 결혼, 졸업, 은퇴)가 이루어지는 자리로 나를 초대한다.

투사된 힘

- 대개 사람들은 내 재능과 좋은 특성만 볼 뿐 내 잘못을 잘 보지 못한다. 나를 실제보다 훨씬 뛰어난 사람으로 이상화하는 사람들도 있다. 나에 대한 질투, 심지어 경멸로 발전하는 경우도 있다.
- 육신의 부모에게서 사랑과 인정을 받지 못한 사람들은 내게서 사랑과 인정을 찾는다.
- 내 성격과 은사, 지위, 리더로 성공해 보이는 모습 때문에 사람들은 내 말과 행동을 무조건적으로 받아들인다. 내게 일체 의문을 제기하지 않는다.

관계적 힘

- 오랫동안 한 교회를 섬긴 덕분에 오랜 교인들이 내게 절대적으로 충성하고 내 어리석은 실수와 불완전한 모습을 눈감아 준다.
- 중요한 변화의 순간에 사람들을 돌봐 줄 때마다 나를 향한 사랑과 충성이 깊어진다.
- 목사로서 사람들을 섬기거나 하나님과의 만남으로 이끌 때마다 사람들에 대해 조금씩 힘과 신뢰를 얻는다.

문화적 힘

- 유교 문화권에서 자란 사람들은 내 지위에서 오는 권위(나보다 나이가 어린 경우에는 나의 나이)를 존중하여 군말 없이 내 의견에 따른다.
- 우리 교회의 이민자들은 내가 미국인이라는 사실과 지역 사회에 영향을 미치는

목사라는 사실로 인해 나를 힘 있는 사람으로 여긴다.

- 흑인들은 자신들만의 전통적인 방식으로 나를 존중한다. 주로 로마가톨릭에 뿌리를 둔 남미 사람들과 동방정교회에서 온 사람들은 마치 하나님의 신비를 엿볼 수 있는 사제를 존경하는 것처럼 나를 존경한다.

소그룹 리더

지위에서 오는 힘

- 내가 소그룹 모임의 의제와 범위를 정한다.
- 내가 토론을 이끈다.
- 책임을 남들에게 위임할지 위임하지 않을지 내가 결정한다.

개인적인 힘

- 나는 사전에 준비하고 연구하기 때문에 주제에 관해 다른 어떤 구성원보다도 잘 안다.
- 사람들은 내가 교회에서 리더로 훈련을 받았기 때문에 그들의 문제를 어느 정도 해결해 주리라 믿는다.
- 사람들은 내가 모임의 여러 요소를 일관된 영적 경험으로 통합시킬 수 있다고 믿는다.

영적 힘

- 교회에 다닌 지 얼마 안 되는 사람들 중 일부는 나를, 하나님을 대언하는 리더로 여긴다.
- 사람들은 나를, 교회 전체를 대표하는 사람들 중 한 명으로 여긴다.
- 사람들은 내가 예수님의 이름으로 그들을 돌보고 사랑하며 기본적인 영적 필요와 문제에 대해 도움을 줄 수 있다고 믿는다.

투사된 힘

- 사람들은 내 흠보다 리더로서의 재능과 장점을 본다. 그 결과, 나를 이상적으로 보는 사람들이 더러 있다.

- 어떤 사람들은 내게 실제보다 더 많은 지혜와 능력이 있는 줄 안다.
- 소그룹 리더라는 내 지위 때문에 가끔 사람들은 내 능력에 대해 비현실적인 기대를 품는다.

관계적 힘
- 사람들은 내가 목사 내외와 친한 줄 알고서 소그룹 리더라는 지위에서 알 수 없는 정보를 묻곤 한다.
- 내가 기독교 대학에서 성경 수업을 받았기 때문에 소그룹 사람들은 성경에 관한 난해한 질문이 생기면 나를 찾아오곤 한다.
- 우리 소그룹 사람들은 내가 오래 전에 대형 교회에 다녔다는 것을 안다. 그래서 내 리더십과 소그룹 운영 능력에 대해 과대평가하는 사람들이 종종 있다.

문화적 힘
- 내가 의대를 나오고 의사로 일하고 있기 때문에 소그룹 사람들 중 일부는 당연히 내가 성경 지식도 많고 리더십도 뛰어날 줄로 생각한다.
- 남자다 보니 여성보다 리더로 나설 기회가 많다. 여성이 리더가 되는 것을 탐탁지 않게 여기는 성도들이 꽤 많기 때문이다.
- 35년 동안 우리 지역에서 산 토박이라는 사실이 아직 안정되지 못한 젊은 교회 안에서 신뢰를 높여 주는 요인이 된다.

2. 자신의 힘으로 남들을 섬기라

십 년 전 몇몇 기독교 출판사로부터 구애를 받을 당시에 있었던 일이다. 당시 내 출판 에이전트는 출판계에 몸담은 지 30년이 넘은 베테랑이었다. 그녀는 세 곳의 도시에서 여러 출판사와의 모임을 잡고 계약 조건을 검토해 주었다. 매번 나는 벌써 스타 작가가 된 착각에 빠질 만큼 극진한 대접을 받았다. 이탈리아인 빵집 주인의 아들로 태어난 나로서는 그런 경험이 생소하기 짝이 없었다.

여행 마지막 날 나는 에이전트에게 이렇게 물었다. "오랫동안 출판계에서 일했으니 유명한 크리스천 작가들과도 많이 일하셨겠네요. 그래서 말인데요, 제가 가장 조심해야 할 것이 뭘까요?"

"간단해요. 한마디로 말하자면 '권리의식'이에요. 유명해지면 변하는 사람이 많지요. 마치 온 세상이 자기 것인 양 거드름을 피우며 사무실로 들어오지요. 그런 분들과 일하면 정말 피곤해요."

그 대화를 한 번도 잊은 적이 없다. 그 순간 나는 하나님이 열어 주시는 모든 출판의 문을 순전히 은혜의 기적으로 받아들이기로 결심했다.

권리의식에 사로잡힌 리더들은 세상이 자신을 중심으로 돌아가는 것처럼 군다. "열심히 노력해서 이 자리에 올랐으니 이 정도 대우는 당연해!" 나는 이런 사람들의 리더십을 '지배하는' 리더십이라 부른다.

권리의식에 사로잡힌 리더의 반대편에는 감사할 줄 아는 리더가 있다. 감사할 줄 아는 리더들은 하나님께 받은 복을 떠올릴 때마다 감격스러워한다. 이런 감사가 시들면 그 자리에서 권리의식이 피어난다.

세상이 남을 짓밟는 지배의 리더십을 휘두를 때 예수님은 겸손과 자기희생으로 대변되는 '섬기는' 리더십을 가르치셨다. 예수님은 세상의 리더들은 잘났다고 날뛰지만 "너희 중에는 그렇지 않을지니 너희 중에 누구든지 크고자 하는 자는 너희를 섬기는 자가 되고"라고 가르치셨다(막

10:42-43). 예수님은 만물을 다스리는 하나님이시다. 그분은 영원하고 무한하신 불멸의 전능자시다. 하지만 그분은 우리를 위해 일시적이고 유한한 인간이 되셨다. 그분은 무력이나 지배가 아니라 겸손히 우리의 발을 씻기시고 우리의 죄를 위해 죽으심으로써 진정한 힘을 보여 주셨다. 그분은 힘을 지혜롭게 사용하셨다. "그는 근본 하나님의 본체시나 하나님과 동등됨을 취할 것으로 여기지 아니하시고 오히려 자기를 비워 종의 형체를 가지사 사람들과 같이 되셨고"(빌 2:6-7).

교회는 기업이 아니다. 우리는 오로지 '성과를 내기' 위해 힘든 결정을 내리는 경영자가 아니다. 우리는 영향력을 넓히거나 시장 점유율을 높이기 위해 최선의 전략을 실행하는 CEO가 아니다. 교회는 우리의 가족 기업이 아니다. 우리는 그리스도의 몸이요 하나님의 전이며 예수님의 새로운 가족이고 그리스도의 신부다. 리더로서 우리는 하나님이 잠시 위임해 주신 힘을 잘 사용하도록 부름을 받은 청지기들이다. 여기서 '청지기'라는 표현이 매우 중요하다. 이는 교회가 우리가 아닌 하나님께 속했다는 뜻이다. 우리가 사용하는 힘이 궁극적으로 우리가 아닌 하나님께 속했다는 사실을 한시도 잊지 말아야 한다. 우리의 힘은 우리를 과시하기 위해서가 아니라 남들이 잘되도록 섬겨 주기 위해 하나님께 '받은' 것이다.

자신의 힘으로 남들을 섬기지 못하는 것은 다양한 모습으로 나타난다. 패트릭(Patrick)과 켄(Ken)의 이야기를 들어 보라. 2년 전 패트릭은 한 시골 교회의 중고등부 전도사로 섬기기 위해 아내와 함께 뉴욕 주에서 웨스트버지니아 주로 이사했다. 그 전에는 고향 뉴욕 주에 있는 제일 성회 교회의 중고등부에서 교사로 섬겼다. 얼마 전에 그는 가족을 만나러 고향에 갔다가 옛 교회의 담임목사 켄(Ken)에게 전화를 걸었다. 패트릭이 점심을 먹자고 말하자 켄은 처음에는 망설였다. 패트릭과의 마무리가 그리 좋지는 않았기 때문이다. 하지만 무슨 일인지 궁금하기도 해서 만나기로 약속했다.

뜻밖에도 패트릭은 제일 성회 교회에서 교사로 일할 때 권위에 복종하지 않고 반항했던 것에 대해 용서를 구했다. 그는 현재 섬기는 교회의 담임목사에게 혼이 나고서 자신의 맹점과 교만을 절실히 깨달았다고 설명했다.

켄은 자신의 귀를 의심했다. 다루기 힘든 사람이 멀리 떠났다고 얼마나 좋아했던가. 패트릭의 무례한 말과 행동으로 속이 상해 밤새 뒤척이던 날이 수없이 많았다. 하지만 그 문제에 관해 그에게 한마디도 하지 못했다. 이유는 간단했다. 켄은 대립과 갈등을 지독히 싫어한다. 그런데 이제 보니 패트릭은 완전히 다른 사람으로 변해 있었다. 그토록 오만방자하기만 하던 사람이 겸손히 뉘우칠 줄 알다니, 크게 놀랐다.

며칠 뒤 나를 만난 자리에서 켄은 패트릭을 다시 만나 이번에는 자신이 용서를 구할까 고민 중이라고 말했다. 패트릭이 자기 밑에 있을 때 이 문제를 바로잡아 주지 않은 것이 리더로서 잘하지 못한 것이라는 사실을 깨달았기 때문이다.

켄은 하나님이 주신 힘으로 패트릭을 섬겨 주지 못했다. 대립이 싫어서 자신의 힘과 권위를 썩힌 것은 자신과 패트릭 모두에게 유익하지 못한 행동이었다. 나는 켄에게 패트릭을 만나 용서를 구하는 것이 자신의 영혼에 유익할 거라고 조언해 주었다.

우리는 자신에게 부담스러운 일이라도 남들에게 유익하다면 용기 내서 해야 한다. 이는 자신의 힘으로 남들을 섬기고 있는지 알 수 있는 방법 가운데 하나다. 켄도 패트릭을 위해 그렇게 했어야 한다. 설령 얼굴을 붉히고 심지어 관계가 끝나는 한이 있어도 할 일은 했어야 했다.

내가 내 힘으로 남들을 섬기고 있는지 확인하기 위해 자주 사용하는 또 다른 방법은 내 마음을 들여다보는 것이다. 내가 예수님의 이름으로 다른 사람들의 삶에 큰 영향력을 발휘할 특권에 여전히 감사하고 있는지 돌아보는 것이다. 아마도 내가 건강한 힘의 사용에서 멀어졌다는 가장 확실한 증거는 내가 종이라고 주장하면서 실제로 종처럼 대접을 받을 때 나도 모르게 솟아나는 분노일 것이다.

힘의 올바른 사용과 지혜로운 경계에 관한 열 가지 원칙

1. 하나님이 당신에게 주신 힘을 철저히 분석하라. 하나님께 충성하려면 그분이 주신 힘의 근원들을 정확히 알아야 한다. 자신의 힘을 무시하거나 과소평가하면 힘을 어리석게 사용하기 쉽다.

2. 옛 버릇이 다시 나오면 성숙한 영적 동반자를 만나라. 책임과 힘을 부여받으면 윗대에서 내려온 문제가 언제 다시 표출될지 모른다. 직장과 교회는 우리의 낡은 모습이 다시 나타나기 쉬운 곳이다.

3. 이중 관계를 점검할 때 지혜로운 사람들의 도움을 받으라. 멘토와 치료사, 장로와 교회 제직회, 성숙한 친구들이 옳은 시각과 조언을 제공해 줄 수 있다. 우리가 리더로서 이중적 관계(예컨대 직원인 동시에 친구)를 맺고 있을 때는 자신의 한계를 알고서 남들의 분별력을 따르는 것이 매우 중요하다.

4. 위험의 조기 신호를 찾으라. 사람들은 변한다. 우리 모두는 변한다. 교회도 변한다. 지금 통하는 것이 몇 년 뒤에는 통하지 않을 수도 있다. 팀원들과의 관계가 어색해지고 긴장이 흐른다면 그들과 솔직한 대화를 나누라. 당신 앞에 놓인 위험과 난관, 문제점에 관해 솔직히 이야기하라.

5. 문화적, 인종적, 성별, 세대별 차이를 민감히 살피라. 힘과 권위, 나이, 성을 둘러싼 문화적 역사적 차이는 복잡하기 짝이 없다. 그러니 늘 배우고 질문을 던지라. 힘에 관한 당신의 시각은 다른 문화나 나이, 성에 속한 사람들과 매우 다를 수 있다. 다른 집단에 속한 사람들을 만나 그들의 독특한 시각을 배우라.

6. 유급 사역자와 자원봉사자 등 사람들을 해임할 때는 사랑과 배려로 하라. 사람을 해임하는 것은 리더들에게 가장 어려운 일 가운데 하나다. 특히 우리처럼 하나님의 이름으로 일하고 다양한 역할(고용주이자 목사, 영적 지도자, 멘토 등)을 맡는 경우는 더더욱 그렇다. 당신의 힘을 공정하고 정직하며 배려하는 마음으로 사용할 수 있도록 반드시 지혜로운 조언들을 구하라.

7. 경계를 정하고 유지할 책임은 힘이 더 많은 사람에게 있다는 사실을 명심하라. 팀원이 잘못을 하더라도 그 자신보다 리더인 우리의 책임이 더 크다. 왜일까? 하나님이 더 큰 힘을 맡겨 주셨기 때문이다.[8]

8. 친구들에게는 친구가, 교인들에게는 목사가, 가르치는 사람들에게는 선생이, 자원봉사자와 직원들에게는 관리자가 되라. 친구인 동시에 고용주와 같은 이중적 관계를 점검하고 피하라. 스스로에게 이렇게 물으라. "이 관계에서 나의 주된 역할은 무엇인가? 이 사람에게 나는 누구인가? 내게 이 사람은 누구인가?"[9]

9. 리더로서 고통스럽고 외로운 상황을 만날 때마다 예수님의 삶을 묵상하라. 힘을 잘 사용하기 위해 절제력을 발휘하는 것은 힘들고도 외로운 일일 수 있다. 틈틈

이 예수님의 삶과 수난에 관해 읽고 묵상하면서 위로를 얻으라.

10. '원수들', 그리고 자기 자신을 용서할 은혜를 달라고 기도하라. 리더로서 일하다
    보면 실수를 해서 사람들에게 상처를 줄 수 있다. 그럴 때마다 최대한 용서를 구
    하고 화해하라. 오해든 아니든 팀원들이 당신에게 배신감을 느낄 수 있다. 반대
    로, 당신이 그들에게 배신감을 느낄 수도 있다. 나는 배신을 당해 보지 않은 크리
    스천 리더를 한 명도 만나보지 못했다. 배신은 깊은 상처를 남기고 우리를 영혼
    의 어두운 밤으로 끌고 가곤 한다. 하지만 매일 '원수'(그리고 당신 자신)를 용서할 은
    혜를 달라고 기도하면 오히려 배신의 경험을 통해 전에 없이 성숙해지는 복이 찾
    아올 수 있다.

3. 이중 관계를 인정하고 점검하라

리더로서 힘을 사용하고 지혜로운 경계를 정하는 것은 상황에 상관
없이 복잡하다. 하지만 교회나 여타 기독교 조직에서 '하나님이라는 이
름'으로 영적 힘을 사용하는 일은 좀 더 복잡하다. 그중에서도 가족이나
가까운 친구들과의 이중 관계를 적절히 헤쳐 나가는 것만큼 복잡한 일도
없다. 이중 관계를 조심하지 않았다가 한 교회가 12년간 내리막길을 걷
게 된 사연을 들어 보라.

변호사인 폴(Paul)은 15년간
교회 제직회의 회장으로 섬겨 왔
다. 그 역할을 통해 그는 사실상
담임목사와 사역자들의 '상사'였
다. 동시에 그는 담임목사 벤(Ben)

정서적으로 건강한 힘의 사용과 경계

1. 자신의 힘을 확인하고 분석하라
2. 자신의 힘으로 남들을 섬기라
3. 이중 관계를 인정하고 점검하라

의 절친한 친구이기도 했다. 두 사람은 함께 식사를 하고 운동도 하면서 자주 어울렸다.

교회는 아무런 문제없이 꾸준히 성장하는 듯했다. 그런데 어느 날 제직회는 담임목사가 교회에서 외간여자와 입을 맞추다가 사람들에게 발각되었다는 소식을 듣고 만다. 온 교회는 배신감에 사로잡혔다. 그로 인해 폴은 담임목사의 관리자이자 영적 권위자로서의 역할을 수행해야 할 입장에 놓였다. 교회 헌법이 그런 역할을 명시하고 있었다. 단지 그동안은 폴이 사사로운 정에 얽매여 그 역할을 제대로 수행하지 못했을 뿐이다. 하지만 이번에는 그냥 넘어가기에는 일이 너무 커졌다. 결국 폴이 나서자 벤은 크게 노해 사임했고 그 뒤로 두 사람은 서로 말도 하지 않았다.

"어떻게 된 겁니까? 두 사람은 수많은 시간을 함께 했잖아요? 그런데도 벤 목사에게 뭔가 문제가 있다는 것을 어떻게 그동안 전혀 몰랐을 수가 있죠?"

내가 묻자 폴이 이렇게 대답했다.

"사실, 모르지 않았습니다."

"알았다고요? 무슨 뜻인가요?"

"벤 목사는 가끔씩 외간여자와 어울렸어요. 선을 살짝 넘은 것을 여러 번 봤죠. 하지만 도저히 말할 수가 없었어요. 벤 목사는 다른 문제도 많았어요. 예를 들어 돈 문제도 깨끗하지 못했고 심지어 설교도 대충할 때가 있었어요. 그나마 재능으로 지금까지 버텨 온 거죠. 워낙 언변이 뛰어나서 사람들은 벤 목사가 대충 준비하고 설교하는지 전혀 몰랐지만 제 눈에는 다 보였죠."

폴은 커피 잔을 바라보며 깊은 상념에 잠겼다. 오랜 침묵이 흐른 뒤에 그가 다시 고개를 들었다. "사실 누구보다도 나 자신에게 화가 나요! 장로와 회장으로서 해야 할 일을 하지 않았어요. 벤 목사와 난 정말 친한 친구였죠. 그래서 권징을 단행하지 못했어요. 정말 할 말이 없네요."

폴은 친구인 동시에 관리자이자 영적 권위자라는 이중 관계의 함정에 빠져 있었다. 때문에 두 사람의 관계에는 경계가 불분명했다. 그 관계가 갑작스러운 변화를 견뎌 내지 못하고 산산이 깨진 이유다.

이중 관계라는 난관

이중 관계는 우리가 누군가의 삶 속에서 한 개 이상의 역할을 담당하고 있는 상황을 말한다. 예컨대 소그룹 리더가 소그룹의 구성원들과 부동산 거래를 하고, 의사가 환자와 골프를 치러 다니고, 목사가 아들을 최측근 사역자로 임명하는 것이 그런 상황이다. 우리가 의사나 변호사, 치료사, 교사, 회계사, 전문 코치를 찾아갈 때는 서로의 관계에 특정한 경계들이 있다. 전문가는 우리에게 서비스를 제공하고 우리는 그에 상응하는 비용을 치른다. 보통 우리는 그런 전문가의 삶 속에서 한 가지 역할만 맡는다. 그 전문가와 휴가를 같이 가거나 저녁 식사를 같이 하지는 않는다. 개인적인 문제에 대한 조언을 구하지도 않는다. 우리와 전문가의 관계는 서로에 대해 한 가지 역할만 맡고 경계가 상대적으로 분명한 관계다.

이런 관계에서는 서로의 힘이 동등하지 않다는 암묵적인 상호인정이 존재한다. 그들은 전문가고 우리는 전문 서비스의 수혜자다. 전문가는 이런 힘의 우위를 남용하지 말아야 한다. 예를 들어, 의사와 변호사는 고객에 대해 알아서 윤리와 법을 지켜 주어야 한다. 치료사는 고객과 데이트를 하지 말아야 한다. 그렇게 하는 것은 자신의 힘을 남용하는 것

이다.[10]

　하지만 크리스천 리더들이 이중 관계의 가능성을 무조건 차단하는 것은 건강하지도 성경적이지도 않다고 생각한다. 교회나 선교단체 조직에서 너무 선을 엄격하게 그으면 하나님의 일이 제한될 수 있다. 단지 이중 관계를 잘 살피고 점검하면 된다.

　폴은 벤과 이중 관계에 있었다. 두 사람은 친구였지만 제직회 회장인 폴은 벤의 관리자이기도 했다. 두 사람은 이런 상황을 알면서도 어떻게 얘기할지 모르고 성숙한 관계법도 몰랐기 때문에 가끔 둘 사이에 긴장이 흘렀다. 폴과 벤의 관계는 동등한 관계가 아니었다. 폴은 제직회의 회장이었고 벤은 이 제직회에 고용된 몸이었다. 제직회는 벤을 해고할 수 있었지만 벤은 제직회 회원을 해고할 수 없었다.

　피치 못하게 이중 관계를 맺었을 때는 역할을 둘러싸고 명확한 경계를 정하는 것이 중요하다. 경계는 어디서 우리의 마당이 끝나고 이웃의 마당이 시작되는지를 알려 주는 울타리와 같다. 즉 적절한 경계를 정하고 나면 무엇이 우리의 책임이고 무엇이 우리의 책임이 아닌지를 알 수 있다. 예를 들어, 폴과 벤의 상황에서 경계를 정하려면 교회 내에서 각자가 맡은 여러 가지 역할과 책임에 관한 허심탄회한 대화가 이루어져야 했다. 아울러 다른 제직들을 불러 혹시 모를 이해관계의 충돌에 관해 논의하는 것이 바람직했다. 그렇게 되면 폴이 회장 자리에서 혹은 아예 제직회에서 물러나는 식의 예방 조치가 이루어질 수도 있었다. 두 사람은 각자의 힘을 지혜롭게 사용할 수 있도록 처음부터 서로의 이중 관계에 관해 충분히 이야기를 나눴어야 했다.

　적절한 경계를 설정할 책임은 팀원들이 아니라 먼저 리더에게 있다. 왜일까? 리더의 힘이 더 크기 때문이다. 물론 이 책임을 감당하는 것은 결코 쉽지 않다. 자기인식과 사려 깊음, 솔직하고도 분명한 대화를 주도할 수 있는 능력, 건강한 수준의 자신감, 인격적 성숙이 필요하다. 내가 어떻게 이렇게 잘 아는지 궁금한가? 그만큼 많은 실수를 해 봤기 때문이다. 그 중에서도 뼈아픈 실수 하나를 고백하고자 한다.

나는 예전에 우리 교회의 중고등부 전도사로 일했던 조앤(Joan)을 딸처럼 대했었다. 아내와 나는 휴일마다 조앤을 불러 정성들인 음식을 먹였고 사역을 잘하도록 물심양면의 도움을 아끼지 않았다. 그러다 보니 그녀에게 나는 어느새 양아버지와 목사, 멘토를 하나로 합친 것 같은 존재가 되어 버렸다. 그녀는 진심으로 고마워하며 깊은 사랑으로 보답했다.

그런데 언제부터인가 조앤의 사역과 개인적인 삶이 모두 삐거덕거리기 시작했고, 몇몇 교회 제직들이 우려를 표시했다. 어쩔 수 없이 내가 그녀의 관리자로서 나설 수밖에 없게 되었다. 나는 중고등부 전도사 자리를 지키려면 몇 가지 큰 변화를 단행하라고 분명히 말했다. 당시 나는 우리의 경계와 역할이 얼마나 혼란스러웠는지를 잘 몰랐다. 내가 성과를 냉정하게 지적하자 그녀는 배신감과 서러움에 울음을 터뜨렸다.

"어떻게 저한테 이러실 수 있죠? 다른 사람은 몰라도 목사님은 이러시면 안 되죠."

내가 교회 안의 다른 자리를 찾아보겠다고 말했지만 조앤은 들은 체도 하지 않았다. 배신감으로 인한 상처가 너무 깊은 탓이었다.

그 기분, 충분히 이해할 수 있다. 조앤에게는 내가 누구보다도 든든한 치어리더요 후원자였으니 말이다. 그녀에게 나는 세상 모두가 외면해도 절대 등을 돌리지 않을 단 한 사람이었다. 나는 그녀가 풋내기 인턴에서 영향력 있는 리더로 자라기까지 오랜 시간 동안 내 전부를 쏟아부었다. 그녀에게 나는 마치 하나님처럼 무조건적으로 사랑해 주는 사람이었다. 그녀에게 나는 절대 '상관'이 아니었다. 이런 역학을 전혀 몰라 내 힘을 서투르게 사용했다. 결국 조앤은 사임했다.

당시 우리 딸 중 한 명은 중고등부에 다녔기 때문에 이 가슴 아픈 비극의 한복판에 놓이고 말았다. 우리 딸은 정확한 속사정은 몰랐지만 깊은 상처를 받았다. 그 상처가 아물기까지는 수년이 걸려야 했다. 부모가 힘의 사용과 적절한 경계에 관한 지혜가 없어서 불필요하게 상처를 입는 목회자나 리더의 자녀가 얼마나 많은지 모른다.

조앤이 그런 상황에 처한 것은 내 잘못이 크다. 둘의 관계에서 윗사람인 나의 힘이 훨씬 더 컸기 때문이다. 내가 멘토링을 좀 자제하고 다른 사람에게 그녀의 멘토링을 맡겼어야 옳았다. 또한 다른 사역자들과 마찬가지로 그녀에 대해서도 엄격한 업무 평가의 잣대를 적용했어야 옳았다. 평소에 그녀를 식구처럼 대하다 보니 나도 모르게 공적으로도 그녀를 여느 사역자들과 다르게 대했다. 이중 관계의 대상이 가족일 경우에는 이런 딜레마가 훨씬 더 복잡해진다.

가족의 문제

믿지 못할지 모르겠지만 처음부터 끝까지 가족을 고용할 때의 장단점만을 다룬 책들이 꽤 나와 있다. 어떤 전문가들은 가족을 고용하는 것이 그 가족이나 조직 모두에 유익이라고 주장한다. 특히, 맞벌이 부부의 경우는 같은 직장에서 일하는 것이 바람직하다고 한다. 다른 전문가들은 아무리 목표 달성에 도움이 된다고 해도 공정성의 문제 때문에 가족을 고

용하는 것은 옳지 않다고 주장한다.[11]

　　교회 역사뿐 아니라 현대 기독교에서도 가족들이 멋진 팀워크를 보여 준 사례가 많다. 성경에서도 많은 가족이 함께 리더로서 섬긴 것을 확인할 수 있다.

- 모세는 형과 누나인 아론과 미리암의 보필을 받으며 담임목사로 섬겼다.
- 아론과 그 아들들은 함께 제사장이라는 리더로 섬겼다.
- 다윗은 솔로몬에게 리더 자리를 물려주었고, 다시 솔로몬은 그 자리를 아들에게 물려주었다.
- 베드로는 형제 안드레를 리더 팀으로 합류시켜 열두 사도를 이끌었다.
- 요한과 야고보 형제는 둘 다 사도 팀의 일원이었다.
- 성경을 보면 베드로와 안드레, 야고보, 요한은 가버나움 어업계의 동업자였던 것으로 보인다.
- 브리스길라와 아굴라는 부부로서 함께 교회의 사역자로 섬겼다.
- 사도행전을 보면 예수님의 형제 야고보는 예루살렘 교회를 이끌었다.

　　위의 예들은 모두 피로 이어진 가족들이 함께 리더로 섬기도록 하나님께 재능과 부름을 받은 경우다. 물론 약간의 문제가 일어난 흔적은 보인다. 예를 들어, 모세와 아론, 미리암 사이, 그리고 다윗과 아들들 사이의 의견 충돌과 같은 경우다. 하지만 큰 문제로 발전했다는 기록은 없다.

반대로, 한 가문에게 너무 많은 힘이 집중된 탓에 교회가 무너진 비극적인 사례도 있다.[12] 그래서 어떤 교회와 조직들은 한 가족을 사역자로 세웠다가 크게 데인 뒤로 그것을 아예 금하고 있다. 이처럼 가족이 함께 리더로 섬기면 큰 위험이 따르지만 나는 성경이 이에 대한 문을 분명히 열어 두고 있다고 믿는다. 단, 한 가족을 리더로 세울 때는 힘과 이중 관계의 문제를 공개적으로 토론하고 적절한 경계와 감독, 균형을 유지함으로써 관련된 모든 사람을 보호하려는 노력이 필요하다. 편파나 족벌등용 같은 문제가 발생하지 않도록 공사를 구분할 줄 아는 성숙한 리더들이 이 가족들을 계속해서 살펴야 한다.

리치가 우리 교회의 담임목사가 되기 전에 우리는 그의 아내 로지(Rosie)를 주일학교 부장으로 고용하고 싶었다. 로지는 그 일에 가장 적임자였다. 하지만 제직회는 그에 따르는 위험성을 강하게 지적했다. 일이 잘못되면 로지와 리치를 모두 잃을 수 있었다. 특히 리치가 담임목사직을 승계하는 과정이 이미 시작되었기 때문에 그렇게 된다면 보통 큰일이 아니었다. 우리는 제직회, 그리고 리치 부부와 이런 위험성에 관해 깊이 토론했다. 결과적으로, 우리 교회 문화와 가치의 수호자들인 장로들은 로지가 목회 사역 책임자의 관할로 들어가고, 그 책임자는 1년에 한 번씩 수석 장로에게 보고를 하는 것으로 상황을 정리했다. 언제라도 로지가 주일학교 부장에 적합하지 않다는 판단이 서면 수석 장로가 목회 사역 책임자에게 로지의 해임을 요구하기로 했다. 그리하여 우리는 스스로 그런 복잡한 상황을 헤쳐 나갈 융통성과 능력, 성숙함이 있다고 믿고서 로지를 고용했다.

가족들이 함께 리더로 섬겨서 일이 잘 풀린다면 정말 좋은 일이다.

반대로, 일이 잘못되면 그보다 더 난해하고 난처한 상황도 없다. 따라서 다른 모든 결정과 마찬가지로 이에 관한 결정도 신중한 분별과 토론 후에 이루어져야 한다.

절친한 친구의 문제

다시 말하지만, 크리스천 리더가 이중 관계를 완전히 배제하는 것은 건강하지도 성경적이지도 않다고 생각한다. 가족만이 아니라 절친한 친구의 경우에도 똑같이 적용된다. 물론 친구 관계도 분별력 있게 다루어야 한다. 오랫동안 친구와의 이중 관계는 나의 가장 큰 맹점 가운데 하나였다. 그로 인한 고통이 이만저만이 아니었다. 안타깝게도 나만 그런 것이 아니다. 절친한 친구와의 사이에 적절한 경계를 정하고 유지하지 않아 복잡한 상황에 빠져드는 크리스천 리더가 너무도 많다.

친구 관계는 서로 힘이 동등한 사람들 사이에서 이루어지는 것이 최상이다. 한 사람이 다른 사람의 영적 지도나 감독 역할을 하면 이런 균형이 깨진 것이다. 윤리학자 마사 엘런 스토츠(Martha Ellen Stortz)는 우정의 중요한 특징들이 무엇이며 기독교 사역 및 리더십과 어떻게 상충하는지를 명쾌하게 풀어냈다.[13] 스토츠가 규명한 우정의 특징 몇 가지를 다음과 같이 정리해 보았다.

첫째, 선택. 친구들은 서로를 선택했다. 이는 그들이 다른 사람들을 선택하지 않았다는 뜻이다. 따라서 리더가 자신의 조직 안에서 친구를 사귀면 부지불식간에 자신의 울타리 '안에' 들어가는 사람들과 '밖에' 있는 사람들을 나눌 수 있다. 우리 교회의 초창기에 내 비서는 내가 친한 친구들을 편파적으로 대한다는 지적을 자주 했다. 당시는 당치도 않은 소리라고 일축했지만 지금 와서 생각하면 그의 말이 옳았다. 당시 내 친구들은 다른 사람들보다 나를 더 편하게 만날 수 있었다. 덕분에 그들은 대부분의 교인들보다 큰 영향력을 발휘했다.

둘째, 동등. 친구들은 힘과 지위에서 동등하다. 나는 담임목사다 보니 무료 휴가에서 성장의 기회와 고용하고 해고할 권한까지 교회 안의 내 친구들이 갖지 못한 것을 갖고 있다. 또한 내가 교회 안의 친구들에게 열어 줄 수 있는 기회의 문이 그들이 내게 열어 줄 수 있는 기회의 문보다 많다. 최소한 교회 안에서만큼은 그렇다. 이런 지위의 힘과 개인적인 힘 때문에 사역자들인 이 친구들과 나는 모든 면에서 동등하지 않다. 이런 불균등은 이중 관계에서 혼란과 문제를 일으키는 주된 원인 중 하나다.

셋째, 상호성. 친구들은 똑같이 주고받는다. 나는 친구들과 이런 상호성을 유지하려고 노력해 왔지만 때로는 불가능할 때도 있었다. 나와 절친한 친구들은 오랜 세월 교회의 리더로서 나와 생사고락을 함께해 왔기 때문에 때로 자신들의 목회자인 나를 목회하길 원했다. 그런 맥락에서 그들은 내게 경계를 풀고 뭐든 허심탄회하게 털어놓으라는 말을 자주 했다. 하지만 예를 들어 당시 내가 제직회와 논하는 민감한 문제들을 사적인 식사 자리에서 꺼내는 것은 부적절한 행동이었다. 그런 사안은 제직회에 속하지 않은 누구에게도 말해서는 안 되는 것이었다. 친구들은 서로 동등하게 주고받는다. 하지만 나는 그 친구들에게 모든 것을 얘기할 수는 없었다. 그래서 시간이 갈수록 서로의 틈이 벌어졌다.

넷째, 지식. 친구들은 서로가 서로에게 완전한 진실을 말하기를 원한다. 그런 의미에서 내가 목사이자 친구로서 만났던 사람들도 내게 모든 것을 가감 없이 말했다. 나도 그들에게 그러고 싶을 때가 있었지만 우리

사이는 완전히 동등하지 않았다. 내 지위 때문에 내 말에는 더 큰 무게가 실렸다. 그 친구들이 원하는 대로 모든 것을 솔직히 말하는 것이 나로서는 지혜롭지 못한 일이었다. 만약 그들이 나를 비판한 것처럼 나도 그들을 가감 없이 비판했다면 그들은 견디지 못했을 것이다.

예를 들어, 내 '절친한 친구들'이 다수 참여했던 영성 수련회가 끝나고 나서 그 수련회를 인도했던 내게 비판이 연달아 날아왔던 기억이 난다. '잘한 점'은 하나도 얘기하지 않고 문제점만 지적하는데 정말이지 죽을 맛이었다. 하지만 우리 리더들은 우리가 섬기는 사람들에게 그렇게 할 수 없다. 우리가 그들보다 힘이 더 많기 때문이다. 만약 우리가 그런 식으로 비판하면 그들은 완전히 무너질 수밖에 없다. 따라서 리더들은 비판을 하더라도 말을 가려서 하고 비판과 비판 사이에 칭찬을 끼워 넣어야 한다. 아울러 상대방의 위신이 깎이지 않도록 안전한 환경에서 해야 한다.

우정의 이 네 가지 특징을 틀로 삼아 당신과 친구들의 이중 관계가 건강한 우정의 이런 기준에 부합하는지를 잘 판단해 보기를 바란다.

그렇다면 핵심 리더들은 교회 안에서 친한 친구를 사귀지 말라는 뜻일까? 전혀 아니다. 다만 조심하라는 말이다. 20년 넘게 목회를 하면서 나는 비극적인 결말을 정말 많이 보았다. 이런 위험을 지혜롭게 헤쳐 나갈 만큼 자기 인식 능력과 인간관계 기술이 뛰어난 리더들은 그리 많지 않다. 하지만 그렇게 하는 것이 '분명' 가능하다. 뉴 라이프 교회의 충성스러운 일꾼인 앤드류(Andrew)와 나의 관계가 이 점을 잘 보여 준다.

앤드류와 나는 오랜 세월 동안 누구보다도 친하게 지냈다. 앤드로는 내가 이끄는 소그룹에도 참여했고, 자주 부부 동반으로 식사를 했다. 뜨거운 여름이면 우리 가족은 예고 없이 그의 집에 찾아가 시원한 수영장에서 몸을 식히곤 했다. 우리는 뉴욕의 스포츠들과 그의 기차 사랑에 관해서 대화를 나누며 삶을 함께 나누었다.

우리의 우정이 육칠 년에 접어들었을 때 앤드류는 장로회 회장으로 선출되었다. 이로써 그는 나의 직속상관이 되었다. 이제 나는 매달 그에게 보고서를 제출해야 했다. 그는 장로회를 통해 정기적으로 내 성과를 평가하고 늘 내 인격을 지켜보았다. 이제 그는 나를 강등시키거나 해고하거나 내 봉급을 인상할 권한이 있었다. 반면 나는 그를 강등시키거나 해고할 수 없었다.

내가 목사이긴 하지만 조직의 서열상 이제 그가 나의 위에 있었다. 우리는 이런 역할에 관해 많은 이야기를 나누면서 이제 함께 휴가를 가지 말아야겠다는 농담도 했다. 물론 그 뒤로도 우리는 계속해서 함께 어울리면서 친구로 남았다. 하지만 우리의 관계가 예전과 똑같을 수는 없었다. 우리는 더 이상 동등한 입장이 아니었다.

그렇다고 우리의 관계가 끝났다는 말은 아니다. 관계의 변화에 관해 서로 허심탄회하게 이야기를 나눈 덕분에 27년을 함께하는 동안 서로에 대한 존중과 사랑은 꾸준히 자라 갔다. 이런 변화를 이해하고 인정한 덕분에 건강하고도 분명한 경계를 유지할 수 있었다. 그런 경계 안에서 우리는 계속해서 진한 우정을 나눌 수 있었다. 얼마 있지 않으면 장로회 회장과 회원으로서 그의 임기가 모두 끝난다. 그 뒤로 우리의 관계가 또 어떻게 전개될지 자못 기대된다.

뉴 라이프 펠로십 교회 : 교역자들 사이의 다양한 역할을 명시하는 관행의 사례

2007년 나는 우리 교회에 정서적으로 건강한 힘의 사용과 지혜로운 경계의 문화를 정착시키기 위한 여행을 시작했다. 나는 사역자로서 우리의 관계들에 관해 논하기 위한 언어를 제공하고 교회 리더들의 합당한 힘을 인정하는 건강한 분위기를 이끌어 내고 싶었다. 교역자와 제직회, 그들과 상관들, 그들과 교인들 사이의 이중 관계로 인한 문제가 끊이지 않았기 때문에 도움이 필요했다. 자원봉사자인 교인들을 유급 사역자로 고용할 때 특히 상황이 복잡해졌다. 이 모든 관계와 고용 프로세스에서 역할의 중첩으로 인한 문제를 헤쳐 나가기 위해 공통의 틀과 지혜가 필요했다.

그 결과로 탄생한 것이 교역자(나중에는 행정 사역자와 교회 위원회)를 위한 삶의 규칙이다. 지금까지도 이 규칙이 우리의 길잡이가 되어 주고 있다.[14] 다음 발췌문은 교역자들의 세 가지 중첩되는 역할들을 기술하고 서로의 관계 속에서 어떻게 다룰지를 설명해 준다.

우리 교인들은 하나님이 주신 재능을 사용하여 자원봉사자로서 열정과 사명감으로 일하고 섬긴다. 우리도 마찬가지로 열정과 사명감으로 일하고 섬긴다. 단, '직원'으로서 우리는 뉴 라이프 펠로십(NLF) 위원회와 교인이라는 이중 관계 속에서 기능한다. 사실 우리는 뉴 라이프 펠로십 공동체 내에서 최소한 세 가지 역할을 맡고 있다. 즉 우리는 이 교회 가족의 일원이고, 이 가족의 리더이며, 직원이다. 이런 역할로 인해 서로, 그리고 뉴 라이프 펠로십 교인들과의 관계가 복잡해진다.

매년 우리는 뉴 라이프 펠로십 교회를 독특한 방식으로 섬기도록 장로회에 의해 따로 세움을 받는다. 전임이든 파트타임이든 상관없이 우리는 세속적인 일에서 자유로운 상태에서 이 특별한 소명을 이루기 위해 월급을 받는다. 우리가 기도와 목회, 성도들의 훈련을 비롯하여(엡 4:11 전반부) 몸을 섬기는 데만 전념할 수 있도록 몸이 재정적으로 우리를 지원한다. 이는 우리의 특권이요 기쁨이다.

동시에, 장로회는 이 역동적이고도 끊임없이 변하는 환경 속에서 교회의 자원을 잘 사용할 책임이 있다. 꼭 교회의 직원이 아니더라도 하나님이 우리를 목회적 리더십으로 부르신 것은 평생 유효할 수 있다. 하지만 교회 전체의 필요와 바람은 시간에 따라 변할 수 있다. 따라서 직원으로서 우리의 거취는 하나님이 우리 교회, 교회의 자원, 우리 리더십의 상태를 어느 방향으로 이끄시는지에 달려 있다. 나아가, 우리의 거취는 우리의 직무 설명서와 교회 내 지위, 계약에 관한 정기적인 검토에 달려 있다.

　이 규칙은 뉴 라이프 교회를 온전히 섬기려는 리더들에게 자신의 위치를 분명히 알고 경계들과 관계들을 지혜롭게 다루기 위한 틀이 되어 주었다.

네 가지 질문을 던지라

　하나님의 교회를 이끌려면 이만저만한 위험이 따르는 게 아니다. 소중하고 친밀했던 관계를 잃을 수도 있고 혼신을 다했던 사역이 무너져 내릴 수도 있다. 우리가 지금까지 정서적으로 건강한 리더라는 주제로 논의했던 모든 것과 마찬가지로 힘과 지혜로운 경계의 다차원적인 난관들을 다루려면 특정한 기술 이상의 것이 필요하다. 무엇보다도 우리의 내적 상태가 관건이다. 우리가 힘을 올바로 사용하지 못하고 지혜로운 경계를 설정하지 못하는 것은 무엇보다도 내면 깊은 곳의 열등감과 인정의 욕구 때문이다. 이 문제만큼 우리의 미성숙을 적나라하게 드러내는 것도 없다. 힘의 부적절한 사용과 지혜로운 경계의 부재는 우리의 그림자에서 비롯한다.

　그래서 이번 장을 마무리하기 전에 자기 자신과 팀원들에게 다시 한번 2부의 네 가지 요소에 관한 질문을 던지기 바란다. 그렇게 하면 힘의 사용과 지혜로운 경계의 측면에서 개인적으로나 팀으로서나 더욱 성숙해질 수 있을 것이다.

- **자신의 그림자를 직면하라.** 내 그림자가 리더로서 내 힘의 사용 (혹은 힘을 사용하지 않는 것)에 어떤 영향을 미치고 있는가? 내 그림자가 어떤 식으로 이중 관계를 유발하거나 기존의 이중 관계를 복잡하게 만드는가? 내 윗대나 자라 온 문화의 어떤 패턴이 힘의 사용을 주저하거나 힘을 과도하게 사용하게 만드는가? 힘 있는 인물과 관련된 과거의 어떤 경험이 힘을 사용하고 경계를 설정하는 (혹은 경계를 설정하지 않는) 나의 방식에 영향을 미치고 있는가?

- **건강한 결혼 생활이나 싱글 생활을 바탕으로 리더십을 발휘하라.** 기혼 혹은 싱글 리더로서 남들의 투사를 얼마나 잘 인식하고 있는가? 남들이 나를 어떻게 이상화하는지 알고 있는가? 건강한 결혼 생활이나 싱글 생활을 바탕으로 사람들을 섬기려면 어떤 경계들을 정해야 할까? 배우자나 자녀, 친구들과의 관계를 지키기 위해 내 리더십이 어떤 보호 장치를 마련해야 할까?

- **사랑의 연합을 위해 속도를 늦추라.** 예수님과 사랑의 연합을 이루기 위한 시간이 내 영향력과 힘을 온화하고 지혜롭고 효과적으로 사용하는 데 어떻게 도움이 될까? 어떻게 하면 내가 힘을 잘 사용하고 있는지 그리고 관계들을 잘 다루고 있는지에 관한 남들의 의견에 더 귀를 기울일 수 있을까? 어떻게 하면 내 힘을 사용해 남들도 자신의 힘을 잘 사용하도록 도울 수 있을까?

- **안식일을 즐기라.** 이 땅의 힘이 일시적이고 덧없다는 사실을 나와 내 팀원들이 늘 기억하기 위해 안식일을 어떻게 활용할 수 있을까? 어떤 면에서 안식일이 힘으로 인해 교만해지지 않도록 막아 주는 안전장치 역할을 할 수 있는가? 어떻게 힘과 지혜로운 경

계라는 무거운 주제를 가볍고 즐거운 안식일의 정신으로 다룰 수
있을까?

힘을 잘 사용하고 지혜로운 경계를 정하는 것은 리더의 가장 힘든
과제 중 하나다. 이 모든 문제를 간단히 정리할 수 있는 쉬운 답이 있다면
좋겠다. 내가 이번 장에서 나눈 원칙들을 진작 알았다면 수많은 고통스러
운 실수를 피할 수 있었을 것이다. 결국은 깊은 고민과 기도 외에 다른 답
은 없다. 관계들 속에 적절한 경계를 설치하고 지혜로운 사람들의 조언을
구하라. 그렇게 하면 반드시 잘했다고 생각할 날이 올 것이다.

힘과 경계에 관해 제대로 알고 나면 하나님이 주시는 역할과 책임에
집착하지 않게 된다. 우리가 지금 가진 힘과 책임이 언젠가 사라진다는
것을 알게 된다. 다음 장에서 살피겠지만, 하나님이 끝을 통해 우리를 새
로운 시작으로 부르신다는 것을 알고 미래를 올바로 준비하게 된다.

힘과 지혜로운 경계의 평가에 대한 설명

다음의 설명이 평가 결과를 이해하는 데 도움이 될 것이다.

대부분 1-2점을 받았다면 아마 이 주제에 관해 들어본 적이 없었을 것이다. 혹시 이
번 평가로 너무 많은 문제점이 드러나서 어찌할 바를 모르겠는가? 걱정하지 말라. 리더
십의 이 분야에서 자라는 것은 긴 과정이다. 먼저 당신의 힘을 분석하면서 시작하라. 지
금 당신에게 적용되는 한 가지 문제에만 집중하라. 나머지는 나중에 차례로 다루면 된
다. 긴장을 풀라. 여유를 갖고 천천히 하라. 내가 이번 장의 교훈들을 몇 달이 아니라 몇

십 년에 걸쳐 배웠다는 사실을 잊지 말라. 그러고도 아직도 배우는 중이다.

대부분 2-3점을 받았다면 주변 사람들에 대한 당신의 힘과 영향력을 어느 정도는 인식하고 있다. 설령 힘이 많지 않다고 생각되더라도 그 힘의 본질과 정도를 분명히 파악해야만 한다. 당신이 가진 힘을 철저히 분석하라. 윗대의 문제나 이전 직장에서의 경험, 교회에서의 경험 같은 요인이 당신의 힘 사용과 경계에 어떤 영향을 미치고 있는지 깊이 돌아보라. 이중 관계의 개념을 이해하고 적절한 경계를 정하라. 지금 이번 장을 찬찬히 읽고 내년에 다시 한 번 읽기를 강권한다.

대부분 4-5점을 받았다면 남들이 힘의 사용, 가족이나 친구와의 이중 관계, 경계라는 복잡한 문제를 헤쳐 나가도록 도울 만한 위치에 있다. 이번 장의 내용을 틀로 삼아 팀원들이 큰 곤란에 빠지기 '전에' 이런 문제에 관해 토론하라. 각 사역과 교회의 상황이 다른 만큼 이런 문제는 끝없이 복잡하다. 따라서 이런 원칙을 배우고 적용하면서 계속해서 새로운 통찰을 얻을 것이다.

Chapter 9

다음 세대
리더십을 위해 준비하라

톰(Tom) 목사는 31년간 뉴 시티 커뮤니티 교회(New City Community Church)를 담임했다. 그가 처음 부임했을 때 교회는 쇠퇴기에 접어들고 있었다. 하지만 그의 리더십 아래서 교회는 금세 성장세로 돌아섰고, 20년 만에 72명이 400명 이상으로 늘어났다. 하지만 지난 11년 동안은 상황이 어려웠다. 젊은이들이 마을 반대편에 있는 신생 교회로 점점 빠져나간 탓이었다. 성도 숫자는 나날이 줄어만 갔다. 젊은이들은 열린 예배와 다른 젊은 가족들이나 미혼 남녀와의 어울림을 원했다. 톰은 교회 문화가 많이 변했다는 것을 절감했다. 그래서 나름대로 시류를 따라가려고 노력했다. 예배 중에 가스펠도 부르고 처음으로 홈페이지도 만들었다. 아울러 젊고 활기 넘치는 부목사를 새로 영입했다. 하지만 교회는 계속해서 나이가 들어갔다. 대부분의 교인이 50세 이상이었다.

톰은 목회할 때가 가장 행복했다. 그래서 5년 전 심장마비에서 완전히 회복되자마자 곧바로 매일 아침 진행하던 라디오 프로그램과 뉴 시티 커뮤니티 교회로 복귀했다. 하지만 석 달 만에 가벼운 심장마비가 다시 오자 의사들의 강권으로 은퇴를 결심했다. 그때 그의 나이는 66세였다.

120명으로 줄어든 교회는 톰의 갑작스러운 은퇴에 전혀 준비가 되어 있지 않았다. 교단에서 1년간의 임시 목사를 보내 주었지만 그는 6개월도 채 버티지 못했다. "누구도 톰 목사님을 대신할 수 없어요." 오랜 세월 교회를 지켜온 수잔(Susan)이 탄식했다. 그 뒤로 3년간 두 명의 임시 목사가 더 왔지만 교회는 55명까지 줄어들었다. 언제부터인가 건물 유지비와 사역자 월급을 감당하기도 힘들었다. 교회 제직회는 마지막 지푸라기라도 잡는 심정으로 오랜 주일학교 전도사를 내보내고 젊은 신학교 졸업생을 영입했다. 하지만 기대만큼 성과는 나타나지 않았다. 결국 3년 만에 교회는 문을 닫고 건물은 팔렸다.

작은 스캔들조차 없었는데 도대체 어찌된 일일까? 이 교회는 왜 실패했을까? 분명 도덕적인 실패는 아니었다. 그럼에도 실패는 실패였다. 현실을 분간하지 못한 것이 주된 원인이었다. 끝과 새로운 시작의 필요성을 보지 못한 것이 치명적이었다. 톰 목사의 심장마비라는 경고 신호 외에도 그는 은퇴 나이를 코앞에 두고 있었다. 하지만 톰 목사 자신을 비롯해서 아무도 이 사실에 주목하지 않았다. 교회는 끝이 다가오고 있음을 분별하고 인정할 만한 지혜와 용기가 없었다. 그래서 제직회가 부랴부랴 조치를 취하기 시작했을 때는 이미 때가 늦었다.

끝의 스펙트럼

새로운 시작을 받아들이기 위해 끝을 받아들이는 것은 신앙생활의 가장 중요한 자세 중 하나다. 크리스천 리더들에게 특히 더 중요하다. 모든 문제를 해결할 수도 없고 해결해서도 안 된다. 때로는 뭔가가 죽도록 놔둬야 할 때도 있다. 이것이 반드시 실패는 아니다. 오히려 한 페이지가 끝나고 새로운 페이지가 시작되는 출발점일 때가 많다. 개인의 삶만이 아니라 리더로서의 삶 속에서도 마찬가지다.

우리는 사랑하는 사람들로 인해서 개인적으로 다양한 끝을 경험한다. 예컨대 사랑하는 사람이 죽거나 암 같은 중병과 사투를 벌인다. 그런가 하면 우리 자신이 이혼이나 해고, 경제적 어려움, 사고, 깨진 꿈의 아픔을 경험한다. 노화도 우리에게 끝의 경험을 안겨 준다. 이는 삶의 필연적인 순환이다. "범사에 기한이 있고 천하만사가 다 때가 있나니"(전 3:1). 우리는 인생의 계절을 통제하거나 중단시킬 수 없다. 각 계절은 하나님의 시간표대로 어김없이 찾아온다.

때가 되면 하나의 계절이 끝나고 새로운 계절이 시작되는 것처럼 리더의 자리도 끝날 때가 있다. 사실, 대개 리더들은 보통 사람들보다 훨씬 더 많은 끝과 상실을 경험한다. 이런 상실은 큰 상실에서 작은 상실까지 하나의 스펙트럼을 형성한다. 하지만 작은 상실이라도 상실은 상실이다. 모든 상실이 우리에게 나름의 흔적을 남긴다. 크면 큰 대로 작으면 작은 대로 이런 끝은 우리의 에너지를 빨아먹고 새로운 도전을 위해 일어설 힘을 약화시킨다. 끝은 우리를 휘청거리게 만든다. 최소한, 한동안은 정신을 차리기 힘들다.

스펙트럼의 한쪽 끝에는 나름의 고통을 수반한 작은 끝들이 있다.

- 당신의 교회에서 50명을 파송해 새로운 교회를 개척한다. 기쁘면서도 슬픈 일이다. 이 사람들을 자주 못 볼 것이기 때문이다.
- 당신이 이끄는 소그룹이 25명에서 백 명 이상으로 급성장했다. 하지만 기존 멤버들은 소그룹의 규모가 작았을 때 가족처럼 가깝게 지내던 시절을 그리워한다. 당신도 규모가 갑자기 커져서 어리둥절하고 혼란스럽다.
- 당신 교회의 인구 통계가 더 이상 주변 지역을 닮아 있지 않다.

이에 변화와 장기적인 계획의 필요성을 논하기 위해 목사와 제직들이 참여하는 회의를 연다.

- 최근 교회에 나온 재능 있는 가족이 주일학교가 괜찮다고 소문난 다른 교회에 다니기로 결심했다는 소식을 전해 듣는다.
- 지난 2년 동안 유급 사역자 없이 운영되던 여성 모임이 새로운 책임자의 해고와 함께 위기에 빠진다. 당신이 일단 자원봉사 팀을 이끌고 이 사역을 지탱하고 있지만 교회에서 은근히 천덕꾸러기 취급을 받고 있다.
- 당신의 가장 든든한 지원군이던 제직회 회원이 회사에서 승진을 해서 곧 다른 주의 본사로 가게 되었다. 그가 잘된 것은 너무나 기쁘지만 지원군을 잃은 것은 너무나 아쉽다. 제직회도 전보다 힘이 많이 약해질 것이다.
- 지난 5년간 어려울 때마다 의지했던 가장 든든한 후원자가 다른 자선 단체들에 기부하기 위해 후원금을 줄이겠다고 통보해 온다.

스펙트럼의 다른 쪽 끝에는 우리의 행보에 급제동을 걸고 뜬눈으로 밤을 지새우게 만들고 우리의 삶을 '전과 후'로 극명하게 나누는 '큰' 끝들이 있다.

- 그토록 믿었던 리더가 교회 중직의 아내와 오랫동안 내연 관계였다는 사실이 밝혀진다.
- 암 진단을 받는 바람에 교회 내 역할에 급격한 변화가 불가피해진다.

- 15년간 충성스럽게 섬겨 오던 부목사가 느닷없이 사표를 던지고 다른 주의 훨씬 더 큰 교회로 가 버린다.
- 역동적인 비영리 기관에서 10년간 열심히 사역해 왔지만 요즘 들어 마음이 편치 않다. 아무래도 그곳을 떠나 새로운 삶을 시작하는 것이 하나님의 뜻인 것 같다.
- 교회에서 중요한 사역을 담당하던 부부가 이혼을 한다.
- 교인 백 명이 최근 교회의 결정에 불만을 품고 갑자기 나가 버린다.
- 교회나 사역의 조직이 재편되면서 당신의 역할이 사라진다.
- 철석같이 믿었던 사람이 당신의 상관에게 당신의 인격이나 행동을 헐뜯는 편지를 보낸다.

변화는 누구에게나 고통스럽다. 변화는 우리의 소망과 계획을 방해하는 불청객이다. 현재 상태가 별로 좋지 않더라도 익숙한 패턴에 머물고 싶은 것이 인지상정이다. 하나님이 상실을 통해 새로운 출발과 귀한 선물을 주실 수 있다는 것을 머리로는 알지만 그렇다고 해서 상실의 고통이 사라지지는 않는다. 그래서 우리는 어떻게든 상실을 피하려고 한다. 이 고통스러운 강을 건너 새로운 미지의 땅으로 들어오라는 성령의 음성을 따라가기란 말처럼 쉽지가 않다.

세상은 끝을 실패요 피해야 할 것으로 여긴다. 이런 관점을 받아들이면 리더의 가장 중요한 일 중 하나를 수행할 수 없다. 그것은 남들이 끝과 변화를 잘 헤쳐 나가도록 돕는 것이다. 변화의 시기에 우리 리더들은 사람들이 원망이나 절망에 빠져 하나님이 펼치시려는 새로운 일을 놓치지 않도록 자상하게 이끌어 주어야 한다. 그렇게 하려면 끝에 대한 우리의 시각이 성경의 진리에 단단히 뿌리를 내리고 있어야 한다. 하지만 우리는 성경 대신 세상의 가치에 물들 때가 얼마나 많은지 모른다. 오늘날 교회와 기독교 단체들이 끝과 새로운 시작을 대체로 어떻게 바라보는지 간단히 진단하고 넘어가자.

끝과 새로운 시작에 대한 당신의 접근법은 얼마나 건강한가?

다음 진술들을 통해 끝과 새로운 시작에 대한 당신의 접근법을 간단하게 평가해 보라. 각 진술 옆에 당신의 상태에 해당하는 숫자를 적으라.

(5 = 항상 그렇다 / 4 = 자주 그렇다 / 3 = 가끔 그렇다 / 2 = 거의 그렇지 않다 / 1 = 전혀 그렇지 않다)

_____ 1. 끝과 상실을 실패의 증거로만 보지 않고 받아들이려고 노력한다.

_____ 2. 상실로 인해 혼란스러울 때도 하나님의 사랑과 선하심, 주권 안에서 쉴 수 있다.

_____ 3. 상황이 나빠지면 마지막 순간까지 기다리지 않고 최선의 방향으로 적극 변화를 추진한다.

_____ 4. 혼란스러운 변화를 내 영적 성장을 위한 중요한 기회로 보고 가만히 하나님의 음성에 귀를 기울이며 기다릴 줄 안다.

_____ 5. 내 리더 역할이 끝날 때 고통스러운 감정을 건강하게 표출할 줄 안다. 그리고 예수님을 알고 "그 고난에 참여"하기 위한 기회요 성장의 수단으로 본다(빌 3:10).

_____ 6. 이 역할에서 내가 할 수 있는(혹은 해야 할) 일이 끝났는지 분별하기 위해 늘 하나님께 묻는다.

_____ 7. 프로그램이나 프로젝트가 잘되지 않을 때 어떻게든 버티기 위해 극단적인 조치를 취하거나 두 배로 노력하고픈 유혹을 떨쳐 낼 수 있다.

_____ 8. 나 혹은 내가 관리하는 다른 리더들이 혼란스러운 변화의 한복판에 있을 때 객관적이고도 지혜로운 조언을 구할 줄 안다.

_____ 9. 하나님이 주실 새로운 출발의 문을 열기 위해 프로그램을 중단시키고 중요한 자원봉사자를 내보내고 부담스러운 대화를 나누는 식으로 필요할 때는 그만둘 줄 안다.

_____ 10. 언젠가 나를 대신할 수 있는 사람들을 기쁜 마음으로 키워 낼 수 있는 믿음과 용기가 있다.

잠시 당신의 답을 검토해 보라. 무엇이 가장 눈에 들어오는가? 이번 장의 끝에 끝과 상실에 관한 당신의 접근법이 얼마나 건강한지를 점검하는 데 도움이 될 만한 설명을 실어 놓았다.

끝과 새로운 시작에 관한 표준 관행의 특징들

많은 사역 기관과 조직, 팀이 끝과 변화를 그토록 형편없이 다루는 이유는 무엇일까? 왜 우리는 하나님이 주시려는 새로운 시작, 새로운 역사를 놓칠 때가 그토록 많을까? 우리가 새로운 미래를 보지 못하는 것은 부분적으로 죽음이 부활의 필연적인 서곡이라는 중심적인 신학의 진리를 진정으로 이해하지 못하기 때문이다. 그리스도를 위해 장기적인 열매를 맺으려면, 새로운 뭔가가 자라기 위해서는 뭔가가 죽어야만 한다는 원리를 이해해야 한다. 이 현실을 받아들이지 않으면 끝을 새로운 미래의 기회로 보지 못하고 실패의 징조로만 보아 두려워하게 된다.

1. 우리는 끝을, 피해야 할 실패로 본다

끝은 실패로 느껴지고, 실패는 뼈저리게 고통스럽다. 그래서 우리가 어떻게 할까? 무슨 수를 써서라도 끝을 피하려고 한다. 우리는 사역이 가망이 없는데도 계속해서 유지시켜 사람들에게 상실의 고통을 안겨 주지 않는 것이 리더의 책임이라고 착각한다. 혹시 다음의 사례에서 당신의 모습이 보이지 않는지 확인해 보라.

- 교회 남성 모임의 리더인 조지(George)는 수년째 제 역할을 하지 못하고 있다. 리더인 당신은 조지에 관한 불만을 자주 듣지만 그와의 부담스러운 대화를 피하고 있다. 이전에도 몇 번 대화를 시도했다가 강한 자기방어의 벽에 부딪힌 탓이다. 그의 사역에 조그만 의문이라도 제기하면 개인적인 공격으로 간주하고 당장 사임할까 봐 두렵다. 그러면 그 사역이 혼란에 빠지고 사람들이 흩어질 것이다. 당신의 역할은 사람들이 서로 연결될 수 있는 사역을 늘리는 것이지 줄이는 것이 아니다. 그래서 조지를 잃지 않고도 사역을 계속해서 유지시킬 방안을 찾느라 벌써 몇 주째 머리가 희도록 고민하고 있다. 리더십 재능이 뛰어난 부사역자를 붙여 주거나 조지를 다른 사역으로 재배치하는 식의 모든 방안을

타진해 봤다. 하지만 모두 답은 아닌 것 같다. 그래서 그냥 그 상황을 방치하고 있다. 그래도 리더 자리에 아무도 없는 것보다는 누구라도 있는 편이 낫지 않은가.

- 당신의 교회는 지난 십 년 동안 해온 방식 그대로 크리스마스 아웃리치 예배를 계획했다. 처음 일이 년은 좋았지만 바꿔야 할 때가 지나도 한참 지났다. 매년 이 예배에 수많은 시간을 쏟아붓는 충성스러운 자원봉사자들은 완전히 새로운 방향으로 변화할 능력이 없어 보인다. 그렇다고 당신이 직접 나서거나 다른 창의적인 인력을 투입시키면 기존의 자원봉사자들이 기분 나쁘게 받아들여 그만둘지도 모른다. 득실을 따져 보니 아무래도 모험을 할 가치가 없어 보인다. 그래 봐야 겨우 예배 한 번뿐이지 않은가. 결국 당신은 괜한 분란을 일으킬 필요가 없다는 판단에 따라 상황을 있는 그대로 놔두기로 결정한다.

- 캐롤린(Caroline)은 작년에 사회복지학과를 졸업한 뒤 새로운 교회에서 첫 소그룹을 맡고 더없이 기뻐했다. 그녀는 목사를 만나 훈련을 받고 여덟 명으로 소그룹을 시작했다. 하지만 막상 해 보니 소그룹을 이끄는 것은 예상보다 훨씬 더 힘든 일이었다. 한 젊은 부부는 뭔가 큰 아픔이 있어 보이는데 아무리 물어도 입을 열지 않았다. 스무 살의 한 청년은 말이 너무 많아 도무지 다른 사람들에게 말할 틈을 주지 않았다. 나중에 소그룹 멤버인 두 친자매에게 듣자 하니 그 청년은 정신질환이 있어 스스로를 절제할 줄 모른다고 한다. 남은 두 청년은 교회에 온 지 얼마 되지 않았는데 참여자라기보다는 구경꾼에 가까웠다. 거의 말을 하지 않던 두

청년은 넉 달 만에 떨어져 나갔다. 그렇게 소그룹은 다섯 명으로 축소되었다. 캐롤린은 이제 한 주에 한 번씩 소그룹으로 모이는 시간이 두렵다. 정말이지 당장 그만두고 싶지만 멤버들을 생각하면 차마 그럴 수도 없다. 목사가 다시는 자신에게 리더 자리를 맡기지 않을까도 걱정스럽다. 그래서 아쉬운 대로 이 자리라도 지키자는 심정으로 꾸역꾸역 소그룹의 명맥만 유지시키고 있다.

이런 상황에서 '필요한 끝'[1]을 받아들여야 한다는 점은 너무도 분명해 보인다. 그러기 위해서는 고통스러운 대화와 막대한 지혜가 필요할 것이다. 문제는 위 시나리오 속의 리더들이 끝을 실패와 동일시하고 있다는 것이다. 그들은 끝을 받아들이는 것이 새로운 미래로 가는 유일한 길이라는 점을 이해하지 못하고 있다. 만약 그들이 끝에 대해 마음을 열고 수용하는 본을 보였다면 그들이 이끄는 사람들도 끝을 실패가 아니라 정상적인 과정이요 기회로 볼 수 있었을 것이다. 리더가 먼저 본을 보이면 팀원들은 알아서 따라오게 되어 있다. 하지만 끝을 실패로 보는 것은 리더들의 첫 번째 문제일 뿐이다.

2. 우리는 끝을 예수님 안에서의 영적 형성과 별개로 생각한다

오랫동안 나는 끝을, '빨리' 제거하거나 고쳐야 할 문제로만 보았다. 누군가가 일을 잘 못하거나 프로그램이 기대한 성과를 내지 못할 때면 불안해지고 그런 불안이 몸의 긴장으로 표출되었다. 그럴 때면 상실에 따른 고통을 피하고자 노력을 배가했다. 나는 이런 상황을, 리더라는 자리에 따르는 필연적인 '시련'으로만 보았다. 그리스도 안에서 성장하기 위

한 기회라고는 단 한 번도 생각해 보지 못했다. 나는 고통을 통해 하나님이 하시려는 말씀에 거의 귀를 기울이지 않았다. 예를 들어 보겠다.

하루는 나와 점심을 먹는 자리에서 부목사 케빈(Kevin)이 느닷없이 가족과 함께 퀸스로 떠나기로 결정했다고 통보했다. "도시 생활은 너무 힘듭니다. 팍팍한 곳에서 우리 아이들을 키우고 싶지 않아요. 교외로 이사하면 이곳의 반값에 훨씬 더 좋은 집을 살 수 있을 거예요."

그 말을 듣자마자 속에서 뜨거운 뭔가가 올라왔다. '뭐라고? 당신이 교외로 가 버리면 따라 나가는 사람들이 나온다는 걸 몰라? 교회가 뒤숭숭해지든 말든 상관없다는 거야? 이렇게 갑자기 가 버리면 남은 사람들은 어떻게 하라고?'

그의 빈자리를 채우기 위해 얼마나 많은 시간과 노력이 들어갈지를 생각하면 앞이 캄캄했다. 깊은 외로움이 내 영혼을 온통 뒤덮었다. 나는 애써 실망감을 머릿속에서 지워 버리고 뉴 라이프 교회를 지켜 내기 위해 정신없이 뛰어다녔다. 이 상황 속에서 하나님이 내 안에서 그리고 나를 통해 역사하고 계신지도 모른다는 생각은 전혀 하지 못했다. 다음과 같은 질문은 내 머릿속에 떠오르지 않았다.

주님, 이 시련을 통해 당신을 더 깊이 의지하는 법을 가르치고 계신 건가요? 이 땅에서 당신의 외로운 순간을 묘사한 성경 구절들을 통해 제게 뭔가 말씀하길 원하시나요? 이 상실 속에 어떤 새로운 출발의 선물이 숨겨져 있나요? 저와 제가 이끄는 사람들이 이런 고통을 통해서는 이를 수 없는 부활과 새로운 삶의 문지방 위에 서 있는 건가요?

끝의 고통을 영적 어른으로의 성장과 연결 지어 생각하지 않으면, 끝을 통해 예수님과의 더 깊은 관계로 나아가지 않으면, 얼마나 많은 것을 놓치는지 눈에 들어오는가? 하나님을 기다리는 것이 진정으로 어떤 의미인지를 성경적으로 이해하는 리더가 극소수다 보니 대부분의 리더들이 리더의 삶에 필연적으로 따르는 끝을 통해 성장하지 못한다. 성장 대신 우리는 고통의 화살을 어떻게든 막아 보겠다고 단단한 감정의 갑옷을 만들어 낸다. 우리의 피상적인 신학으로는 예수님의 죽음과 부활이 기독교의 중심 메시지일 뿐 아니라 우리 삶의 필연적인 패턴이라는 사실을 이해할 수 없다.

3. 우리는 끝을 윗대의 문제와 연결 지어 생각하지 못한다

어린 시절의 가정환경과 윗대에서 내려온 문제는 우리의 무의식에 깊은 낙인을 찍는다. 나이를 먹고 세상을 보는 지혜가 생길수록 이 낙인이 얼마나 깊은지가 눈에 들어온다. 그런데 가문의 낙인은 과거 속에서 조용히 잠자고만 있지 않는다. 지금도 우리 안에서 살아 움직이며 우리를 조종한다. 예수님의 새 가족에 참여함으로써 이것을 인정하고 변화시키기 전까지는 그 영향력에서 벗어날 수 없다. 따라서 크리스천 리더로서 우리는 어린 시절 부모와 형제자매들이 끝과 상실에 따른 고통을 다뤘는지 진지하게 돌아봐야 한다. 이를테면 스스로에게 다음과 같은 질문을 던져야 한다.

- 내 가족이 상실과 끝을 부인하거나 별 것 아닌 것처럼 스스로를 속였는가?

- 내 가족이 상실에 대해 항상 다른 사람이나 다른 뭔가를 탓했는가?
- 내 가족이 끝과 상실에 대해 자신을 탓하면서 고립이나 우울증에 빠져들었는가?
- 내 가족이 끝과 상실에 대한 고통을 덜고자 감정은 차단시킨 채 상황을 주지화하거나 반쪽짜리 진실을 만들어 냈는가?
- 내 가족이 주로 자멸적이거나 충동적이거나 중독적인 행동을 통해 상실의 고통을 잊으려고 했는가?
- 내 가족이 최악의 상황에서도 미래에 대한 소망과 기대를 잃지 않았는가? 아니면 힘든 변화 앞에서 모든 것을 포기한 채 깊은 절망에 빠져들었는가?

우리 가족이 변화와 상실을 어떻게 여겼는지 분명히 말해 줄 수 있다. 한마디로, 우리 가족은 그것을 싫어했다! 할머니 파스콸리나 스카지로는 여섯 자녀에게 더 좋은 삶을 선사하고자 이탈리아에서 뉴욕 시티로 건너왔다. 하지만 남편이 마흔여덟의 이른 나이에 세상을 떠난 뒤로 할머니는 애도의 표시로 평생 검은색의 옷만 입고 살았다. 다음 세대에도 상황은 전혀 좋아지지 않았다. 우리 어머니는 삶에 변화가 찾아올 때마다 주변 사람들에게 욕과 비난, 분노를 퍼부었다. 어머니는 이사와 이직에서 네 자녀의 발달 단계에 따른 적응까지 변화라면 질색을 했다. 반면 아버지는 쾌활하고 낙관적이었다. 하지만 아버지도 역시 변화에는 서툴렀다. 아버지는 죽을 때까지 거의 하루도 쉬지 않고 일하는 방식으로 끝의 고통을 피해 다녔다.

그러니 내가 어린 시절은 말할 것도 없고 어른이 되어서도 변화를 혐오한 것은 너무도 당연했다. 모험과 비전을 좋아하는 목사로서 나는 새로운 일을 벌이는 데는 일가견이 있었다. 하지만 고통스러운 끝을 거쳐야만 새롭게 출발할 수 있는 상황에서는 누구보다도 우유부단한 모습을 보였다. 성경적인 끝과 새 출발의 개념을 이해하지 못한 탓에 나는 물론이고 내가 이끄는 교회까지 오랫동안 영적 정서적 성장을 경험하지 못했다.

사회는 끝을 가르치지 않는다. 교회들은 끝을 가르치지 않는다. 가족들은 끝을 삶의 자연스러운 리듬으로 받아들이는 법을 가르치지 않는다. 거기에 우리 자신의 불안감과 두려움까지 더하니, 우리가 끝을 어떻게든 피해야 하는 방해물로 여기는 것도 무리는 아니다. 문제는 그 과정에서 우리가 하나님이 우리 안에서 그리고 우리를 통해 탄생시키시려는 새 출발을 방해한다는 것이다.

이런 특징들이 끝을 다루는 요즘 크리스천 리더들의 전형적인 모습이라면 끝과 새로운 시작에 대한 정서적으로 건강한 접근법은 어떤 것일까? 계속해서 읽어 보면 알겠지만 답은 크리스천 삶의 핵심이라고 할 수 있는 한 가지 반문화적인 성경의 진리 안에 있다.

다음과 같이 할 때 끝과 새로운 시작을 잘 다루지 못하는 것이다.

- 잠시 멈춰서 과거를 돌아보지 않는다.
- 바쁘다는 핑계로 끝과 상실을 슬퍼할 시간을 내지 않거나 그 상황 속에서 하나님을 찾지 않는다.

- 슬픔을 건강하게 표출하고 슬픔 이면의 이유를 탐구하며 당신 안에서 그리고 당신을 통해서 하나님이 역사하시도록 자신을 내어 드려야 하건만 슬프지 않은 척 애쓴다.
- 인생의 슬픔과 고통에 화를 낸다.
- 폭식이나 포르노, 부적절한 관계, 약물 중독, 소셜 미디어 남용, 과로 같은 자멸적인 행동으로 상실의 고통을 달래려고 한다.
- 당신처럼 상실을 겪지 않고 잘만 살아가는 것처럼 보이는 사람들에게 시기와 질투를 느낀다.
- 리더의 숙명과도 같은 고통과 실망, 실패, 끝을 경험하기 싫어 리더를 그만둘까 하는 생각을 자주 한다.
- 내면 깊은 곳의 감정과 의심, 상처에 대해 자기 자신에게 솔직하지 못하다.
- 프로그램이나 인사 결정이 완전히 실패했다는 사실을 좀처럼 인정하지 않는다. 상실과 실망스러운 일, 문제를 그럴싸하게 얼버무려 당장 상황을 모면하려고 한다.
- 변화를 싫어하기 때문에 역할이나 직책의 변화에 관해 되도록 생각하지 않는다.

정서적으로 건강한 끝과 새로운 시작의 특징들

우리 삶 속의 슬픔과 상실을 통해 영혼을 부하게 하시는 하나님의 역사에 관해 오랫동안 생각해 왔지만 이 진리를 리더십에 광범위하고도 깊이 있게 적용한 것은 지난 몇 년 사이의 일이다. 끝과 새로운 시작의 실타래를 풀어 가는 과정이 늘 복잡하기는 하지만 그 과정이 다음 네 단계로 이루어진다면 건강한 변화 과정을 밟고 있는 것이다.

1. 끝이 죽음이라는 사실을 받아들인다.
2. 끝이 나고 새로운 시작이 찾아올 때까지의 혼란스러운 과도기가 생각보다 훨씬 길 때가 많다는 사실을 이해한다.
3. 끝과 기다림이 그리스도 안에서의 영적 성장과 뗄 수 없는 관계에 있다는 사실을 이해한다.
4. 끝과 기다림이 새로운 시작으로 가는 통로라고 고백한다.[2]

이 단계들은 각각 별개의 특징들이지만 꼭 단계적으로 진행되지는 않는다. 아니, 이 단계들은 중첩되어 이루어지는 경우가 많다. 계속해서 보면 알겠지만, 심지어 이 네 단계가 모두 동시에 이루어질 수도 있다.

1. 끝이 죽음이라는 사실을 받아들인다

새로운 시작이 나타나려면 끝이 이루어져야 한다. 그 끝은 '완전한' 끝이어야 한다.[3] 나는 만약을 위해 옛 것을 완전히 놓지 않은 채 새로운 것을 붙잡으려고 시도했던 적이 많다. 그 결과는 항상 실패였다. 끝은 완전한 끝 곧 죽음이어야 한다.

하나가 끝나지 않고서는 새로운 것이 시작될 수 없다. 로마 철학자 세네카(Seneca)의 표현을 빌자면 "모든 새로운 시작은 다른 시작의 끝에서 나온다." 끝, 그에 따르는 상실을 예측하고 준비하지 않는 것이야말로 새로운 것으로 넘어가지 못하게 만드는 최대의 걸림돌이 아닐까 싶다.

욥은 부와 열 자식, 건강, 하나님에 대한 이전의 관념을 모두 잃었을 때 끝이 죽음이라는 사실을 받아들여야만 했다. 예레미야 선지자는 예루살렘과 성전이 폐허로 변할 당시 죽음과도 같은 상실을 경험했다. 예수님이 돌아가셨을 때 열두 제자는 진짜 죽음과 함께 모든 소망과 꿈의 죽음을 경험했다.

끝이 아무리 필요하다고 해도 당사자는 혼란스러울 수밖에 없다. 진짜 끝은 우리에게 눈앞이 캄캄하고 하늘이 무너지는 기분을 선사한다. 왜냐하면 그것은 곧 죽음이기 때문이다. 끝이 오면 우리는 빛이 언제 다시 나타날지, 아니 나타나기나 할지 전혀 모른 채 칠흑같이 어두운 터널을 통과해야 한다.

우리 대부분은 하나님이 우리를 일부러 그런 고통으로 인도하시지는 않는다고 오해한다. 그것도 여러 번이나 그러실 리는 없다고 생각한다. 우리가 아끼는 사람들과 상황들이 말 그대로 혹은 비유적으로 죽음을 맞는 것을 도무지 이해할 수가 없다. 그래서 끝이 찾아오면 우리는 충격과 불안, 혼란에 휩싸이고 자주 분노를 터뜨린다.[4]

끝이 조용히 이루어질 때도 있지만 마치 잔인한 십자가처럼 극도로 고통스러울 수도 있다. 특히 리더라는 자리는 예수님과 같은 리더십이라는 독특한 경험으로 우리를 인도한다. 이상하게 들릴지 모르지만 이것은 그분이 우리에게 주시는 가장 귀한 선물 가운데 하나다. 스스로 이런 종류의 죽음을 선택할 사람은 아무도 없겠지만 그럼에도 "그 고난에 참여함"으로써 그분을 알게 해 주는 은혜의 수단이다(빌 3:10). 바울에 따르면 우리가 리더로서 받는 고난은 "그리스도의 남은 고난을 그의 몸된 교회를 위하여 내 육체에 채우"는 구속의 신비에 참여하는 방법 중 하나다(골 1:24). 나는 이 구절을 이해하기 위해 수많은 지혜로운 멘토들에게 자문을 구했다. 그때마다 그리스도의 교회를 위한 우리의 상실과 슬픔이 이해를 초월하는 신비로운 방법으로 하나님의 나라를 넓힌다는 대답이 돌아왔다. 우리가 이런 상실을 엄한 긍휼로 받아들이면 하나님은 우리 안에서 그리고 우리를 통해서 사도 바울이 "사망은 우리 안에서 역사하고 생명은 너희 안에서 역사하느니라"라고 말한 것과 비슷한 심오한 역사를 행하신다(고후 4:12).

개인적으로 고통스러운 끝을 수없이 겪다 보니 이런 종류의 고통을 순순히 받아들이는 리더와 조직이 그토록 적은 이유를 알 것 같다. 이십대의 청년 시절 나는 2개 국어를 사용하는 한 빈민가 교회에서 장로로 섬겼다. 60명의 성인이 모이는 작은 교회였다. 건물은 무너지기 직전이었고 600개의 삐거덕거리는 좌석은 텅텅 비어 있었다. 제직회와 담임목사는 스페인어를 쓰는 가난한 동네 사람들을 교회로 불러들이려면 대대적인 변화가 절실하다는 점을 잘 알고 있었다. 하지만 진지한 토론 결과, 이런 변화에는 견디기 힘들 만큼 고통스러운 끝과 상실이 따른다는 사실이 드러났다. 이를테면 새로운 리더들을 영입하기 위해 여러 사역자들을 내보내야 했다. 음악과 프로그램도 싹 갈아치워야 했다. 그리고 작은 인원이 모일 때와 달리 가족 같은 끈끈함은 사라질 수밖에 없었다. 결국 우리는 뜻을 하나로 모으지 못했고 교회는 계속해서 점진적인 쇠퇴의 길을 걸었다.

나중에 나는 역동적인 목사가 목회하는 유서 깊은 교회에 다녔다. 그곳에서는 교인 숫자가 워낙 급속도로 늘어나는 바람에 성전을 확장하고 현대 음악을 도입하고 젊고 혁신적인 사역자를 영입하고 몇 가지 새로운 사역을 추진할 필요성이 대두되었다. 외부에서 바라보는 풋내기 전도사(seminary intern)의 눈에는 이 교회를 위해 하나님이 마련하신 미래가 한없이 영광스럽게 보였다. 당시 내가 몰랐던 것은 새로운 길로 가기 위해 극심한 끝의 고통이 필요하다는 것이었다. 이런 변화의 과정은 예상보다 훨씬 더 고통스럽고 어려운 가시밭길이었다. 잊을 만하면 또다시 불거지는 내부의 갈등을 진화하느라 지친 목사는 결국 두 손을 들고 다른 사역지로 가 버렸다.

나 역시 끝을 거부하고픈 유혹에 시달리는 사람이기 때문에 본궤도에서 이탈하지 않으려고 다음 네 가지를 꾸준히 실천한다.

- 아무리 부인하거나 도망치고 싶어도 상황이 좋지 않다는 냉엄한 현실을 직시하고 힘든 질문들을 던진다.
- 끝을 죽음으로 받아들여야만 할 때 감정을 따르지 말아야 한다는 사실을 기억한다. 감정은 언제나 직면해야 할 것을 피하게 만든다.
- 나보다 나이와 경험이 많은 인생 선배들을 찾아가 조언과 지혜를 구한다.
- 나 자신에게 두 가지 질문을 던진다. "내 개인적인 삶과 리더로서의 삶 속에서 무엇을 내려놓아야 할 때인가?" "이 죽음을 받아들이면 어떤 새로운 것이 내 개인적인 삶과 리더로서의 삶 속으로 들어오기 위해 무대 뒤편에서 기다리고 있는가?"[5] 특히 이 두 번째 질문은 하나님이 내 미래를 위해 좋은 것을 준비해 놓으셨다는 사실을 상기시킴으로써 두려움을 떨쳐 내게 해 준다. 인간의 눈으로 볼 때는 도무지 좋은 것이 나올 수 없을 것만 같은 상황에서도 하나님은 분명 좋은 것을 예비해 놓고 계신다.

위의 목록을 그대로 차용하지 말고 이를 바탕으로 '죽음'의 계절마다 옳은 판단을 내리는 데 도움이 될 만한 당신만의 목록을 만들길 바란다. 끝을 내고 나면 새로운 뭔가가 나타나기 전까지 혼란스러운 과도기를 거쳐야 하므로 우리를 단단하게 붙잡아 줄 닻이 반드시 필요하다. 끝 다음에는 기다리는 시간이 오기 마련이다.

2. 과도기가 생각보다 훨씬 길 때가 많다는 사실을 이해한다

기다림을 좋아하는 사람은 세상 어디에도 없다. 하지만 하나님을 기다리는 것은 신앙생활의 핵심적인 경험 중 하나다. 또한 리더로서 우리가 배워야 하는 가장 힘든 교훈 중 하나다.

- 아브라함은 아들을 주신다는 하나님의 약속이 이루어지기까지 거의 25년을 기다렸다.
- 요셉은 형들에게 배신을 당한 뒤 가족을 다시 보기까지 약 13-22년을 기다렸다.
- 모세는 하나님이 삶의 목적을 되살려 주실 때까지 40년을 광야에서 기다렸다.
- 한나는 아들을 달라는 기도에 응답을 받기까지 오랜 세월을 기다렸다.
- 욥은 하나님이 무너진 삶을 회복시켜 새로운 출발을 주실 때까지 몇 달이 아니라 몇 년을 기다렸다.
- 세례 요한과 예수님은 사역을 위한 하나님의 때가 올 때까지 거의 30년을 기다렸다.

혹시 지금 이런 생각을 하고 있지는 않은가? "좋다. 그렇다면 도대체 얼마나 기다려야 새로운 출발선이 나타나는가?"

내 대답은 이렇다. "기다림은 당신의 생각보다 훨씬 더 힘들고 아마도 훨씬 더 길 것이다."

1987년 뉴 라이프 교회를 개척할 때 나의 꿈은 가난하고 소외된 퀸스 사람들을 섬기는 역동적인 다민족 교회를 세우는 동시에 언젠가 나 없이도 살아남을 만큼 강한 교회를 세우는 것이었다. 이 꿈을 이루기 위해서는 수많은 기다림의 시간이 필요했다.

나는 창립멤버들이 모이고, 이어서 거기서 리더들이 나타날 때까지 수년을 기다렸다. 내가 목사란 것이 무엇인지 이해하고 가문 대대로 내려온 건강하지 못한 패턴에서 벗어나기까지 11년이 걸렸다. 지금도 여전히 배우는 중이다! 나는 마침내 교회 건물을 사기까지 16년, 리모델링하기까지 11년을 기다렸다. 공사는 지금도 여전히 진행 중이다. 내 후임자와 우리 지역사회 발전 주식회사의 대표가 나타날 때까지 20년 이상을 기다렸다. 우리 교회를 위해 전 세계 교회에 영향을 미칠 기회의 문이 활짝 열리기까지 거의 25년을 기다렸다. 이 일은 불과 몇 년 전 EHS 사역을 통해 폭발적이고도 갑작스럽게 일어났다. 계속해서 기다림의 예를 들 수 있지만 이쯤 하면 무슨 말인지 알았으리라 믿는다. 혼란스러운 과도기의 기다림은 생각보다 오래 걸릴 뿐 아니라 크리스천 리더에게는 거의 삶 자체라고 해도 과언이 아니다.

기다림이 왜 그토록 중요한가? 끝과 상실에 관한 하나님의 목적은 단순히 우리의 외적 환경이나 상황을 바꾸는 것이 아니기 때문이다. 하나님은 그보다 훨씬 더 중요한 일을 하고 계신다. 바로, 우리의 내면 깊은 곳을 변화시키고 계신다.

3. 끝과 기다림은 영적 성장과 뗄 수 없는 관계에 있음을 이해한다

우리가 끝과 상실을 받아들일 만큼 하나님을 믿으면 우리 안이 예수 그리스도를 닮아 간다. 끝과 기다림은 우리를 십자기 앞으로, 죽음 앞으로, 십자가의 요한(John of the Cross)이 "영혼의 어두운 밤"이라고 묘사한 정련의 불 앞으로 인도한다. 어두운 밤은 영적 고독이며, 리더로서 그리스도 안에서 자라 가기 위한 중요한 방법 가운데 하나다. 십자가의 요한이 어두운 밤의 목적을 어떻게 설명하는지 들어 보라.

> 하나님은 우리 안의 불완전한 구석들을 보시고, 우리를 사랑하는 마음에서 성장을 촉구하신다. 사랑으로 인해 그분은 우리를 약한 채로 놔두실 수 없다. 바로 이런 이유로 그분은 우리를 어두운 밤 속으로 데려가신다. 거기서 우리의 모든 즐거움을 차단시키고 대신 메마른 시간과 내적인 어두움을 주신다. … 하나님이 어두운 밤이라는 방법으로 영혼 속에서 수동적으로 역사하시지 않으면 그 어떤 영혼의 영적 삶도 깊이 자랄 수 없다.[6]

이 메마른 계절에 우리는 무기력하고 지치고 공허한 기분을 느낀다. 지독한 패배감이 우리를 온통 감싼다. 하나님의 위로나 임재는 조금도 느껴지지 않는다. 예전으로 돌아갈 길은 없고 미래는 보이지 않는다. 하나님이 우리를 정화시키고 해방시키기 위해 십자가의 요한이 말하는 "사랑의 불의 어두운 밤" 속으로 보낸다. 이는 "우리의 사랑과 열정을 정화시키고" 변화시키기 위한 그분의 방식이다. 이 과정을 거쳐야 그분의 사랑을 진정으로 즐기고 그분과 더 풍성하고도 온전한 교제로 들어갈 수 있다.[7]

　　리더로서 내 성장의 많은 부분이 이런 고통스럽고도 불가해하며 혼란스러운 통제 불능의 과도기 속에서 이루어졌다. 이런 시기에 하나님을 거부할 때마다, 예컨대 새로운 프로그램을 더해 더 바삐 움직일 때마다, 그분이 나와 내가 이끄는 사람들에게 주시려는 새로운 출발을 놓칠 수밖에 없었다. 반대로, 그분의 곁을 지켰을 때는 이 혼란스러운 과도기의 땅이 사실은 새로운 통찰과 긍휼로 가득한 땅이라는 사실을 발견할 수 있었다. 뿌연 안개 속에 갇혀 무엇 하나 움직이는 것 없이 텅 빈 땅처럼 보였던 것이 알고 보니 가장 심오한 변화의 땅이었다.

　　심지어 지금 당신이 읽고 있는 이 책도 너무나 고통스러워서 이 경험을 바탕으로 책을 쓰기는커녕 과연 살아남기나 할까 생각했던 영혼의 어두운 밤으로부터 탄생했다. 사실, 나는 그리스도와 거의 40년을 동행하면서 네다섯 번의 칠흑같이 어두운 밤을 경험했다. 그중에서도 이 책의 첫 머리에서 네 번째 회심으로 소개했던 마지막 밤이 특히 길고도 지독했다.

　　당시 수많은 윗대의 문제가 내 리더십을 통해 표출되기 시작했다. 특히, 핵심 리더들과의 솔직한 대화를 회피하는 태도가 점점 문제를 일으켰다. 내가 왜 거짓말을 하고 반쪽짜리 진실 속에서 사는지를 파헤치다 보니 외면하고 싶은 과거가 드러났다. 그때부터 한동안 치료와 영적 지도를 받았다. 결과적으로 이 경험을 통해 나는 고통과 함께 말할 수 없는 해방감을 맛보았다. 동시에 나는 뉴 라이프 교회의 장기적인 미래를 위해 분명하고도 강력한 리더십을 바탕으로 변화를 단행하기 시작했다. 이런 변화의 한복판에서 나는 몇몇 친구들에게 심한 오해를 받았다. 그들의 비판은 정당한 것이었고(그래서 더 힘들었다), 그래서 과연 내가 옳은 길을 걷고 있나 하는 의심이 불쑥불쑥 솟아났다. 2-3년 동안의 그 기간이 지독히 힘들었지만 하나님이 내게 다른 방법으로는 배울 수 없는 것을 가르치시고 나를 정화시키고 계신다는 확신만큼은 있었다. 이 책의 내용 중 많은 부분이 당시 썼던 일기에 나온 것이다.

그 모든 과정 속에서 나를 지탱해 준 것은 한 가지 진리였다. 바로 죽음이 언제나 부활로 이어진다는 것이다.

4. 끝과 기다림은 새로운 시작으로 가는 통로라고 고백한다

내가 끝이 언제나 새로운 시작으로 이어지는 통로라고 자신 있게 고백할 수 있는 근거는 바로 예수님이 죽음에서 부활하셨다는 기독교의 핵심 진리다. 그 어떤 구속적인 것도 나올 수 없을 것만 같은 상황에서도 나는 그 진리에 기대어 그렇게 고백할 수 있다. 관건은 기다림이다. 기다리는 동안 우리는 하나님과 단 둘이 많은 시간을 보내야 한다. 또한 남들에게 고백함으로 혹은 일기를 통해 우리의 생각과 감정을 다뤄야 한다. 그리고 내내 기대감으로 새로운 삶의 소리에 귀를 기울이고 새로운 시작의 조짐을 찾아 두리번거려야 한다.

그러면 때가 되어 서광이 비친다. 어두운 터널의 한복판에서 한줄기 찬란한 빛이 우리의 발치에 떨어진다. 우리가 존재하는 줄도 몰랐던 반대쪽 출구에서 들어오는 빛이다. 저자이자 교육자인 파커 파머는 이 순간을 다음과 같이 묘사했다.

영적 여행 중에 … 문이 닫힐 때마다 세상의 나머지 부분이 열린다. 우리는 그저 닫힌 문을 그만 두드리고 몸을 돌려 그 문을 뒤로한 채 이제 우리 영혼을 향해 활짝 열린 드넓은 삶을 받아들이기만 하면 된다.[8]

내가 항상 닫힌 문을 뒤로한 채 하나님이 부르시는 "드넓은 삶" 속으로 뛰어들었다고 말할 수 있으면 좋으련만 현실은 전혀 그렇지 못하다. 나는 닫힌 문을 다시 열려고 필사적으로 두드리는 리더일 때가 너무도 많았다. 하지만 다음 이야기가 보여 주듯이 닫힌 문은 하나님이 예배하신 새로운 시작으로 가는 통로일 수 있다.

피터(Peter)는 22년 동안 뉴 라이프 교회의 사역자로 섬겨 왔다. 처음 20년 동안 그의 역할은 찬양 리더였다. 그가 다민족 다문화 교회에서 찬양 팀들을 길러 내는 모습을 보노라면 탄성이 절로 나왔다. 하지만 내가 교회 안에서 새로운 역할로 넘어가야 할 때가 가까워지면서 그의 역할도 변할 필요성이 생겼다. 이제 끝은 분명해졌다. 그가 찬양 리더의 자리를 내려놓아야 할 때가 왔다. 하지만 새로운 시작은 그만큼 분명하지 않았다. 이후 2년간 그와 교회 리더들은 깊은 고민과 토론 끝에 뉴 라이프 교회에서 그의 시간이 아직 끝나지 않았다는 판단을 내렸다. 교회는 지혜롭고 성숙한 그에게 집행부의 한 자리를 제안했다. 사실 몇 년 전에도 제안받았지만 그가 거절한 자리였다. 이번에는 그가 제안을 받아들였고, 결과적으로 이 일이 그와 정말 잘 맞았다. 그해 여름, 집행부의 두 사람이 휴가를 가면서 피터가 한 달 동안 교회 전체를 총괄하게 되었다.

그 한 달 동안 피터를 지켜본 나는 깜짝 놀랐다. 볼수록 경이 그 자체였다! 그에게서 너무도 놀라운 리더십과 열정, 지혜, 권위가 나왔기 때문에 한번은 사역자 회의가 끝나고 아내에게 전화를 걸었다.

"여보, 글쎄 피터가 완전히 다른 사람이 됐지 뭐예요. 피터가 맞나 싶을 정도에요. 찬양 리더의 울타리 밖으로 나오기 싫어했던 옛 피터가 기억나요? 그 피터는 이제 없어졌어요. 다른 누군가가 피터의 몸속으로 들어온 것만 같아요. 이렇게 일을 잘할 줄은 정말 몰랐어요!"

그해 여름이 지나고 피터는 3개월의 안식을 가지면서 새로운 역할의 다음 단계를 위해 자신을 정비했다.

우리가 변화를 겪던 2년 동안 피터는 심적으로 방황했을까? 물론이다. 청장년 시절의 대부분을 쏟아부은 찬양 리더의 역할을 내려놓는 것이 죽음만큼이나 고통스러웠을까? 물론이다. 기다림의 시간 동안 혼란스러웠을까? 물론이다. 사실 그는 지금도 새로운 역할을 모색하는 중이다. 새로운 시작이 아직 완전한 모습을 드러내지 않았지만 현재 그는 우리 교회의 교역자 팀을 감독하고 있고 그 일을 흠 잡을 데 없이 잘 해내고 있다.

피터와 그의 상관, 제직회가 끝과 기다림이 새로운 출발로 가는 통로라는 진리를 믿지 못했다면 이 새로운 시작이 찾아오지 않았을지도 모른다. 다행히 피터는 그 진리를 믿고서 하나님이 예비하신 새로운 뭔가가 형체를 갖추기 시작할 때까지 참을성 있게 기다릴 만큼 성숙해 있었다.

뉴 라이프 교회에서 일어난 승계 이야기

담임목사에서 교육목사이자 원로목사라는 새 역할로 이동하던 지난 6년 하고도 반년은 내게 끝과 새로운 시작을 위한 집중 훈련 과정이라고 할 수 있다. 결코 쉬운 과정은 아니었지만 끝과 새로운 시작이라는 이 강력한 성경 주제에 관해 많은 것을 배울 수 있었다. 그래서 이제부터 뉴 라이프 교회의 담임목사라는 자리를 자발적으로 후임에게 승계한 과정을 나누고자 한다. 승계에 관한 탁월한 책이 이미 시중에 많이 나와 있는데 여기서 똑같은 내용을 되풀이할 생각은 없다.[9] 여기서 내 목표는 한 리더의 내적 삶이 어떻게 끝과 새로운 시작이라는 외적 삶을 가능하게 했는지 자세히 들여다볼 기회를 제공하는 것이다.

승계의 시작

믿기 힘들겠지만 나는 나의 승계 계획에 관해 목회 초기부터 생각했다. 하나님께 받은 것을 나눠 주어야 한다고 배웠기 때문이다. "또 네가 많은 증인 앞에서 내게 들은 바를 충성된 사람들에게 부탁하라. 그들이 또 다른 사람들을 가르칠 수 있으리라"(딤후 2:2). 리더라면 응당 바울의 이 길을 따라가야 한다고 믿었다. 하지만 내가 승계에 관해 진지하고도 구체적으로 고민하기 시작한 것은 2003년 교회 건물을 매입하면서부터다. 그토록 막대한 자금을 투자하자니 감당하기 어려울 만큼 막대한 책임감이 밀려왔다. 그러면서 자연스럽게, 나 이후에도 계속해서 뉴 라이프 교회가 지역사회를 온전히 섬길 수 있을까 하는 생각이 들었다.

그때부터 몇 년 동안 나는 승계 계획의 필요성에 관해 수차례 장로들에게 이야기를 했다. 하지만 교회가 순조롭게 성장하는 상황에서 그 일은 그리 급해 보이지 않았다. 교회가 승승장구하니까 장로들은 내가 마냥 즐겁기만 한 줄로 알았다. 하긴, 교회 전체가 날마다 축제 분위기였으니까 말이다. 나아가, 제직회 회원 두 명은 이전 교회에서 참담한 승계 과정을 목격한 터라 우리 교회도 비슷한 과정을 밟는 것에 대해 탐탁지 않게 생각했다.

하지만 나는 담임목사직의 승계 과정을 밀어붙였다. 교인들이 설교단에 다른 목자들이 서는 것에 익숙해지도록 나는 천천히 설교와 교육 팀으로 이동했다. 아울러 젊은 사역자들 중에 나름대로 후계자 후보들을 정해서 멘토링했다. 또한 나만을 너무 의존하지 않는 쪽으로 교회의 성장 방향을 잡았다. 주위의 성공적인 승계 모델들을 조사하는 노력도 게을리하지 않았다.

단, 다른 교회 혹은 신학교 교수 같은 다른 자리로 가고 싶지는 않았다. 계속해서 뉴 라이프 교회에 머물면서 새로운 리더를 섬기는 종의 본을 보여 주고 싶었다. 특히 트라피스트회와 정교회 수도원 같은 곳에서 그러한 본을 보았기 때문이었다. 이 수도회들은 권위에 대한 복종을 통해 자기의지를 깨뜨리는 것을 강조한 성 베네딕도 수도 규칙(Rule of St. Benedict)을 따랐다.[10] 또한 나는 전에 수도원장이었다가 그 자리에서 내려와 다시 일반 수도사로 돌아간 인물을 알고 있었다. 그는 아쉬워하기는커녕 기도하고 묵상할 시간이 더 많아졌다며 기뻐하고 감사했다! 그의 정체성은 그리스도의 사랑에 워낙 깊이 뿌리를 내리고 있어 그 어떤 변화의 바람도 그를 뒤흔들지 못했다. 나는 정서적으로 건강한 영성을 향한 여행이 그런 승계가 가능하도록 내 안에서 그리고 뉴 라이프 교회 성도들의 안에서 깊은 변화를 일으켰다고 믿었다. 나는 교회 창립자로서의 힘과 지위를 사용하여 뉴 라이프 교회가 다음 세대에도 강한 생명력을 뿜어 내도록 만들고 싶었다.

2009년 2월, 나는 장로들에게 2013년 가을에 사임하겠다는 뜻을 밝히는 공식적인 편지를 썼다. 이로써 변화를 위한 시간이 4년 반이 남게 되었다. 이 편지는 모든 것을 바꿔 놓았다. 이제 한 시대가 끝나 가고 있다는 것을 모두가 알게 되었다. 그날 밤 제직회 모임 장소는 불확실성과 혼란으로 가득 찼다.

한 장로가 물었다. "목사님, 왜 굳이 지금 이러시나요? 아직 젊지 않으십니까?(당시 나의 나이는 쉰셋이었다.) 게다가 교회는 아무 문제없이 잘만 성장하고 있잖아요."

이번에는 또 다른 장로가 물었다. "정말로 이것이 하나님의 뜻이라고 믿습니까?"

나는 일말의 망설임도 없이 대답했다. "네." 그러고 나서 이것이 내가 뉴 라이프 교회의 향후 25년을 위해 줄 수 있는 가장 큰 선물이라는 점을 설명했다. 이어서 모세와 여호수아, 엘리야와 엘리사의 승계를 예로 들었다. 그때 누군가는 꼭 던지리라 예상했던 질문이 들어왔다.

"시간 내에 적임자를 찾지 못하면요? 그러면 적임자를 찾을 때까지 사임을 보류하실 겁니까?"

"아닙니다." 나는 차분한 목소리로 대답했다.

회의실 분위기가 찬물을 끼얹은 듯 쫙 가라앉았다. 그렇게 날짜를 못박으면서 모든 것이 변했다.

그때까지 거의 22년간 뉴 라이프 교회에 몸담아 왔다. 그래서 많은 교인들에게 나는 단순히 창립목사가 아니라 뉴 라이프 교회 자체였다.

나는 장로들에게 승계 분야의 베테랑 컨설턴트와 화상 회의를 예약해 두었다고 알렸다. 그는 여러 교단과 다민족 교회를 도운 경험이 있었기 때문에 우리에게 적합한 인물이라고 판단했다. 그리고 외부 인사인 만큼 승계 과정에 대해 사견을 배제한 채 투명하고도 객관적인 시각을 제공할 수 있었다. 그는 창립목사에서 다음 목사로 승계되는 과정의 성공률이 33퍼센트밖에 되지 않는다고 말했지만 낙심이 되기는커녕 그 솔직함에 더욱 믿음이 갔다.

그날 밤 나는 온 몸에 진이 다 빠진 채로 집에 돌아왔다. 막상 날짜를 문서화하고 나니 걱정이 노도처럼 밀려왔다.

'이제 이 교회가 어디로 가게 될까? 혹시 지독한 실수를 한 것은 아닐까? 뉴 라이프 교회가 인종끼리 갈가리 분열되는 것은 아닐까? (우리 교회는 73개국에서 모여든 사람들로 이루어져 있었다.) 뉴 라이프 교회에서 내 역할은 무엇이 될까? 새로운 담임목사가 나와 한 교회에 있는 것을 껄끄러워하면 어쩌지?'

한참 이런저런 생각을 하다 보니 마음 한 구석에서 후회가 피어올랐다. '제직회는 왜 나를 좀 더 강하게 말리지 않았을까? 혹시 속으로는 잘됐다고 생각하는 것은 아닐까?'

기다림

변화의 과정은 4년 반이 꼬박 걸렸다.

장로들과 나는 다른 교회들이 담임목사의 교체 과정을 어떻게 해냈는지 조사했다. 그 결과, 성공 케이스는 극히 드물었다. 승계가 원활하게 이루어지면 또 한 세대 동안 하나님의 나라를 위해 많은 열매를 맺게 될 것이다. 하지만 승계가 제대로 이루어지지 않으면 교회가 다시 일어선다 해도 그러기까지 수많은 고통과 눈물의 세월이 필요할 것이다. 우리가 조사한 바로는 대부분의 교회가 창립목사 시절의 '영광'을 되찾지 못했다. 하지만 뉴 라이프 교회 최고의 날은 아직 오지 않았다는 나의 확신은 조금도 흔들리지 않았다.

기다림의 기간 동안 수많은 목사와 리더들이 승계 계획을 당장 거둬들이라고 조언했다. 나와 친한 어느 목사는 이렇게 말했다. "그러지 마세요! 목사님이 피와 땀과 눈물로 일군 교회잖아요. 자리를 내주면 그동안 숨을 죽이고 있는 무리들이 당장 들고 일어나 목사님을 쫓아내려고 난리를 칠 게 뻔해요."

내가 누구보다도 존경하는 40년 경력의 한 베테랑 목사는 나와 가족이 교회로부터 큰 상처를 입을 거라며 장문의 이메일을 보내왔다. 아무도 내 결정을 지지해 주지 않았다. 그 목사는 떠날 때는 교회에 6개월간의 말미를 요구하고 나서 뒤도 돌아보지 않고 떠나라고 조언했다.

한 초대형 교회의 목사는 혹시 누군가 교회를 가로채려고 시도할 경우를 대비해서 몰래 교회 건물과 자산을 자기 가족의 명의로 돌려놓았다고 귀띔했다.

또 다른 목사는 이렇게 경고했다. "목사님, 지금의 자리에서 내려오면 다 잃을 겁니다. 젊은 리더를 키운다고요? 아예 호랑이를 키우지 그러세요. 나중에 잡아먹힐 겁니다. 지금이라도 어서 이 어리석은 짓을 그만두세요!"

마지막으로, 전직 목사인 한 컨설턴트는 이렇게 말했다. "과연 목사님 경력의 절반도 안 되는 젊은 목사가 시키는 대로 따라할 수 있을까요? 에이, 힘들 거예요."

뉴 라이프 교회 제직회의 회장도 사적인 자리에서 내가 제직회와 함께 정한 일곱 단계의 승계 계획을 끝까지 실행하기는 어려울 것이라고 말했다. 그는 결과에 대해서도 회의적인 시각을 내비쳤다. 뉴 라이프 교회가 회복되기까지 오랜 세월이 걸릴까 봐 걱정하는 기색이 역력했다.

뉴 라이프 교회 승계 과정의 일곱 단계

다음은 제직회와 내가 함께 정한 승계 과정의 일곱 단계다. 2011년 나는 이 단계들을 전 교인에게 공표했다.

1. 창립목사의 새로운 역할을 규정한다. 나는 뉴 라이프 교회를 떠나지 않을 것이기 때문에 가장 먼저 결정해야 하는 사안은 새로운 담임목사가 취임한 뒤 내가 맡게 될 역할이었다. 내 역할에 따라 새로운 담임목사의 직무 설명서가 많이 달라질 수밖에 없었다. 나는 뉴 라이프 교회의 미래를 위해 내 힘을 내려놓고 새로운 담임목사의 리더십 아래로 들어가는 것이 하나님의 뜻이라고 확신했다.

2. 새로운 담임목사의 역할을 규정한다. 우리는 새로운 담임목사의 역할 그리고 그와 장로회와의 관계를 규정하는 직무 설명서를 작성했다.

3. 특별 팀을 구성한다. 장로들이 새로운 담임목사를 물색할 특별 팀을 구성했다.

4. 후보들을 찾는다. 특별 팀과 장로들은 뉴 라이프 교회에 후계자 수업을 받을 만한 인물이 두 명이 있다는 결론을 내렸다. 우리는 하나님의 뜻을 분별하고자 두 사람과 각각 심도 깊은 대화를 나누었다. 이 과정에서 후보자 한 명은 뉴 라이프 교회에 남는 것이 자신을 향한 하나님의 뜻이 아니라는 결론을 내렸다.

5. 1년 동안의 '시험' 기간을 거친다. 장로들은 남은 후보인 리치를 차기 담임목사로 선택하기까지 1년간의 '시험' 기간을 거쳤다.

6. 새로운 담임목사를 확정한다. 그 1년의 '시험'이 2011년 12월에 성공적으로 끝나자 장로들은 나를 이을 새로운 담임목사로 리치를 확정했다. 그때부터 리치는 교회의 '2인자'로서 사역자들을 관장하기 시작했다.

7. 승계를 공개적으로 선포한다. 우리는 2012년 6월 연간 비전 모임(New Life Annual Vision Meeting) 때 2013년 9/10월에 이루어질 담임목사 승계를 온 교인 앞에서 공식 선포했다. 그 사이의 15개월은 리치에게나 교인들에게나 매우 중요한 시간이었다. 리치는 그동안 열심히 후계자 수업을 받을 수 있었고, 교인들은 변화에 대해 마음의 준비를 할 수 있었다.

승계 과정 동안 내 안에서 일어난 일

한편으론 내가 힘든 변화의 과정 속에서 교회를 잘 이끌어 가고 교회의 장기적인 미래를 위해 내 삶을 쏟아 내고 있다는 것이 뿌듯하기 짝이 없었다. 뉴 라이프 교회를 처음 목회할 당시 나를 이끌어 줄 선배 목회자가 곁에 있었으면 좋겠다고 생각했던 기억이 난다. 그때 나는 내 다음 세대를 위해서는 내가 꼭 그런 선배가 되겠노라 나 자신과 약속했다.

나는 내가 뉴 라이프 교회의 식구들을 잠시 맡은 청지기라는 점을 분명히 이해하고 있었다. 그들의 돈과 시간, 에너지, 교회의 DNA, 하나님이 우리에게 주신 독특한 소명까지 모든 것은 내가 잠시 맡은 것일 뿐이었다.[11] 뉴 라이프 교회는 내 교회가 아니라 하나님의 교회였다. 나는 성공적인 승계가 내가 목회했던 26년을 통틀어 뉴 라이프 교회에 주는 가장 큰 선물이 되리라 굳게 믿었다.

아내도 이제 때가 되었다고 생각했다. 우리는 아직 젊었다. 하나님이 우리를 위해 지금까지보다 더 멋진 미래를 준비하셨는지 누가 아는가? 아내도 뉴 라이프 교회를 깊이 사랑했지만 내가 담임목사라는 큰 짐을 벗고 자유롭게 사는 모습을 보기를 간절히 원했다.

이것이 이 변화의 좋은 면이었다. 하지만 동시에 말할 수 없는 슬픔이 나를 뒤덮었다.

1. 슬픔과 우울함에 빠져들다

거의 2년 동안 슬픔에서 헤어나지 못했다. 애초에 이 과정을 시작한 사람이 나인데 왜 이리 우울한지 정확히 알 수가 없었다. 승계는 성경적이었다. 나는 하나님의 뜻이라고 확신했다. 하지만 내 안의 일부는 오랫동안 즐겼던 익숙한 역할로 돌아가라고 아우성을 쳤다. 나를 대하는 교인들의 태도가 이미 달라지기 시작했다.

성경은 지혜로운 조언을 구하는 것이 하나님의 뜻대로 행하기 위한 열쇠라고 분명히 말한다. "경영은 의논함으로 성취하나니 지략을 베풀고 전쟁할지니라"(잠 20:18)[12]. 도저히 나 혼자서는 이 거대한 슬픔을 잠재울 길이 없었다. 지혜로운 조언을 구해야만 했다. 그래서 이런 변화 과정을 잘 헤쳐 나온 사람이나 이 분야에서 남들을 오랫동안 도와온 사람을 찾았다. 결과적으로, 그러기를 정말 잘했다. 그 2년 동안 만난 사람 중에서 특히 세 사람의 도움이 너무도 귀했다.

첫 번째 사람은 내가 한없이 존경하는 기독교 상담자다. 우리는 윗대의 문제가 내 감정 상태에 어떤 영향을 미쳤는지를 함께 탐구했다. 또한 30년 넘게 알아온 오랜 친구이자 멘토를 만나 그의 지혜로운 시각에 귀를 기울였다. 그 다음에는 한 교회를 30년 넘게 섬긴 뒤에 승계를 성공적으로 마무리한 노 목사를 만나 가르침을 받았다. 그는 승계 과정에서 저질렀던 실수를 솔직히 이야기해 주었다(당시 수천 명이 교인이 떠나갔다). 그가 겪었던 내적 갈등에 관해 들어 보니 나와 그렇게 똑같을 수가 없었다.

이 세 사람은 나를 단단히 붙잡아 주었다. 그 4년 반 동안 승계가 하나님의 뜻이라는 점만큼은 한 번도 의심해 본 적이 없었다. 하지만 과연 내 안에서 일어나는 하나님의 고통스러운 가지치기를 견뎌 낼 수 있을지 자신이 없었다. 내려놓는 과정은 내 예상보다 훨씬 더 혼란스럽고 고통스러운 죽음이었다.

2. 하나님께로 더 다가가다

변화 기간 내내 교회는 계속해서 성장하고 열매를 맺었다. 하지만 개인적으로 나는 거의 30년 동안 내 역할이었던 것을 내려놓기 위해 깊은 상실감과 치열한 사투를 벌였다. 원래 우리 교역자들은 매달 하루를 내어 하나님과 단 둘이 시간을 보낸다. 나는 거기에 하루를 추가해 이틀 연속으로 하나님을 만났다. 너무 힘들어 하나님과 조금이라도 더 시간을 보내고 싶었다.

난생처음으로 수없이 많은 시간을 예수님의 십자가 길에 관한 성경 구절들만 묵상했다. 어떻게 예수님은 십자가 위에서 벌거벗긴 채로 돌아가실 정도로 모든 것, 말 그대로 모든 것을 내려놓으실 수 있었을까? 온 삶과 메시지가 오해받는 고통을 어떻게 이겨 내셨을까? 당시 내가 두고 두고 묵상했던 구절은 예수님이 베드로에게 하셨던 다음 말씀이다. "내가 진실로 진실로 네게 이르노니 네가 젊어서는 스스로 띠 띠고 원하는 곳으로 다녔거니와 늙어서는 네 팔을 벌리리니 남이 네게 띠 띠우고 원하지 아니하는 곳으로 데려가리라"(요 21:18)[13].

공식 승계일이 다가올수록 내 힘이 줄어들고 리치의 힘이 커지는 것을 보는 것은 굴욕 그 자체였다. 리치는 너무도 자연스럽고 자신감 넘치게 사역자들을 리드했다. 그 모습이 내게는 당혹스럽고도 위협적이었다. 그의 과단성과 명료함은 예상 밖이었다. 교회는 아무 일도 없었다는 듯 계속해서 정상적으로 기능하고 성장했다. 나아가 리치는 교회의 여러 분야에서 괄목할 만한 개선을 이루어 냈다. 그가 5-10년을 바라보고 내놓은 비전은 모두의 심장을 뛰게 하기에 충분했다. 주일마다 나의 포옹을 원했던 교인들이 이제는 리치에게 다가갔다. 내 휴대폰에서 울리던 문자 메시지의 숫자는 절반으로 뚝 줄었다. 머릿속으로는 좋은 일이라는 것을 알았지만 마음속에서는 죽은 어머니의 음성이 자꾸만 괴롭혔다. "봐, 저들은 너를 필요로 하지 않아. 지금 당장 떠나. 겨우 너 같은 애가 뭘 해 보겠다는 거니? 그 자리에서 끌려 내려오지 않은 것만으로도 다행으로 여겨."

나는 가고 싶지 않은 곳으로 끌려갔다. 완전히 발가벗겨지는 곳으로, 사람들의 기억 속에서 지워진 곳으로, 십자가로 끌려갔다. 나는 그런 추락을 원치 않았지만 하나님은 그분과 함께 죽는 길로 나를 부르고 계셨다. 그리고 그 길은 결코 편하지 않았다.

3. 십자가에서 새로운 정체성을 찾다

마침내 나는 내 정체성의 최소한 일부라도 담임목사라는 역할과 깊이 결합되어 있다는 사실을 받아들였다. 26년이나 담임목사로 살아왔으니 내 정체성과 그 역할이 깊이 밀착된 것은 너무도 당연했다. 피터 스카지로는 곧 뉴 라이프 펠로십 교회의 담임목사였다.

그런데 이제 이 둘이 귀에 거슬리는 소리를 내며 양쪽으로 찢어졌다. 이런 종류의 감정적 절단은 "지독하다"와 "끔찍하다"라는 말이 절로 나오게 만든다. 말 그대로 죽을 것만 같았다. 16세기 십자가의 요한은 과연 살아남을 수 있을까 하는 생각이 들 만큼 내적으로 고통스러웠던 영혼의 두 번째 어두운 밤을 묘사했다. 승계 과정을 통해 내 장점과 약점, 내 은사와 한계, 내 성공과 실패가 훤히 드러났다. 다른 사람이 서서히 내 자리를 차지해 나보다 훨씬 더 잘하는 모습을 지켜보는 것은 고통스럽기 그지없었다. 리치가 사역자 모임을 인도하는 것을 지켜봤던 기억이 난다. 처음부터 끝까지 물이 흐르듯 자연스러워 나도 모르게 탄성이 나왔다. 오히려 내가 배워야 할 정도였다.

한두 개의 외적 목소리와 함께 내적 목소리가 수치의 폭탄을 퍼부어 댔다.

> 네가 나은 게 뭐야? 네가 인도할 때는 왜 저렇게 하지 못했어?
> 그나마 스스로 그만둘 수 있었던 걸 다행히 여겨. 예전부터 교인들은 네가 담임목사 자리에서 내려오게 해 달라고 기도하고 있었어.
> 진작 그만뒀어야지. 봐, 교회가 얼마나 더 좋아졌어?

모든 끝은 내적 작업을 필요로 한다. 이 승계 과정은 내 깊은 곳의 약점과 치유되지 않은 상처를 건드리는 내적 작업을 요구했다. 이제 승계에 성공한 교회가 그토록 드문 이유를 알 것 같았다. 고통, 특히 자리를 내놓아야 하는 사람의 고통은 그야말로 생살을 도려내는 아픔이다.

나는 나름대로 관상을 통해 예수님과 깊은 관계로 들어갔다고 자부했다. 나만큼 나 자신을 잘 아는 사람도 드물다고 생각했다. 내 정체성이 '하나님께 사랑받는 자'라는 진리에 깊이 뿌리를 내리고 있다고 믿었다. 그리스도 안에서 참 자아를 찾는 법에 관한 설교도 많이 했고 책도 여러

권 썼다. 하지만 이 끝은 또 다른 거짓 껍데기를 태워 내는 도가니로 나를 집어넣었다. 다만 이번 껍데기는 뼈에 아주 가까이 붙은 껍데기였다.

하나님은 그 2년 동안 내게 큰 은혜를 베푸셨다. 고통은 점점 가셨고(지금도 어떻게 된 건지 잘 모르겠다) 나는 서서히 부활을 향해 가기 시작했다. 3년과 4년째는 내 안이 제법 풍성하고 윤택해졌다. 공식 승계일 15개월 전, 나는 교인들에게 나의 새 역할을 공개했다. 다음은 내가 2012년에 교회에 보낸 편지다.

나의 최우선 사항은 예나 지금이나 앞으로도 계속해서 뉴 라이프 교회의 온전함과 건강함입니다. 계속해서 리치 목사와 레드, 사역자, 장로님들 그리고 여러분 모두의 '열렬한 옹호자이자 치어리더'로 살겠습니다. 저는 이 교회를 정말 사랑합니다! 세상 어디에도 이 교회와 같은 곳이 없습니다. 저는 리치 목사의 리더십 아래서 교육목사로 계속해서 여러분을 섬기겠습니다. 계속해서 설교를 하고 수련회와 훈련 모임을 돕겠습니다. 나아가 멘토로, 소그룹 리더로, 우리 리더들의 든든한 지원자로 봉사하겠습니다. 물론 이 변화의 과정을 헤쳐 나가다 보면 정상적이고도 건강한 슬픔의 시간들이 있을 겁니다. 하지만 우리 다함께 미래를 기대하며 기뻐합시다. 뉴 라이프 교회는 한 사람이나 건물을 중심으로 세워진 기념탑이나 조직이 아닌 사람들의 운동으로 부름을 입었습니다. 그렇기 때문에 저와 아내가 여러분에게 드릴 수 있는 최고의 선물 가운데 하나는 다음 25년간 뉴 라이프 교회의 사명을 이어 갈 차세대 리더들에 대한 투자일 것입니다. 2039년이 너무나 기다려집니다! 이제 여러분에게 이런 부탁을 드리고 싶습니다. 2013년 9월을 기점으로 리치를 하나님이 부르신 뉴 라이프 교회의 새로운 리더로 받아들이십시오. 앞으로 우리 교회 역사상 가장 역동적인 성장의 계절이 올 겁니다. 이 새로운 계절에 하나님이 우리 교회 안에서 그리고 우리 교회를 통해 행하시려는 역사에 다함께 동참합시다.

이토록 위대한 교회가 되어 주신 여러분에게 깊이 감사합니다.

피터 스카지로.

4. 새로운 출발을 받아들이다

공식 승계일 15개월 전, 리치와 나는 역할을 바꾸었다. 아직 공식 직함이 바뀐 것은 아니었지만 그때부터 리치는 사실상 새로운 담임목사로서 시무하고 나는 그의 리더십 아래서 교육목사이자 원로목사로 활동하기 시작했다. 리치가 모든 집행부와 사역자 모임을 이끌었고, 장로회에 직접적으로 보고했다. 나는 더 이상 제직회 모임과 집행부 모임에 참석하지 않았다. 이제부터 리치가 비전과 설교 일정을 정하고 새로운 사역자를 고용했다. 참으로 대단한 한 해였다. 그 기간에 나타난 하나님의 역사로 인해 온 교회가 흥분의 도가니로 변해 있었다. 교회는 계속해서 성장했다. 2013년 가을 리치가 담임목사로 공식 취임했을 때 특별히 바뀌야 할 부분은 거의 없었다. 사역자나 제직회나 거의 그대로 유지되었다. 우리 교회는 이미 새로운 현실 속에서 살고 있었다.

우리는 새로운 시스템을 위해 한 달에 걸친 준비 작업을 했다. 한 주는 아내가 지난 26년간의 목회를 통해 배운 교훈으로 설교를 전했다. 그 다음 주는 내가 '뉴 라이프 펠로십 교회에서의 26년을 통해 배운 네 가지 교훈'이란 제목으로 설교했다.[14] 그리고 나서 우리 교회는 그 모든 세월을 축하하는 성대한 파티를 열었다.

리치의 담임목사 취임식이 다가오자 많은 사람이 이 영적 권위의 이동을 통해 깊은 차원의 뭔가가 일어나기 직전임을 직감했다. 나는 새로운 담임목사의 취임이 여러 모로 결혼식과 비슷하다는 것을 깨달았다. 교회는 리치와 혼인을 하고 리치는 교회와 혼인을 하는 것이었다. 어떤 면에서 나는 딸(내가 낳은 자식)을 시집보내는 아버지와도 같았다. 뉴 라이프 교회의 남편은 이제 공식적으로 새 담임목사 리치가 되었다. 심리학자 에드윈 프리드먼(Edwin Friedman)은 《세대에서 세대로》(Generation to Generation : Family Process in Church and Synagogue)라는 독창적인 책에서 이런 종류의 변화에 관한 이야기를 했다. "성공은 전임자가 완전히 물러나는 동시에 계속해서 연결된 상태를 유지하느냐에 달려 있다."[15]

나는 하나님이 리치의 취임식을 각자 책임과 의무를 지닌 두 사람의 엄숙한 언약식으로 준비하길 원하신다고 느꼈다. 결혼식에서 보듯이 언약이 이루어지면 영적으로 매우 중요한 뭔가가 일어난다.

며칠 동안 나는 리치가 뉴 라이프 교인들에게 무엇을 서약하고 뉴 라이프 교인들은 리치에게 무엇을 서약하면 좋을까 고민했다. 다양한 교회 전통을 조사한 끝에 나는 리치와 뉴 라이프 교인들이 2013년 10월 6일 취임 예배 때 서로에게 공식적으로 선언할 서약서를 썼다.[16]

취임식이 끝나고 나서도 리치와 나의 일 관계는 이전 15개월 동안과 전혀 달라진 게 없었지만 모든 것이 변했다. 이제 권위가 한 리더에게서 다른 리더에게로 넘어갔다. 그날 취임 예배에 참석한 모든 교인은 뭔가 아름답고도 초자연적인 일이 일어났다는 것을 생생하게 느꼈다. 뭐라

표현할 길이 없지만 그것은 진정 경이였다.[17]

예전부터 아내는 틈만 나면 내게 이렇게 말했다. "여보, 당신은 당신이 이 교회에 없어서는 안 될 존재라고 생각하지요? 두고 봐요. 사람들은 6개월이면 당신을 까마득히 잊어버릴 거예요."

아내의 말은 틀렸다. 대부분의 사람들은 승계가 완성되기도 '전에' 나를 잊어버렸다. 하지만 우리 가운데 하나님이 너무도 강력하게 임하셔서 누가 교회를 이끄는지는 전혀 중요하지 않았다. 리치가 나와 나란히 목회를 시작하면서 주일 예배 때마다 사람들은 새롭고도 신선한 방식으로 하나님을 만나고 그분의 말씀을 들었다. 사람들이 극적으로 변하는 역사가 계속되었다. 리치를 필두로 한 차세대 리더들의 참신한 비전과 아이디어, 에너지 덕분에 교회는 나 혼자서만 목회할 때보다 더 빠른 속도로 성장해 갔다.

지난 2년간의 이런 성과는 우리의 상상을 훨씬 초월하는 것이었다. 뉴 라이프 교회는 계속해서 번영했고 이제 멀티사이트 모델로 나아가기 위한 준비를 하고 있다. 뉴 라이프 교회에서 흘러나오는 EHS 사역은 전세계 27개국 이상으로 퍼져 갔다. 아내와 나는 리치와 함께 뉴 라이프 교회를 섬기는 일을 계속해서 즐기고 있다.

이 글을 쓰는 지금, 우리가 새 역할을 맡은 지도 벌써 2년이 다 되어 간다. 아내와 나는 지금도 여전히 이 역할에 적응해 가는 중이다. 아직도 가끔씩 혼란스러울 때가 있지만 이제는 우리의 끝과 새로운 시작이 뉴 라이프 펠로십 교회에서 보낸 26년 세월의 하이라이트라고 자신 있게 말할 수 있다.

승계 과정에 대한 리치의 소감

뉴 라이프 펠로십 교회의 담임목사가 되는 과정은 내게 기쁨과 생명력을 더해 준 경험이었다. 물론 두렵고 자신감이 사라질 때도 있었지만 정서적으로 건강한 리더들의 다섯 가지 선물 덕분에 이 승계 과정을 무사히 마칠 수 있었다.

1. 스카지로 목사는 자신이 가장 중요한 리더의 자리에서 내려온 뒤에도 뉴 라이프 교회가 계속해서 번영할 수 있도록 권한 위임의 문화를 창출했다. 승계가 이루어지기 몇 년 전 그는 설교 팀을 구성했다. 덕분에 우리 교인들은 또 다른 리더들의 목소리를 듣고 받아들일 준비를 할 수 있었다. 그래서 변화가 완성되었을 때 우리 교회는 이미 내 목소리와 리더십에 익숙해 있었다.

2. 스카지로 목사는 내게 혼자서 담임목사로 '시운전'을 할 수 있는 기회를 허락해 주었다. 그러니까 승계가 이루어지기 16개월 전인 2012년, 그는 넉 달간의 안식에 들어갔다. 그가 없는 동안 나는 어려운 결정을 내리고 사역자들을 이끌고 자주 설교를 하며 교회를 이끄는 것이 무엇인지에 대한 감을 잡아 갔다. 결과적으로, 이 기간은 꼭 필요한 기간이었다.

3. 스카지로 목사 내외와 장로들은 내 아내의 독특한 인생 여정을 존중해 주었다. 그들이 내 아내 로지에게 특정한 사모의 틀을 강요한 적은 한 번도 없었다. 그들은 내 아내가 자신의 본모습으로 살아갈 수 있도록 격려해 주었다. 그렇지 않았다면 내가 이 새로운 역할을 계속 맡기가 어려웠을 것이다.

4. 분명하고도 예측 가능한 프로세스가 필요했다. 그래서 우리는 매년 그 전까지의 변화된 상황을 반영할 수 있도록 정교한 4개년 계획을 세웠다. 네 번째 해('실습의 해')에 내부적으로는 이미 승계가 이루어진 것처럼 기능했다. 분명한 목표를 세운 덕분에 대화와 계획이 원활하게 이루어졌다.

5. 이 변화의 경험이 말할 수 없이 즐거웠던 것은 스카지로 목사와 장로들, 사역자들의 끊임없는 격려 덕분이었다. 격려의 말을 들을 때마다 내가 교회를 잘 이끌고 있다는 자신감이 솟아났다. 내가 제대로 가고 있음을 확인시켜 주는 격려의 말 덕분에 이 변화의 여행 내내 말할 수 없는 평안을 느꼈다.

네 가지 질문을 던지라

이번 장을 마치면서 정서적으로 건강한 방식으로 끝과 새로운 시작을 받아들이라고 다시 한 번 강조하고 싶다. 이 과정에서 예수님과 협력하면 그분이 통찰과 기쁨, 뜻밖의 선물, 열매, 계시, 평안을 주실 것이다. 게다가 이것은 우리를 기다리고 있는 것의 맛보기에 불과하다!

정서적으로 건강한 리더들의 내적 삶에 관한 네 가지 중심 주제를 다시 돌아보면서 특별히 끝과 새로운 시작의 분별 과정에 적용해 보자.

- **자신의 그림자를 직면하라.** 내 윗대에서 드리운 어떤 그림자가 끝과 새로운 시작을 분별하기 어렵게 만들고 있는가? 어떤 그림자가 꼭 필요한 기다림의 시간, 영혼의 어두운 밤을 피하게 만들고 있는가? 모든 것이 무너져 내리는 것만 같은 혼란스러운 순간 모든 것을 내려놓고 하나님만을 의지해야 하는데, 당신의 어떤 그림자가 그것을 방해하는가?

- **건강한 결혼 생활 혹은 싱글 생활을 바탕으로 리더십을 발휘하라.** 지금 내가 처해 있는 끝의 상황 속에서 하나님께 시선을 고정할 수 있도록 배우자나 가까운 친구들이 어떤 도움을 줄 수 있을까? 이 혼란스러운 시기에 그들이 어떤 지혜로운 조언을 해 줄 수 있을까? 하나님 사랑의 살아 있는 표적으로서 내 소명(결혼 생활이나 싱글 생활)이 어떤 식으로 이 시기에 나를 단단히 지탱해 주는 닻이 될 수 있을까?

- **사랑의 연합을 위해 속도를 늦추라.** 이 시기에 하나님이 예비하

신 끝과 시작을 분별하려면 예수님과 사랑의 연합을 유지해야 한다. 어떻게 해야 충분한 시간을 낼 수 있을까? '여호와를 기다리는' 자세를 유지하는 데 어떤 영적 훈련들이 도움이 될까? 끝에 관한 다음 두 질문에 대한 내 답은 무엇인가? "내 개인적인 삶과 리더로서의 삶 속에서 무엇을 내려놓아야 할 때인가?" "어떤 새로운 것이 내 개인적인 삶과 리더로서의 삶 속으로 들어오기 위해 무대 뒤편에서 기다리고 있는가?"[18]

• **안식일을 즐기라.** 내가 매주 안식일을 통한 작은 끝 속에서 하나님의 음성에 귀를 기울이는가? 그렇다면, 하나님이 지금 내게 무슨 말씀을 하고 계신가? 하나님이 보여 주실 새로운 시작을 분별하기 위해 안식의 시간을 좀 더 늘려야 할까? 한계를 받아들이고 일을 멈추는 안식을 통해 끝을 잘 다루기 위해 필요한 어떤 교훈을 얻을 수 있는가?

기도하면서 이 네 가지 문제를 다루면 끝과 새로운 시작을 분별하는 데 도움이 될 것이다. 그러면 하나님이 하시려는 일에 저항하지 않고 협력할 수 있다. 아울러 끝을 받아들이고 새로운 시작으로 나아가기 위한 구체적인 단계들을 알아낼 수 있다.

리더십의 끝과 새로운 시작을 직면하면 많은 두려움과 의문이 일어나기 마련이다. 나처럼 순간순간 최악의 시나리오를 떠올리게 될 수도 있다. 그럴 때면 견디기 힘든 공포가 밀려온다. 그렇더라도 꿋꿋이 그 길을 걸어가길 바란다. 끝과 죽음의 터널 반대편 끝에는 부활이 기다리고 있다. 참된 삶은 죽음에서 나온다는 것. 바로 기독교의 핵심이다. 꿋꿋이 예수님을 따라가면 언제나 새로운 시작이 나타난다.

끝과 새로운 시작의 평가에 대한 설명

끝과 새로운 시작의 평가를 해 봤다면 다음의 설명이 평가 결과를 이해하는 데 도움이 될 것이다.

대부분 1-2점을 받았다면 끝을 피하려고만 하고 있을 것이다. 변화의 순간이 닥칠 때마다 하나님이 당신 안에서 그리고 당신을 통해서 하시려는 일을 기대감으로 받아들이지 않고 낙심하고 있을 것이다. 끝을, '당신의 십자가를 지고 예수님을 따르는 것'이 무슨 의미인지 배울 기회로 삼으라(눅 9:23을 보라). 이번 주에 시간을 내서 다음 질문에 관해 고민하고 답을 써 보라. 내 개인적인 삶과 리더로서의 삶 속에서 무엇을 내려놓아야 할 때인가? 어떤 새로운 것이 내 개인적인 삶과 리더로서의 삶 속으로 들어오기 위해 무대 뒤편에서 기다리고 있는가?

대부분 2-3점을 받았다면 끝과 새로운 시작의 신학을 개인적인 삶과 리더십에 적용하기 시작했을 것이다. 이번이 하나님이 당신에게 구체적으로 무엇을 내려놓으라고 말씀하고 계신지 고민해 볼 기회. 당신 안과 당신의 주변에서 나타나고 있는 끝과 시작을 분별하게 해 달라고 기도하라. 마지막으로, 변화의 과정 속에서 하나님을 기다리고 따라가라. 그러면 그분이 당신 안에서 인생 변화의 역사를 행하실 것이다.

대부분 4-5점을 받았다면 앞으로 하나님이 이 강력한 진리에 대해 더 깊은 깨달음을 주실 줄 기대해도 좋다. 아울러 당신은 다른 교인들에게 믿음의 아버지나 어머니가 되어 줄 수 있다. 예수님은 우리 모두를 원치 않는 곳으로 데려가시기 때문에(요 21:18) 이미 그 길을 걸어 본 당신이 지금 그 길을 걷고 있는 리더들에게 영적 동반자 역할을 할 수 있다.

교회에서 정서적으로 건강한
영성훈련을 실천하라

정서적으로 건강한 영성(EHS)은 궁극적으로 교회와 사역, 조직의 모든 영역에 적용해야 할 패러다임이다. 이 일을 추진하는 리더들을 도우면서 우리가 끊임없이 받는 질문은 이것이다. "정서적으로 건강한 영성을 우리 교회에 어떻게 적용하고 유지시킬까?"

구성원들에게 정서적으로 건강한 영성을 가르치고 훈련시키려는 리더들을 위해 다양한 도구와 책, 컨퍼런스, 커리큘럼이 마련되어 있다. 정서적으로 건강한 교회로 변하기 위해 특히 중요한 세 가지 도구는 정서적으로 건강한 기술 코스(The Emotionally Healthy Skills Course)과 정서적으로 건강한 기술 2.0(The Emotionally Healthy Skills 2.0), 《정서적으로 건강한 리더》(*The Emotionally Healthy Leader*)다.

1. EHS 코스. 8주 과정의 이 영적 형성 코스를 통해 EHS 패러다임을 개괄적으로 살펴볼 수 있다. 이 과정에는 《정서적으로 건강한 영성》(*The Emotionally Healthy Spirituality*)을 읽는 것과 하루에 두 번 《매일 영적으로 건강한 영성》(*The Emotionally Healthy Spirituality Day by Day : A Forty-Day Journey with the Daily Office*)을 사용하여 예수님과 만나는 리듬을 기르는 훈련이 포함된다. 《매일 영적으로 건강한 영성》은 각 주에 한 가지 주제씩 8주로 이루어져 있다. 《EHS 코스 워크북》(*The EHS Course Workbook*)은 코스 도중에 사용한다. 여덟 개의 수업은 다음과 같다.

1. 정서적으로 건강하지 못한 영성의 문제점(사울)
2. 하나님을 알 수 있도록 자신을 알라(다윗)
3. 전진하기 위해 거슬러 올라가라(요셉)
4. 벽을 통과하라(아브라함)
5. 슬픔과 상실을 통해 영혼을 키우라(예수님)
6. 매일 기도와 안식일의 리듬을 발견하라(다니엘)
7. 정서적으로 성숙한 어른으로 자라나라(선한 사마리아인)
8. 실천 단계로서 '삶의 규칙'을 정하라(초대교회)

우리 교회를 비롯해서 전 세계의 많은 교회가 1년에 최소한 한 번 EHS 코스를 진행하여 EHS을 더욱 강화하고 있다. 가능하다면 교회 전체의 프로그램으로 진행하기를 바란다. EHS는 그만큼 중요하다. 양질의 결과를 얻을 수 있도록 우리 웹사이트 www.emotionallyhealthy.org에 추가적인 자료들을 올려놓았다. 이 코스를 진행할 생각이라면 웹사이트에 가입해서 계속해서 업데이트와 지원을 받기를 바란다.

2. 정서적으로 건강한 기술 2.0. 16년에 걸쳐 우리는 여덟 가지 필수적인 기술을 규명하고, 우리 교회의 리더와 교인들을 정서적 영적으로 성숙한 예수 그리스도의 제자로 성장시키기 위한 훈련법을 개발했다. 여덟 가지 기술은 다음과 같다.

1. 공동체 분위기 읽기
2. 독심술을 멈추라
3. 기대사항을 분명히 전하라
4. 가계도를 그리라
5. 빙산을 탐구하라
6. 성육신적인 경청
7. 진실의 사다리를 오르라
8. 정정당당한 싸움

공식은 간단하다. '새로운 기술 + 새로운 언어 + 철저한 후속 조치 = 변화된 공동체'. 정서적으로 건강한 기술 2.0은 소그룹에서 주일학교와 훈련 프로그램, 리더 모임, 교회 전체 차원까지 다양한 환경에서 사용할 수 있지만 가장 중요한 것은 사람들의 삶 자체가 달라질 수 있도록 후속 조치를 철저히 시행하는 것이다. 정서적으로 건강한 기술 2.0은 우리 웹사이트 www.emotionallyhealthy.org에서 구할 수 있다.

3. 《정서적으로 건강한 리더》. 이 책에서 논한 주제들은 지속적인 토론, 개인적인 적용과 팀 차원의 적용, 각자의 상황에 맞는 미세조정을 필요로 한다. 이 책을 읽는 것만으로는 당신과 당신 팀의 리더십이 근본적으로 변화되기 어렵다. 이 책의 적용을 돕기 위해 우리는 토론용 워크

북을 개발했다. 웹사이트에서 무료로 다운로드할 수 있다. 이 외에도 수 많은 팟캐스트와 동영상, 추가 자료를 구할 수 있다.

4. 추가적인 EHS 도구들.《정서적으로 건강한 여성》(*The Emotionally Healthy Woman*) 책과 DVD 커리큘럼은 EHS 여행을 제대로 하기 위해 그만둬야 할 것들을 집중적으로 다룬다. 예를 들어, 남들이 어떻게 생각할지 걱정하는 것을 그만두고, 거짓말을 그만두고, 남들의 일을 대신해 주는 것을 그만두고, 다른 누군가의 인생을 사는 것을 그만두어야 한다. 같은 주제에 관한 남성용 책은《정서적으로 건강한 남성》(*The Emotionally Healthy Man*)이란 제목으로 출간될 예정이다.

《정서적으로 건강한 교회》(*The Emotionally Healthy Church*)는 목사와 리더들에게 깨지고 상한 심령으로 살고 슬픔과 상실을 받아들이고 한계라는 선물을 받아들이는 것 같은 EHS 원칙들의 신학적 기초를 제공한다.

곧 나올 부부들을 위한 책과 DVD 코스인《정서적으로 건강한 가정》(*The Emotionally Healthy Marriage*)을 비롯해서 계속해서 새로운 자료를 제작할 계획이다.

교회나 사역에 EHS를 어떻게 접목시킬지 더 자세히 알고 싶다면 스스로 EHS 선봉장(EHS Point Person)이 되거나 팀의 중요한 인물을 선봉장으로 삼기를 강력히 추천한다. 정서적으로 건강한 영성을 차근차근 체계적으로 실천하면서 우리 웹사이트 www.emotionallyhealthy.org를 수시로 방문해서 EHS 컨퍼런스와 웹 훈련 프로그램, 새로 개발 중인 자료들을 비롯해서 다양한 자료와 행사를 늘 확인하기를 바란다.

부록1

변화된 교회의 특징들

조직의 삶과 문화 속에서 정서적으로 건강한 영성이 완전히 꽃피우면 어떤 모습일까? 아래의 특징들을 읽고 나면 정서적으로 건강한 영성이 실질적으로 어떤 모습인지 감이 잡힐 것이다. 다음 여섯 범주의 각 설명은 20년에 걸쳐 정립된 것이다. 이것들은 한 번 달성하고 나면 끝나는 목표들이 아니다. 이것들은 그리스도와 진정으로 동행하고 세상에 하나님을 보여 주는 삶이 구체적으로 어떤 모습인지를 기술한 것이다.

1. 느림의 영성
- 개인적인 삶의 리듬과 속도가 점점 더 느려지고 신중해진다. 예수님을 '위한 일'이 그분과 '함께하는 상태'에서 흘러나오는 관상적 행동주의를 실천한다.
- 매일 꾸준히 성경을 읽는 습관을 통해 예수님과 교제하고 그분으로 인해 변화된다.

- 핵심적인 영적 훈련으로 안식일을 권장하고 존중하고 중시한다.
- 기도를 예수님과 사랑의 연합을 이루는 삶의 일부로 여겨 늘 기도한다.
- 고독과 침묵을 위한 시간을, 예수님 중심의 삶을 유지하기 위한 기초로 여긴다.
- 하나님의 뜻을 분별하려면 우리 안에서 일어나는 일(위안과 고독)에 주목할 뿐 아니라 성경과 지혜로운 조언을 통해 통찰을 얻어야 한다고 생각한다.
- 남들의 영성에 기댄 삶에서 벗어나 예수님과 개인적인 관계를 가꾸기 위해 '삶의 규칙'을 정해 근본적이기도 의식적인 삶의 변화를 꾀한다.
- 개인적으로 그리고 공동체로서 안식일을 실천한다.

2. 온전한 리더십
- 목사와 사역 팀 리더들이 그리스도와 깊이 연합한 내적 삶을 통해 이끈다.
- 리더들이 자신의 결혼 생활 혹은 싱글 생활을 가장 크게 울려 퍼지는 복음의 메시지로 여긴다. 삶의 이 측면을 통해 그리스도와의 결혼이라는 자신들의 영원한 운명을 비추기 위해 노력한다.
- 목사와 설교자들이 단순한 설교 자료만으로 성경을 활용하는 것이 아니라 자기 영혼을 위한 깊은 우물로서 성경을 경험한다.
- 교회 치리 기관(장로회와 리더 팀 등)의 일이 하나님의 뜻을 따라 전략적 결정을 내리기 위한 영적 분별 과정에서 흘러나온다.
- 리더들이 남들과 연결되는 동시에 주변 사람들의 요구와 기대사항으로부터 자신의 '참 자아'를 냉정하게 분리시킬 줄 안다.
- 리더들이 힘의 복잡한 역학과 이중 관계의 함정을 잘 알고서 사역과 교회를 이끈다.
- 리더들이 언제나 진실을 말하고 실천한다. 허식이나 인상 관리, 과장 같

은 거짓을 일체 거부한다.

3. '표면 아래' 훈련
- 전진하기 위해 거슬러 올라간다. 다시 말해, 예수님을 따르는 길에 방해가 되는 윗대와 문화의 부정적인 패턴을 깨뜨린다.
- 자신의 개인적인 한계와 남들의 한계를 인정하고 존중한다.
- 자신의 상함을 늘 의식하며 살아간다.
- 건강한 자기애와 자기 돌봄이 하나님과 남들을 향한 사랑과 균형을 이루게 한다.
- 재능이나 힘, 성공이 아닌 사랑과 겸손, 친근함을 성숙한 영성의 척도로 삼는다.
- 상실과 실망스러운 일을, 하나님을 만나고 우리 자신에 관해 더 깊이 알 수 있는 기회로 여긴다.

4. 건강한 공동체
- 경청이 남들을 잘 사랑하기 위해 반드시 필요하다고 생각하여 늘 경청하려고 노력한다.
- 제멋대로 '독심술'을 사용하지 않고 남들의 생각에 대한 우리의 가정을 분명히 표현한다.
- 우리의 바람과 필요, 의견 차이를 정중하면서도 분명히 표현하게 해 주는 새 언어들을 사용한다. 예를 들어 비난하거나 화를 폭발하는 대신 "궁금합니다"와 "…알고 있습니다. …해 주시면 좋겠습니다"라고 말한다.
- '정정당당한 싸움'의 미묘한 의미를 이해하고 그 기술을 터득하려고 끊임없이 노력한다.
- 남들이 스스로 할 수 있고 해야 하는 것까지 대신해 주는 것과 우리가

스스로 할 수 있고 해야 하는 것까지 남들에게 의지하는 것, 이 두 극단 사이의 균형점을 찾고 유지한다.
- 개인들의 차이를 존중함으로써 교회의 연합을 추구한다. 다양한 관점과 선택, 영적 여행을 존중한다.
- 스스로 약점을 고백하고 남들에게도 고백할 수 있는 분위기를 만든다.
- 서로 각자의 삶에 책임을 지도록 격려하되 비난하거나 수치심을 심어 주지 않도록 조심한다.

5. 열정적인 결혼 생활과 싱글 생활
- 싱글 생활과 결혼 생활을 모두 인정하고 존중하고 축하하고 지지한다. 이런 가치가 정기적인 설교에서 수련회와 훈련 프로그램까지 모든 면에서 묻어나온다.
- 부부와 싱글들이 열정적이고 친밀하며 아낌없이 생명을 주는 사랑을 기르면서 세상에 하나님의 사랑을 보여 주는 산 표적이 되어 간다.
- 그리스도와의 연합이 (기혼자의 경우)배우자와의 연합이나 (싱글인 경우)가까운 사람들과의 연합과 하나로 연결되어 있다.
- 그리스도와 그분 교회의 아름다운 관계가 남편과 아내의 성적 관계 혹은 싱글의 순결을 통해 드러나야 한다는 사실을 이해하고서 성에 관해 터놓고 이야기한다.
- 자신의 내면을 솔직히 들여다봄으로 자신이 남들을 '사랑'하는 것인지 '이용'하는 것인지 확인한다. 그래서 남들을 둘도 없이 귀한 존재들로 대한다.
- 부부가 하나가 되기 위해 서로가 다른 소망과 가치, 생각, 취향을 지닌 별개의 존재임을 인정한다.
- 싱글의 삶이 영성에 중요하다는 싱글의 신학을 이해한다.

6. 선교의 일꾼

- 우리가 각자의 영역에서 매일 하는 활동, 곧 유급이나 무급, 일터에서 혹은 은퇴 생활 속에서, 집 안이나 밖에서 하는 일이 곧 선교이며 이는 전임 사역자들의 활동과 똑같이 중요하다는 의식을 갖고 있다.

- 자신의 일을 예배의 행위로 보고, 하나님의 나라를 세우고 혼란에서 질서를 일으키는 일의 일환으로 여긴다.

- 성속을 구분하지 않는다. 일과 영성을 나누지 않는다.

- 잘 사랑하기 위한 새 기술과 새 언어를 사용하여 우리의 영향권 내에 공동체를 이루고 가꾸기 위해 노력한다.

- 매일의 일과 활동 속에서 예수님의 임재를 연습할 수 있도록(=예수님과 함께 있을 수 있도록) 좀 더 느리고 신중한 리듬을 기른다.

- 자신의 공동체 안팎 모두에서 남들에게 자신을 내어 주고 그들을 섬기기 위해 실질적인 노력을 한다.

- 복음의 단단한 기초 위에서 우리의 삶을 남들에게 선물로 내어 줌으로써 인종차별, 계급차별, 성차별 같은 악에 맞선다.

부록 2 :

당신만의 삶의 규칙을 기록하라

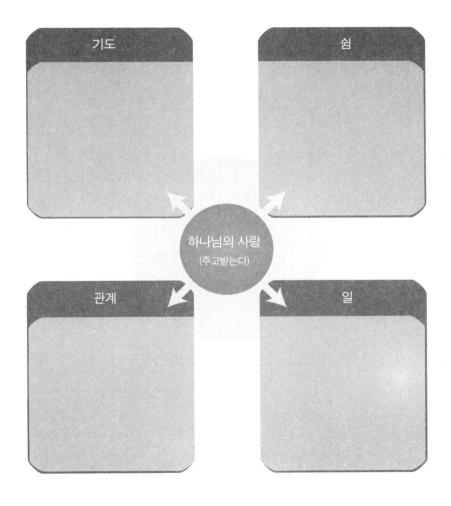

당신의 가계도를 그리라

관계	관계적 역학	기호
갈등	사람들 사이의 문제가 계속해서 해결되지 않은 상태	□〰〰〰○
단절	가족들이 서로 말을 하지 않거나 접촉하지 않는다	□──//──○
거리	가족들 간의 감정적 연결 수준이 낮거나 최소다	□- - - -○
얽힘	가족 모두가 똑같이 생각하고 느끼고 행동해야 한다는 압박이 있다. 가족 중 한 명이 다르게 행동하거나 다른 의견을 내놓는 것을 잘 참아 주지 않는다	□═══○
학대	성적, 감정적, 육체적으로 개인적인 경계를 심각하게 넘어 상대방의 존엄과 인간성을 심각하게 훼손시킨다.	□╫╫╫╫○

관계적 상태에 대한 기호

□┐ 결혼 ○ □┐같이 산다 ○ □┐ 따로 산다 ○

□┐ 이혼 ○ □┐이혼 ○ 재혼 □

주제 _____

_____

_____

_____

큰 사건들 _____

_____

_____

_____

_____의 가계도

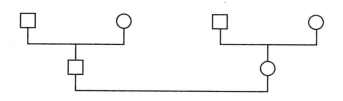

주

Prologue

1. 제리의 이야기에 관해 더 알고 싶다면 *The Emotionally Healthy Woman : Eight Things You Have To Quit To Change Your Life* (Grand Rapids, MI : Zondervan, 2010)를 읽으라.

2. 이 이야기는 Peter Scazzero, *The Emotionally Healthy Church : A Strategy for Discipleship that Actually Change Lives* 개정판 (Grand Rapids, IM : Zondervan, 2010)에 자세히 실려 있다.

3. Peter Scazzero, *Emotionally Healthy Church*를 보라.

PART 1

Chapter 1

1. 다니엘 덴크(Daniel J. Denk)가 IVF 내부에서 사용하기 위해 쓴 'Growth Matters : Numbers Count : Biblical Reflections on Numerical Growth'라는 미발표 논문을 참조했다.

2. 풀러 신학교 문화건 연구 학교 학장 스콧 선키스트(Scott Sunquist)와의 대화. Dale T. Irvin and Scott W. Sunquist, *History of the World Christian Movement : Volume 1 : Earliest Christianity to 1453* (Maryknoll, NY : Orbis, 2001), 257-88을 보라.

3. 이에 관해 소개한 논문 두 개를 추천한다. http://www.nwlink.com/-donclark/hrd/bloom.html 과 http://thesecondprinciple.com/introductional-design/threedomainsoflearning/을 보라.

4. 블룸의 분류법을 이렇게 단순화해 준 웬디 세이드먼(Wendy Seidman)에게 감사한다.

PART 2

Chapter 2

1. Parker Palmer의 "Leading form Within," Larry Spears 편집의 *Insights on Leadership : Service, Stewardship, Spirit, and Servant-Leadership* (John Wiley : New York, 1998), 202에서.

2. Connie Zweig and Jeremiah Abrams, "Introduction : The Shadow Side of Everday Life," *Meeting the Shadow : The Hidden Power of the Dark Side of Human Nature* (New York : Tarcher/

Penguin, 1991), xvii에서.

3. 교회들과 조직들도 예로부터 '그림자 사명(shadow mission)'이라고 불려온 것을 행할 수 있다는 사실을 알아야 한다. 이것은 주로 리더의 개인적인 삶에서 비롯한다. 예를 들어 보자. *우리는 예수 그리스도를 위해 사람들을 전도하길 원한다. 그런데 '오로지' 수적인 성장의 측면에서만 사역의 성공을 판단하고 모든 결정을 내린다면 그것은 그림자 사명이다. 수적 성장도 분명 성공의 한 척도지만 그것이 전부는 아니다. 수적 성장만 추구하면 팀원들이 그 목표를 위한 도구로 전락하기 쉽다. *우리는 급변하는 문화에 맞게 복음을 상황화해야(contextualize) 한다. 이를테면 첨단기술과 소셜 미디어, 최신 아이디어를 적절히 활용하는 것이다. 이것은 좋은 일이다. 이와 관련된 그림자 사명은 이런 흐름에 지나치게 반발함으로써 교인들에게 '전통적인' 것이 무조건 우월하다는 인상을 심어 주는 것이다. 이에 관해 더 알고 싶다면 다음 책을 읽으라. John Ortberg, *Overcome Your Shadow Mission* (Grand Rapids, MI : Zondervan, 2008). 존 오트버그, 《그림자 사명을 극복하라》(국제제자훈련원 역간).

4. Travis Bardbery and Jean Greaves, *Emotional Intelligence 2.0* (Sand Diego, CA : Talent Smart, 2009), 20-21.

5. Travis Bardbery and Jean Greaves, *Leadership Intelligence 2.0* (Sand Diego, CA : Talent Smart, 2012), 129-34.

6. *The Desert Fathers : Sayings of the Early Christian Monks*, Benedicta Ward 번역 (New York : Penguin Classics, 2003), 172.

7. Ernest Becker, Denial of Death (New York : Free Press, Simon and Schuster, 1973), 128. 어네스트 베커, 《죽음의 부정》(인간사랑 역간).

8. 우리가 하나님의 은혜로 그림자의 숨은 힘에서 점점 해방될 수는 있지만 그림자 자체는 완전히 사라지지 않는다는 점을 알아야 한다. 그림자를 완전히 '제거할' 수는 없다. 창세기 32장에서 하나님을 만난 뒤의 야곱처럼 우리는 여전히 절뚝거리며 걷는다. 하지만 중요한 차이점은 이제 우리가 자신의 그림자를 분명히 인식하고 발걸음 하나마다 하나님을 의지한다는 것이다.

9. Joshua Wolf Shenk, *Lincoln's Melancholy : How Depression Challenged a President and Fueled His Greatness* (New York : Houghton Mifflin, 2005), 159.

10. 다재다능한 리더십 개발에 관한 로버트 카플란(Robert E. Kaplan)과 로버트 카이저(Robert B. Kaiser)의 글을 보라. http://sloanreview.mit.edu/article/developing-versatile-leadership/.

11. 예수님은 귀신들린 거라사인에게 " 네 이름이 무엇이냐?"라고 물으셨다. 그러자 그가 "내 이름은 군대니 우리가 많음이니이다"라고 대답했다(막 5:9-10). 문제를 규정하는 것은 예수님이 고삐 풀린 악의 에너지를 굴복시키기 위해 사용하신 방법 중 하나다.

12. Geri Scazzero, *The Emotionally Healthy Woman* (Grand Rapids, MI : Zondervan 2010), chapter 4, Peter and Geri Scazzero, *The Emotionally Healthy Skills* 2.0 (New York : Emotionally Healthy Spirituality, 2012), Peter Scazzero, *The Emotionally Healthy Church*.

13. 감정을 규정하는 법에 대해 더 자세히 알고 싶다면 다음 책을 보라. Geri Scazzero, *The*

Emotionally Healthy Woman, chapter 4.

14. '360'에 관해 더 알고 싶다면 The Emotional Quotient Inventory(EQ-I 2.0 ®)와 EQ-36 ® 을 사용하라. 둘 다 추천할 만한 피드백 도구다. Executive Coach와 함께 이런 평가를 하고 싶다면 www.missiontomeasurement.com을 방문하라.

15. 에니어그램을 비롯한 여러 도구들에 관해 알고 싶다면 다음 책을 보라. Geri Scazzero, *The Emotionally Healthy Woman*, 80-88.

Chapter 3

1. *The Emotionally Healthy Skills 2.0 Curriculum*, session 5를 보라.

2. 마르틴 부버의 '나와 너의 순간'에 관해 자세히 알고 싶다면 다음 책을 보라. Peter Scazzero, *Emotionally Healthy Spirituality* (Grand Rapids, MI : Zondervan, 2006), 183.

3. 우리와 하나님의 관계에 대한 '그나마 가장 덜 부적절한' 비유에 관해 자세히 알고 싶다면 John Paul II 의 독창적인 책 *Man and Woman He Created Them : A Theology of the Body*, Michael Waldstein 번역 (Boston : Pauline Books and Media, 1997, 2006)을 보라.

4. 3, 4, 5세기 교회 초기의 문서들을 보면 대부분의 교회는 독신을 결혼의 우위에 둔 것으로 보인다. 이런 관점은 워낙 널리 퍼져 있어서, 파플라고니아 공의회(Council of Paphlagonia)(AD 345)에서 결혼하면 하나님의 나라에 들어가지 못한다고 주장하는 사람들을 파문해야 했을 정도다. 하지만 결혼한 사람을 처녀와 과부에 이은 세 번째 계급으로 보는 시각은 거의 줄어들지 않았다(Carolyn A. Osiek and David L. Balch, *Families in the New Testament World : Households and House Churches* (Louisville, KY : Westminster John Knox Press, 1997).

5. 로마 가톨릭은 여전히 사제와 수도사를 독신으로만 제한하고 있다. 정교회에서는 기혼자와 싱글 모두 리더로 섬길 수 있다.

6. M. Schneider, *Selling All : Commitment, Consecrated Celibacy, and Community in Catholic Religious Life* (Mahwah, NJ : Paulist Press, 2001), 117-59.

7. 결혼이 첫 번째 야망이요 열정이며 가장 크게 울려 퍼지는 복음이라는 우리의 시각을 적극적으로 지지해 준 리빙 인 러브(Living in Love)의 창립자 론과 케이시 페르(Ron and Kathy Feher) 부부에게 깊이 감사한다. 그들의 웹사이트 www.livinginlove.org를 방문해 보라.

8. 성경적 신학의 이러한 적용은 다양한 배경의 신학자와 부부, 정신 건강 전문가들을 한데 모아 예수 그리스도를 바탕으로 한 결혼의 영성을 개발하고 정리한 예수회 사제 척 갤러거(Chuck Gallagher)로 거슬러 올라간다. 그와 리빙 인 러브 사역(http://livinginlove.org)의 연구에 대해 깊이 감사한다.

9. 교황 요한 바오로 2세가 강조했듯이 하나님은 남자와 여자로서 우리의 몸을 통해 결혼의 계획을 분명히 밝히셨다. 하나의 육체가 되는 성적 결합은 그 자체를 넘어 뭔가를 가리키는 심오한 신비다. 그것은 우리의 완벽한 남편이신 예수 그리스도와의 궁극적인 연합을 예시한다. 이에 관

해 자세히 알고 싶다면 다음 책들을 읽으라. John Paul Ⅱ, *Man and Woman He Created Them : A Theology of the Body* (Boston : Pauline Books and Media, 1997, 2006), Christopher West, *Theology of the Body for Beginners* (West Chester, PA : Ascension Press, 2004).

10. 이 표현을 제공하고, 우리에게 열정적인 사랑의 본을 보여 주고 지도해 준 리빙 인 러브 결혼 사역의 론과 케이시 페르 부부에게 감사한다.

11. 결혼하기 전까지는 우리의 몸과 성이 오직 그리스도께만 속했다는 점에서 모든 크리스천은 독신(싱글) 삶으로 부름을 받았다. 크리스천의 독신은 몸이나 성을 거부하는 것이 아니라 예수님과의 연합과 교제를 구하는 것이다. 그 목적은 그분을 위해 열매를 맺고 영적 자녀들을 기르는 것이다. Christopher West, *Theology of the Body : Head and Heart Immersion Course* (West Chester, PA : Ascension Press, 2007)을 보라. 나는 2012년 크리스토퍼 웨스트가 이 책으로 진행하는 5일간의 세미나에 참석했다.

12. 16세기 종교개혁의 불행한 결과 중 하나는 유럽에서 개신교가 통제하는 지역에서 수도원이 모두 사라졌다는 것이다. 예를 들어, 1536-1540년 헨리 8세는 영국에서 모든 수도원을 폐지했다. 그때 만 명 이상의 수도사와 수녀가 수행하던 수도원과 수녀원 800곳 이상이 문을 닫았다. 1540년 4월에는 하나도 남지 않았다.

13. 전 세계 수백 곳의 성공회 수도원 외에도 바이에른 주 (Evangelical Lutheran Church)에 속한 CCB(Communität Christusbruderschaft Selbitz)(Community of Christ Brotherhood in Selbitz)와 바실레아 슐링크 수녀(Mother Basilea Schlink)가 세운 에큐메니칼 수도회인 복음주의 마리아 자매회(Evangelical Sisterhood of Mary) 같은 독일 개신교 수도회에서도 서약을 통한 독신자들을 볼 수 있다. 프랑스에서는 루터교회 목사인 로제 슐츠(Brother Roger Schütz)가 테제(Taizé) 에큐메니칼 공동체를 설립했다. 호주에는 침례교 연합회(Baptist Union)가 세운 거룩한 변화 수도원(Holy Transfiguration Monastery)이 있다. 미국에는 예수 공동체(Community of Jesus)와 거룩한 지혜 수도원(Holy Wisdom Monastery)이 있다. 둘 다 여성을 위한 에큐메니칼 공동체다.

14. 성경에서 오직 예레미야 선지자만 이스라엘 백성들에 대한 선지자적 표적으로 독신을 유지하도록 부름을 받았다.

15. Rodney Clapp, *Families at the Crossroads* (Downers Grove, IL : InterVarsity Press, 1993), 95-98.

16. Sandra M. Schneiders, I.H.M., *Selling All : Commitment, Consecrated Celibacy, and Community in Catholic Religious Life* (Mahwah, NJ : Paulist Press, 2001), 29-30.

17. Parker Palmer, *Let Your Life Speak* (San Francisco : Jessey-Bass, NJ : Paulist Press, 2001), 29-30. 파커 파머, 《삶이 내게 말을 걸어올 때》(한문화 역간).

18. Rodney Clapp, *Families at the Crossroads*, 101.

19. 이 기도는 론과 케이스 페르의 리빙 인 러브 사역에서 나눠주는 소책자에서 발췌 수정했다.

20. 기혼 리더들과 싱글 리더들 모두의 질을 잘 돌보려면 (유혹의 불씨로서가 아니라)남녀 관계를 잘 챙겨야 한다. 두 종류의 리더들에 모두 관심을 기울이지 않으면 싱글 여성이 리더로 발탁되지 않거나 발탁되더라도 방치되기 쉽다. 이것은 광범위한 주제지만 싱글과 기혼자가 각자의 소명을

잘 감당할 수 있도록 서로 성숙한 관계를 맺을 수 있는 환경을 창출하는 것이 매우 중요하다.

다음 책들을 보라. Ruth Haley Barton, *Equal to the Task : Men and Women in Partnership* (Downers Grove, IL : InterVarsity Press, 1998), Carol E. Becker, *Becoming Colleagues : Women and Men Serving Together in Faith* (San Francisco : Jossey-Bass, 1998).

Chapter 4

1. Frederick Dale Bruner, *Matthew : A Commentary, Volume 1* (Dallas : Word, 1987), 287.

2. 고린도전서 13장 1절을 본문으로 한 에드워즈의 설교 'Love More Excellent than the Extraordinary Gifts of the Spirit'를 더 읽고 싶다면 www.biblebb.com/files/Edwards/charity2. htm를 보라.

3. Hans Urs von Balthaszr, *Prayer* (San Francisco : Ignatius Press, 1976), 171.

4. 예수님은 육신을 입은 하나님이셨다. 하지만 우리는 그분이 완벽한 인간이기도 하셨다는 점을 기억해야 한다. 그분은 아버지와의 사랑의 연합 속에서 진정한 삶 곧 성령 안에서 완전히 구속된 인간 삶의 본을 보여 주셨다.

5. 아내와 나는 "몸은 소선지자가 아니라 대선지자다"라는 말을 자주 한다. 다시 말해, 우리의 삶이 하나님의 뜻에서 벗어났을 때 머리보다 몸이 먼저 아는 경우가 많다. 예를 들어, 속이 뒤틀리고 땀이 나고 주먹을 꽉 쥐게 되고 목과 어깨가 경직되고 잠이 오지 않는다.

6. 민수기 2장 32절.

7. "너희가 나를 믿지 아니하고"(민 20:21)와 "내 말을 거역한"(민 20:24)

8. 아론의 아들들이 하나님이 명령하시지 않은 제물을 드린 죄로 그 자리에서 죽었다는 사실에 주목할 필요성이 있다. 그에 비하면 모세와 아론은 훨씬 가벼운 벌을 받은 것이다.

9. 학자 드 보(J. de Vaulx)는 모세가 바위를 친 것이 곧 하나님을 친 것이라고 주장한다. "하나님은 자주 바위에 비유된다(예를 들어, 시 18:2, 31:3, 42:9). 사도 바울은 광야 시절에 관한 글에서 '다 같은 신령한 음료를 마셨으니 이는 그들을 따르는 신령한 반석으로부터 마셨으매 그 반석은 곧 그리스도시라'(고전 10:4)라고 말한다.", Gordon J. Wenham, *Numbers : An Introduction and Commentary* (Downers Grove, IL : InterVarsity Press, 1981), 151에 인용.

10. 이 주제에 관한 역작 한 권을 추천한다. Alicia Britt Chole, *Anonymous : Jesus' Hidden Years and Yours* (Nashville : Nelson, 2006).

11. 이에 관해 더 자세히 알고 싶다면 다음 책을 읽으라. Richard Peace, *Conversion in the New Testament : Paul and the Twelve* (Grand Rapids, MI : Eerdmans, 1999), 52, 67, 89-91.

12. Henri Nouwen, *In the Name of Jesus : Reflections on Christian Leadership* (New York : Crossroad, 1991). 헨리 나우웬, 《예수의 이름으로》(두란노 역간).

13. Robert C. Gregg, *Athanasius : The Life of Antony and the Letter to Marcellinus, Classics of*

Western Spirituality (Mahwah, NJ : Paulist Press, 1980), 81.

14. *The Sayings of the Desert Fathers : The Alphabetical Collection*, Benedicta Ward 번역 (Kalamazoo, MI : Cistercian, 1975), 8.

15. 나는 Emotionally Healthy Spirituality의 한 챕터 전체를 삶의 규칙에 할애했다. 이 외에도 이 주제에 관해 다음 두 권의 책을 추천한다. Ken Shigemastu, *God in My Everything* (Grand Rapids, MI : Zondervan, 2013)과 Steve Macchia, *Crafting a Rule of Life* (Downers Grove, IL : InterVarsity Press, 2012).

16. 성무일도에는 주로 침묵, 성경 읽기, 기도가 포함된다. 묵상할 거리를 읽기도 한다. 성무일도에 관해 더 자세히 알고 싶다면 다음 책을 보라. Peter Scazzero, *Emotionally Healthy Spirituality Day by Day : A 40-Day Journey with the Daily Office* (Grand Rapids, MI : Zondervan, 2014).

17. 'Reflection and Our Active Lives,' www.ignatiansprituality.com/ignatian-prayer/the-examen/ reflection-and-our-active-lives와 'The Daily Examen,' ignatianspirituality.com을 보라. 2014년 12월 10일 확인.

Chapter 5

1. Wayne Muller, *Sabbath : Finding Rest, Renewal, and Delight in Our Busy Lives* (New York : Bantam, 1999), 69.

2. 오래 전 〈리더십(Leadership)〉지를 통해 소개되었던 안식일에 관한 유진 피터슨의 글을 생각할 때면 늘 웃음이 나온다. 그 글에는 그가 죄수복을 입고 가슴에 '안식일을 어긴 자(Sabbath Breaker)'라고 쓴 판을 건 채 창살 뒤에 서 있는 사진이 포함되어 있었다.

3. 안식일의 네 가지 특징에 관해 더 알고 싶다면 다음 책을 읽으라. Peter Scazzero, *Emotionally Healthy Spirituality*, 165-71.

4. Abraham Heschel, *The Sabbath : Its Meaning for Modern Man* (New York : Farrar, Straus, Giroux, 1951).

5. Brene Brown, *I Thought It Was Just Me (But It Isn't) : Making the Journey from "What Will People Think?" to "I Am Enough"* (New York : Gotham, 2012), 브레네 브라운, 《나는 왜 내 편이 아닌가》(북하이브 역간)), Ernest Kurtz, *Shame & Guilt*, 2nd ed. (New York : iUniverse, Kindle edition), location 211 에서 발췌 수정.

6. Kurtz, *Shame & Guilt*, location 211.

7. "How Do I Know If I'm a Workaholic?", www.workaholics-anonymous.org. 2014년 11월 15일에 확인.

8. "Pul the Plug on Stress," www.hbr.org/2003/07/pull-the-plug-on-the-stress. 2015년 2월에 확인.

9. David N. Laband and Deborah Hendry Heinbuch, *Blue Laws : The History, Economics, and*

Politics of Sunday-Closing Laws (New York : Lexington, 1987), 45-46. 예수님 당시 유대교 안식일에 관해 자세히 알고 싶다면 다음 책을 보라. C. S. Keener, *The Gospel of John : A Commentary, Volume One and Two* (Grand Rapids : Baker, 2003), 1:641-45.

10. 아이러니하게도 제리 가문의 메시지는 "나가서 놀아라"라는 것이었다. 노는 것이 첫째였고 숙제는 둘째였다. 장인어른과 장모는 아내가 학교에서 돌아오면 교복을 갈아입고 놀게 했다. 처음에 아내는 안식일 24시간을 중심으로 경계를 정하고 일을 멈추는 것을 힘들어했지만 나나 내가 아는 많은 사람들과 달리 쉬는 것에 대해 그 어떤 죄책감도 느끼지 않았다.

11. http://www.kwiat.com/diamond-education/diamond-facets/5815, http://www.hardasrocks.info/diamond-facets.htm.

12. Francine Klagsbrun, *Jewish Days : A Book of Jewish Life and Culture around the Year*, Mark Podwal 삽화 (New York : Farrar Straus Giroux, 1996), 9-10.

13. 이 주제에 관한 유진 피터슨의 많은 책과 논문, 그의 탁월한 주석서 *Christ Plays in Ten Thousand Places : A Conversation in Spiritual Theology* (Grand Rapids, MI : Eerdmans, 2005)에서 이런 통찰을 얻었다. 유진 피터슨, 《현실, 하나님의 세계》(IVP 역간).

14. 출애굽기 주석과 이 제목의 영감에 대해 Walter Brueggemann, *Sabbath as Resistance : Saying No to the Culture of Now* (Louisville, KY : Westminster John Knox Press, 2014)에 빚을 졌다. 월터 브루그만, 《안식일은 저항이다》(복있는사람 역간).

15. Walter Wink, *Naming the Powers : The Language of Power in the New Testament*, (Minneapolis, MN : Fortress Press, 1984), 5.

16. Brueggemann, *Sabbath as Resistance*, 10.

17. Gary Sterns, "How B&H Photo thrives in Amazon's jungle using both bricks and clicks-and without Black Friday," *Business Journal*, 2012년 11월 27일, www.bizjournals.com, 2014년 11월 15일 확인, Associated Press, "New York's B&H Camera Shop Mixes Yiddishkeit and Hi-Tech Savvy," www.jpost.com, 2014년 11월 15일 확인.

18. Elie Wiesel, *All Rivers Run to the Sea : Memoirs* (New York : Alfred A. Knopf, 1995), 87.

19. Jürgen Moltmann, *Theology of Play* (New York : Harper and Row, 1972), 17.

20. R. Paul Stephens, *Seven Days of Faith : Every Day Alive with God* (Colorado Springs : NavPress, 2001), 211.

21. Ben Witherington Ⅲ, *The Rest of Life : Rest, Play, Eating, Studying, Sex from a Kingdom Perspective* (Grand Rapids, MI : Eerdmans, 2012), 49. Ben Witherington Ⅲ, *Work : A Kingdom Perspective on Labor* (Grand Rapids, MI : Eerdmans, 2011)도 보라.

22. Moltmann, *Theology of Play*, 18.

23. Moltmann, *Theology of Play*, 13.

24. Witherington, *The Rest of Life*, 52-53

25. 무료 자료와 자주 나오는 질문들. www.emotionallyhealthy.org/sabbath.

PART 3

Chapter 6

1. 신 17:14-17, 왕상 10:23-11:6.

2. Malcolm Muggeridge, "The Fourth Temptation of Christ," *Christ and the Media* (Grand Rapids, MI : Eerdmans, 1977) 중.

3. Jeannine K. Brown, Carla M. Dahl, and Windy Corbin Reuschling, *Becoming Whole and Holy : An Integrative Conversation about Christian Formation* (Grand Rapids, MI : Baker Academic, 2011), 188에 요약.

4. "한계라는 선물을 받아들이는 것"의 신학에 관해 더 알고 싶다면 다음 책을 읽으라. Peter Scazzero, E*motionally Healthy Spirituality*, 8장.

5. Robert Barron, *And Now I See : A Theology of Transformation* (New York : Bantam, 1999), 37.

6. Bernard of Clairvaux, *Five Books on Consideration : Advice to a Pope* (Kalamazoo, MI : Cistercian, 1976), 27-28.

7. 4장에서 논했듯이 성찰 기도는 로욜라의 이냐시오(1491-1556)가 하나님의 임재를 발견하고 그분의 뜻을 분별하기 위해 하루의 사건들을 돌아보면서 시작된 훈련이다.

8. 배움에 느린 도시인에게 복잡한 식물의 삶을 설명해 주느라 고생한 러스 니치먼(Russ Nitchman)에게 감사한다.

9. Ignatius, *Spiritual Exercises*, 12.

10. Kevin O'Brien, SJ, *The Ignatian Adventure : Experiencing the Spiritual Exercises of Saint Ignatius in Daily Life* (Chicago : Loyola Press, 2011), 57-58.

11. Joan Chittister, *Wisdom Distilled from the Daily : Living the Rule of St. Benedict Today*, reprint ed. (New York : HarperCollins, 2013).

12. Judy Brown, "Fire," *The Art and Spirit of Leadership* (Bloomington, IN : Trafford, 2012), 147-48 중에서. 허가 하에 사용.

13. 누가복음 16장 1-12절에 기록된 예수님의 영리한 청지기 비유가 좋은 예다.

14. 슬기에 관해 자세히 알고 싶다면 다음 책을 읽으라. Thomas Aquinas, *Summa Theologica*, II-I, q. 23, a. 1, ad. 2, Joseph Pieper, *The Four Cardinal Virtues* (Notre Dame, IN : University of Notre Dame, 1966), 3-10.

15. Ruth Haley Barton, *Pursuing God's Will Together : A Discernment Practice for Leadership Groups* (Downers Grove, IL : InterVarsity Press, 2012), 187-200.

16. "거만한 자를 때리라. 그리하면 어리석은 자도 지혜를 얻으리라"(잠 19:25).

17. "상하게 때리는 것이 악을 없이하나니 매는 사람 속에 깊이 들어가느니라"(잠 20:30).

18. "의논이 없으면 경영이 무너지고 지략이 많으면 경영이 성립하느니라"(잠 15:22).

19. Peter Scazzero, *Emotionally Healthy Church* 중 8장 "Receive the Gift of Limits"를 보라.

20. http://bobbbiehl.com/quick-wisdom2/questions-to-ask/decide-to-make-any-major-decision/.

Chapter 7

1. Edwin H. Friedman, *Friedman's Fables* (New York : Guilford Press, 1990), 25-28. Guilford Press의 허가 하에 사용. 에드윈 H. 프리드먼, 《프리드먼 우화》(영림카디널 역간).

2. 현대 가족 시스템 이론의 창시자인 머레이 보웬(Murray Bowen)이 개발한 '구분(differentiation)'은 "주변의 압박에 상관없이 자신만의 목표와 가치를 정립할" 수 있는 능력을 말한다. 주변의 압박에 상관없이 자신만의 가치와 목표를 주장하는(분리) 동시에 중요한 사람들과의 가까운 관계를 유지할 수 있는지(함께함)를 보면 구분의 수준을 가늠할 수 있다. 구분의 수준이 높은 사람들은 주변에서 아무리 압박이 들어와도 자신만의 믿음과 신념, 방향, 목표, 가치대로 밀고 나간다. 그들은 남들이 인정하든 인정하지 않든 상관없이 하나님 앞에서 옳다고 믿는 길로 간다. 분노나 극심한 스트레스, 주변 사람들의 우려 속에서도 그들은 냉정한 사고 능력을 잃지 않는다.

3. Scott W. Sunquist, *Understanding Christian Mission : Participation in Suffering and Glory* (Grand Rapids, MI : Baker, 2013), 244.

4. 이것은 저널리스트 켄 마이어스(Ken Myers)의 정의다. Andy Crouch, *Playing God : Redeeming the Gift of Power* (Carol Stream, IL : InterVarsity Press, 2013), 17.

5. 'Dialogue Guide'라는 도구를 개발해 준 파리 재단(Paris Foundation)에 감사한다. 이것이 진실의 사다리의 프로토타입이 되었다. http://emotionallyhealthy.org/theladderofintegrity.

6. Peter Scazzero, *Emotionally Healthy Skills* 2.0.

7. 다시 말하지만 이 도구는 큰 갈등이 아니라 사소한 짜증거리를 위한 것이다. 우리 교회에서 가르치는 '공동체 분위기 읽기(The Community Temperature Reading)'라는 더 큰 범주에 이 도구에 관한 더 자세히 설명이 포함되어 있다. 이것은 'Emotionally Healthy Skills 2.0'이라는 커리큘럼의 첫 번째 기술이다.

8. 세 기준에 부합하는 사람이 800명이라면 그들은 30명에서 확장된 것이다. 다섯 번의 예배에 만 명이 참석하더라도 기준에 부합하는 사람은 800명밖에 되지 않을 수 있다. NCD는 멀티사이트 교회의 경우 캠퍼스마다, 그리고 예배마다 종류가 매우 다른 경우(예를 들어, 다른 언어, 전통적인 예배 vs 현대적인 예배, 청년 예배와 장년 예배 등) 예배마다 따로 평가를 할 것을 권한다.

9. 이것은 NCD의 캐나다 리더들 및 조사원들과 대화한 내용을 바탕으로 한 것이다. http://ncd-canada.com 혹은 NCD의 글로벌 웹사이트인 http://www.ncd-international.org의 "How to Take the NCD survey"를 보라.

10. Peter Scazzero, *Emotionally Healthy Church*, 34-35.

11. Jim Loehr and Tony Schwartz, *The Power of Full Engagement* (New York : Free Press, 2003), 4-5, 41. 짐 로허와 토니 슈워츠, 《몸과 영혼의 에너지 발전소》(한언 역간).

12. 기혼자들과 싱글들을 위한 리더십 신학에 대해 자세히 알고 싶다면 2장 "건강한 결혼 생활 혹은 싱글 생활을 바탕으로 리더십을 발휘하라"를 보라.

Chapter 8

1. Richard M. Gula, *Just Ministry : Professional Ethics for Pastoral Ministers* (Mahwah, NJ : Paulist Press, 2010), 123.

2. 자신의 힘을 모르는 사람들이 세상에서 가장 위험한 사람들이며 트라우마를 한 세대에서 다음 세대로 전해 준다는 개념에 대해 하버드 의대 정신과학 학과의 케스 웨인가튼(Kaethe Weingarten)에게 감사한다. 이 개념은 정치와 양육, 정부, 교회/회당에도 그대로 적용된다. Kaethe Weingarten, "witnessing, Wonder, and Hope,", *Magnum, Family Process*, Winter 2000, 39, no. 4를 보라.

3. Richard M. Gula, *Just Ministry*, 117-55에 실린 힘의 역학에 관한 논의에서 발췌 수정.

4. Stanley Hauerwas and William H. Willimon, *Resident Aliens : A Provocative Christian Assessment of Culture and Ministry for People Who Know Something Is Wrong* (Nashville, TN. : Abingdon, 1989), 121-27.

5. Richard A. Blackmon and Archibald D. Hart, "Personal Growth for Clergy," *Clergy Assessment and Career Development*, Richard A. Hunt, John E. Hinkle Jr., and H. Newton Maloney 편집 (Nashville : Abingdon, 1990), 40 중에서.

6. 내 멘토인 스티브(Steve)는 결혼과 가정 상담 분야에서 박사 학위를 소지한 저명한 CEO다. 그는 부모나 보호자와의 풀리지 않은 갈등을 안고 있는 사람을 절대 고용하지 않는다. 그것은 그런 문제가 필연적으로 일터의 윗사람들에게 투사된다고 믿기 때문이다. 부모와의 관계가 심각한 갈등 관계로 남아 있으면 그 갈등이 미래의 윗사람들에 대해서도 그대로 재현된다. 그의 시각은 내 권위 아래 있는 사람들이 가끔 비이성적인 행동을 보이는 이유를 이해하는 데 도움이 되었다.

7. 이 구절은 힘에 관한 탁월한 책인 Andy Crouch, *Playing God : Redeeming the Gift of Power* (Downer Grove, IL. : InterVarsity, 2013), 14에서 발견한 것이다.

8. Marilyn Peterson, *At Personal Risk : Boundary Violations in Professional-Client Relationships* (New York : Norton, 1992). 그녀에 따르면 자신의 역할에 따른 권위를 인정하지 않는 전문가들이 남들에

게 상처를 줄 가능성이 가장 크다.

9. Gula, *Just Ministry*, 137.

10. Marilyn Peterson, *At Personal Risk : Boundary Violations in Professional-Client Relationships* (New York : Norton, 1992). 그녀에 따르면 자신의 역할에 따른 권위를 인정하지 않는 전문가들이 남들에게 상처를 줄 가능성이 가장 크다.

11. 예를 들어, Robert G. Jones, ed., *Nepotism in Organizations* (New York : Routledge, 2012)를 보라.

12. 최근의 비극적인 사례에 대해 "Where Are the People? Evangelical Christianity in America Is Losing Its Power : What Happened to Orange County's Crystal Cathedral Shows Why," The American Scholar를 보라. www.theamericanscholar.org/where-are-the-people/#.VO-ejr2102g. 2015년 2월에 확인.

13. Martha Ellen Stortz, *PastorPower* (Nashville : Abingdon, 1993), 111-17.

14. 교역자를 위한 삶의 규칙 전문은 *The Emotionally Healthy Church : Updated and Expanded*의 부록이나 www.emotionallyhealthy.org/resources에서 확인할 수 있다.

Chapter 9

1. Henry Cloud, *Necessary Endings : The Employees, Business, and Relationships That All of Us Have to Give Up in Order to Move Forward* (New York : HarperCollins, 2010)을 보라.

2. 이 세 구절에 대한 자세한 성경적 해석은 Peter Scazzero, *Emotionally Healthy Church*, 5장에 소개되어 있다.

3. 처음 이 개념을 접하고 끝에 관한 수많은 성경 구절을 탐구하게 해 준 다음 책에 감사한다. William Bridges, *Transitions : Making Sense of Life's Changes : Strategies for Coping with the Difficult, Painful, and Confusing Times in Your Life* (Cambridge, MA : Da Capo Press, 2004).

4. 모든 끝이 죽음처럼 느껴지지는 않는다는 점을 알아야 한다. 수많은 요인에 따라 어떤 끝은 반가울 수도 있다. 예를 들어, 제대로 성과도 내지 못하면서 매번 우리의 리더십을 거부하는 팀원이 마침내 떠나면 안도의 한숨이 나올 수 있다. 하지만 그의 입장에서는 지독한 상실일 수 있다. 최근 우리 뉴 라이프 교회의 사역자 한 명이 수도원으로 들어갔다. 우리 리더 팀과 교회로서는 그것이 고통스러운 죽음과 상실처럼 느껴졌지만 그는 한없이 기뻐하며 하나님이 부르시는 삶 속으로 용감하게 뛰어들었다. 중요한 리더나 자원봉사자가 떠날 때 나는 안도의 한숨을 내쉬며 새로운 출발을 향해 갔지만 그들은 극심한 슬픔을 느낀 적이 여러 번 있었다.

5. Bridges, *Transitions*, 87에서 발췌 수정.

6. St. John of the Cross, *Dark Night of the Soul*, E. Allison Peers 번역 (New York : Image, Doubleday, 1959).

7. 이 주제에 관해 더 알고 싶다면 Peter Scazzero, *Emotionally Healthy Spirituality*, 6장 "Journey

through the Wall"을 보라.

8. Park J. Palmer, *Let Your Life Speak : Listening to the Voice of Vocation* (San Francisco : Jossey-Bass, 2000), 54.

6. William Vanderbloemen and Warren Bird, *Next : Pastoral Succession the Works* (Grand Rapids, MI : Baker, 2014), Carolyn Weese and J. Russell Crabtree, *The Elephant in the Boardroom : Speaking the Unspoken about Pastoral Transitions* (San Francisco : Jossey-Bass, 2000).

10. Timothy Fry, ed., *RB 1980 : The Rule of St. Benedict in English* (Collegeville, MN : Liturgical Press, 1981)을 보라.

11. 뉴 라이프 펠로십 교회의 사명 선언문은 우리가 다섯 가지 독특한 가치에 따라 사역한다는 점을 명시하고 있다. 우리는 이것을 다섯 개의 "M's"라고 부른다.

12. 잠 12:15, 15:12, 15:22, 19:11, 28:26도 보라.

13. Henri Nouwen, *In the Name of Jesus : Reflections on Christian Leadership* (New York : Crossroad, 1991) 53-73. 이에 관해 독서를 하고 설교도 했지만 실제로 이렇게 살기는 훨씬 어렵다는 것을 깨달았다.

14. 이 설교는 www.emotionallyhealthy.org/sermons에서 확인할 수 있다.

15. Edwin Friedman, *Generation to Generation : Family Process in Church and Synagogue* (New York : Guilford Press, 1985), 250-73.

16. 우리는 취임식을 각자 책임과 의무를 지닌 두 사람의 엄숙한 언약식으로 구성했다. 결혼식에서와 마찬가지로 이런 언약이 이루어지면 영적으로 뭔가 중요한 일이 일어난다. 우리가 경험해 보니 실제로 그러했다. http://emotionallyhealthy.org/succession에서 언약식을 볼 수 있다.

18. Bridges, *Transitions*, 87에서 발췌 수정.